Identität zur Zukunft der Deutschen
Klaus Hornung zum 65. Geburtstag

Europäisches Forum

Bd./Vol. 8

PETER LANG

Frankfurt am Main · Berlin · Bern · New York · Paris · Wien

Hans Filbinger
Heinz Karst (Hrsg.)

Identität und Zukunft der Deutschen

Klaus Hornung zum 65. Geburtstag

PETER LANG
Frankfurt am Main · Berlin · Bern · New York · Paris · Wien

Die Deutsche Bibliothek - CIP-Einheitsaufnahme

Identität und Zukunft der Deutschen : Klaus Hornung zum 65.
Geburtstag / Hans Filbinger ; Heinz Karst (Hrsg.). - Frankfurt
am Main ; Berlin ; Bern ; New York ; Paris ; Wien : Lang, 1992
   (Europäisches Forum ; Bd. 8)
   ISBN 3-631-44939-9

NE: Filbinger, Hans [Hrsg.]; Hornung, Klaus: Festschrift; GT

ISSN 0721-3018
ISBN 3-631-44939-9

© Verlag Peter Lang GmbH, Frankfurt am Main 1992
Alle Rechte vorbehalten.

Printed in Germany 1   3 4 5 6 7

Inhaltsverzeichnis

2. Identität und Zukunft der Deutschen

3. Deutschland in Europa und der Welt

Schriftenverzeichnis von Klaus Hornung

Vorwort der Herausgeber

Prof. Klaus Hornung wurde am 26. Juni 1992 65 Jahre alt. Sein Denken, Forschen und Lehren gilt den Herausforderungen, die an unsere deutsche Demokratie gestellt sind, und der Art und Weise, wie sie gemeistert werden können. Wollte man mit einer Kurzformel das Ziel seines Schaffens umschreiben, so könnte man es zusammenfassen mit den Begriffen "Identität und Zukunft der Deutschen". Er gehört zu jenen Professoren, die nicht nur spezialisierte Forschung betreiben – so eminent wichtig sie ist –; in seinem Schreiben und Lehren ist der Wille zu politischer Wirkung unverkennbar.

Der in Heilbronn geborene Gelehrte hat als Professor für Politikwissenschaften an der Pädagogischen Hochschule Reutlingen, als Privatdozent an der Universität Freiburg und als Ordinarius an der Universität Hohenheim eine breite Palette von Publikationen entfaltet. Durch zahlreiche Veröffentlichungen ist er über die deutsche Sprachgrenze hinaus bekannt geworden. Lehrveranstaltungen an ausländischen Universitäten in Ost und West haben diesen Bekanntheitsgrad verstärkt. Früh schon erschien sein Buch "Politik und Zeitgeschichte in der Schule" (1966), in dem er die didaktischen Grundlagen unserer mangelhaften politischen und geschichtlichen Bildung der nachwachsenden Generation kritisch beleuchtete. Noch nach 25 Jahren höchst modern, wie sich jetzt zeigt, ging er in diesem Werk den "tieferen Ursachen für das Ungenügen am politisch-staatsbürgerlichen Bildungsweg" in Deutschland nach. Das Thema, Existenzfrage unserer deutschen Demokratie, hat ihn stets angezogen, bis hin zu seinem vorerst letzten Buch über dieses Thema "Herkunft und Zukunft" von 1989. Die Verführbarkeit von Intellektuellen durch totalitäre Ideologien hat ihn beunruhigt und seine Forschung angetrieben.

Klaus Hornung war sich klar darüber, daß Streitkräfte – die größte Staatsanstalt des demokratischen Staates – eine zentrale Rolle beim Hineinwachsen der Jugend in diesen Staat spielen. Gedeihen oder Scheitern der deutschen Wiederbewaffnung im Rahmen der NATO haben ihn von Beginn des Aufbaus der Bundeswehr an zu mannigfachen, konstruktiv kritischen Studien bewogen, zu Vorträgen vor Soldaten und zum "Warten auf Scharnhorst". Sein bedeutendes Buch "Staat und Armee" von 1975 wurde Standardwerk, an dem kaum jemand vorbeigehen kann, der sich sachverständig über die

Bundeswehr und ihre Stellung in Staat und "Gesellschaft" äußern will. Seine Analysen über den Gestaltwandel des modernen Kriegsbildes in den Studien "Der politisch-revolutionäre Krieg der Gegenwart" von 1980 haben sich als bestürzend zutreffend erwiesen. Die "Gegenseite" hat er gründlich studiert.

Ein über den deutschen Sprachraum hinaus bekannt gewordener Bestseller wurde sein Taschenbuch von 1978 "Der faszinierende Irrtum – Karl Marx und die Folgen", von Sachkennern als die beste Widerlegung der Lebenslüge des Marxismus anerkannt. Diese Lebenslüge wurde besonders in intellektuellen Kreisen des Westens aufgenommen. Sie fand Eingang in Universitätskreise, Medien und Kirchen, aber auch in Künstlerkreise, und wirkte sich bis in die Oberschulen hinein aus.

Lange vor dem desaströsen Zusammenbruch der sozialistischen Utopie 1989/90 hatte Prof. Hornung in diesem Taschenbuch dargelegt: "Die Erfahrung der Wirklichkeit im Herrschafts-Marxismus hat die Faszination des Irrtums gebrochen". Es dauerte in deutschen Medien und Bildungsanstalten allerdings noch Jahre, bis die Tragweite der Lebensverfehlung des Marxismus-Leninismus wenigstens partiell durchschaut wurde. Klaus Hornung hat mit den totalitären Gegenkräften, gleich in welcher Gestalt, ob Nationalsozialismus oder Marxismus-Leninismus, wiederholt abgerechnet, so in "Frieden ohne Utopie" 1983, und "Freiheit in unserer Zeit" 1984. Es gelang ihm, zu dessen geistigen Anregern vor allem Tocqueville, Edmund Burke, Max Weber, Arnold Gehlen und Hannah Arendt zählen, mit einem Kreis treuer Freunde und Weggefährten wiederholt Sammelbände herauszubringen, die in orientierungsschwacher Zeit Orientierung geben, so 1985 mit seinem Weckruf "Mut zur Wende" und seinem gewichtigen Beitrag im "Handbuch der deutschen Nation", Band II (1987) "Identität und Nation". 1985 hatte er mit Peter Gutjahr Löser das "Politische-Pädagogische Handwörterbruch" herausgebracht, das bald seine Leser fand, und 1991 seine zukunftsweisende Publikation "Krisenherd Naher Osten".

Faßt man zusammen, so galt und gilt seine Sorge der Geschichtsferne unseres Volkes, unserer "Gesellschaft", – so die moderne, austauschbare Bezeichnung –, ihrem Rückzug aus der Realität in den bloßen Konsum, ihrer Anfälligkeit für Ideologien und ihrer vagen Hoffnung, als "Luftschiff-Fahrer" des reinen Geistes dem harten Kampf um die politische Realität entgehen zu können. Dagegen setzt er die Postulate, die politische und geschichtliche Bildung unserer Jugend ernster zu nehmen, und das Mißverhältnis zwischen Außen- und Innenpolitik in Deutschland aufzuheben.

Klaus Hornung hat den Stellenwert der Nation betont, ohne der europäischen Vision eine Absage zu erteilen, und er hat die Gefahr für Volk und Staat aufgezeigt, wenn das religiöse und geistige Erbe verleugnet wird.

Frühzeitig fand er im STUDIENZENTRUM WEIKERSHEIM gleichgesinnte Persönlichkeiten. Er schloß sich aktiv mitarbeitend und richtungsweisend an: ein streitbarer Professor, der sich nicht scheut, in zahlreichen Zeitungsartikeln, Leserbriefen und Kurzstudien in das aktuelle, politische Geschehen einzugreifen. Er macht das Motto der Kaiserin Theophano wahr: "Wer sich einsetzt, setzt sich aus". Das STUDIENZENTRUM WEIKERSHEIM ist ihm dankbar und wünscht Klaus Hornung im "Ruhestand" weiterhin erfolgreiches Wirken, Freude und Freunde im engeren und weiteren Bereich seiner Arbeit und tätige Mithilfe an geistiger Führung in seinem Kreise.

Hans Filbinger und Heinz Karst

1. Von der deutschen demokratischen Revolution 1989 zur Wiedervereinigung Deutschlands 1990

Albrecht Jebens

Der Geist von 1813

1813: Das Volk steht auf, der Sturm bricht los!
1989: Wir sind das Volk, wir sind ein Volk!

Zweimalige Symbiose von Nation und Demokratie

"Was Patrioten erträumten, was Egoisten belächelten – ist geschehen!" Noch heute, zwei Jahre nach der staatlichen Wiedervereinigung Deutschlands, hat dieser Ausspruch Neidhardts von Gneisenau, den er nach der endgültigen Niederlage Napoleons 1815 äußerte, Gültigkeit. Er hat Gültigkeit vor allem für all die Patrioten, die als Konservative und Rechtskonservative, als "kalte Krieger" und "Stahlhelmer", als "Nationalisten, Reaktionäre oder Faschisten" seit Beginn der 70er Jahre im Schatten von Politik und Meinungsbildung gestanden hatten. Ihre Vorstellungen von einer wie auch immer gearteten Einheit Deutschlands galten als illusionär, utopisch, überholt. Auch der hier zu ehrende Jubilar Klaus Hornung gehörte zu diesen geschmähten Patrioten. Unvergeßlich wird dem Verfasser dieser Zeilen das gemeinsame Erlebnis auf dem Berliner S-Bahnhof Friedrichstraße im Oktober 1988 bleiben, als die "Grenzorgane der DDR" Klaus Hornung am Betreten der "Hauptstadt der DDR" hinderten mit dem Hinweis, er sei wegen seines antisozialistischen Schrifttums ein politisch "unerwünschter Ausländer" ...

Der Sturm, der 1989/90 die DDR von der Landkarte Europas hinwegfegte, hat in der Zwischenzeit auch alle übrigen "Volksdemokratien" in Mittel- und Osteuropa verweht und im Dezember 1991 selbst die Sowjetunion bersten lassen. Deutschland fand seine Einheit, wenn auch nur im denkbar kleinsten Territorialumfang, wieder; die baltischen Staaten sind in die Völkergemeinschaft zurückgekehrt, Slowenien, Kroatien, Moldawien, Ukraine, Weißrußland und Bosnien-Herzegowina sind als neue Staaten auf die Bühne der Politik getreten; weitere werden folgen.

Nachdem der Taumel der Wiedervereinigung Deutschlands vorüber ist und die Realität des wiederhergestellten deutschen Staates eine vertraute geworden ist, ist es reizvoll, aus der heutigen Perspektive den dramatischen Weg der Wiedervereinigung Deutschlands nicht nur nachzuvollziehen, sondern in einen Vergleich einzubringen. Können wir wirklich Parallelen zu an-

15

deren deutschen Erhebungen entdecken? Begegnen uns vielleicht, wenn auch historisch anders drapiert, ähnliche Wirkungsgefüge, ähnliche Abläufe? Oder ist die deutsche demokratische Revolution von 1989, die die Deutsche Demokratische Republik 40 Jahre nach ihrer Gründung zertrümmerte, historisch einzigartig, unvergleichbar?

Uns Deutschen ist wiederholt vorgeworfen worden, keine "richtige Revolution" hervorgebracht zu haben, was eben Ausdruck obrigkeitsstaatlichen Denkens sei. Damit ist eine mindere Begabung für die Demokratie nach westlichem Vorbild ausgesprochen. Das ist sowohl ein törichter wie auch historisch unhaltbarer Vorwurf; töricht deshalb, weil Völker nicht über einen politischen Leisten geschlagen werden können, sind sie doch nach Geschichte, Sprache und Kultur eo ipso verschieden; historisch aber ebenso unhaltbar, weil Deutschland Revolutionen erlebt hat; vom Bauernkrieg 1525 über die bürgerliche Revolution 1848 bis zur Freiheitsrevolution vom 17. Juni 1953 – wenn auch (glücklicherweise) niemals vom Ausmaß der französischen von 1789. Andere Revolutionen kamen aber "von oben", so beispielsweise die Reichseinigung durch Bismarck 1871 und die preussischen Reformen von 1807 bis 1813, in ihrem Gefolge dann die Befreiungskriege.

Lassen sich der Massenprotest und die Begeisterung, aber auch der Mut und der Durchhaltewillen, mit dem unser Volk in Mitteldeutschland 1989 die DDR zerbrach, mit dem großen Aufbruch Preußens 1813 vergleichen? Ist in beiden Volkserhebungen, so unterschiedlich sie auch sonst gewesen sein mögen, etwas Gemeinsames festzumachen? Gab es 1989 folglich den Geist von 1813?

In jenen unvergeßlichen Tagen im Oktober 1989, als unser Volk in der Mitte des Vaterlandes seine Sprache wiedergefunden hatte und dieser in einer Flut scharfzüngiger Spruchbänder, Parolen und Flugschriften beredten Ausdruck verlieh, machte ein historischer Witz in Leipzig die Runde:

"Was ist der Unterschied zwischen Honecker und Napoleon?"
Antwort: "Keiner. Denn beide wurden in Leipzig am 18. Oktober vom deutschen Volk mit Hilfe der Russen besiegt!"

Dieser überraschende historische Vergleich ist die einzige *sprachliche* Parallele zwischen den beiden Volkserhebungen von 1813 und 1989 gewesen. Die politische Beanspruchung Preußens durch die DDR seit 1980, die Geschichtsferne und der Glaube an einen demokratischen Sozialismus haben nämlich den Revolutionären einen wirklichen Zugriff auf auf die preussisch-deutsche Geschichte verleidet.

16

In einem, zentral das Volk betreffenden Punkt sind aber tatsächlich tiefere Parallelen anzutreffen. Es hat nämlich 1813 wie 1989 eine enge, ungemein Kraft erzeugende Verbindung von *Patriotismus* und *Volksherrschaft* gegeben, von *demokratischen* und *nationalen* Gedanken. Es war genau die – so lang ersehnte, im politischem Tagesleben der Bundesrepublik schmerzlich vermißte – Symbiose von Nation und Demokratie, die in jenen Wochen und Monaten Deutschland durchbebte und die Welt bewegte. Der große Historiker Friedrich Meinecke schrieb über die Erhebung von 1813 hundert Jahre später in einem Aufsatz über Stein (Meinecke, S. 126):

> "Der Aufstieg des deutschen Geistes und der ihm zeitlich folgende Aufstieg des deutschen Volkes sind für uns (...) ein einziger großer, hinreißend schöner Lebensakt. Daß beide so tief und so stark zusammenhängen, daß Staat, Volk und Geist so nah wie nie wieder vorher und nachher sich naherückten, daß hohe geistige Ideen und Flinte und Säbel so nahe damals zusammengehörten - das ist es, was uns im Innersten ergreift und erhebt."

So wie Meinecke die Erhebung von 1813 als *Vorbild einer nationalen Lebensgemeinschaft* begriff und pries, so haben auch Hornung und seine ihm verwandten Geisteskollegen die Erhebung von 1989 begriffen und ausgelegt. Aber ebensowenig wie 1813 der politische Wunsch des Volkes nach einem neuen großen Volksstaat in Erfüllung ging, sollten auch 1990 die nationalen Wünsche der Mitteldeutschen nach einem neuen Deutschland nur teilweise verwirklicht werden. 1815 endeten die Befreiungskriege mit der Restauration der preußischen Monarchie, 1990 die Einigungsverhandlungen lediglich in einer territorial erweiterten "Bundesrepublik", nicht im erhofften neuen Staat "Deutschland", von der Wiederherstellung des Reiches ganz zu schweigen.

Revolution oder "opus magnum" der Staatssicherheit?

Die große Preisfrage allerdings lautet, ob es 1989 wirklich eine Revolution gegeben hat. Diese Frage ist beim derzeitigen Stand der Kenntnisse noch nicht zweifelsfrei zu klären, doch deutet manches darauf hin, daß wir es hier mit einer doppelten Wahrheit zu tun haben. Zweifelsohne handelte es sich *subjektiv*, im Verständnis des Volkes also, um eine *Revolution*, die die Zwingherrschaft der SED brach. Objektiv dagegen gibt es durchaus Anzeichen, daß die Revolution das "opus magnum" der Staatssicherheit der DDR gewesen sein könnte. Denn noch nie hat es eine Revolution gegeben, bei der nicht eine einzige Fensterscheibe zu Bruch gegangen ist. "Die Staatssicherheit sei", so stellt Henryk Broder (DIE ZEIT, Nr. 3/1992, S. 41) fest, "nicht nur ein Gewaltapparat gewesen, welcher das Volk terrorisiert habe, sondern auch eine Art von "VEB Soziales Netz", das flächendeckend das Land umspannt habe.

Im Besitz aller Informationen über Wesen und künftiges Geschehen im Land, ausgestattet mit der modernsten Technik und einer Armee von hochbezahlten Hilfskräften, habe sie eben nicht versagt, sondern ihr Werk mit der sogenannten Wende vollendet. Sie habe schon lange um den bevorstehenden Zusammenbruch der DDR gewußt, sei mitnichten also an ihrer eigenen Information erstickt. Ob das Ziel der Staatssicherheit eine von Grund auf erneuerte, demokratisierte und liberalisierte DDR – ohne SED, aber mit westlicher DM – war, oder aber die Liquidierung der DDR durch Wiedervereinigung mit vorheriger Rettung der Stasi-Mitarbeiter auf möglichst hohem materiellen Niveau, kann hier nicht entschieden werden.

Auf jeden Fall, so Broder, habe die Staatssicherheit die Protestbewegung gegen die SED "erobert", welche sowohl die Politiker im Westen wie auch im Osten unter Handlungszwang setzte, so daß die Liquidation der DDR völlig legal und ausschließlich mit friedlichen Mitteln durchgeführt wurde. An der Spitze der revolutionären Bewegung standen eben Mitarbeiter des Sicherheitsapparates, deren eigentliche Aufgabe darin lag, wirkliche revolutionäre Veränderungen zu verhindern: de Maizière bei der CDU, Ibrahim Böhme bei der SPD, Wolfgang Schnur beim Demokratischen Aufbruch, um nur die wichtigsten Persönlichkeiten zu nennen. Die Regie bei der eigentlichen Wende führte also die Staatssicherheit. So wäre die friedliche Revolution in der DDR nur eine von oben geförderte "sozialpolitische Maßnahme" zur Rettung der Stasi-Mitarbeiter gewesen, weshalb auch der staatsrechtliche Beitritt zur Bundesrepublik so lange auf sich warten ließ, nachdem das alte Regime längst gefallen war.

Wenn es sich bei der Revolution in der DDR objektiv auch nicht um eine Revolution gehandelt haben sollte, was die Geschichtsschreibung sicherlich noch klären wird, so handelte es sich subjektiv gesehen doch um den größten Aufstand unseres Volkes in diesem Jahrhundert.

1987: Die DDR auf dem Höhepunkt ihres Ansehens

Im Jahre 1987 befand sich die DDR, obgleich wirtschaftlich schon schwer angeschlagen, auf dem Höhepunkt ihres internationalen Ansehens. Der Staatsbesuch Honeckers in Bonn 1987 wurde im In- und Ausland so gewertet. Flagge und Hymne der DDR, Ehrenkompanie und roter Teppich und die

Gespräche mit Bundespräsident von Weizsäcker ließen die Teilung Deutschlands in den Augen der Welt perfekt erscheinen, perfekt vor allem deshalb, weil sie von den Deutschen *selbst ins Werk* gesetzt worden war! Daran konnte auch nichts die Rede von Bundeskanzler Kohl ändern – im Gegenteil –, der seinem Staatsgast aus Berlin sagte:

"Die Präambel unseres Grundgesetzes (...) will das vereinte Europa und sie fordert das gesamte deutsche Volk auf, in freier Selbstbestimmung die Einheit und Freiheit Deutschlands zu vollenden. (...) Die Menschen in Deutschland [nota bene: nicht "Wir Deutsche"!] leiden unter der Trennung. Sie wollen, daß wir neue Brücken bauen."

Aber status-quo-behaftet fuhr er dann wie folgt fort:

"Wir achten die bestehenden Grenzen, doch die Teilung wollen wir überwinden (...). Die deutsche Frage bleibt offen, doch ihre Lösung steht zur Zeit nicht auf der Tagesordnung der Weltgeschichte."

So war die deutsche Einheit zusammengeschmolzen zu einer nebulosen Hoffnung für den St.-Nimmerleinstag, den man selber nicht zu erstreben gewillt war. Wichtiger für Honecker aber war im gemeinsamen Kommuniqué die Bekräftigung der "Gemeinsamen Moskauer Erklärung (Kohls und Honeckers) vom 12. März 1985" zu lesen:
"Die Unverletzlichkeit der Grenzen und die Achtung der territorialen Integrität und der Souveränität aller Staaten in Europa in ihren gegenwärtigen Grenzen sind eine grundlegende Bedingung für den Frieden." Schließlich hatte Honecker auch Kohls Aussage im Ohr, als dieser gegenüber dem französischen Staatspräsidenten Mitterand sorgenvoll geäußert hatte, "er sei der letzte der Kanzler, der sich der Wiedervereinigung Deutschlands entgegenstelle". (in: 'Le Monde', 20. Mai 1987, S. 1)
Professor Thomas Oppermann hat deshalb sehr nachdenklich am 12. September 1987 in der "WELT" geschrieben:

"In dem Moment, in dem die beiden Hymnen abgespielt wurden und die Flaggen nebeneinander hingen, hatte ich das Gefühl, daß sich geschichtlich etwas verändert hat. Das war die Besiegelung der deutschen Teilung. Die Legalität der DDR ist eigentlich nunmehr perfekt anerkannt."

Dieser Staatsbesuch schien alle Zeitgenossen, denen die Einheit ihres Vaterlandes ein Herzensanliegen, und – mehr noch – ein Auftrag, eine Berufung gewesen war, endgültig aufs Abstellgleis der Geschichte verbannt zu haben.

Honecker hatte kurz vorher aber noch einen größeren Erfolg errungen, denn die Akademie für Gesellschaftswissenschaften beim Zentralkomitee der SED und die Grundwertekommission der SPD hatten über das Thema "Streit der Ideologien und gemeinsame Sicherheit" rechtzeitig zu seinem 75. Geburtstag, am 27. August 1987 feierlich ein gemeinsames Dokument der Öffentlichkeit übergeben, in dem es hieß (Gehle, S. 24):

"Sozialdemokraten und Kommunisten fühlen sich beide dem humanistischen Erbe Europas verpflichtet. Beide nehmen für sich in Anspruch, dieses Erbe weiterzutragen, den Interessen der arbeitenden Menschen verpflichtet zu sein, Demokratie und Menschenrechte zu verwirklichen."

Der SPD-Ministerpräsident des Saarlands, Oskar Lafontaine, flocht dazu folgenden Lorbeer: "Die DDR ist unter Erich Honecker ein wirtschaftlich leistungsfähiger, innenpolitisch stabiler und außenpolitisch selbstbewußter Staat geworden."

Schließlich erhielt Honecker im selben Jahr aber auch aus der DDR unverhofft von der evangelischen Kirche Unterstützung durch die Erklärung, daß der "Antikommunismus als Friedenshindernis zu verurteilen sei, die Wiedervereinigung unzeitgemäß sei und nur die uneingeschränkte Anerkennung zweier deutscher Staaten den Frieden fördere" (Feldmeyer, S. 14)

Honecker konnte sich also sicher sein, daß ihm von Bonn keine Gefahr, keine Destabilisierung drohen würde; das "Genossen-Kartell" zwischen SED und der IG Druck und Papier/Medien leistete dabei unschätzbare Dienste (Wilke, 1992).

So bedeutete das Jahr 1987 das Apogäum, den fernsten Punkt der Deutschen von der Einheit ihres Staates zwischen 1949 und 1989. Nur konnte das damals noch niemand ahnen. Trotz dieser innen- und außenpolitischen Erfolge brach die DDR nur zwei Jahre später aber sang- und klanglos zusammen. Wenn man die These des gesteuerten Umsturzes hier außer Betracht läßt, so stellt sich die Frage, wie das so schnell geschehen konnte und woher der Geist der Umwälzung kam.

Der verinnerlichte Status quo von Jalta

Der "Friede" von Jalta und Potsdam war der Friede der Sieger. Der französische Staatspräsident Mitterand hat am 29. Februar 1992 das so formuliert: "Alle Verträge dieses Jahrhunderts, angefangen vom Versailler Vertrag, aber auch der Vertrag (Potsdamer Abkommen) von 1945 und alle späteren waren immer Verträge der Ungerechtigkeit, die immer die historischen, geographischen, geistigen oder ethnischen Gegebenheiten leugneten, um den Ruhm der Sieger oder ihren Machtinstinkt zu befriedigen." (Gehle, a.a.O).

Der Status quo der Teilung, ursprünglich als Intermezzo angelegt, wurde für uns Deutsche von zerstörerischer Dauer, was unser nationales Selbstverständnis anging: kein Friedensvertrag, Feindstaatenklauseln in der UNO, zwar gute völkerrechtliche Positionen für die Wiederherstellung des Gesamtstaates, aber keine Regierung in Bonn, Berlin (oder Wien), die die Wiedervereinigung aktiv als erstes Ziel ihrer Politik betrieben hätte. So war der Status quo von Jalta im Grunde genommen zur neuen Friedensordnung geworden.

Die Nachkriegspolitik in Deutschland folgte in großen Zügen damit einem Entwurf, den das US-State-Department bereits 1942 für die Zerstückelung des Deutschen Reiches entworfen hatte. Dieser Plan sah drei Etappen vor. In der ersten Etappe sollte das Reich besetzt, in der zweiten sollten die Besatzungszonen in deutsche Staatsneubildungen übergeleitet werden und in einer dritten Etappe die Orientierung der deutschen Bevölkerung grundlegend geändert werden. Garantie für eine Teilung auf Dauer böten am besten "3 deutsche Staaten" mit ausreichender Stärke und Prosperität (Backer, S. 24ff). Dieser Plan bedeutete nach der Amputation der ostdeutschen Gebiete eine Teilung Deutschlands durch die normative Kraft des Faktischen, durch das Eigengewicht und die Eigengesetzlichkeit der späteren Teilstaaten Bundesrepublik, DDR und Österreich, deren begrenzte Souveränität zugleich verhindern sollte, daß einer von ihnen mächtig genug werden könnte, um als Piemont das Reich wiederherzustellen. Eine innere Stabilität erhofften sich die USA (zu Recht) durch einen rasch zu gewährenden Wohlstand für die Westdeutschen. Er sollte sie von nationalen Zielen und Aufgaben auf Dauer fernhalten. Gleichzeitig aber beließen die Alliierten die Deutschen in der Illusion, daß sie mit ihnen gemeinsam ihre Einheit wiedererlangen könnten. Ihre Wiedervereinigungsvorbehalte in den Deutschlandverträgen von 1954/1955 verstanden die Alliierten nämlich – anders als die Deutschen – auch als eine Art von potentiellen Sperrklauseln *gegen* die deutsche Einheit.

Alle drei Etappen dieses amerikanischen Plans sind ausgeführt worden, wobei der 'Kalte Krieg' diese Politik durchaus unterstützte. Am schwierigsten war dabei die dritte Etappe, inwieweit sich die Deutschen nicht nur mit ihrer Niederlage abgefunden hätten, sondern die Teilung auch verinnerlicht hätten. Mit Beginn der sozialliberalen Deutschlandpolitik Anfang der 70er Jahre wurde der Erfolg offenbar.

Während bis 1970 offiziell immer noch eine Politik der Überwindung der deutschen Teilung betrieben worden war, so trat seitdem immer stärker die genau entgegengesetzte Politik zutage, die "schmerzlichen Auswirkungen der Teilung zu lindern", die Teilung selber aber dabei zu stabilisieren. Damals gab es nach dem Scheitern der sowjetischen Raketen-Erpressungspolitik - eine durchaus partiell gemeinsame Interessenlage Bonns mit der DDR; sie faktisch, wenn auch nicht völkerrechtlich, zu stützen und zu stärken, bedeutet für Bonn nämlich den operativen Spielraum der Sowjets bei einer Wiederaufnahme ihrer Deutschlandpolitik einzuengen, für Bonn und Ost-Berlin mithin also die garantierte Fortexistenz ihrer Staatlichkeit. Ost-Berlin wußte diese Stabilisierungspolitik vom Rhein zu goutieren, indem es finanziell, ideologisch und organisatorisch alle parteipolitischen Versuche von abtrünnigen Unionswählern, sich "rechts von der CDU/CSU" zu sammeln, unter dem Schlagwort des "Antifaschismus-Neofaschismus" bekämpfte, kriminalisierte, terrorisierte - mit Erfolg.

Diese wechselseitige Rückversicherungspolitik wurde zwar als "Deutschlandpolitik" bezeichnet, bedeutete faktisch aber die deutsch-deutsche Stabilisierung der Teilung. (Rüddenklau, S. 179).

Nicht der geteilten Nation galt also länger der Primat Bonner Politik, sondern der Herstellung eines westeuropäischen Bundesstaates, den man mit einer wahren Flut von Vorschlägen, Memoranden und Ideen zu verwirklichen begann, während die Schubladen für den Tag X leer blieben.

Noch im Herbst 1989 bekannte Wolfram Hanrieder offen, daß die amerikanische Nachkriegs-Politik bis in die Gegenwart eine Politik des "Doppelcontainment" dargestellt habe, der Eindämmung der Russen einerseits und der Deutschen andererseits, wobei man die einen gegen die anderen ausnutzen konnte. Die Deutschen selber aber hatten "die Lektion gelernt", in diesem Kräftespiel in Europa keine aktive Rolle mehr zu spielen. Mit der Teilung zu leben, hieß für sie, in der west-östlichen Siegergemeinschaft doppelt aufgenommen worden zu sein, wenn auch politisch nur am Katzentisch, mit dem darüber hängenden "Auschwitz-Knüppel".

So war das Thema der deutschen Einheit mit Beginn der 80er Jahre zu einer eher obskuren Angelegenheit für "ewig Gestrige und Rückwärtsgewandte" geworden. Die Teilung galt beim größten Teil unseres Volkes im Westen Deutschlands als perfekt, da unveränderlich; anders hingegen empfand die Mehrheit unseres Volkes in Mitteldeutschland die Tragik der Teilung. Im Westen aber hatten Gewerkschaften, Evangelische Kirche, SPD, FDP und GRÜNE, in abgemilderter Form auch CDU/CSU, mit der Teilung ihren inneren Frieden gemacht, auch wenn man aus wahltaktischen Gründen von der

Offenheit der deutschen Frage sprach, die selbstredend natürlich nicht auf der Tagesordnung der Weltgeschichte stand oder stehen sollte. Nur mit großer Mühe gelang es so den Vertriebenen und den in Westdeutschland organisierten Mitteldeutschen, die CDU davon abzubringen, beim Bundesparteitag 1988 das Ziel der Wiedervereinigung auch offiziell aus dem Parteiprogramm zu streichen.

Der zweite große Träger der Nachkriegsordnung in Europa war neben den USA die Sowjetunion mit ihrem Satellitengürtel. Bereits Ende der fünfziger Jahre jedoch traten immer schwerere Mängel am administrativen, politischen und wirtschaftlichen Kommandosystem des Sozialismus auf. Doch die Uneinsichtigkeit der sowjetischen Führer führte nicht zur Behebung dieser Mängel, weil sie gegen die marxistisch-leninistische Staatsideologie weder angehen konnten noch wollten. So kam es zu immer größer werdenden gesellschaftlichen, politischen und wirtschaftlichen Erschütterungen im ganzen osteuropäischen Raum. Auch die militärischen Niederschlagungen oder Interventionsandrohungen der Sowjets in ihrem Satellitengürtel von 1953-1981 haben die Zerstörung des sowjetischen Imperiums nicht aufgehalten, sondern beschleunigt. Die schwindenden ökonomischen Kräfte, die von innen her zerstörte Ideologie, die völlige Überdehnung auch der militärischen Kräfte zu Zeiten Breschnews und vor allem die Politik des US-Präsidenten Reagan führten zum raschen Verfall der Warschauer-Pakt-Staaten, bis schließlich mit dem Regierungsantritt Gorbatschows 1985 eine letzte, verzweifelte Schwenkung vollzogen werden mußte. Gorbatschow wollte mit seiner Perestrojka-Politik die Weltmacht Sowjetunion durch die Abstoßung nicht mehr haltbarer Außenposten und die Einbindung massiver Wirtschaftshilfe des Westens retten. Dies sollte – kurzgesagt – durch die Einführung der Marktwirtschaft innerhalb der Planwirtschaft und den Einbau der Demokratie innerhalb der KPdSU geschehen; ein doppelter Widerspruch mit weitreichenden Folgen.

1987, in genau dem Jahre, da Honecker auf dem Gipfel seines Ansehens stand, legte der damalige Deutschland-Berater des sowjetischen Präsidenten, Wjatscheslaw Daschitschew, der sowjetischen Staatsführung eine vertrauliche Studie für die Außenpolitik im Zeichen der Perestrojka vor. In ihr wies er nach, "daß die Sowjetunion, um zu überleben, die ruinöse Konfrontationspolitik mit dem Westen aufgeben müsse, daß die DDR hier aber ein Hindernis sei. Denn die DDR hätte als rein ideologischer Staat wegen fehlender nationaler Grundlage immer von der Teilung Deutschlands und Europas und von der Spannung in Europa profitiert. Deshalb sei sie auch gegen die Perestrojka und würde die Erholung der Sowjetunion stören. Sie sei also, so

Daschitschew, zu einem Hindernis der neu zu gestaltenden sowjetischen Außenpolitik geworden". (Daschitschew, S. 121-131.)

Das Fazit für die UdSSR: Die verknöcherte SED-Führung mußte über kurz oder lang verschwinden, eine Demokratisierung und Liberalisierung der DDR würde aber gefahrlos erfolgen können, weil eine Einmischung der BRD – so die Einschätzung der Sowjets – nicht zu befürchten sei, was diese auch oft genug bekundet habe.

1989: Das Volk steht auf, der Sturm bricht los

Trotz aller Risse und Erschütterungen im Ostblock geschah im Herbst 1989 das von niemandem mehr Erwartete. "Jalta 1945" brach zusammen durch den sich rasant beschleunigenden Niedergang der Sowjetunion. Mit Jalta barst das eine Widerlager der amerikanisch-sowjetischen Nachkriegsordnung in Europa und damit zugleich die machtpolitische Grundlage der DDR. Nun wurde ganz unerwartet für uns Deutsche der Weg frei zur Einheit.

Hier ist ein Visionär zu nennen, dem wir Deutsche zu größter Dankbarkeit verpflichtet sein sollten, Alexander Solschenizyn. Dieser national-religiöse Philosoph Rußlands, Patriot und Reformator hat mit seinem Werk den sowjetischen Gulag-Sozialismus von innen her aufgelöst. Sein Geist war zur scharfen Axt an der schon lange faul gewordenen Wurzel des roten Imperiums geworden.

Außenpolitisch läßt sich der Beginn des revolutionären Niedergangs der Sowjetunion und zugleich die beginnende Neugeburt der osteuropäischen Staaten auf den Tag genau festlegen. Am 18. Juli 1989 wurde in Bukarest die "Breschnew-Doktrin" aufgehoben, also die Interventionsmöglichkeit der Sowjetunion in die Warschauer-Pakt-Staaten.

Damit war der Weg offen zur Befreiung Mittel- und Osteuropas. Polen und Ungarn waren die ersten Staaten, die diesen Weg betraten, bzw. schon seit 1980 – wie im Solidarnosc-Polen – betreten hatten. In der DDR aber lehnte die SED jede Reformpolitik ab und betonte, daß man "wegen des hohen Entwicklungsstandes der DDR", so Chefideologe Hager, "keinen Tapetenwechsel wie in der UdSSR nötig habe."

In der DDR war die allgemeine Unzufriedenheit seit Anfang der 80er Jahre jedoch immer mehr gestiegen. Unter dem Dach der Kirche hatten sich zunächst kritische Bürger zusammenfinden können, die als Ökopax-Bewegung in der Leipziger Nikolaikirche begann und sich über die friedlichen Montagsdemonstrationen rasch zu einer Volksbewegung für Demokratie und

Dialog ausweitete. Alle Aufforderungen der Oppositionsgruppen zum Dialog wurden von der SED jedoch grundsätzlich abgelehnt. So kam es im Laufe des Sommers 1989 zu immer größeren Ausreisewellen und zugleich zu Massenprotesten, vor allem, nachdem die Fälschung der Kommunalwahlen vom 7. Mai bekannt geworden war. Die Massenflucht fand ihren Weg über die westdeutschen Botschaften in Warschau und Prag und über Ungarn beim unvergeßlichen Paneuropa-Picknick bei Ödenburg am 19. August. Zugleich kam es seit dem September zu immer größeren Demonstrationen, vor allem in Leipzig. Trotz aller Niederknüppelungen und Verhaftungen durch Polizei und Staatssicherheit dehnten sich diese auf die gesamte DDR aus, von Schwerin bis Görlitz, von Stralsund bis Plauen; mit Schwergewicht in Leipzig und Dresden.

Der "Sicherheitsexperte" der SPD, Egon Bahr ließ am 6. September dazu verlauten:

"Wenn unsere Forderungen darauf hinauslaufen, den Menschen drüben ihren Staat wegzunehmen, dann werden sie dies mit Sicherheit nicht zulassen. Insofern sind in der DDR Reformen nur denkbar, wenn die SED-Führung sicher sein kann, daß man ihr den Staat nicht nehmen will."

Ihren 40. Jahrestag am 7. Oktober erlebte die DDR mit dem sowjetischen Staatspräsidenten Gorbatschow als Ehrengast gerade noch. "Wer zu spät kommt, den bestraft das Leben", mit dieser Ermahnung nach grundlegenden Reformen wurde Honecker beschieden. Zwei Tage darauf stand das Schicksal der Demonstranten auf Messers Schneide. In Leipzig bahnte sich nämlich am 9. Oktober die größte bisher dagewesene Demonstration mit über 50.000 Demonstranten an. Schlimmstes war zu befürchten. Leichensäcke und Blutkonserven standen schon bereit. Aber der befürchtete Eklat trat nicht ein. Die Staatsgewalt wich vor den gewaltlosen Demonstranten zurück. Im Hintergrund stand dabei zweifelsohne der Befehl aus Moskau an seine Truppen, gegen die Demonstranten – anders als 1953 – *nicht* einzuschreiten. Auch die NVA blieb deshalb in ihren Kasernen. Damit war die SED zum erstenmal deutlich vor der Macht des Volkes zusammengeknickt. Nur wenige Tage darauf, am 18. Oktober 1989, mußte Honecker zurücktreten. Der Volkswitz nahm nun seinen Lauf: In Leipzig am 18. Oktober von den Deutschen, gemeinsam mit den Russen, wie weiland Napoleon, besiegt.

So brach die Gewaltherrschaft der SED, die ihr von der UdSSR verliehen worden war, genau in dem Moment zusammen, als ihr die Unterstützung von Moskau entzogen wurde, ihr es also an Gewalt gebrach. Eine der Kernthesen konservativer Politiker und Politikwissenschaftler, als "kalte Krieger" geschmäht, hatte sich erfüllt. Als das wichtigste Datum dieser Revolution im Gedächtnis unseres Volkes bleibt aber zweifelsohne der 9. November 1989 haften, der Tag, an dem von der SED die Einführung der allgemeinen Reisefreiheit gestattet wurde, was gleichbedeutend mit dem Bruch der Mauer war. Es gibt keine aus westdeutscher Politologen-Sicht treffendere Kennzeichnung dieses Tages als die folgende: "Der 9. November 1989 ist der 'schwarze Freitag der Sozialwissenschaft", so der Heidelberger Politologe von Beyme, "wir haben nichts vorausgesehen, nichts verstanden." In raschem Tempo begannen sich nun die SED und ihr gesamtes Staatssystem aufzulösen. Als Ende November auf den Massendemonstrationen erstmals die Parolen "Deutschland, einig Vaterland" und "Wir sind ein Volk" auftauchten, wurde das große Ziel der Wiedervereinigung schlagartig vor aller Welt sichtbar. Am 28. November 1989 ergriff auch Bundeskanzler Kohl die Initiative, indem er einen 10-Punkte-Plan für die Herstellung einer deutschen Konföderation vorlegte. Alt-Bundeskanzler Brandt faßte den Zeitgeist der sich anbahnenden Wiedervereinigung in die prägenden Worte: "Jetzt wächst zusammen, was zusammengehört". Damit ging das Schwergewicht der Deutschland-Politik nun auf Bonn über, das bisher mehr als Beobachter teilgenommen hatte.

Außenpolitisch von großer Bedeutung wurde die Erklärung Gorbatschows am 30. Januar 1990 gegenüber DDR-Ministerpräsident Modrow, daß die UdSSR prinzipiell nun nichts mehr gegen eine Vereinigung beider deutscher Staaten im *neutralen Rahmen* einzuwenden habe. So phantastisch ein Jahr vorher noch ein 3-Stufen-Plan zur deutschen Einheit gewesen wäre, so belanglos erschien er nun, als Modrow diesen Plan am 1. Februar 1990 vorlegte. Die reelle Macht war längst an Kohl übergegangen. Gorbatschow gab auch gegenüber Kohl sein Einverständnis für die Vereinigung der deutschen Staaten ab, Kohl aber wiederholte seine altbekannte Forderung, daß auch das wiedervereinigte Deutschland Mitglied der NATO sein müsse, weil Deutschland nicht zwischen Ost und West schwanken dürfe. Und was niemand geglaubt hatte, trat ein: Gorbatschow gab sein Einverständnis für das Ausscheiden der DDR aus dem bereits sich auflösenden Warschauer Pakt und – im Rahmen der Wiedervereinigung –, zum Übertritt in das NATO-Lager, wobei das DDR-Gebiet allerdings von NATO-Truppen freizuhalten sei.

Dieser Übergang von der DDR in das NATO-Gebiet ist auch ein großer strategischer Erfolg der USA gewesen. So sehr man in Washington wohl die Existenz zweier deutscher Staaten akzeptiert hatte, so erkannte man doch

26

dort sehr viel schneller als in Bonn, daß die DDR nicht mehr zu halten sei. Deshalb unterstützte Washington in massiver Weise die Bonner Position, um über diesen Druck hinaus nicht nur die deutsche Einheit herzustellen – das wäre naiv gewesen –, sondern um darüberhinaus das eigene Wirkungsfeld bis an Oder und Neiße vorzuschieben. So schweißten die Amerikaner den wiederherzustellenden deutschen Staat eng an sich. Deshalb unterstützten und konditionierten sie auch in massiver Weise die deutschen Verhandlungspartner bei den 2+4-Verhandlungen gegen Moskau. Moskau hatte zu spät, viel zu spät versucht, die deutsche Karte auszuspielen und mußte jetzt zusehen, wie sie ihr ohne Gegenpreis aus dem Ärmel gezogen wurde. So mußte Moskau im Endeffekt als geschlagener Staat sich hinter die Grenzen der Ukraine, der baltischen Staaten und Weißrußlands aus dem europäischen Felde zurückziehen.

Am 18. März 1990 fand dann die erste Volkskammerwahl in der DDR statt, bei der die SED endgültig aus dem Felde geschlagen wurde. Mit über 93% Wahlbeteiligung wurde die Wiedervereinigung, wurde *Deutschland* gewählt. Die Wahl war im Grunde genommen ein Plebiszit für die Einheit. Mit der ersten demokratischen Regierung der DDR unter Führung des CDU-Ministerpräsidenten de Maizière wurde der Weg nun zur Wirtschafts- und Währungsunion mit der Bundesrepublik frei, die am 1. Juli 1990 in Kraft trat. Am 3. Oktober 1990 erfolgte schließlich der staatsrechtliche Beitritt der DDR zur Bundesrepublik und damit der Vollzug der (klein) deutschen Einheit.

So ist innerhalb eines Jahres in einem politischen Rausch sondergleichen die Wiederherstellung der deutschen Einheit erfolgt. Mit großer Beharrlichkeit hat das Volk in der DDR dabei die SED *mehrmals* niedergerungen, zunächst Honecker, dann Krenz und schließlich Modrow.

Die deutsche Einheit – vom Volk, gegen die Politiker erstritten

Die "friedliche Revolution" hatte zunächst als *soziale Revolution* begonnen, sie wollte die individuellen Freiheitsrechte, Dialog, Mitsprache und Demokratie verwirklichen, aber mitnichten die DDR als sozialistischen Staat abschaffen, sondern erneuern. Die Träume von einem zu bewahrenden Sozialismus in demokratischer Erneuerung zerflatterten allerdings, als die Mitteldeutschen nach dem 9. November 1989 mit dem Wohlstand und Lebensstandard in Westdeutschland konfrontiert wurden. Außerdem befürchtete das Volk unter einem wie auch immer gearteten neuen Sozialismus eine Wiederherstellung der SED-Herrschaft. So wurde aus der sozialen Revolution mit dem Schlagwort "Wir sind *das* Volk" im Laufe des November und Dezember 1989 eine *nationale Revolution* unter dem Schlagwort "Wir sind *ein* Volk" und "Deutschland, einig Vaterland", entnommen aus der DDR-National-hymne Bechers.

So verloren die zumeist intellektuellen Bürgerrechtler und Pazifisten, die Mitglieder vom "Neuen Forum" und von "Demokratie jetzt", die Anhänger der Bewegung "Kirche im Sozialismus" und die geläuterten Sozialisten als Kinder der DDR rasch jeden Boden unter den Füßen. Sie hatten die DDR als ihren Staat begriffen, sie sahen nicht in den Freiheitskämpfern von 1813 ihre Vorbilder, sondern in Liebknecht und Luxemburg, in Karl Marx und Ernst Bloch, immer noch.

So kam der Umschwung von der sozialen zur nationalen Revolution in erster Linie von der Arbeiterschaft in Mitteldeutschland. Bar jeder Führung hatte sie sich ihr Sehnen nach der Wiederherstellung Deutschlands immer bewahrt und im Westen eigentlich nur einen Verbündeten gehabt, die Konservativen, die zwar zahlreich waren, doch ohne Macht und Einfluß. So mußte die Arbeiterschaft ihr Schicksal und das Mitteldeutschlands in die eigenen Hände nehmen, und sie bediente sich dabei – wohl eher unbewußt – einer einmaligen Waffe, der "Wanderungswaffe" (H.D. Sander). Mit dieser "Waffe", nach Westen, zur DM zu gehen, wurden sowohl die inneren Widerstände in der DDR wie auch die äußeren in Westdeutschland und den Nachbarländern beharrlich niedergerungen. Es ist dies die eigentliche Sternstunde für die politische Reife und Urteilsfähigkeit unseres Volkes gewesen, für die es kein schöneres Kompliment gibt als das Wort des amerikanischen Publizisten Jim Hoagland, der in der "Harold Tribune" schrieb: "Der Rest Europas hat den springenden Punkt nicht begriffen. Hinter der Kraft, die die beiden Deutschlands zueinanderdrängt, steht keine Regierung, die man durch diplomatische Manöver und Europagipfel behindern oder kontrollieren könnte. Hinter ihr steht das Volk!"

So ist paradoxerweise die Wiedervereinigung zustandegekommen, obwohl eigentlich kein offizieller Akteur in der Politik sie gewollt hatte. Das namenlose Volk in der Mitte Deutschlands hat sie errungen.

Der Kommunismus als "linkes Wahrheitslager" war 1989 geistig ideologisch und wirtschaftlich eben längst gescheitert. Dies war im Grunde genommen auch von den DDR-Eliten akzeptiert. Deshalb ging der Zusammenbruch des SED-Staates seit Oktober 1989 auch so überraschend schnell und gewaltlos vonstatten.

Im nachhinein ist es erschütternd, festzustellen, wie sehr die Ideologie und der Machtapparat der DDR im Westen aber überschätzt worden sind, während ein SED-Historiker wie Jürgen Kuczynski demprimiert verlauten ließ: "Auf keinem Gebiet haben wir eine Konzeption. Wir leben von der verwelkten Hand in den zahnlosen Mund" (DER SPIEGEL, Nr. 48/1989, S. 69).

In einer Kurzformel läßt sich die friedliche Revolution von 1989/90 vielleicht zusammenfassen als ein Sieg der Freiheit über die Gewalt, als ein Sieg des Geistes über die Ideologie und als ein Sieg des Nationalbewußtseins über den östlich-proletarischen und westlich-liberalen Internationalismus; schlußendlich auch als ein Sieg der sozialen Marktwirtschaft über die sozialistische Planwirtschaft.

Preußen 1813 und Deutschland 1989

Es ist schon gesagt worden, daß es keine wahrhaften Parallelen in der Geschichte geben kann. Der Hauptunterschied von 1813 zu 1989 liegt darin, daß es 1813 um einen von der preußischen Regierung und dem Volk gemeinsam getragenen Kampf gegen den französischen Imperator ging, während 1989 das Volk in der DDR gegen ihre eigene, wenn auch als fremd empfundene Regierung revoltierte.

So wie der Wiederaufstieg Preußens ist aber auch die Wiederherstellung Deutschlands 1989/90 im wesentlichen nicht nur auf innere, sondern auch auf äußere Faktoren zurückzuführen. Unterlag Napoleon 1812 auf den russischen Schlachtfeldern dem Winter und beharrlichen Widerstand der Russen, so unterlag die DDR der neuen russischen Außenpolitik, die bereit war, die DDR als Staat des "epigonalen Bolschewismus" (Kurt Reinschke) zu opfern, um damit möglicherweise die Hilfe des ganzen Deutschlands für sich zu gewinnen.

So wie die militärische Entscheidung gegen Napoleon 1813 auf den Schlachtfeldern Sachsens und Brandenburgs fiel, so entschied sich auch 1989 das Schicksal Deutschlands wiederum in Sachsen und Brandenburg. Auch die Reformer Preußens fanden für ihre Politik wenig Beifall beim Adel, dem in der Mehrzahl die Finanzfragen und die kurzfristigen wirtschaftlichen Vorteile wichtiger waren als die Erneuerung des Staates von seiner geistigen, ökonomischen und rechtlichen Seite. Hardenberg forderte, wie so mancher Politiker heute, oft vergeblich nationale Solidarität ein, denn das Provinz- und Landesbewußtsein, vor allem aber das Standesbewußtsein der preußischen Notabeln und Ritter trat ihm hart entgegen. Und wie mühsam mußte er um finanzielle Vorteile feilschen, um dem Staat die Grundlagen für die Reformen zu geben!

Eine weitere Parallele ist bezeichnend. Denn die preußischen Freiheits-kämpfer begannen 1813 ihren Kampf ohne Verbündete. 1813 gab es nämlich für Preußen keine feste Bündniszusagen, weder von Österreich noch von Rußland. Auch 1989 war es für die Revolutionäre in der DDR ein großes Wagnis, weil man sich bis zum 9. Oktober nicht über die sowjetischen Reaktionen im klaren war. Da sie wußten, daß vom Westen keinerlei Hilfe zu erhoffen war, begannen sie den Kampf klugerweise nicht zentral gegen die DDR als Staat, sondern lösten diese von innen her auf. Der Mut der namenlosen Revolutionäre von 1989, ihre Klugheit allzumal, den Konflikt gegen den überlegenen Machtapparat nicht mit Gewalt auszutragen, gleicht in vielem der Verwegenheit und Zuversicht der preußischen Revolutionäre von 1813.

Neben der Identität von Vaterlandsbewußtsein und Volkssouveränität 1813 und 1989 besteht eine weitere große Parallelität im Zusammenbruch der jeweiligen "Großideologien". Brach 1813 die napoleonische Friedensord-nung in Europa, die "napoleonische Universalmonarchie" als die damalige one-world-Weltbürgerideologie zusammen, so war es 1989 der proletarische Internationalismus als die östliche Facette der angestrebten sozialistisch-kommunistischen Weltfriedensordnung. In beiden Fällen setzte sich also das nationale gegen das universale Prinzip, die politische Selbstbestimmung gegen die Fremdbestimmung durch. (Hornung, S. 96)

So wie die preußischen Reformer vom Stein, Clausewitz, Boyen und Arndt in einem Zweifrontenkrieg gegen Napoleon und das ancien regime politisch nicht den Untergang ihres korsischen Gegners überlebt haben, weil sie nicht die Restaurierung der alten Monarchien, sondern das Reich als Staat aller Deutschen erneuern wollten, so sind mit dem Vollzug der Einheit 1990 eben-falls zuerst die sozialen Beweger, dann die nationalen Kräfte von den flugs gewendeten "importierten" Westpolitiker eingebunden oder aber zurückge-drängt, schließlich verdrängt worden. So wie 1815 die deutschen Fürsten letztlich siegreich gewesen sind, so sind 1989/90 die Parteiführungen des ancien regime der Bundesrepublik siegreich geblieben.

In einem Punkt allerdings klaffen 1813 und 1989 weit auseinander. Es waren die preußischen Reformer und die Intellektuellen wie Arndt, Fichte, Körner, die weit über ihre Zeit hinaus die Grundlagen für den bürgerlichen Staat und die Nationswerdung gelegt haben. Sie überbrückten und überwanden den weiten Abstand zwischen Volk und Regierung. Solch eine Wiedergeburt aus dem Geist, aus der Moral und aus der Geschichte jedoch entbehren wir heute schmerzlich. Notwendiger denn je wäre es aber heute, den sich immer mehr ausweitenden Abstand zwischen Volk und Parteien sowie Regierung zu überwinden.

Ganz anders verstand König Friedrich Wilhelm III die Lage seines Staates nach der militärischen Katastrophe gegen Napoleon: "Der Staat soll durch geistige Kräfte ersetzen, was er an materiellen verloren hat." So gestalteten die preußischen Reformer, an ihrer Spitze der Reichsfreiherr vom Stein und Hardenberg, das Leben des Staates und Volkes durch Reformen neu, indem sie den Gemeingeist belebten, den Bürgersinn neu schufen und Geist und Nation zusammenschmiedeten.

Es ist bezeichnend, daß das große Vorbild der preußischen Reformen im Einigungsgeschehen von 1990 und danach nicht ein einziges Mal als Vorbild herangezogen worden ist, oder zumindest die Politik inspirierte.

Folgen der Wiedervereinigung

Die deutsche Wiedervereinigung am 3. Oktober 1990 verdankt das deutsche Volk ausschließlich der Wendung der sozialen zur nationalen Revolution in der DDR seit den Novembertagen 1989. Die westdeutsche Politik hätte aller Vorraussicht nach *ohne* diese Erhebung des Volkes die DDR mit Milliardenkrediten zu sanieren versucht; die SPD eher als "sozialistische Alternative" auf deutschem Boden, die CDU/FDP eher mit dem Fernziel einer "Österreich-Lösung"; beide Volksparteien hätten von sich heraus aber keine nationalstaatliche Vereinigung erstrebt.

Es ist kein Geheimnis mehr, daß es deshalb in keiner Partei, Behörde oder Regierung der Bundesrepublik Pläne für den "Tag X" der Wiedervereinigung gegeben hat, obwohl dies verfassungsmäßig geboten war. Es gab nicht einmal Entwürfe. Die Bundesrepublik war in den 40 Jahren ihres Bestehens vom Provisorium zum Dauerzustand versteinert, trotz der blutenden innerdeutschen Grenze. Man hoffte, mit der Bundesrepublik eine Garantie für die Erlösung von der Geschichte und der Nation zu haben: die Bundesrepublik also als Kopfgeburt der reinen, ent-nationalisierten Demokratie, mehr Republik als Deutschland. Sie hatte sich 1949 durch die Abgabe aller außen- und sicherheitspolitischen Gefährdungen an die Alliierten im Ausgleich dafür seit den 60er Jahren ein falsches moralisches Überlegenheitsgefühl erworben. Man vermeinte aus eigener Kraft eine "Friedensmacht", eine "Macht des Ausgleichs" geworden zu sein und glaubte die eigenen Interessen am besten als "europäische" legitim verfolgen zu können, betrieb damit aber in Wahrheit die Zerstörung der staatlichen Substanz. Dieser Zersetzungsprozeß beschleunigte sich nach 1968 vehement. Damals nämlich begann ganz offen die bewußte Aushöhlung des Staates als oberste weltliche Autorität, als einzige Rechtsquelle, als Inhaber des Gewaltmonopols durch die schnell permissiv ausartende "pluralistische Gesellschaft" - marxistisch drapiert vom Erfordernis nach "mehr Demokratie", nach Basisdemokratie. Politik verstanden als Sozial- und Wirtschaftspolitik nach innen und als europäische Integrationspolitik nach außen zerstörte so rasch und erfolgreich die letzten Reste von überlieferter Staatsgesinnung, politischem Ethos und nationalem Bewußtsein. An die Stelle des Staates traten die Parteien, überwölbt vom einzuforderden Bekenntnis zur freiheitlich-demokratischen Grundordnung eines faktisch nicht mehr wahrnehmbaren Staates.

Der 3. Oktober 1990 hat nun aber - wider allen Erwartungen - die Wiedervereinigung gebracht. Dabei ist der Tag des Beitritts der DDR zur Bundesrepublik ein assoziationsarmer Tag, ein "staatspolitischer Tag", aber kein Tag des Volkssouveräns, der am 17. Juni 1953 erfolglos und am 9. November 1989 erfolgreich Geschichte schrieb. An diesem 3. Oktober 1990 nahmen wir Deutsche nach den 2+4 Verhandlungen mit den vier Alliierten unsere Einheit quasi aus ihren Händen zu ihren Bedingungen entgegen. Die Reduzierung der gesamtdeutschen Streitkräfte von über 650.000 Mann auf 370.000 Mann bei gleichzeitiger weiterer Stationierung westlicher NATO-Streitkräfte in Deutschland kann als ein Beleg dafür angesehen werden. Wichtiger aber war die Bereitschaft Bonns, im noch abzuschließenden Vertrag von Maastricht die gerade wiedererrungene Souveränität Deutschlands für die Einigung Europas zu opfern. Der Wunsch von Bundeskanzler Kohl, die Einheit aus den Händen der alliierten Staatsoberhäupter entgegenzunehmen, erinnerte dabei peinlich an sein Verlangen, am 6. Juni 1984 beim 40. Jahrestag der alliierten Landung in der Normandie "mit auf dem Siegertreppchen" zu stehen. Seinem Verlangen wurde jedoch weder 1984 noch 1989 entsprochen.

Die Kernaussage des 3. Oktober 1990 lautet also: Die deutsche Einheit soll auf gar keinen Fall einen erneuerten deutschen Nationalstaat mehr hervorbringen. Lediglich eine territorial vergrösserte Bundesrepublik ist angesagt, jedoch keine Rehabilitierung des nationalen Elements. Deshalb sind der Wiedervereinigung rasch alle genuin deutschen Impulse entzogen worden. Damit aber wird die Wiedervereinigung um ihren zutiefst souveränen Charakter gebracht.

Dazu gehört auch der eilfertige, von niemandem verlangte Verzicht auf die deutschen Ostgebiete und die coupartige Verstümmelung des Art. 23 GG, um möglichen Beitrittsgesuchen von Teilen der Ostgebiete von vornherein einen Riegel vorzuschieben.

Allerdings ist nach derzeitiger Lage auch das wiedervereinigte Deutschland weder innen- noch außenpolitisch, weder geistig noch wirtschaftlich auf absehbare Zeit in der Lage einen nationalstaatlichen Wiederaufstieg als selbstbewußte Macht in Europa zu bewerkstelligen. Entscheidend aber ist, daß man sich in Bonn diesem, aus der geopolitischen Lage Deutschlands in der Mitte Europas resultierenden Erfordernis von vornherein grundsätzlich verschließt.

Dafür wäre allerdings auch eine gänzlich neue politische Elite notwendig, die aber nicht einmal in Ansätzen erkennbar ist. Selbst die überragende Schicht der politischen und militärischen Reformer in Preußen nach 1807 war zu dünn für eine Reichsgründung in Deutschland nach dem Sturze Napoleons. Zur Entstehung einer breiten Führungsschicht waren zwei Generationen notwendig, bis Bismarck 1871 das Reich schuf, auf dessen Fundamenten auch das wiedervereinigte deutsche Staatswesen der Gegenwart ruht.

Neben diesem europäischen Aspekt gibt es aber ebenso gewichtige innenpolitische Folgen der inneren Verweigerung der meisten Politiker gegenüber der Einheit bis 1989. Sie müssen zu ihrem Schrecken nun nämlich die Folgen ihres jahrzehntelangen politischen Handelns zur Kenntnis nehmen, die dem einzelnen Menschen, dem Individuum, dem Egoismus alles gab, die Gemeinschaft, den Staat, das Volk aber hintenanstellte. Diese egoistische Saat geht nun auf. Der Eigennutz und der Gruppenegoismus läßt die innere Vollendung Deutschlands schwieriger denn je werden: "Der Mensch lebt vom Brot allein", so hieß die stillschweigende Voraussetzung der westdeutschen Gesellschaft (Jessen, S. 33).

So wie die westdeutsche Außenpolitik immer gefordert hatte, daß eine Wiedervereinigung nur dann möglich sei, wenn man dafür keinen politischen Preis zahlen müsse, so ist jetzt auch die Bevölkerung nicht bereit, einen finanziellen oder moralischen Preis für die deutsche Einheit zu bezahlen. Der Fluch des Wortes holt diese Politiker jetzt ein.

Deshalb kam keine Partei, kein Politiker über den Appell "an die Bürger und Bürgerinnen" hinaus, kein Aufruf an das Gemeinschaftsgefühl, an die nationale Solidarität, an das Volk oder einfach an die Deutschen; weder im Herbst 1989 noch im Jahre 1990. Es gab auch keinen Aufruf zum Opfer, sondern anonyme Solidaritätsabgaben über den Lohnzettel. Es wäre die große Gelegenheit gewesen, Deutschland als Staat auf eine neue, gemeinsame, auch geschichtliche Grundlage zu stellen, und dabei so manche Fehler und Mängel, auch Entartungen der egoistisch überwucherten alten Bundesrepublik, zu beseitigen. Aber das sollte nicht sein. Die alten Gewohnheiten, die Behaglichkeit der "kleinen" Bundesrepublik samt ihres blühenden Provinzialismus und Partikularismus sollten und wollen weitergepflegt werden. Dazu gehört auch die selbstzerstörerische "Vergangenheitsbewältigung" für 1933 bis 1945, die schon längst die Züge einer kollektiven Paranoia, eines selbstmörderischen Eigenhasses angenommen hat und nun von den Denunziationskampagnen und Rachefehden gegenüber potentiell jedem DDR-Bürger überlagert wird.

Nach dem großen Tag der Wiedervereinigung und dem erfreulichen Beginn des zumeist privat getragenen wirtschaftlichen Aufschwungs in Mitteldeutschland muß man sich deshalb auch entsetzen über die "Kränkung und politische Demütigung, die westdeutscher politischer Krämergeist und westdeutsche Unbeweglichkeit den neuen Bundesländern zufügen. Nur dort werden Institutionen abgewickelt und Menschen in die Arbeitslosigkeit entlassen. Warum aber ist im Westen jede Veränderung unmöglich und muß noch dem letzten Bonner Delikatessenhändler seine überfressene Kundschaft erhalten bleiben?" (Jenssen, S. 33)

Das Credo nach 1990 in Bonn lautet, die vom Volk in der DDR errungene Souveränität Deutschlands auf dem Altar eines europäischen Bundesstaates zu opfern, war dies doch die von Bonn erstrebte Bedingung der Alliierten für deren Zustimmung zur deutschen Einheit. Der angestrebten außenpolitischen Ent-Nationalisierung geht, nachdem die geistige Souveränität schon in den 60er Jahren verloren gegangen war, die innenpolitische Ent-Nationalisierung einher mit der Folge, daß die Politik der "inneren Wiedervereinigung" zu einer gemeinschaftsbildenden, also nationalen Sinnstiftung nicht mehr fähig ist. Die Tugenden, ohne die ein Staatswesen gar nicht bestehen kann, sind völlig beseitigt und ersetzt worden durch die materielle Bereicherung, durch Profit, durch ökonomischen Egoismus.

Zahlreich sind die Beweise für diese ent-nationalisierende Politik: das beschämend knappe, nur durch die PDS-Stimmen zustandegekommene Bundestagsvotum für Berlin als Hauptstadt, die wiederum hastig abgeschlossenen Grenzverträge mit Polen und der CSFR mit dem Verzicht auf die Ostgebiete und der Weigerung, für die dort lebenden Deutschen Schutzmachtpflichten wahrzunehmen, die konsequente Verweigerung schließlich auch, den Rußland-Deutschen in Nord-Ostpreußen eine Heimstadt zu schaffen. Diese Politik geht hin bis zu politischen "Symbolverletzungen": vom Neubau des Bundestages in Bonn(!), über die Verstümmelung der Nationalhymne um die 1. und 2. Strophe bis hin zur devot erklärten Bereitschaft gegenüber den Sowjets, in Mitteldeutschland deren protzige Siegerdenk-mäler mit rotem Stern und T-34 Panzern zu pflegen. Sebstredend wird wohl weder das Berliner noch das Potsdamer Stadtschloß wiederaufgebaut und stattdessen der klotzige "Palast der Republik" uns erhalten bleiben; nur zur Wiederherstellung der Quadriga auf dem Brandenburger Tor mit Preußen-adler und Eisernem Kreuz hat es gerade noch gelangt.

Fremd geworden ist die Erkenntnis des Reichsfreiherrn vom Stein aus dem Jahre 1807, "einer gedemütigten und in ihrem Kern verwundeten Nation wieder Mut und Selbstvertrauen einzuflössen, weil sich nationale Freiheit nur mit einem freien und aufrechten Volk gewinnen lasse" (Zierer, S. 18).

Mit der innenpolitischen Ent-Nationalisierung einher geht aber, was auf Dauer viel erfolgreicher ist, die von den im Bundestag vertretenen Parteien hingenommene, wenn nicht sogar begrüsste und forcierte Masseneinwander-ung kulturfremder Völker und die damit anschwellende Kriminalität, vor allem im Rauschgiftbereich. Nirgends wird die Staatsgewalt eingesetzt, um diesen kaskardenartigen Masseneinfall von Kriminellen aus aller Welt einen Riegel vorzuschieben und die hunderttausenden von Asylbetrügern schnellst-möglich abzuschieben. Stattdesen werden diese mit Milliardenbeträgen ausgehalten, während Millionen von Mitteldeutschen arbeitslos sind. Ver-schlimmert wird diese fernstenliebe und nächstenfeindliche Politik durch die angestrebte gesetzliche Freigabe der Tötung von ungeborenen Kindern, womit auch vom biologischen Aspekt her eine Regeneration des eigenen Volkes erschwert wird. Bei Fortdauer dieser zutiefst volksfremden, wenn nicht volksfeindlichen Politik wird innerhalb kurzer Zeit eine Neubelebung von nationaler, deutscher Politik jeglicher Boden entzogen sein, ob im Rahmen eines europäischen Staatenbundes, oder eines europäischen Bun-desstaats ist ohne Belang.

Die freiheitliche Revolution in der DDR war aber nicht nur eine deutsche, sondern von ihrem Ansatz und ihrer Gewaltlosigkeit her auch eine zutiefst und *humane* und *europäische* Revolution. Das hatte ihren begeisternden Wi-derhall in der ganzen Welt auch ausgelöst. Es darf aber füglich bezweifelt werden, ob sie durchgeführt worden ist, um aus den Händen eines "Besser-Wessi"-Establishments die zweifelhaften Segnungen einer multikulturellen Gesellschaft entgegenzunehmen mit der Endvision, im eigenen Lande zur Minderheit zu werden.

Das 20.Jahrundert in Europa ist ein "deutsches Jahrhundert" geworden, im Guten wie im Bösen; bei der Entstehung von Kommunismus und National-sozialismus, im Ersten und Zweiten Weltkrieg, während der Zeit des Kalten Krieges und der Entspannung und nun seit 1989/90 durch die Auflösung des Kommunismus - stets hat Deutschland, ob Monarchie oder Republik, ob Großmacht oder Mittelmacht, ob vereint oder geteilt eine "dominierende, oft auch dämonische und dann plötzlich eine so erfolgreiche Rolle gespielt" (Fehrenbach,S.49). Das bedeutet auch Verantwortung, denn Deutschland befindet sich heute in einem Spannungsfeld zwischen dem universalistisch-liberalistischem Kraftfeld der Vereinten Nationen, der USA und der EG im Westen einerseits und den im Osten erwachenden Nationen andererseits. Löst sich im Osten das marxistisch multikulturelle und multinationale Großraumexperiment auf, zum Teil unter entsetzlichen Begleiterschein-ungen, so wird im Westen eine Politik multinationaler Verflechtungen und Souveränitätsverzichte vorangetrieben. Unsichtbar läuft die Grenze beider entgegengesetzter Kraftfelder erneut mitten durch Deutschland. Chance und Gefährdung zugleich bedeutet das.

Das Zeitalter der aufklärerisch begündeten Großideologien und ihrer su-pranationalen Großabstraktionen geht aber zuende. Die Völker und Volks-gruppen, die Nationen und Regionen und Religionen kehren zurück, erzwin-gen sich ein neues Lebensrecht und werden im ausgehenden 20. Jahrhundert die bestimmende Kräfte der Politik sein.

Deshalb ist es fraglich, ob die "Bundesrepublik", die von ihrer ganzen Konzeption her vom Ausnahmefall der Geschichte - der totalen Niederlage von 1945 - geprägt und als Gegenentwurf zu aller bisherigen deutschen Staatlichkeit angelegt worden ist, den Untergang eben dieses Status quo auf Dauer überleben wird.

Deshalb dürfte es auch nicht weise sein, die politische Souveränität des deutschen Volkes in Brüssel abzugeben und Deutschland lediglich zu einem "Wirtschaftsstandort D" schrumpfen zu lassen. Das Volk als Bestandteil ei-ner "europäischen Wirtschaftsgesellschaft" in einer kontinentalen Bevölke-rungsagglomeration aufgehen zu lassen, würde nämlich seine erneute Ent-mündigung bedeuten. Sie würde absolutes politisches Unrecht bedeuten.

Schließlich würde damit die Epoche der Volksherrschaft seit den preussi-schen Reformen wieder beendet. Im Grunde genommen handelt es sich bei der "fürsorglichen" Fortnahme aller seit 1806 erstrittenen politischen Souve-ränitätsrechte um einen politischen Ethnozid. Gab es im monarchischen an-

cien regime mit dem vor Gott sich verantwortlich fühlenden Monarchen jedenfalls noch einen personalisierten und transzendenten Consens mit dem
Volk, so entbehrt der kommende europäische Überstaat als Leviathan aller
assoziativer Klammern. Als supranationaler Staat weder von Volkes noch
von Gottes Gnaden wird er aller Voraussicht nach der inneren Lebenskraft
ermangeln - der mentalen und politischen Loyalität also - die jedes Staatswesen zum Überleben braucht.

Es ist hier nicht der Platz, diese politische Entwicklung abzuschätzen.
Aber es dürfte zutreffen, daß die Bundesrepublik in ihrer entnationalisierten
Form als Wirtschafts- und Konsumgesellschaft , als "Stimmungsdemokratie"
(Eschenburg), harmoniebesessen mit der ganzen Welt außer mit sich selber,
die auf sie zukommenden Herausforderungen so nicht bestehen wird und als
geschichtsloser Zweckverband von lediglich wirtschaftlich und egoistisch
denkenden und handelnden Individuen und Gruppen früher oder später zerfallen wird. Die "Inferiorität als Staatsräson" (v. Schrenck-Notzing) ist verbraucht. Gewiß waren wir bis 1989 politische Zwerge, aber schlimmer ist es,
daß wir es auch unbedingt bleiben wollen. Diesem Schicksal können wir nur
entgehen durch die Verdeutlichung des engen Zusammenhangs von Demokratie und Nation. Nur dadurch kann der Staatsbürger den Staat als sinnstiftende Realität sich zueigen machen. (Hornung, S.100) Mit anderen Worten:
Der souveräne Staat braucht ein souveränes Volk.

All den Zeitgenossen aber, die eine Gesundung der "Gesellschaft" von
Wirtschaftswachstum und industriellem Wohlstand per se erhoffen, seien die
mahnenden Worte Alexander Solschenizyns ins Stammbuch geschrieben:

"Die Quelle der Kraft oder der Schwäche einer Gesellschaft ist ihr *geistiges* Lebens-
niveau, erst dann ihr industrielles. Marktwirtschaft alleine und selbst allgemeiner Überfluß
können nicht die Krone menschlichen Daseins sein. Wenn in einer Nation die geistigen
Kräfte verdorren, rettet sie weder die Staatsordnung, noch industrielle Höchstleistung vor
dem Untergang." (Solschenizyn, S. 36)

Die Herausforderung muß deshalb in jedem Fall lauten, daß die
"Bundesrepublik" ersteinmal wieder "Deutschland" werden muß. Nur so
wird sie glaubwürdig und gewinnt für sich und in der EG die innere und
geistige Kraft; auch um das Erbe der untergegangenen UdSSR in Osteuropa
anzutreten bei der Gestaltung vernünftiger politischer und wirtschaftlicher
Lebensverhältnisse dieser Staaten. Eine erste, bescheidene Kostprobe dafür
haben wir bei der Anerkennung der Souveränität Sloweniens und Kroatiens
erlebt.

Wenn Hermann Ehlers das künftige Europa den Deutschen empfohlen hat
als eine zeitgemäße Form des christlich mittelalterlichen Reichsgedankens,
so kann auch das oft nebulös verhangene Europa eine innere Leuchtkraft und

Anziehung erhalten, die ihm heute fehlt. "Wer wir Deutschen aber sind, das werden wir weder aus der transatlantischen, noch aus der transelbischen Schieflage in Erfahrung bringen können, sondern alleine aus der europäischen Mittellage" (Schlögel,S. 121), deren Kern wir selber bilden.

Der Schritt vom Satz "Wir sind ein *Volk*" zum Bekenntnis "Wir sind eine *Nation*" also von der Betonung des ethnischen Bekenntnisses zum politischen Bekenntnisprinzip ist in Deutschland noch nicht vollzogen, ist aber *not-wen-dig!*

Dafür steht der - historisch gesehen - jungfräuliche Boden Mitteldeutschlands immer noch bereit. Die wiederholt angesprochene "Verzwergung" (Arnulf Baring) der mitteldeutschen Landsleute kann nur durch eine gesamtdeutsche nationale und zugleich pro-europäische Wiederbelebung eines modernen, sozialen und ethisch begründeten Nationalbewußtseins aufgehoben werden. Es gilt nach wie vor die Aussage des großen Kenners und Skeptikers der menschlichen Zustände, des Physikers und Philosophen Georg Christoph Lichtenberg (1742-1799): "Die Nation, die die meiste Spannkraft hat, ist auch allezeit die freieste und glücklichste."

Den staatsverbrauchenden Boden Westdeutschlands durch den staatsbildenden Boden Mitteldeutschlands gesunden zu lassen, damit das ganze Vaterland in der Familie der europäischen Völker seine ihm zukommende Rolle einnehmen kann, bedeutet eben, zu einer neuen, diesmal auf Dauer angelegten Symbiose von christlich begründetem Nationalbewußtsein und demokratischem Staatsverständnis zu gelangen. Die *Permanenz der nationalen und demokratischen Bewußtseinssynthese von 1813 und 1989* dürfte das erhabenste Geschenk sein, mit dem der Jubilar Klaus Hornung über den Tag seines Geburtstages hinaus zu beglücken wäre.

Literaturhinweise

John Backer: Die Entscheidung zur Teilung Deutschlands. - München 1981

Henryk Broder: Eine schöne Revolution. - in: Die Zeit, Nr. 3 vom 10.1.1992 S.41

Wjatscheslaw Daschitschew: Hartnäckige DDR-Führung. - in: Spiegel-Spezial, Nr.IV/ 1991: Die Katastrophe des Kommunismus. - S. 121-131

Oskar Fehrenbach: Das deutsche Jahrhundert. - in: Stuttgarter Zeitung, 29.9.1992, S.49

Karl Feldmeyer: Unangenehme Rückblicke. - in: FAZ, Nr.86 vom 10.4.1992, S.14

Heinz Gehle: 1987 sollte die Einheit begraben werden. - in: Das Ostpreussenblatt, Nr.21/ 1992, S.24

Klaus Hornung: Herkunft und Zukunft. Perspektiven der Deutschen Frage im 20. Jahrhundert. -(Reihe: Zeitgeschichtliche Bibliothek, Band 6) Asendorf 1989

Jens Jessen: Der Westen enblößt sich. - in FAZ vom 3.6.1992, S.33

Friedrich Meinecke: Stein und die Erhebung von 1813. - in: ders.: Preußen und Deutschland im 19. und 20. Jahrhundert. - München 1918, S.125-133

Harald Rüddenklau: Im Kampf um die Teilung Deutschlands. - in: Criticon, Heft 108, Juli/August 1988, S.175-180

Karl Schlögel: Die Mitte liegt ostwärts. - Berlin 1986

Alexander Solschenizyn: Russlands Weg aus der Krise. Ein Manifest. - (Reihe: Serie Piper, Band 1400), München, Zürich 1990

Manfred Wilke: Das Genossen-Kartell. Die SED und die IG Druck und Papier/IG Medien. - Berlin 1992

Otto Zierer: Freiherr vom Stein. (Reihe: Lux-Lesebogen, Heft 243) Murnau o.J.

Konrad Löw

Die Deutschen und der totalitäre Kommunismus

I. Deutschland und die Deutschen im Brennpunkt der Kritik

Der Dolmetscher stockte, als in Prag zu Beginn des Jahres 1992 im Rahmen einer deutsch-tschechischen Diskussionsrunde die Feststellung getroffen wurde: "Die Deutschen haben den Krieg begonnen; die Deutschen haben den Krieg gewonnen."

Wer sich vergegenwärtigt, daß die Tschechen im Durchschnitt etwa so viel Kronen verdienen wie wir D-Mark bei einem Wechselkurs 20 : 1 – Mittelwert zwischen An- und Verkauf –, hat volles Verständnis für diese Verbitterung. Die meisten ausländischen Opfer der nationalsozialistischen Diktatur haben Anlaß zu ähnlicher Klage, was sicher mit dazu beiträgt, die Deutschen und Deutschland zu thematisieren, Mittel und Wege zu suchen, dieses, wie es scheint, handgreifliche Unrecht durch immer neue Schuldzuweisungen und Zahlungsverpflichtungen abzumildern.

Aber nicht nur das Ausland betrachtet uns überwiegend kritisch. Jeder Blick in den deutschen Blätterwald zeigt, daß das Pendel deutscher Befindlichkeit weit vom Lot abgewichen ist und dem Selbsthaß nahe kommt. Hier nur einige Schlagzeilen als Beispiele: "Wenn Rassismus sich gegen Deutsche wendet", "Woher kommt der Selbsthaß? Ein Buch über den 'deutschen Komplex' ", "Das Land, wo die Kanonen blühen – Texte von Deutschen über Deutschland", "Betört von einer Welt im Umsturz. Die alte deutsche Sehnsucht nach dem 'Totum' ", "Der häßliche Deutsche", "Wollen wir immer mehr sein, als wir sind?", "Weg von der deutschen Dunkelheit", "Bewundert, gefürchtet, beneidet – die unbeliebten Deutschen".

In der Tat haben wir Grund zu Gewissenserforschung. Am Ersten Weltkrieg trug Deutschland ein gerüttelt Maß Mitschuld. Was den Zweiten Weltkrieg anlangt, so ist die Schuldfrage noch eindeutiger zu beantworten. Die "Bewältigung" der NS-Vergangenheit dauert nun schon fast ein halbes Jahrhundert, und ein Ende ist noch nicht abzusehen. Eine zweite Vergangenheit hat uns Deutsche eingeholt: Der Umgang mit dem "real existierenden Sozialismus", und niemand weiß, wann sie Geschichte sein wird.

Kann der Nationalsozialismus überhaupt mit dem "real existierenden Sozialismus" der DDR verglichen werden? Eine alte Frage, die immer schon klar beantwortet werden konnte. Vergleichen heißt nicht gleichsetzen, sondern nur prüfen, inwiefern eine Gleichsetzung geboten oder verboten ist. Hitlers Wahn hat Millionen Menschen in den Tod getrieben; bei der Zentralen Erfassungsstelle für DDR-Verbrechen in Salzgitter, sind "nur" 4 444 Fälle des Verdachts der versuchten und vollendeten Tötung registriert. Die Zahl der Rechtsbeugungen in Form politisch motivierter Urteile wird dort auf 300 000 geschätzt. In einer medizinischen Studie heißt es, viele der etwa 50 000 Menschen, die die Folterungen des Staatssicherheitsdienstes der DDR überlebt haben, litten heute unter den psychischen Folgen dieser Torturen. Vermutlich starben 90 000 Menschen durch die Stasiverfolgung. Die Freiheitsberaubung der Deutschen in der DDR ging weiter als die der Deutschen des Dritten Reiches vor Kriegsbeginn. Der "real existierende Sozialismus" zerstörte die Bausubstanz, die der Bombenkrieg verschont hatte. Auch wenn wir ohne zu zögern, das, was Hitler angerichtet hat, aufs Ganze gesehen als weit schlimmer bewerten, so sind die materiellen und immateriellen Verwüstungen der SED-Herrschaft gleichwohl ungeheuerlich.

Auch wenn sich die DDR dem Vermächtnis des in Preußen geborenen Karl Marx verpflichtet wußte, die Mehrheit der Deutschen wollte nicht im totalitären Sozialismus seiner Epigonen leben. Dem Regime Ulbricht/Honecker fehlte stets die demokratische Legitimation. Stalin hatte Deutschland geteilt, und die in seinem Machtbereich Lebenden waren ähnlichen Zwängen ausgesetzt wie die Deutschen im Dritten Reich. Aber nach 1945 gab es neben dem totalitären Deutschland ein anderes Deutschland mit Meinungsfreiheit, Pressefreiheit, Informationsfreiheit und Versammlungsfreiheit als verfassungsrechtlicher und verfassungspolitischer Realität. Trotzdem beging das freie Deutschland (genauer gesagt: immer breitere Schichten des deutschen Volkes) Verrat an der Freiheit. Diese Behauptung kann mit Hunderten von Fakten aus den verschiedenen Bereichen des staatlichen, beruflichen und gesellschaftlichen Lebens bewiesen werden. Im Folgenden nur ein Dutzend, um das Gesagte glaubhaft zu veranschaulichen.

II. Wie wir unsere totalitäre Versuchung "bewältigt" haben

1. Mit dem Beginn der Großen Koalition 1966 kam es zu einer Verlagerung der Akzente in der Deutschland- und Ostpolitik. Symptomatisch dafür ist die "Demokratische Starthilfe für die Gründung der DKP", wie der Untertitel eines Buches von Wilhelm Mensing lautet. Zu kritisieren ist nicht die Duldung einer kommunistischen Partei. Dafür gab und gibt es eine Reihe

guter Gründe, zumal wenn, wie in der Bundesrepublik Deutschland, die Kommunisten jeder Glaubwürdigkeit bar nur Bruchteile eines Prozents der Wähler verbuchen können. Entschieden zu mißbilligen sind jedoch nach wie vor die Art und Weise der Starthilfe, der Zeitpunkt und die Rechtsbeugung, die insbesondere dem damaligen Justizminister und späteren Bundespräsidenten Gustav Heinemann anzulasten ist. Richard Jaeger, vormals selbst Bundesjustizminister, empörte sich: "Der vereidigte Vertreter der Legalität empfängt die Delegierten einer illegalen Partei. Der Hüter des Rechts empfängt diejenigen, die es mit Füßen treten." War es nicht in der Tat ungeheuerlich, daß der an sich unzuständige Justizminister höchstpersönlich zusammen mit seinem Staatssekretär Horst Ehmke ausdrücklich in amtlicher Eigenschaft Wege aufzeigte, wie vom Ausland finanzierte Verfassungsfeinde scheinlegal ihre politischen Ziele verfolgen können? Dies geschah ohne Wissen des Kanzlers Kiesinger, ohne Fühlungnahme mit dem Bundesverfassungsgericht und der Bundesanwaltschaft. Daher das schlechte Gewissen, das es ratsam erscheinen ließ, jede öffentliche Mitteilung über das Gespräch zu untersagen. Als es dennoch ruchbar wurde, verleugnete Heinemann zunächst seine und Ehmkes Beteiligung.

Unverzeihlich die Rechtsbeugung! Während es der Bundesregierung nach dem Bundesverfassungsgerichtsgesetz freisteht, einen Parteienverbotsantrag zu stellen (§ 43), ist sie verpflichtet, gegen "Ersatzorganisationen" einzuschreiten. Alles sprach dafür – was wir heute mit den Akten von drüben beweisen können, daß es sich bei der DKP um eine Ersatzorganisation der KPD gehandelt hat; beide Werkzeuge des KPdSU. Auch die Prüfung durch den zuständigen Innenminister kam zu diesem Ergebnis. Doch Heinemann und seine Anhänger konnten sich im Kabinett gegen die klare Rechtslage durchsetzen, was den Unterlegenen nicht zur Ehre gereicht, die ein entschiedenes Nein hätten sprechen müssen. Die Regierung, die vollziehende Gewalt, ist ebenso an das Gesetz gebunden wie die Judikative (Art. 20 Abs. 2 GG).

2. In der "sozial-liberalen Ära" wurde eine Reihe wichtiger Verträge mit Ostblockstaaten abgeschlossen. Die Verträge beweisen, daß nunmehr außenpolitisch ein anderer Wind wehte, mehr Bereitschaft zum Eingehen auf die Wünsche der Ostblockstaaten gezeigt wurde, um Entspannung und Verbesserungen im humanitären Bereich zu erwirken, aber auch wegen der gemeinsamen ideologischen Grundlagen von SPD und SED.

Der Deutsche Bundestag, der die genannten Verträge nach meist stürmischen Debatten ratifiziert hat, wollte noch einen Schritt weitergehen und offizielle Kontakte mit der Volkskammer der DDR knüpfen. Nur deren Weigerung, auch Westberliner Abgeordnete zu akzeptieren, bewirkte das Scheitern dieser Pläne, die vor allem von der SPD-Fraktion betrieben wurden. Erst nach der Revolution konnte in der amtlichen Zeitschrift "Das Parlament" die Volkskammer angemessen charakterisiert werden: "Ein kritischer Blick zurück auf 40 Jahre Scheinparlamentarismus in der DDR enthüllt, wie die SED mittels Handhabung parlamentarischer Formen die Bürger der DDR um ihre demokratisch-konstitutionellen Rechte betrug. Geschriebenes Verfassungsrecht, von der Ideologie des Marxismus-Leninismus vorgeschriebene Herrschaftsfunktionen und tatsächliche Herrschaftspraxis haben sich seit 1949 zu einer politisch-staatsrechtlichen Gemengelage amalgiert, die alles enthielt, nur keine Machtausübung durch das Volk." Bekannt war das alles längst vorher. Aber wer wagte es zu publizieren?

3. "Berufsverbot-Willy" wurde Brandt geschmäht, weil unter seiner Kanzlerschaft von den Regierungschefs des Bundes und der Länder der sogenannte "Radikalenerlaß" beschlossen wurde (28. Januar 1972). Dieser Beschluß war in keiner Weise sensationell, vielmehr nur eine Konkretisierung dessen, was alle Beamtengesetze des Bundes und der Länder in Übereinstimmung mit den Verfassungsgrundsätzen einer wehrhaften Demokratie wortgleich längst festgelegt hatten, z.B. §§ 7 und 52 Bundesbeamtengesetz.

Trotz dieser Einmütigkeit des Deutschen Bundestages und der deutschen Länderregierungen begann bereits vier Wochen später die Kritik, zunächst ein Säuseln, dann ein Orkan, der die Maulhelden verstummen ließ und innerhalb von wenigen Jahren zu einer De-facto-Abschaffung zentraler Normen der Beamtengesetze in weiten Teilen der Bundesrepublik führte, ohne daß auch nur ein Jota daran geändert worden wäre, mithin eine flagrante und permanente Verletzung einer Kernaussage des Grundgesetzes, wonach "die vollziehende Gewalt und die Rechtsprechung ... an Gesetz und Recht gebunden" sind. Angehörige der DKP konnten nun in mehreren Bundesländern ohne weiteres verbeamtet werden, obwohl sie doch durch ihre Mitgliedschaft und ihre Beiträge eine Partei unterstützten, die der SED hörig war, die Zustände schaffen wollte, die der Wirklichkeit in der DDR entsprachen.

4. Als ein Ziel seiner Politik nannte Helmut Schmidt: "Ich wollte helfen, das Selbstwertgefühl Erich Honeckers im internationalen Kontext zu heben und die Minderwertigkeitskomplexe der DDR-Führung abzubauen; dadurch hoffte ich zu einer wachsenden Souveränität und Großzügigkeit der DDR im Umgang mit den von ihr regierten Bürgern beizutragen." Ist ein potenter Potentat generöser als ein hilfbedürftiger? Fördert das Selbstbewußtsein die

Bereitschaft, klein beizugeben? Doch Schmidt sah es (sieht es?) anders. Am 24. Juni 1987 schrieb er in der "Zeit": "Honecker ist ein Deutscher, der seine Pflicht erfüllen will – seine Pflicht, so wie er diese als ihm auferlegt empfindet." – Wie sagte doch Ernst Kaltenbrunner, ein Hauptverantwortlicher der NS-Verbrechen, als er 1946 in Nürnberg unter dem Galgen stand: "Ich sterbe in dem Glauben, das Gute gewollt und meine Pflicht getan zu haben." Davon dürfte er überzeugt gewesen sein. Doch kommt es darauf an? Gewaltig ist die Zahl der Gesinnungstäter.

Während Schmidts Amtszeit als Bundeskanzler kam es zu mehreren Begegnungen mit Honecker, u.a. am Werbellinsee. In den frühen Morgenstunden des 13. Dezember 1981 erreichte Schmidt die Meldung von der Verhängung des Kriegsrechts in Polen. Auf einer Pressekonferenz äußerte er: "Herr Honecker ist genauso bestürzt gewesen wie ich, daß dies nun notwendig war." – Woher wußte Schmidt, daß auch seinen Gesprächspartner, der doch dem anderen Lager zugehörte, die Nachricht überraschend traf? Und "notwendig"? Doch nur unter dem Gesichtspunkt der Erhaltung des kommunistischen Regimes. – Dem Solidaritätsaufruf seines Genossen Bruno Kreisky zugunsten der verfolgten und bedrängten Solidarnosc verweigerte er sich: "Was habe ich mit der Gewerkschaft zu tun? Ich habe Beziehungen mit der polnischen Regierung."

Und nochmals Helmut Schmidt: "Als ich 1981 am Werbellinsee war, habe ich Erich Honecker zum Gegenbesuch in die Bundesrepublik eingeladen. Dieser Gegenbesuch kam 1987 zustande. In der 'Zeit' habe ich geschrieben: 'Auch wenn wir politisch nie Freunde werden können, laßt uns ihn würdig empfangen – empfangt ihn als einen unserer Brüder!' " Wie empfängt man einen Verbrecher würdig? Zunächst, man empfängt ihn nur, wenn es im Interesse Dritter sein muß. Man empfängt ihn nicht mit breitem herzhaften Lachen wie einen guten alten Freund!

5. Das Bundesministerium für innerdeutsche Beziehungen veröffentlichte 1979 ein voluminöses "DDR-Handbuch" (1.280 Seiten). Für "Totalitarismus" hatte man von den durchschnittlich 120 Zeilen je Seite ganze 6 Zeilen übrig: "Totalitarismus in den 50er und 60er Jahren verwandte unscharfe Bezeichnung zur Charakterisierung der Herrschafts- und Gesellschaftssysteme kommunistisch regierter Staaten. In der westlichen Ost- wie DDR-Forschung inzwischen von differenzierteren Analysemethoden abgelöst." – Nahezu jede Aussage dieses Artikels ist mehr als fragwürdig: 1. Die meisten politikwissenschaftlichen Begriffe sind unscharf, z.B. auch Demokratie und Rechtsstaat. 2. "Totalitarismus" diente nicht nur zur Charakterisierung kommuni-

stisch regierter Staaten. 3. Welche differenzierteren Analysemethoden haben den Totalitarismus-Ansatz abgelöst? Die "Ablösung" war nur ein – nie erfüllter – Wunsch des Herausgebers und des Autors. "Terror wurde im Lexikon völlig systemkonform abgehandelt, der Staatsterror mit keiner Silbe angesprochen. Terror war ungeprüft alles das, was der SED-Staat als Terror anprangerte.

6. Großes Erstaunen, gewaltige Empörung löste im Frühjahr 1991 die Meldung aus, in der DDR seien politisch Verfolgten die Kinder weggenommen und zur Zwangsadoption freigegeben worden. Die Internationale Gesellschaft für Menschenrechte (IGFM) hatte davon schon 1976 Kenntnis und leitete ihre Informationen umgehend an das Bundesministerium für innerdeutsche Beziehungen weiter. Einige Monate später, 15. Februar 1977, brachte sie eine 48seitige Dokumentation heraus "Zwangsadoptionen aus politischen Gründen in der DDR", in der vier Fälle mit Originalurkunden und Fotos der zwangsadoptierten Kinder belegt wurden. Auch sie ist dem Ministerium und anderen Dienststellen der Bundesregierung zugegangen. Antwort: keine. Den fernmündlich Anfragenden wurde zu verstehen gegeben, daß derlei Veröffentlichungen nicht erwünscht seien. Während der KSZE-Folgekonferenz in Belgrad 1977 wurde von der IGFM ein kleiner Bericht über die Zwangsadoptionen in der DDR allen Delegationen überreicht. Auch bei vielen anderen internationalen Kongressen und Begegnungen haben Vertreter der IGFM das Thema zur Sprache gebracht. Beispielsweise organisierte die IGFM die Reise einiger betroffener Eltern nach Rom, als Honekker vom Papst empfangen wurde. Die italienische Presse hat ausführlich darüber berichtet, die deutschen Medien hüllten sich in Schweigen. Die "guten Beziehungen" zu Honecker sollten nicht gestört werden.

7. Die Bundesländer haben sich in ihrem ostpolitischen Denken mehrheitlich gleichgeschaltet, aber nicht alle. Bayern zog vor das Bundesverfassungsgericht, um den Grundlagenvertrag zu Fall zu bringen. Das die Klage abweisende Urteil war ein Pyrrhussieg für das amtliche Bonn. Denn das Gericht stellte mit Verbindlichkeit für alle Staatsorgane fest: "Aus dem Wiedervereinigungsgebot folgt: Kein Verfassungsorgan der Bundesrepublik Deutschland darf die Wiederherstellung der staatlichen Einheit als politisches Ziel aufgeben, alle Verfassungsorgane sind verpflichtet, in ihrer Politik auf die Erreichung dieses Zieles hinzuwirken – das schließt die Forderung ein, den Wiedervereinigungsanspruch im Innern wachzuhalten und nach außen

beharrlich zu vertreten – und alles zu unterlassen, was die Wiedervereinigung vereiteln würde."

Nicht nur die DDR heulte auf, auch führende Koalitionspolitiker verfaßten bittere Kommentare. Helmut Schmidt erinnert sich: "Honecker kam nochmals auf das Karlsruher Urteil zurück: 'Man muß doch sehen, daß innerstaatliches Recht nicht Völkerrecht ersetzen kann! ... Das Urteil enthält Ausführungen über Deutschland in den Grenzen von 1937, es hat die Grenzen der DDR qualitativ den Grenzen der Bundesländer gleichgesetzt. Dies alles widerspricht dem Moskauer Vertrag und unserem Grundlagenvertrag. Ich will aber hinzufügen: So lange diese Karlsruher Ausführungen nicht zur Grundlage der Politik Ihrer Regierung werden, so lange sehe ich die Sache nicht als sehr wichtig an:" Ein seltsames Verhältnis zur Rechtstaatlichkeit bekennt Schmidt, wenn er schreibt: "Es wird leider wohl noch einige Zeit dauern, bis die Juristen in der deutschen politischen Klasse allgemein begreifen, daß die Mächtigen der Welt sich in ihrem Tun und Lassen nicht nach Karlsruher Urteilen richten, wie auch immer sie begründet sein mögen ..."

8. Schulbücher bedürfen der Genehmigung der Bundesländer. In den Sozialkundebüchern wurde auch die DDR angesprochen. Im Mai 1990 brachte "Der Spiegel" einen mehrseitigen Bericht, der sich kritisch mit ihrem Inhalt auseinandersetzt. Aufhänger war der Beschluß der Bundesregierung, für 30 Millionen Mark den Neuländern westdeutsche Schulbücher zur Verfügung zu stellen. Der Spiegel: "Ob die ostdeutschen Pädagogen und Umerzieher zur Demokratie an der Bonner Gabe allzuviel Freude haben, ist zu bezweifeln. Denn aus den DDR-Lektionen der westdeutschen Unterrichtsmaterialien lernen Schüler nicht selten, wie schön es noch gestern im real existierenden Sozialismus war."

Selbst im "schwarzen Bayern" stießen Schüler in ihren Materialien zum Religionsunterricht auf Absurditäten wie: "Wichtige Elemente der Gesellschaftslehre von Marx sind in die christliche Soziallehre sowie in die Verfassung und Gesetzgebung christlicher Staaten eingegangen." Zur Rede gestellt, antwortete der Verfasser: "Ich übernahm von Küng und vom Synodenpapier das Wichtigste in mein 'Grundwissen'; ich tat es in der Überzeugung, diese Behauptungen seien evident. Wenn ich allerdings auf die wissenschaftliche Folterbank gespannt werde und z.B. mit Quellenangabe und Entstehungsgeschichte angeben soll, welcher Paragraph unseres Grundgesetzes eine bewußte Erfüllung marxistischer Forderungen ist, bin ich überfordert. Für die Verifizierung von Details muß ich Sie an Ihren Kollegen Küng verweisen. Sollten Sie ... in einen Briefwechsel oder gar in eine Kontroverse mit Küng treten, so wäre ich verständlicherweise sehr interessiert, zu erfahren, was Hans Küng auf ihre Einwendungen antworten wird." Nun, Küng gab sich diese Blöße nicht. Da er den Beweis für die Richtigkeit nicht führen konnte, schwieg er eisern. Der Geist weht, wann und wo er will!

9. Städte und Gemeinden verschlossen sich nicht dem Zug der Zeit. Aus Protest gegen die Errichtung des "antifaschistischen Schutzwalles" im August 1961 quer durch Berlin ließ z.B. die Stadt Nürnberg noch im Herbst 1961 eine Gedenkmauer errichten, die auf ca. 6 Meter Länge nach Höhe, Stärke und Aussehen die erste, provisorische Berliner Mauer imitierte. Sie stand vor dem Eingang des neuen Rathauses. Auf einer großen Tafel die Worte: "Eine Mauer trennt das deutsche Volk". Doch schon bald wurde sie der SPD-Mehrheit lästig. Das Dürer-Jahr 1971 bot den Vorwand: Man wolle die auswärtigen Besucher nicht schockieren. Daher solle die Mauer verlegt und neu gestaltet werden. Drei Tage lang verhinderten die Junge Union und deren Sympathisanten den Abbruch. Schließlich war es so weit. Die unschuldige Nürnberger Mauer wurde der Entspannung geopfert, die Blutmauer in Berlin hat jedoch nach Meinung der Verantwortlichen der Stadt Nürnberg die Entspannung offenbar nicht behindert. Unnötig zu erwähnen, daß der angekündigte Ersatz nicht verwirklicht wurde.

10. Auch wenn, wie es heißt, die Ansprache des Bundespräsidenten zum 40. Jahrestag des Kriegsendes weltweites Aufsehen erregt hat, in 18 Sprachen übersetzt, und in mehr als 2 Millionen Exemplaren verbreitet worden ist, so sind manche Passagen ganz offenbar auf Einflüsterungen des Zeitgeistes zurückzuführen, wenn es heißt: "Der 8. Mai war ein Tag der Befreiung. Er hat uns alle befreit von dem menschenverachtenden System der nationalsozialistischen Gewaltherrschaft." Für Hunderttausende begannen mit dem Zusammenbruch harte Wochen, Monate, Jahre der Gefangenschaft, die nicht einmal jeder zweite in der Sowjetunion überlebte.
"Als Deutsche ehren wir das Andenken der Opfer ... des Widerstands der Kommunisten." Strebten die "Ehrwürdigen" nicht eine stalinistische Diktatur an? Andernfalls hätten sie längst die Partei Thälmanns verlassen. Widerstand allein genügt nicht. Nur der Zweck heiligt das Opfer. Und so betrachtet waren sie ebensowenig ehrwürdig wie der SA-Führer Ernst Röhm. Es genügt nicht, von Hitler ermordet worden zu sein. Auch wenn Röhm Hitlers Sturz betrieben hätte, wir dürften ihm und seinesgleichen keine Kränze flechten.
Weizsäcker weiter: "Gewiß, es gibt kaum einen Staat, der in seiner Geschichte immer frei blieb von schuldhafter Verstrickung in Krieg und Ge-

walt. Der Völkermord an den Juden jedoch ist beispiellos in der Geschichte."
– Meint der deutschstämmige französische Jude Alfred Grosser den zuletzt
zitierten Satz, wenn er sich entrüstet: "Nichts ist moralisch so verwerflich
wie die explizite oder implizite Überzeugung, eine Million ermordeter
ukrainischer Bauern stelle ein geringeres Verbrechen dar als eine Million
ermordeter Juden."

Besonders bezeichnend und aktuell die folgende Passage: "Aber in Wirklichkeit trat zu den Verbrechen selbst der Versuch allzuvieler, auch in meiner
Generation, die wir jung und an der Planung und Ausführung der Ereignisse
unbeteiligt waren, nicht zur Kenntnis zu nehmen, was geschah. Es gab viele
Formen, das Gewissen ablenken zu lassen, nicht zuständig zu sein, wegzu-
schauen, zu schweigen." Weizsäcker meint die NS-Verbrechen. Aber trifft
dieser Vorwurf nicht ebenso hart jene, die zu den Verbrechen der Gegenwart
des Jahres 1985, insbesondere zu den Verbrechen, die auf deutschem Boden
von Deutschen an Deutschen begangen wurden, kein scharfes Wort der
Mißbilligung fanden? Die Schuld der letzteren scheint noch größer, da sie
nicht in der Gefahr schwebten, Hab und Gut und Leben einzubüßen.

11. Es war, wie erwähnt, Helmut Schmidt, der Honecker nach Bonn eingeladen hatte. Ob es andernfalls nicht oder später zu dem Staatsempfang
gekommen wäre, der am 7. September 1987 stattfand, läßt sich nicht beantworten. Auch zu autoritären und totalitären Staaten unterhalten Demokratien üblicherweise diplomatische Beziehungen. Kohls Ansprache ließ an
Deutlichkeit nichts zu wünschen übrig: "Die Präambel unseres Grundgesetzes steht nicht zur Disposition, weil sie unserer Überzeugung entspricht.
Sie will das vereinte Europa, und sie fordert das gesamte deutsche Volk auf,
in freier Selbstbestimmung die Einheit und Freiheit Deutschlands zu vollenden." Ob aber beim Besuch des Generalsekretärs der SED und Staatsrats-
vorsitzenden der DDR das Bonner Protokoll nicht des Guten zu viel getan
hat – außer Hymne, Flagge, Ehrenformation: große Festveranstaltungen –
kann mit guten Gründen bezweifelt werden. War nicht Honecker bereits im
eigenen Lager weitgehend isoliert? Hing nicht der SED-Staat am Dauertropf
der bundesdeutschen Wirtschaft? Hatte sich Honecker nicht aufs Schwerste
an seinem Volk versündigt als Stalinist, als Lakai Ulbrichts, Organisator des
Mauerbaus, Unterzeichnung des Schießbefehls?

12. An das Ende dieser Auflistung darf ich eine signifikante Episode stellen. Im Sommer 1990 stand auf der Tagesordnung der Universität Bayreuth
die Verleihung der Ehrendoktorwürde an Vaclav Havel. In der zuständigen

Kommission hatte ich den Antrag entschieden begrüßt, konnte mir aber nicht verkneifen, darauf hinzuweisen, daß die Ehrung zwölf Monate früher, im Sommer 1989, oder noch früher, weit mutiger gewesen wäre und segensreicher gewirkt hätte. Doch damals wäre ein solcher Antrag von der Mehrheit nahezu diskussionslos abgeschmettert worden. Nun, Havel wußte die neue Würde, zu diesem Zeitpunkt eine unter vielen, angemessen einzuschätzen: Er nahm sich gar nicht die Zeit, nach Bayreuth zu kommen; die Kommission mußte ihm nachreisen. Im Meer des Menschlichen allzu, Menschlichen ist allein dies das Besondere.

III. Trauerarbeit, nichts als Trauerarbeit?

Nicht wir Deutsche haben die NS-Herrschaft abgeschüttelt. Hitler beging 1939 mit Kriegsbeginn politischen Selbstmord. Nicht wir Deutsche haben den "real existierenden Sozialismus" überwunden, der Marxismus ist an den eigenen Geburtsfehlern krepiert. 1922 schrieb Lenin die prophetisch anmutenden Worte: "An der ökonomischen Front haben wir bei dem Versuch, zum Kommunismus überzugehen, im Frühjahr 1921 eine Niederlage erlitten, die ernster war als irgendeine Niederlage, die uns jemals von Koltschak, Denikin oder Pilsudski beigebracht wurde ..."

Die mehrmalige schleichende Kapitulation vor der Unfreiheit, der Ausverkauf der Freiheit, rufen eine beklemmende Frage ins Gedächtnis, die in einem Flugblatt der Studentinnen und Studenten der "Weißen Rose" aus tiefer Verzweiflung gestellt worden ist: "Warum verhält sich das deutsche Volk angesichts all dieser scheußlichen, menschenunwürdigsten Verbrechen so apathisch? ... Sollte dies ein Zeichen dafür sein, daß die Deutschen in ihren tiefsten menschlichen Gefühlen verroht sind, daß keine Seite in ihnen schrill aufschreit im Angesicht solcher Taten, daß sie in einen tödlichen Schlaf versunken sind, aus dem es kein Erwachen gibt, nie, niemals?"

Hätte sich die Wirtschaftskraft des totalitären Sozialismus ebenso entfaltet wie die der sozialen Marktwirtschaft, alle nicht rechtzeitig geflohenen Deutschen hätten das Schicksal der DDR-Bewohner letztendlich teilen müssen. Der große Konrad Adenauer kannte seine Landsleute. Im Dezember 1955 ließ er den britischen Außenminister Harold Macmillan wissen, daß er nichts von außenpolitischer Handlungsfreiheit des deutschen Volkes halte. Er habe kein Vertrauen in das deutsche Volk. Er halte die Integration Westdeutschlands in den Westen für wichtiger als die deutsche Wiedervereinigung.

Also Anlaß genug zu "Trauerarbeit", zu gebückter Haltung, zum "deutschen Komplex", zum Selbsthaß? – Die deutsche Geschichte erschöpft sich weder in den zwölf Jahren NS-Diktatur noch in den 40 Jahren "Diktatur des Proletariats". Dieses halbe Jahrhundert wiegt zwar schwer. Wer es aber für das Ganze nimmt, versündigt sich an seinem Volk, verkennt die Geschichte anderer Völker oder will sie gar nicht kennen. Die Deutschen sind keine "besondere Rasse". Halten wir dagegen, wenn die Vielen von einem Extrem ins andere taumeln. Vom Magazin der "Frankfurter Allgemeinen Zeitung" gefragt, was für ihn das größte Unglück sei, antwortete Alfred Dregger: "Das Schwanken nicht weniger Deutscher zwischen Überheblichkeit (früher) und Nationalmasochismus (heute)."

Die Gedenktage des Jahres 1992 rufen Judenpogrome in Spanien und die brutale Kolonisierung Amerikas ins Gedächtnis, Vorgänge, die in keiner Weise mit dem deutschen Namen verknüpft sind. Wer wollte es den Russen anlasten, daß ihre Herrscher eine im Ergebnis ähnlich opferreiche Kolonialpolitik betrieben haben und daß sie sich selbst nahezu widerstandslos von Stalin mißbrauchen ließen. Mit Blick auf sein Volk formulierte Gorbatschow: "Ich denke, daß wir das nie verzeihen können oder rechtfertigen dürfen, was in den Jahren 1937 oder 1938 geschah; niemals. Dafür tragen die Verantwortung jene, die damals an der Macht waren." Gilt das oder gilt das nicht? Wer Gorbatschow beipflichtet, muß sich fragen lassen: Gilt das nicht auch zugunsten der Deutschen?

Komplexbefangene Menschen und Völker gereichen ihrer Umwelt nicht zum Segen. Das zeigte sich ganz konkret im Golfkrieg 1991, als wir uns mit dem Scheckbuch in der Hand von der moralischen Nothilfepflicht freikauften, wie es früher das Privileg reicher Herrensöhne gewesen ist. Und diese feige Abstinenz wiederholte sich 1992 beim Blauhelme-Einsatz auf dem Balkan, bei dem die UNO gar nicht erst an den Beistand Deutschlands appellierte.

Schon 1975 schrieb der Pädagoge Wolfgang Hinrichs unter der bezeichnenden Überschrift "Kulturpolitik und politische Bildung nach 1945´– Eine versäumte Chance in Deutschland?": "Es ist eine psychologische Binsenweisheit, daß aus einem Minderwertigkeitskomplex, erst recht bei dem unermeßlichen Schuldkonto, das im deutschen Namen angelegt war, keine Toleranz entstehen kann, sondern höchstens erneute Kompensation durch Selbstgerechtigkeit, Hochmut und Haß. Die Förderung eines bescheidenen nationalen Selbstbewußtseins ist daher die größte Nachkriegsaufgabe deutscher Kulturarbeit im eigenen Land, insbesondere der Pädagogik, und sie ist am leichtfertigsten von allen Nachkriegsaufgaben gemieden worden."

Diese Aufgabe wartet noch heute auf uns.

Klaus Motschmann

Vom "Sozialismus in der Kirche" zur "Kirche im Sozialismus"

Anmerkungen zu Tendenzen kirchlicher Vergangenheitsbewältigung nach der Wende

Die Auseinandersetzungen um den Sozialismus in und mit der politischen Linken nach dem Fall der Berliner Mauer erinnern in fataler Weise an eine Durchhalteparole, die Joseph Goebbels im letzten Kriegsjahr in den zerbombten deutschen Städten plakatieren ließ:

"Unsere Mauern mögen brechen – unsere Herzen brechen nicht!"

Sie beschreibt nicht nur exakt und durch den Hinweis auf die Mauer(n) sehr anschaulich die gegenwärtige Stimmungslage in beachtlichen Teilen der politischen und intellektuellen Linken bis weit hinein in die evangelische Kirche, sondern vor allem das notorische, geschichtlich ohne weiteres nachweisbare Unvermögen *aller* Ideologen, ihre utopischen Wunschvorstellungen den korrigierenden Erfahrungen der Wirklichkeit auszusetzen und daraus einen radikalen Sinneswandel abzuleiten. Wenn die Wirklichkeit der (vermeintlichen) Wahrheit widerspricht, dann ist das nach einem bekannten Hegel-Wort kein Argument *gegen* die Wahrheit. Demzufolge besteht für Menschen dieser Denkart keine Veranlassung, angesichts derartiger Erfahrungen wie die zusammenbrechender Mauern *grundsätzlich* über den eigenen Weg nachzudenken, der zu dieser Erfahrung geführt hat. Dazu gehört nämlich auch die Bereitschaft und vielfach auch der Mut, eigene Irrtümer, womöglich eigene Schuld einzugestehen, sich selber und den anderen, wie man es in dem Gleichnis vom verlorenen Sohn nachlesen kann: "Ich will mich aufmachen und zu meinem Vater gehen und zu ihm sagen: Vater, ich habe gesündigt gegen den Himmel und vor dir." (Luk 15,18).

Ganz in diesem Sinne hat die Evangelische Kirche in Deutschland nach dem Zusammenbruch des realexistierenden Nationalsozialismus in der sog. Stuttgarter Erklärung (dem sog. Stuttgarter Schuldbekenntnis) vom 19. Oktober 1945 eigene Schuld am Aufkommen und am Herrschaftssystem des Nationalsozialismus bekannt und zu einem "neuen Anfang" in den Kirchen – und damit im deutschen Volke – gerufen.

Die Schuld der Ev. Kirche in Deutschland wurde u.a. darin gesehen, daß sie sich nicht erst *während* des Dritten Reiches, sondern bereits lange *vor* dem Jahre 1933 "durch falsches Reden und durch falsches Schweigen an dem Irrtum (sich in die Hände Hitlers zu begeben, K. M.) verantwortlich gemacht hat."[1]

Zum besseren Verständnis der folgenden Ausführungen sei schon an dieser Stelle vermerkt, daß eine entsprechende Erklärung der Evangelischen Kirche in Deutschland nach dem Zusammenbruch des realexistierenden Sozialismus *bewußt* nicht abgegeben worden ist, obwohl sie vielen Menschen als Wegweisung zur geistigen, geistlichen und politisch/gesellschaftlichen Neuorientierung erwartet worden ist. Nicht nur das! Die Ev. Kirche hat in den ersten Wochen nach der Wende nach eigenem Bekunden "engagiert geschwiegen" (Bischof Dr. Martin Kruse) und die notwendigen Entscheidungen zu ihrer Neuorganisation sehr zögernd und gewissermaßen nur unter dem Zwang der gesamtpolitischen Entwicklung vollzogen. So hat sie z.B. ihre Vereinigung erst im Sommer 1991 als letzte der großen politischen und gesellschaftlichen Organisationen und Verbände vollzogen.

Umkehr nach 1945 – doch wohin?

Die wesentliche Erklärung für dieses unterschiedliche Verhalten nach dem Zusammenbruch des realexistierenden National-Sozialismus und des realexistierenden Sozialismus ist aus der Tatsache abzuleiten, daß die Stuttgarter Erklärung unterschiedlich interpretiert worden ist, insbesondere der Hinweis auf den "neuen Anfang".

Im allgemeinen ist diese Erklärung im vornehmlich lutherisch geprägten deutschen Protestantismus als ein Bußruf verstanden worden; sich von "eigenmächtig gewählten Wünschen, Zwecken und Plänen"[2] loszusagen und sich *allein* auf die Heilige Schrift und die christlichen Bekenntnisse zu berufen, wenn es um die Grundorientierung des Neuanfangs ging. Bereits in der Barmer Theologischen Erklärung der Bekennenden Kirche von 1934 war in diesem Sinne formuliert worden: *"Wir verwerfen die falsche Lehre, als könne und müsse die Kirche als Quelle ihrer Verkündigung außer und neben diesem einen Worte Gottes auch noch andere Ereignisse und Mächte, Gestalten und Wahrheiten als Gottes Offenbarung anerkennen."*[3]

Im besonderen ist diese Erklärung jedoch sehr viel umfassender verstanden worden, so vor allem in den stärker reformiert-calvinistisch geprägten Bruderräten, die sich in der Abwehr der deutsch-christlichen Theologie und

Kirchlichkeit während des Dritten Reiches gebildet hatten. Sie befürchteten, daß die Stuttgarter Erklärung, wenn zunächst auch nicht beabsichtigt, als klare Absage der Ev. Kirche in Deutschland an die andere große totalitäre Ideologie des 20. Jahrhunderts verstanden und damit zum Kampf gegen den Sozialismus/Kommunismus politisch mißbraucht werden könnte. Eben dies sollte unter allen Umständen vermieden werden. Der "neue Anfang" sollte sich zur Vermeidung aller möglichen Mißverständnisse *auch* in einem neuen Verhältnis zum Sozialismus dokumentieren; so jedenfalls ein kleiner Kreis von Theologen des sog. Bruderrates der EKD, der im Jahre 1947 das "Darmstädter Wort" verfaßte. Darin heißt es u.a.:

"Wir sind in die Irre gegangen, als wir übersahen, daß der ökonomische Materialismus der marxistischen Lehre die Kirche an den Auftrag und die Verheißung der Gemeinde für das Leben und Zusammenleben der Menschen im Diesseits hätte gemahnen müssen. Wir haben es unterlassen, die Sache der Armen und entrechteten gemäß dem Evangelium von Gottes kommendem Reich zur Sache der Christenheit zu machen."[4]

Dieses "Darmstädter Wort" hatte im Prozeß der Urteils- und Willensbildung des deutschen Protestantismus *zunächst* (!) keinerlei Bedeutung. Es diente in erster Linie der Selbstverständigung eines kleinen Kreises von namhaften, vor allem aber maßgebenden Theologen, die in diesem Sinne einen auf längere Dauer angelegten Prozeß der Bewußtseinsveränderung einleiteten, und zwar nicht nur im theologisch-kirchlichen Sinne, sondern auch in politisch-gesellschaftlicher Absicht. Es ist bereits angedeutet worden, daß im deutschen Protestantismus zwei unterschiedliche Traditionen, die Verständigung über die notwendigen Voraussetzungen und Konsequenzen eines *gemeinsamen* Neuanfangs außerordentlich erschwerten. (Im Rahmen dieses Beitrages kann leider nur auf die unterschiedlichen Konzeptionen der lutherischen Zwei-Reiche-Lehre und der reformierten Lehre von der Königsherrschaft Christi hingewiesen werden, die vor allem von dem großen Schweizer Theologen Karl Barth gelehrt wurde.)

Tatsächlich vermochte sich jedoch die *zunächst* (!) auf kleinere Theologenkreise beschränkte reformiert geprägte Vorstellung von der kirchlichen und politisch-gesellschaftlichen Neuordnung in den meinungsbildenden Gremien der Ev. Kirche in Deutschland durchzusetzen, weil die lutherische Theologie nach eigenem Schuldbekenntnis wesentlich zum politischen Irrweg des deutschen Volkes beigetragen habe.

In einem vielbeachteten "Wort an die Deutschen" hatte Karl Barth unmittelbar nach Kriegsende dazu aufgefordert, nicht nur radikal mit der nationalsozialistischen Ideologie zu brechen und mit allem, was zum Aufkommen dieser Ideologie und des Dritten Reiches beigetragen hat, sondern zum Zeichen eines wirklichen Neubeginns dem *"russischen Kommunismus – ungehemmt durch überlieferte, ungehemmt auch durch gewisse neu aufgekommene Vorurteile aufgeschlossen und verständniswillig"* entgegenzugehen.[5]

Der Rigorismus dieser Forderung läßt sich daran erkennen, daß Karl Barth jeden Einwand gegen diesen neuen Weg in die Zukunft Deutschlands sowohl theologisch (als Indiz für mangelnde Bußfertigkeit) als auch politisch (als Indiz auf den "Hitler in uns")[6] verdächtigte, wobei er sich von der Schweiz aus möglicherweise nicht immer der Konsequenzen derartiger Verdächtigungen für den einzelnen bewußt war.

Besonders entschieden widersprach er der damals in allen politischen Lagern Deutschlands üblichen Gleichsetzung von "rotem und braunen Totalitarismus", zu der die Erfahrungen der Jahre 1945 ff geradezu herausforderten, übrigens nicht nur in Deutschland, sondern vor allem in ganz Osteuropa.

In einer öffentlichen und für die Öffentlichkeit bestimmten Rede im Berner Münster im Sommer 1949 – also auf dem Höhepunkt der sowjetischen Gleichschaltungspolitik in den osteuropäischen Ländern – führte Barth dazu aus, daß man in der Beurteilung des Kommunismus das "Unterscheiden" lernen müsse: "das Unterscheiden zwischen den totalitären Greueln als solchen und dem, was dabei positiv *gemeint* und *beabsichtigt* ist."

"Und dann kann man vom Kommunismus eben das nicht sagen, was man vom Nationalsozialismus vor zehn Jahren sagen mußte: daß es sich bei dem, *was er meint und beabsichtigt*, um helle Unvernunft, um eine Ausgeburt des Wahnsinns und Verbrechens handelt.

Es entbehrt nun wirklich alles Sinnes, wenn man den Marxismus mit dem 'Gedankengut' des Dritten Reiches, wenn man einen Mann von dem Format Joseph Stalins mit solchen Scharlatanen wie Hitler, Göring, Heß, Goebbels, Rosenberg, Streicher usw. es gewesen sind, auch nur einen Augenblick im gleichen Atem nennen wollte. Was in Sowjetrußland – es sei denn: mit sehr schmutzigen und blutigen Händen, in einer uns mit Recht empörenden Weise – angefaßt worden ist, das ist immerhin eine konstruktive Idee, immerhin die Lösung einer Frage, die auch für uns eine ernsthafte und brennende Frage ist und die wir mit unseren sauberen Händen nun doch lange nicht energisch genug angefaßt haben: der sozialen Frage."[7]

Von einer "Entartung" des Sozialismus war also damals, wie es nach der Wende üblich geworden ist, bei Karl Barth keine Rede. Die "totalitären Greuel" und die "blutigen Hände" wurden nicht geleugnet und auch ausdrücklich genannt, aber es waren gewissermaßen die blutigen Hände des Chirurgen und nicht die eines Mörders; sie dienten erklärtermaßen der Verwirklichung einer "konstruktiven Idee" zur Lösung der sozialen Frage. Ganz folgerichtig im Sinne dieses Verständnisses der stalinistischen Diktatur hat Karl Barth seit Jahren und besonders in den letzten Wochen vor dessen Tode für Stalin gebetet, wie er seinen Studenten am Todestag Stalins (5. März 1953) mitteilte.[8]

Es ist bereits angedeutet worden, daß diese Auffassung *zunächst* nur die Stimmungslage eines kleineren Theologenkreises charakterisiert und keineswegs als repräsentativ für den deutschen Protestantismus angesehen werden darf.

Noch gab es unter dem Eindruck der zeitgeschichtlichen Erfahrungen (17. Juni 1953 in der DDR, Ungarn-Aufstand 1956) entschiedenen Widerspruch in der breiten Masse des Kirchenvolkes und auch von namhaften Theologen; aber es gab auch Zustimmung, die aufhorchen ließ und die einen gründlichen Wandel in der Beurteilung des Sozialismus andeutete. Dazu gehörte u.a. die berühmte Rede Gustav Heinemanns "Zur internationalen Entspannung und Abrüstung" vom 23. Januar 1958 im Bundestag. Sie gipfelte in der Feststellung:

"Christus ist nicht gegen Karl Marx gestorben, sondern für uns alle"

Bemerkenswert an dieser Rede war nicht nur diese theologisch problematische Aussage, sondern vor allem der "stürmische Beifall", mit dem diese Aussage im Bundestag seitens der SPD- und der FDP-Fraktion, aber auch von außerhalb des Bundestages in der deutschen Öffentlichkeit bedacht wurde. Wie rasch und wie gründlich und wie umfassend sich dieser Wandel im deutschen Protestantismus vollzogen hatte, wurde vollends offenkundig, als der Berliner Bischof und Ratsvorsitzende der EKD, Bischof D. Otto Dibelius, ein Jahr später in einer kleinen Schrift mit dem Titel "Obrigkeit?" zu den die Christen bewegenden Fragen des Verhältnisses von Staat und Kirche, Christentum und Sozialismus in der DDR Stellung nahm. Das Fragezeichen im Titel deutete unmißverständlich an, daß sich Dibelius in dieser Schrift unter Bezug auf die Kritik am "Versagen" der Christen gegenüber dem nationalsozialistischen Herrschaftssystem sehr kritisch über das realsozialistische Herrschaftssystem der DDR äußerte und vor einem erneuten

"Versagen" gegenüber den politischen und ideologischen Ansprüchen einer totalitären Ideologie warnte. Im Widerspruch zu Karl Barth stellte Dibelius bei allen Unterschieden in Einzelheiten eben doch eine Übereinstimung des nationalsozialistischen und des realsozialistischen Herrschaftssystems fest, nämlich die totale Unterordnung des Individuums unter die Interessen der Partei bzw. des Staates:

> "Der Staat bestimmt die Normen. Er bestimmt, was gut und böse ist. Gut ist, was dem Regime förderlich ist; schlecht ist, was dem Regime schaden könnte. Das hat der Ministerpräsident der DDR mit klaren Worten gesagt. Die christlichen Begriffe von gut und böse sind überholter Plunder. Lügen ist gut, wenn das Regime davon Vorteil hat; es ist schlecht, wenn es den Machthabern schadet. Treuebruch wird belohnt, wenn er im Interesse des Staates liegt; er wird bestraft, wenn er dem Staat Nachteil bringt.
> Und dies geschieht nicht als Ausnahmefall, sondern als Norm, als Regel, als Grundsatz sozialistischer Sittlichkeit."[9]

Unter dem Eindruck der Enthüllungen aller Einzelheiten der Struktur und Funktion des realsozialistischen Herrschaftssystems in der ehemaligen DDR dürfte heute kaum noch jemand ernsthaft dieser Feststellung widersprechen – auch nicht in der Evangelischen Kirche. Im Gegenteil! Sie wird heute mehr und mehr zur Erklärung von Stasi-Verwicklungen mancher Pfarrer und kirchlichen Mitarbeiter herangezogen.

Damals jedoch wurde auf *allen* (!) Ebenen des kirchlichen Lebens massive Kritik an Bischof Dibelius geübt, die weit über das hinausging, was unter dem Aspekt "Taktik im und zum totalitären Staat" akzeptiert werden könnte. Es war grundsätzlicher, überzeugter, theologisch motivierter Widerspruch, der von Kirchenleitungen und Synoden, Pfarrkonventen und Arbeitskreisen, Ev. Fakultäten und Akademien geäußert wurde – selbstverständlich immer in disziplinierender Absicht. Er gipfelte in der später vielzitierten und ironisierten Forderung eines maßgebenden West-Berliner Theologen in einem Offenen Brief an die Berlin-brandenburgische Synode, daß man den kommunistischen Atheismus "totlieben" solle, "damit die Brüder Atheisten lernen, mit uns Gott zu loben"[10]. Selbst wenn Dibelius recht haben sollte, so hieß es weiter, so sei es auf gar keinen Fall das "Evangeliumsrecht"[11] und deshalb für einen aufrechten Christen nicht nachvollziehbar.

Einfluß der Stasi auf Entscheidungen der Evangelischen Kirche?

Im Zusammenhang mit den Auseinandersetzungen um die Stasi-Verwicklungen der Evangelischen Kirche in Deutschlands ist verständlicherweise die

Frage gestellt worden, ob diese Kampagne gegen Bischof Dibelius Ende der fünfziger Jahre nicht maßgeblich von der Stasi initiiert, zumindest aber unterstützt worden sei. Selbstverständlich gibt es dafür stichhaltige Anhaltspunkte. Die rasche und flächendeckende "Transmission" dieser Meinung aus den sog. meinungsbildenden Gremien der Evangelischen Kirche in die Gemeinden und darüber hinaus in die politische Öffentlichkeit läßt sich jedoch mit Sicherheit *nicht* aus besonderen Stasi-Aktivitäten erklären, sondern allein aus der angedeuteten theologischen Disposition maßgebender Theologenkreise, die tatsächlich über jeden Verdacht erhaben sind, *im Auftrage* der Stasi tätig gewesen zu sein. Aber diese Feststellung darf doch nicht von der anderen Feststellung entbinden, daß sie *im Sinne* der Stasi gewirkt zu haben: nämlich als "Schutz und Schild" der Partei jeden öffentlichen Angriff auf ihre Ideologie und auf ihr Herrschaftssystem abzuwehren. Ein wesentliches, von Lenin propagiertes Element kommunistischer Strategie und Taktik war es (und man sollte einstweilen hinzufügen: ist noch immer!),

"aufs angelegentlichste, sorgsamste, vorsichtigste, geschickteste sowohl jeden, selbst den kleinsten 'Riß' zwischen den Feinden, jeden Interessengegensatz zwischen den verschiedenen Gruppen oder Schichten der Bourgeoisie innerhalb der einzelnen Länder als auch jede, selbst die kleinste Möglichkeit ausnutzt, um einen Verbündeten unter den Massen zu gewinnen, mag das auch ein zeitweiliger, schwankender, unsicherer, unzuverlässiger, bedingter Verbündeter sein. Wer das nicht begriffen hat, der hat auch nicht einen Deut vom Marxismus und vom wissenschaftlichen, modernen Sozialismus überhaupt begriffen."[12]

Wie oft ist in dieser Auseinandersetzung im Westen an die von dem Kominternchef Georgi Dimitroff in den zwanziger Jahren formulierte Faustregel der Volksfront-Politik erinnert worden?:

"Wir müssen uns immer vor Augen halten, daß jemand, der mit uns sympathisiert, im allgemeinen mehr wert ist als ein Dutzend militanter Kommunisten. Ein Universitätsprofessor, der, ohne Parteimitglied zu sein, sich für die Interessen der Sowjetunion einsetzt, ist mehr wert als hundert Leute mit einem Parteibuch; ein angesehener Schriftsteller oder General a.D. sind wichtiger, als 500 arme Teufel, die nichts weiter können, als sich von der Polizei zusammenschlagen zu lassen. – – – Wer nicht zu den Parteimitgliedern zählt und nicht als Kommunist bekannt ist, hat größere Handlungsfreiheit."[13]

Welche Veranlassung also hätte die Stasi haben können, angesichts der in der Auseinandersetzung um und mit Bischof Dibelius Ende der fünfziger Jahre offen zutage getretenen Einstellung maßgebender Institutionen und Persönlichkeiten der Evangelischen Kirche durch sog. "Einflußagenten" unmittelbar und steuernd in den Prozeß der Meinungs- und Willensbildung der Evangelischen Kirche einzugreifen? In dieser Phase der Konsolidierung der DDR einerseits, des Kalten Krieges andererseits genügte es voll und ganz, daß die im Kirchenkampf des Dritten Reiches gewonnenen Einsichten der Kirche keinesfalls auf die um internationale Anerkennung bemühte DDR angewandt würden; eher schon auf die Bundesrepublik Deutschland unter der Devise "Wehret den Anfängen" oder "Der Schoß ist fruchtbar noch, aus dem das kroch". Man denke in diesem Zusammenhange nur an die maßlose Kritik Martin Niemöllers an der Aufstellung der Bundeswehr, in der die Soldaten schon wieder "zum Verbrechen erzogen" würden.

Der Bau der Berliner Mauer im Jahre 1961 hat zwar zu einer (vorübergehenden) Irritation, aber nicht zu einem grundsätzlichen Kurswechsel der Evangelischen Kirche im Verhältnis zum realexistierenden Sozialismus geführt.

Im Gegenteil!

Wenn auch mit Rücksicht auf die öffentliche Meinung in Deutschland nach dem Mauerbau einigermaßen zurückhaltend, wurde der von Karl Barth und seinen Freunden nach 1945 propagierte "Weg der Umkehr" unbeirrt durch diesen neuerlichen Gewaltakt des realexistierenden Sozialismus fortgesetzt – und zwar unter der von Egon Bahr im Sommer 1963 in der Evangelischen Akademie Tutzing ausgegebenen, von Willy Brandt zustimmend geduldeten Parole

"Wandel durch Annäherung"

Es ist kein Zufall, daß diese programmatische Konzeption einer neuen Ostpolitik ausgerechnet in einer Evangelischen Akademie entwickelt worden ist.[14] Selbstverständlich ist diese Parole verschieden interpretiert worden, u.a. auch so, daß sich damit die von Karl Barth 1945 ausgesprochene Empfehlung für die ev. Christen eines "aufgeschlossenen und verständniswilligen" Entgegengehens auf den russischen Kommunismus[15] nun auch als Richtlinie deutscher Politik erweisen sollte. Diese These wurde zunächst eher bestritten, vor allem in der Evangelischen Kirche. Später ist dann aber von maßgebenden Sozialdemokraten offen und unumwunden der Beitrag der Evangelischen Kirche bei der geistigen Vorbereitung und Durchführung der "neuen Ostpolitik" gewürdigt worden, Willy Brandt wußte sich nach eigenem Bekunden "in Bonn wie zuvor in Berlin ermutigend begleitet durch den Rat der Evangelischen Kirche in Deutschland".[16]

In diesem Zusammenhange ist vor allem an die sog. Ostdenkschrift des Rates der Evangelischen Kirche in Deutschland aus dem Jahre 1965 zu denken, mit der ebenso abwägend wie konsequent die Notwendigkeit einer neuen Ostpolitik begründet wurde, um einen Beitrag zur Entspannung zu leisten. Sie gipfelt in der Feststellung, daß "das deutsche Volk auf die notwendigen Schritte vorbereitet werden muß, damit eine Regierung sich ermächtigt fühlen kann zu handeln, wenn es nottut."[17] Zu den "notwendigen" Schritten im Interesse der Entspannung sollte vor allem die Einsicht führen, "*daß es nicht genügen wird, den deutschen Rechtsstandpunkt starr und einseitig zu betonen*"[18], sondern auch die Bereitschaft zu zeigen, "*Folgen der Schuld zu tragen und Wiedergutmachung für begangenes Unrecht zu leisten.*"[19]

Entsprechend verhielt sich die formal noch einheitliche EKD gegenüber der DDR. Es war ihr erklärtes Ziel, "*den östlichen Propagandavorwurf zu entkräften, es handele sich bei ihr um eine Einrichtung der bürgerlichen Gesellschaft des Westens, mit der diese sich Funktionen im Bereich der DDR anmaße*".[20]

Deshalb wurde immer wieder an hervorragender Stelle betont, so z.B. von Bischof D. Kurt Scharf, inzwischen "Nachfolger des DDR-Antipoden Otto Dibelius"[21] daß die "Evangelische Kirche in Deutschland kein Restbestand alter nationaler Einheit und kein Vorgriff auf die politische Wiedervereinigung" ist. Mehr noch:

"*Ihre Einheit ist auch – als solche und absolut – nicht ein Lehrsatz des Bekenntnisses, eine über die Zeiten hin gültige Glaubensaussage.*"[22]

Die Bereitschaft des Ratsvorsitzenden der (de jure)noch gesamtdeutschen EKD, aus politischen Gründen die Einheit der Evangelischen Kirche in Deutschland zur Disposition zu stellen, ist vor allem in den Gliedkirchen der damaligen DDR auf unmißverständlichen Widerstand gestoßen. Auf der in Fürstenwalde/Spree tagenden Synode der mitteldeutschen Gliedkirchen warnte Bischof D. Krummacher (Greifswald) mit überzeugenden theologischen Gründen vor einer Preisgabe der institutionellen Einheit der EKD: "Es wäre ein Anachronismus in unserem ökumenischen Zeitalter und ein Rückfall in überwundene Zeiten des Staatskirchentums, wenn wir ausgerechnet im Mutterlande der Reformation auf die uns geschenkte und durch das Schuldbekenntnis von 1945 in geistlicher Tiefe neu gewachsene Gemeinschaft von uns aus verzichten würden."[23] In diesem Sinne lautete der Beschluß der Synode, die unter massivem Druck der SED-Propaganda tagte:

"Unser evangelisches Bekenntnis weist uns an, kirchliche Gemeinschaft nur dann aufzukündigen, wenn der Bruder in Irrlehre oder Ungehorsam gegen den Herrn beharrt. Diese Gründe zu einer Trennung der Kirchen innerhalb der EKD liegen nicht vor".[24]

Trotz dieser eindeutigen Willensbekundung der mitteldeutschen Gliedkirchen der EKD ist die Trennung ein Jahr später (1968) im Zusammenhang mit der Einführung einer neuen – die Spaltung Deutschlands besiegelnden – "sozialistischen Verfassung" vollzogen worden. Sie enthielt die Bestimmung, daß die Kirchen ihre Tätigkeit "in Übereinstimmung mit der Verfassung und den gesetzlichen Bestimmungen" der DDR ausüben (Artikel 39). Das hieß nach dem offiziellen Kommentar zu dieser Verfassung konkret, daß die Staatsgrenzen der DDR "auch die Grenzen für die kirchlichen Organisationsmöglichkeiten" seien.[25] Der befürchtete Rückfall in ein "Staatskirchentum" war damit vollzogen – und wurde von den westlichen Gliedkirchen durch die nun notwendigen gesetzlichen Regelungen anerkannt. Kirchenrechtliche Regelungen, die allein schon zur Vermeidung von Mißverständnissen den von der SED erzwungenen Charakter der kirchlichen Neuordnung im gesamtdeutschen Protestantismus möglich gewesen wären und z.B. von der katholischen Kirche praktiziert wurden, sind von den *westlichen* Gliedkirchen der EKD abgelehnt worden.

Kirchliche "Legitimiation" der deutschen Spaltung

Man mag es theologisch drehen und politisch wenden wie man will. Sowohl in der politischen als auch gesellschaftlichen Öffentlichkeit mußte der Eindruck einer kirchlichen Legitimation der von der SED betriebenen Spaltung Deutschlands und dem "Aufbau einer sozialistischen Gesellschaft" in Mitteldeutschland als Vorbild für die "ganze deutsche Nation" (so die Präambel der 68-er Verfassung) entstehen.

Nennenswerter Widerstand oder auch nur Protest gegen diesen Gewaltakt des Eingriffs in die innerkirchliche Ordnung der bis dahin gesamtdeutsch verfaßten EKD ist von den kirchenleitenden Organen *im Westen*, die dazu ohne weiteres und ohne Gefahr in der Lage gewesen wären, nicht geübt worden.

Im Gegenteil!

Proteste, die von verschiedenen kirchlichen Gruppierungen in Übereinstimmung mit dem Votum der 1967 in Fürstenwalde versammelten Synodalen (und gleichsam stellvertretend für sie) geäußert worden sind, wurden nicht nur von der SED, sondern in fatalem Gleichklang auch von maßgebenden Persönlichkeiten und kirchleitenden Organen als "antikommunistisch", "revanchistisch", "entspannungsfeindlich" usw. denunziert und zurückgewiesen. Die SED durfte versichert sein, daß ihr seitens der Evangelischen Kirche hinsichtlich ihrer Politik der Konsolidierung der DDR und der Destabilisierung der Bundesrepublik keinerlei Widerstand erwachsen würde. Nicht nur das. Die Bischöfe der Ev. Kirchen in der DDR erklärten unter dem Eindruck dieser Entwicklung zur DDR-Verfassung von 1968: *"Als Staatsbürger eines sozialistischen Landes sehen wir uns vor die Aufgabe gestellt, den Sozialismus als eine Gestalt gerechteren Zusammenlebens zu verwirklichen"*.[26]

Auch wenn man immer wieder betonen muß, daß die wesentlichen Impulse zu dieser *inner*kirchlichen Entwicklung *in erster Linie* (!) von den Gliedkirchen des Westens ausgingen, so sollte allerdings nicht übersehen werden, daß es auch in der DDR inzwischen maßgebende Persönlichkeiten und Kreise gab, die diese Impulse auffingen und verstärkten und insofern als "Transmissionsriemen" der SED in weite Teile der Bevölkerung hineinwirkten. Damit soll nicht gesagt oder unterstellt werden, daß dies *bewußt* geschehen ist; es soll nur festgestellt werden, *daß* es geschehen ist. Eine Formulierung wie "Gestalt des gerechteren Zusammenlebens" in bezug auf den Sozialismus mußte damals zu schwerer geistlicher und geistiger Verwirrung der Gemeinden führen, was immer man sich unter "Sozialismus" und seiner "Verwirklichung" konkret vorstellen mochte.

Einmal ganz abgesehen von allen konkreten politischen Implikationen einer derartigen Absichtserklärung mußte sich die grundsätzliche Frage stellen, ob es überhaupt die Aufgabe evangelischer Bischöfe sein kann, an der Verwirklichung einer atheistischen, weltlichen Heilsordnung gemäß dem Selbstverständnis des Sozialismus mitzuwirken. Diese Frage stellte sich für viele Christen um so dringender, als im Rückblick auf das Dritte Reich genau gegenteilige Aussagen zum Verhalten der Christen in einem totalitären Staat gemacht wurden. Das gilt auch für die Formel "Kirche im Sozialismus", die heute gerne als eine geographische Positionsbestimmung verstanden wird. Das war sie schon deshalb nicht, weil sie die entsprechenden logischen Positionsbestimmungen einer "Kirche im Nationalsozialismus", 'Kirche im südafrikanischen Apartheidssyatem" oder auch nur "Kirche im realexistierenden Kapitalismus" konsequenterweise akzeptieren müßte. Genau dies tat die "Kirche im Sozialismus" nicht. Warum nicht?

"Kirche im Sozialismus" war also nicht eine Notlösung, die der Evangelischen Kirche unvorbereitet und nur unter Widerstand und Protest aufgezwungen wurde.

"Kirche im Sozialismus" war für maßgebende Theologen und ihre Schüler zwar nicht *die*, aber sehr wohl *eine* akzeptierte Alternative zur Ent-bindung der Kirche von der sog. bürgerlich-kapitalistischen Gesellschaft. Sie war ein erster Schritt auf dem Wege zu einer "*sozialistischen Kirche in einer sozialistisch gewordenen Welt*", von der Karl Barth bereits 1919, also genau 50 Jahre früher!, in seinem programmatischen "Römerbrief" gesprochen hatte.[27]

Selbstverständlich war damit nicht der realexistierende Sozialismus in der DDR gemeint, der ja seinerseits immer wieder auf die Notwendigkeit einer "Weiterentwicklung" hin zur endgültigen klassenlosen Gesellschaft hinwies. Insofern ließen und lassen sich auch heute noch die subjektiv aufrichtig beklagten Zustände und Verbrechen des realexistierenden Sozialismus als objektiv notwendige "Kinderkrankheiten" oder "Wachstumsstörungen" verständlich machen, aus denen nicht auf das eigentliche Ziel geschlossen werden dürfe. Wie hatte doch Karl Barth im Blick auf die Verbrechen des Stalinismus gesagt: man müsse das Unterscheiden lernen "zwischen den totalitären Greueln als solchen" und dem, was damit "positiv gemeint und beabsichtigt ist".

Dieses Unterscheidungsvermögen ist im Laufe der vergangenen vierzig Jahre in weiten Theologenkreisen intensiv entwickelt worden, so daß es dort keine Probleme bereitet, weiterhin an das zu glaubem, was der realexistierende Sozialismus "positiv meinte und beabsichtigte". Es liegen seit der Wende im Jahre 1989 zahlreiche Erklärungen maßgebender Theologen vor, die an der großen Vision des Sozialismus festhalten und sich immer noch (oder schon wieder) gegen "Sozialismusschelte" wenden.[28] Sie empfehlen sich damit auch weiterhin als treue Bündnispartner der politischen Linken, die PDS eingeschlossen, mit der sie im Rahmen des sog. konziliaren Prozesses gemeinsam nach "Frieden, Gerechtigkeit und Bewahrung der Schöpfung" strebt. Von einem Simneswandel, von einer Umkehr kann also keine Rede sein, allenfalls ven einem neuen, einem "Dritten Weg" zu alten Ziel.

Es ist tatsächlich so, wie Friedrich Nietzsche treffend bemerkt hat:

"Denn so ist der Mensch: ein Glaubenssatz könnte ihm tausendfach widerlegt sein – gesetzt, er hätte ihn nötig, so würde er ihn auch immer wieder für 'wahr' halten."

Anmerkungen

1 Karl Barth in einem Brief an Martin Niemöller vom 28.9.1945 In: Theologisches Lexikon, hrgb. von H. H. Janssen und H. Trebs. Berlin (Ost) 1978. Seite 387

2 Barmer Theologische Erklärung von 1934, These 6. In: Bekenntnisse der Kirche, hrgb. von H. Steubing. Wuppertal 1970. S. 287 ff.

3 Ebenda, These 1.

4 In: Theologisches Lexikon, vgl. Anm. 1, 94.

5 Karl Barth: Ein Wort an die Deutschen. 1945. In: "Der Götze wackelt". Zeitkritische Aufsätze, Reden und Briefe (Karl Barths) von 1930-1960, hrgb. von K. Kupisch. Berlin (West) 1961. Seite 95.

6 Karl Barth: How my mind has changed. 1960 In: "Der Götze wackelt", vgl. Anm. 5, S. 202.

7 Karl Barth: Die Kirche zwischen Ost und West. 1949. In: "Der Götze wackelt", vgl. Anm. 5., S. 137.

8 Friedrich-Wilhelm Marquardt: Theologie und Sozialismus. Das Beispiel Karl Barth. München 1972. Seite 69.

9 In: Dokumente zur Frage der Obrigkeit. "Violett-Buch" zur Obrigkeitsschrift von Bischof D. Dibelius, hrgb. von H. Mochalski und H.H. Werner. Darmstadt 1960. Seite 27 f.

10 Ebenda, Seite 110.

11 Ebenda

12 W.I. Lenin: Der 'linke Radikalismus', die Kinderkrankheit im Kommunismus. In: Werke, Berlin (Ost) 1956 ff. Bd. 31, Seite 56 f.

13 In: H.G. von Studnitz: Ist Gott Mitläufer? Die Politisierung der evangelischen Kirche. Stuttgart 1969. Seite 88.

14 Vgl. dazu im einzelnen Matthias Walden: Kassandra-Rufe. Deutsche Politik in der Krise. München 1975. Seite 7 ff.

15 Vgl. dazu nochmals Anm. 5.

16 Willy Brandt: Erinnerungen. Berlin/Frankfurt 1989. Seite 143.

17 Die Lage der Vertriebenen und das Verhältnis des deutschen Volkes zu seinen östlichen Nachbarn. Eine evangelische Denkschrift. Hannover 1965. Seite 43.

18 Ebenda, Seite 44.

19 Ebenda, Seite 40.

20 Erwin Wilkens: Die Einheit Deutschland und die politische Teilung Deutschlands. In: Volk-Nation-Vaterland. Der deutsche Protestantismus und der Nationalsozialismus, hrgb. von H. Zilleßen. Gütersloh 1970. Seite 294.

21 Erwin Wilkens, vgl. Anm. 20, ebenda.

22 Übernommen von Erwin Wilkens, vgl. Anm. 20, Seite 295.

23 Zitiert im Beiheft Nr. 31 des Monatsblattes der Ev. Notgemeinschaft in Deutschland e.V., Sachsen b. Ansbach 1981. Seite 9.

24 Ebenda.

25 Verfassung der Deutschen Demokratischen Republik. Dokumente, Kommentar, 2 Bde., hrgb, von K. Sorgenicht u.a. Berlin(Ost) 1969, Band 2, Seite 173.

26 Übernommen von Hans-Jürgen Röder: Kirche im Sozialismus. Zum Selbstverständnis der Evangelischen Kirchen in der DDR. In: Die Evangelischen Kirchen in der DDR. Beiträge zu einer Bestandsaufnahme, hrgb. von R. Henkye. München 1982. Seite 69.

27 Übernommen von Dorothee Sölle/Klaus Schmidt: Christentum und Sozialismus. Vom Dialog zum Bündnis, Stuttgart/Berlin 1974. Seite 12.

28 So z.B. Präses Peter Beier (Düsseldorf) in einem Rundschreiben an alle Pfarrer des
    Rheinlandes Anfang April 1990.

Hans Helmuth Knütter

Sozialpsychologie des Antifaschismus

1. Die Zielsetzung

Dieser Beitrag stellt sich die Aufgabe, deutlich zu machen, daß es sich beim Antifaschismus um eine der zahlreichen Feindvorstellungen in der Politik handelt, die der politischen Orientierung der Zeitgenossen dienen. Jedermann neigt dazu, seine eigenen Vorlieben, aber auch Feindvorstellungen absolut zu setzen. Umso notwendiger ist die Aufgabe der Relativierung, der wir uns hier stellen. Es gibt nämlich zahlreiche Feindvorstellungen in der Politik, deren Gemeinsamkeiten und Funktion zu vergegenwärtigen ist. Gegenstand der Betrachtung müssen der Antisemitismus, der Antikommunismus, nationale Vorurteile im weitesten Sinne mit speziellen Ausprägungen wie Deutsch-feindlichkeit, Antiamerikanismus, Antijapanismus und Ausländerfeindlichkeit sein. Während es sich hier um nationale Vorurteile handelt, kann sich die Abneigung auch gegen einzelne soziale oder religiös definierte Gruppen richten: Das trifft auf den Antisemitismus zu, aber auch auf antikirchliche, antikapitalistische, antibürgerliche Einstellungen.

Auch beim Antifaschismus, der hier im Mittelpunkt der Betrachtung stehen soll, handelt es sich um eine solche politisch-ideologische Feindvorstellung, die eben gerade nicht, wie es meist geschieht, isoliert betrachtet werden sollte. Während manche dieser Feindvorstellungen als moralisch verwerflich gelten wie der Antisemitismus, werden andere hoch bewertet wie der Antifaschismus. Dennoch stellt sich die Frage nach der Funktion dieser Antihaltungen und einem möglichen gemeinsamen Nenner.

Eine sozialpsychologische Deutung des Antifaschismus wird erstrebt, weil es zahlreiche historische Deutungen gibt. Auch ökonomische, insbesondere marxistische, liegen zahlreich vor. Hier wird der Faschismus als eine Funktion des Kapitalismus gesehen, so daß der Antifaschismus identisch ist mit einer antikapitalistischen Haltung, die auf die Herstellung einer sozialistischen Gesellschaftsordnung hinausläuft. Es gibt auch zahlreiche moralische Deutungen des Antifaschismus. die sich um die Verdammung des rigiden, gewalttätigen, kriegerischen, die Ungleichheit propagierenden "Faschismus" bemühen und die ethische Rechtfertigung des Antifaschismus im Streben nach den gegenteiligen Positionen sehen. Eine sozialpsychologische Deutung ist deswegen notwendig, um eine Lücke zu schließen, die darin besteht, daß die Antihaltungen bisher kaum verglichen worden sind. Pseudomoralisch ist sogar ihre Unvergleichbarkeit behauptet worden. Es handelt sich also bei unserem Bemühen nicht um einen sozialpsychologischen Fachbeitrag, sondern um die Bestandsaufnahme von vorliegenden Aussagen mit dem Ziel, die heutige Bedeutung und Funktion des Antifaschismus zu erklären. Das Ergebnis soll als Beitrag zur historisch-politikwissenschaftlichen und nicht zur psychologischen Deutung des Phänomens verstanden werden.

Wie bemerkt, hat man sich in der Wissenschaft kaum je bemüht, die Feindvorstellungen vergleichend zu behandeln – wenn es ansatzweise geschah, ist der politisch manipulative Gehalt der Antihaltungen nicht berücksichtigt worden.[1] Genau darum geht es hier: Um Ideologiekritik. Es kann nicht hingenommen werden, daß dies Problem ausschließlich moralisch behandelt wird, weil gerade die Funktion der Moral in der Politik oftmals manipulativ ist. Es gilt, der jahrelang stillschweigend vertretenen Auffassung entgegenzuwirken, daß der Antifaschismus von vornherein moralisch edel ist, da die Antifaschisten dem absoluten Bösen, das im "Faschismus" gesehen wird, entgegenwirken. Der Antikommunismus galt bis zur "Wende" in Mittel- und Osteuropa als mindestens fragwürdig und überholt, da er der bis 1989 erstrebten Verständigung mit dem bis dahin "real existierenden Sozialismus" entgegenwirkte. Der modische, konjunkturelle Wechsel politischer Positionen wird gerade an diesem Beispiel deutlich, denn ab 1989 bekennen sich plötzlich Leute als Antikommunisten, die dies vor 1989 weit von sich gewiesen hätten. Der Antisemitismus schließlich galt in Erinnerung an die Judenverfolgung der nationalsozialistischen Zeit als geradezu verwerflich und verbrecherisch.

Unterlassen wurde aber ein Vergleich der Funktion, der Struktur, des psychischen Habitus derjenigen, die sich zu den Antivorstellungen bekennen. Versucht werden soll der Zugang zum Thema über die Psyche dessen, der die Feindvorstellungen hat.

Es gibt drei Sorten von Antifaschisten: Die rational kalkulierenden politischen Geschäftemacher, die lediglich durch politische Manipulation und politische Erpressung ein ihnen günstiges Verhalten der unter den "Faschismus"-Verdacht Gestellten erreichen wollen. Von diesen wird hier abgesehen. Die beiden anderen Gruppen sind unter sozialpsychologischen Gesichtspunkten interessant, weil es sich um den Gesichtspunkt des Sadismus und Masochismus handelt. Die einen haben ein Vergnügen an der psychischen Terrorisierung anderer, erfreuen sich an deren Angst, Würdelosigkeit, ihrem Winden und Kriechen. Der Sadist fühlt sich erhoben, wenn die anderen kleiner, schwächer und hilfloser sind als er. Beispiele für Masochisten findet man bei den Kindern ehemaliger Nationalsozialisten, die ihre eigene und die Vergangenheit ihrer Eltern diffamierend bewältigen. Sie kommen in Einklang mit sich selbst, wenn sie sich und ihre Eltern als Sünder, als unwürdig bezeichnen.

Triebgrundlage des Antifaschismus kann Angst ehemaliger Verfolgter oder Hedonismus der gegenwärtigen Zeitgenossen sein, die Lebensstandard und Bequemlichkeit nicht in Frage stellen wollen. Der harte, asketische, Opfer und Hingabe verlangende "Faschismus" ist das genaue Gegenbild dieser hedonistischen Werthaltung. Hier wird nach moralischer und politischer Begründung gesucht und zwar mit antifaschistischen Argumenten. Sie verleihen dem Sadisten ein gutes Gewissen, wenn man im Einklang mit der öffentlichen Meinung andere quält und erniedrigt, dies aber im Namen einer guten Sache tut, weil man ja das Böse, den säkularisierten Teufel, in Gestalt des "Faschisten" bekämpft. Das regelt den Seelenhaushalt, dient der Triebabfuhr und führt zur seelischen Entspannung. Der bekämpfte "Faschismus", die Kunstfigur des "Faschisten" ist ein Abstraktum, wie beim Antisemitismus "der" Jude. Der einzelne "Faschist" kann durchaus bedauert, als verführt betrachtet werden. Gehaßt wird das Abstraktum, je nebulöser, desto unheimlicher und hassenswerter ist es.

2. Vorurteile und Feindbilder

Unter einem Vorurteil versteht man eine negative oder ablehnende Einstellung einem einzelnen oder einer Menschengruppe gegenüber, wobei dieser Gruppe bestimmte Eigenschaften zugeschrieben werden, die selbst bei widersprechenden Erfahrungen nur schwer korrigierbar sind. Ein Vorurteil wird also gefällt, bevor die Möglichkeit besteht, das Objekt aus eigener Erfahrung zu beurteilen. Vorurteile sind emotional gefärbt und enthalten meist negative, seltener auch positive moralische Wertungen. Sie verallgemeinern und abstrahieren, daraus folgt die geringe Übereinstimmung des Bildes mit der Wirklichkeit. Da die Bereitschaft, Vorurteile zu revidieren, gering ist, spricht man von Stereotypen. Darunter werden festgefügte, für lange Zeit gleichbleibende, durch neue Erfahrungen kaum veränderbare Vorstellungen bezeichnet. Sie haben eine wichtige, auch positive Funktion für den einzelnen, da hiermit eine Orientierung in der Umwelt möglich ist, in der ohne Vorurteile eine Orientierung nur schwer möglich wäre, da die Kompliziertheit der Verhältnisse nach Vereinfachungen und Abstrahierungen verlangt. In der

Sozialpsychologie gibt es die Erkenntnis, daß der Mensch durch Stereotypenbildung aus aus einem Meer von Ungewißheit auf eine Insel der Sicherheit gelangt. Außerdem üben die Stereotypen für die eigene Gruppe eine gewisse Entlastungsfunktion aus, d.h., sie können eigene Schwächen und Fehler entschuldigen und dienen zugleich der Sicherung des Selbstwertgefühls und dem Zusammenhalt der eigenen Gruppe. Deren Zusammenhalt wird dadurch gestärkt, daß man der anderen Gruppe alle negativen Eigenschaften zuspricht, der eigenen dagegen nur positive. Somit ist die Tendenz zur Ableitung von Aggressionen auf Sündenböcke vorhanden, eigene Schuldgefühle und Frustrationen werden auf andere abgewälzt. Daraus ergibt sich klar, daß Vorurteile, insbesondere im Zusammenhang mit der Diskriminierung von Minderheiten eine große Rolle spielen und der Rechtfertigung der eigenen Politik dienen.[2]

Welchen Nutzen bringen Vorurteile demjenigen ein, der sie äußert, in seinem eigenen Verhalten anwendet oder gar imstande ist, sie anderen als Maßstab vorzuschreiben?[3] Ihnen werden fünf Funktionen zugeschrieben: 1. Orientierungsfunktion, 2. Anpassungsfunktion, 3. Utilitaristische Funktion, 4. Selbstdarstellungsfunktion, 5. Selbstbehauptungsfunktion. Die begrenzte Informationsverarbeitungskapazität des Menschen begründet die Notwendigkeit der Vereinfachung ("Komplexitätsreduktion"). Über die meisten Sachverhalte sind nur wenige objektive und sichere Informationen bekannt, so daß mit Vorurteilen Einstellungen gebildet werden. Dadurch, daß sie übernommen werden, entgeht der einzelne der Außenseiterrolle, vermeidet Ansehensverlust und paßt sich der vorherrschenden Meinung an. Die Nützlichkeitsfunktion von Vorurteilen äußert sich in dem Einsatz zur Behauptung sozialer und politischer Macht. Das Objekt der Vorurteile, meist als negativ eingestuft, wird zur Einfluß- und Wirkungslosigkeit verurteilt. Es dient der Selbstdarstellung und Selbstbehauptung, wenn demjenigen, der die Vorurteile hat, die eigene Höherwertigkeit und Bedeutung durch das Gegenbild des abgelehnten anderen vermittelt wird. Es entstehen häufig Sperren, Vorurteile rational zu hinterfragen und damit zu beseitigen. Sie üben eine Selbstbehauptungsfunktion aus, mit der der eigene Standpunkt nicht nur dargestellt, sondern auch behauptet wird. Entgegenstehende Informationen werden oft als Gefahr für die eigene Urteilssicherheit eingeordnet. Auf diese Weise soll Verunsicherung vermieden werden, Vorurteile erweisen sich aber als resistent gegen Aufklärung.

Obwohl alle diese Regeln gleichermaßen für *alle* Anti- und Feindvorstellungen gelten, werden sie meist am Beispiel des Antisemitismus exemplifiziert, ohne zu fragen, ob sie auch auf andere Feindvorstellungen anwendbar sind. Deswegen ist die Aussage angebracht, daß zwischen strukturellen psychischen Ähnlichkeiten und politisch-moralischen Gegensätzen bei der Betrachtung von Vorurteilen und Feindbildern zu unterscheiden ist. *Sämtliche* Vorurteile und Feindbilder wie Antisemitismus, Antifaschismus, Antikommunismus, Antitotalitarismus, Gruppen- und Nationenhaß haben als gemeinsamen Nenner, daß sie der Integration der jeweiligen "In-group" dienen, den Feind ausgrenzen, ein Freund-Feind-Verhältnis in der Politik begründen, zum Verschwörerglauben insofern neigen, als dem Feind, dem "Anderen" ein hohes Maß an Gefährlichkeit und Skrupellosigkeit zugebilligt wird, das wiederum als Begründung für die Notwendigkeit des Zusammenhalts der "In-group" herangezogen wird.

Zu unterscheiden ist allerdings hinsichtlich der politischen Zielsetzung, der politischen Folgen und der moralischen Bewertung einzelner Vorurteile. Manche Feindbilder können in der politischen Konsequenz zum Völkermord und zur Ausrottung führen, manche zu sozialer Diskriminierung. Andere bleiben folgenlos und haben für den vorurteilsbehafteten Menschen lediglich eine Orientierungsfunktion. Das letztere gilt etwa für positive Vorurteile ("Unsere jüdischen Mitbürger"), die sachlich genauso wenig zutreffend sind wie negative Vorurteile, in moralischer und politischer Hinsicht aber harmloser sind.

3. Faschismustheorien

Es gibt viele Faschismustheorien, auch psychologische und psychoanalytische Deutungen, aber keine Antifaschismustheorie.[4] Deswegen ist es an dieser Stelle nötig, zunächst einmal einen Überblick über die psychologischen faschismustheoretischen Deutungen zu geben, um die Frage anzuknüpfen, ob deren Ergebnisse auch zur Erhellung des Antifaschismus beitragen. Hier ist auf die klassischen Forschungen von Wilhelm Reich, dessen Ergebnisse bereits seit 1933 vorliegen, Erich Fromm sowie von Horkheimer, Adorno und anderen hinzuweisen, die sämtlich vor 1945 erarbeitet wurden, wenngleich sie ihre Wirkung erst in der Nachkriegszeit entfalten konnten. Andere Detailveröffentlichungen, die sich mit einzelnen Antivorstellungen, wie dem Antisemitismus befassen, schlossen sich an. Auf alle diese einzugehen ist hier nicht möglich.[5] Bei Wilhelm Reichs "Massenpsychologie des Faschismus" (1933) wird als Grundlage dieses Denkens und damit verbundenen Herrschaftssystems die seit Jahrhunderten existierende autoritäre Familienstruktur angesehen. In den ersten vier bis fünf Lebensjahren verlaufen in der autoritären Familie diejenigen Prozesse, die den späteren Erwachsenen zum "Untertan" machen. Als entscheidende Fehlleistung sieht Reich die moralisch begründete Unterdrückung der natürlichen Geschlechtlichkeit des Kindes an. Diese Unterdrückung macht dieser Theorie zufolge ängstlich, scheu, autoritätsfürchtig, gehorsam, im autoritären Sinne brav und erziehbar. Sie lähmt, weil jede freiheitliche Regung mit schwerer Angst besetzt sei. Freiheitliche Kräfte im Menschen werden durch die sexuelle Tabuisierung gestoppt und in eine allgemeine Denkhemmung und Kritikunfähigkeit umgewandelt. Die Folge dieser Unterdrückung sind angeblich die Unfähigkeit zu bewußter Lebenseinschätzung, die Suche nach Ersatzbefriedigung wie es z.b. der "Militarismus" sein kann, sowie die Einschränkung des Freiheitsstrebens. Der Mensch handelt gegen sein eigenes Interesse. Die politischsoziale Stoßrichtung dieser Theorie richtet sich gegen das "Kleinbürgertum", das den Hauptanteil der "faschistischen" Massenbasis ausmache. Die psychische Struktur des Kleinbürgertums ergibt sich aus seiner Stellung im kapitalistischen Produktionsprozeß, aus seiner Stellung im autoritären Staatsapparat. Für das "Kleinbürgertum" typisch ist die Orientierung an der Macht. Dies führt zur Identifikation mit der Staatsmacht bzw. den herrschenden Kräften und Institutionen, was dieser Theorie zufolge den Unterschied zur Charakterstruktur des Industriearbeiters ausmache. Im Zentrum der "kleinbürgerlichen" Familienbindungen steht die patriarchalische autoritäre Sexualmoral. Die Unterdrückung der Sexualität, die die Voraussetzung des Bestehens autoritärer Familien darstellt, wird auch durch religiöse Vorstellungen erreicht. Folge dieser sexuellen Unterdrückung ist die Herabsetzung des Selbstbewußtseins. Es kommt zur Brutalisierung alles Geschlechtlichen wie zum Versuch, mangelndes Selbstbewußtsein durch starre Charakterzüge wettzumachen. Deshalb werden Vorstellungen gepflegt, die Begriffe wie Ehre, Pflicht, Tapferkeit und Selbstbeherrschung hoch einschätzen. Am Beispiel des Begriffs Nationalismus versucht Reich die ursprüngliche Bedeutung der Sexualmoral darzustellen. Er führt aus, daß das nationalistische Empfinden durch die Nichtauflösung der Mutterbindung verursacht sei. Das Weiterbestehen der Mutterbindung nach der Pubertät wird ins Gesellschaftliche transponiert, die Bindung zur Nation ersetzt die Mutterbindung. Die geringere Verbreitung des Nationalismus bei Industriearbeitern, die Reich festzustellen glaubt, sei auf lockere familiäre Beziehungen zurückzuführen. Auch die Rassentheorie als Kernelement der nationalsozialistischen Ideologie wird von Reich in den Zusammenhang der Sexualunterdrückung gestellt. Seiner Ansicht nach diente die Sexualunterdrückung ursprünglich der herrschenden Klasse zur Sicherung des eigenen Besitzstandes, der durch Erbrecht und Heirat bedroht schien. Die repressiven Moralvorstellungen galten somit zunächst innerhalb der eigenen Klasse. Erst mit dem Aufstieg der organisierten Arbeiterbewegung erwachte das Interesse der Oberschicht, die eigenen Sexualvorstellungen den unteren Schichten aufzuzwingen, da sie sich durch deren naturnähere sexuelle Lebensformen bedroht fühlte. In diesem Zusammenhang meinte Reich, daß die Rassentheorie das Ziel habe, fremdartige Rassen aufgrund ihrer naturnäheren sexuellen Lebensformen zu unterdrücken.

Obwohl Reich vor 1933 der KPD zeitweilig angehört hat, hat er mit dieser Theorie wenig bewirkt. Zwar führt diese Theorie in der Konsequenz zu einer antikapitalistischen Ordnung, wegen ihres antikollektivistischen und strikt individualistischen Charakters war sie jedoch mit marxistischen Klassentheorien nicht in Einklang zu bringen. Der Bruch mit der KPD war damit vorgezeichnet, und Reich hat posthum erst in den späten 60er Jahren in der zeitweiligen kulturrevolutionären Welle eine kurzzeitige, jedoch letzten Endes einflußlose Renaissance erlebt. Wichtiger und einflußreicher sind die Theorien von Erich Fromm sowie Horkheimer, Adorno und Mitarbeitern.

Erich Fromm (Die Furcht vor der Freiheit) hat das Verhältnis von Autorität und Familie, gestützt auf die Lehre von Freud, untersucht. Mit dem Hinweis auf den "autoritären Charakter" ist seine Studie eine Vorläuferuntersuchung zu der wichtigeren und einflußreicheren von Adorno, Horkheimer und Mitarbeitern. Sie haben sich von 1944 bis 1949 um die Widerlegung der Ansicht bemüht, der Nationalsozialismus ("Faschismus") sei eine historische Katastrophe, deren Wiederholung unmöglich sei. Die autoritäre Persönlichkeit vereinigt dieser Theorie zufolge alle Formen des Vorurteils in sich (Antisemitismus, Ethnozentrismus, politisch-ökonomischen Konservativismus und Antidemokratismus). Typisch für die autoritäre Persönlichkeit ist ihr Denken in Alternativen, d.h. die Scheidung zwischen Eigengruppe und Fremdgruppe. Während die Eigengruppe positiv bewertet und hoch eingeschätzt wird, wird aller Haß auf die Fremdgruppe gelenkt. Während bei den genannten Autoren Juden, Ausländer, Andersgläubige, Intellektuelle genannt werden, muß an dieser Stelle betont werden, daß auch "der Faschist" als Abstraktum Gegenstand der Ablehnung, des Hasses sein kann. Die Starrheit dieser Zweiteilung der Welt hindert den autoritären Charakter, seine Ansicht durch eigene Erfahrung zu verändern. Er begreift alles unter Stereotypen, also unveränderlich feststehenden Bildern des "Eigenen" und des "Anderen". Dabei werden diese Vorurteile personifiziert, d.h. "der" Jude, Kapitalist oder eben auch Faschist sind Objekt der Ablehnung, Prinzipien sozialer Wirklichkeit und moralischer Werthaltungen werden mit bestimmten Personen und

Personengruppen identifiziert. Alle genannten Theoretiker gehen von einem individualpsychologischen Ansatz aus und unterscheiden sich, obwohl der "Linken" im weitesten Sinne zugehörig, vom theoretisch fundierten Marxismus. Zwar ist eine antibürgerliche und antikapitalistische Stoßrichtung in diesen Theorien unverkennbar, aber weil in den durch die Erziehung, durch den familiären Einfluß vermittelten Charakterstrukturen ein wichtiger Erklärungsfaktor für das Entstehen und die Stabilität autoritär-faschistischer Herrschaftssysteme gesehen werden, bleibt das Individuum die eigentliche Bezugsgröße. "Die Individualpsychologie ist sozusagen das Mikroskop der Sozialpsychologie", hat Fromm erklärt.[6]

Kritisch ist gegen diese Deutungen schon früh eingewendet worden, ob auf diese Weise ein zureichendes Verständnis der Bedingungen des Aufstiegs des Nationalsozialismus und anderer "faschistischer" Systeme ermöglicht wird. Diese Frage ist keineswegs nur von marxistischer Seite, sondern auch von liberaler gestellt worden, Die Frage, ob es eine Persönlichkeitsgrundlage des "Faschismus" (Fromm) gibt, wird auf der Grundlage psychoanalytischer Theorien bejaht und mit dem Hinweis auf sadistische und masochistische Elemente bzw. die autoritäre Persönlichkeit beantwortet. Gänzlich verkannt wird aber die aktuell politische Entstehungssituation, die den italienischen Faschismus, den Nationalsozialismus und vergleichbare Strukturen ermöglicht hat. Die jeweilige politische Kultur, z.B. historische Vorbelastungen von Liberalismus und Demokratie in Deutschland, aber auch in Rußland, wird gänzlich vernachlässigt. Politische Orientierungen sind eben keineswegs ausschließlich psychologisch oder psychoanalytisch zu deuten, sondern müssen auch historisch, ökonomisch und aktuell politisch analysiert werden. Eine der Mitarbeiterinnen von Horkheimer/Adorno, Else Frenkel-Brunswik hat selbstkritisch auf das Zusammenwirken psychischer und sozialer Faktoren im Politischen Verhalten hingewiesen. In jedem Individuum seien sowohl Züge einer autoritären wie demokratischen Persönlichkeit vorhanden, die in einer Gesamtsituation von objektiven Faktoren, wie ökonomischen Verhältnissen, sozialer Unzufriedenheit, Isolierung, ein entscheidendes Gewicht erlangen.[7]

Falsch ist auch die naheliegende Schlußfolgerumg, das Gegenbild zur autoritären Persönlichkeit sei eine tolerante, in der pluralistischen Demokratie lebende Persönlichkeit. Denn auch diese kennt Feindbilder, Vorurteile und Gruppenhaß. Deswegen gilt, daß die Merkmale von Vorurteil und Feindbild auch auf den Antifaschismus anwendbar sind.

4. Sozialpsychologische Deutungen des Antifaschismus

Wie bereits angedeutet, gibt es keine ausgebaute Antifaschismustheorie. Deshalb soll hier der Versuch unternommen werden, die Ergebnisse sozialpsychologischer Faschismustheorien auf den Antifaschismus als eine Art von Feindvorstellung anzuwenden. Feindbilder haben die Funktion der Integration, der Aggressionsabfuhr, der Strukturierung einer unüberschaubaren Wirklichkeit, der Abgrenzung und Selbstbestätigung. Dies ist der gemeinsame Nenner aller Feindvorstellungen, so unterschiedlich ihre Argumente und ihre politische Stoßrichtung auch sein mag. Auch der Antifaschismus läßt sich mit dieser Funktionsumschreibung erfassen.

Der Antifaschismus stellt also eine Integrationsideologie dar, auf deren Basis sich sehr gegensätzliche politische Kräfte treffen können und zwar umso leichter, je diffuser die Vorstellungen von dem sind, was als "antifaschistisch" gilt. Sozialisten und Nichtsozialisten, Atheisten und Christen, Bürgerliche verschiedener Richtung und Kommunisten, uneinig über jede aktuelle politische Frage, sehen im "Faschismus" ein Feindbild, dessen Bedrohlichkeit ihnen die Notwendigkeit des Zusammenhaltes einredet und jede Abweichung als Begünstigung des absolut Bösen moralisch ins Zwielicht rückt. Deswegen wohnt dem Antifaschismus eine erhebliche Mobilisierungskraft inne, die er auch nach dem Zusammenbruch des diskreditierten "real existierenden Sozialismus", der sich vor allem auch antifaschistisch legitimierte, behalten hat. Als Integrationsmittel ist der Antifaschismus nach wie vor geeignet, gerade weil er seit der "Wende" von 1989/90 weniger rational und stärker emotional auftritt. Geschürt wird die Angst vor einem Rechtsextremismus, was vor allem deswegen wirkungsvoll ist, weil in einer Übergangs- und Umstrukturierungsphase Unsicherheit und Desorientierung zugenommen haben.

In der Tat ist die Mobilisierungsbereitschaft, die der Antifaschismus auslöst, sozialpsychologisch völlig verständlich, weil die Entsagungen und Leiden der nationalsozialistischen Herrschaft und der Kriegszeit den Wunsch nach persönlicher und materieller Sicherheit umso stärker werden ließen. Die Sehnsucht nach dem Glück, nach einer Privatsphäre, die der harte, rigide, Opfer verlangende Nationalsozialismus verweigert hatte, verbunden mit Erfahrungen wie Vertreibung, Bombenkrieg, mündeten in eine hedonistische, auf Lebensgenuß gerichtete Grundhaltung, die zu einer Ablehnung das "Faschismus" als dem Symbol des Harten, Opfer Verlangenden, Kriegerischen führt. Selbst diejenigen, die sich zum Kampf gegen den vermeintlichen "faschistischen" Feind nicht mobilisieren ließen, waren doch zur Hinnahme des Antifaschismus bereit. Der Hedonismus ist das gelebte Nein zum Kollektiv, die Rechtfertigung individueller Glücksansprüche, er ist anfällig für die Verlockungen der Ideologie, weil der Glücksanspruch zur Abwehr und Ablehnung der Realität, auch der demokratischen Realität, führt. Jeder Anspruch der Gesellschaft und des Staates kann unter Faschismusverdacht gestellt werden – sei es eine Volkszählung, sei es der Appell an die Leistungsbereitschaft der Bürger. Auf diese Weise dient er der Integration der In-group und bezeichnet die Richtung, aus der die Bedrohung kommt, gegen die vorzugehen nicht nur notwendig, sondern auch moralisch gerechtfertigt ist.

In der Zeit der sogenannten "Studentenrevolte" zwischen 1968 und der Mitte der 70er Jahre, ist mancher "Antiautoritäre", der Ordnung und Disziplin nur gegenüber der bestehenden, bürgerlichen Ordnung ablehnte, über den "Antifaschismus" zum "orthodoxen" Marxismus, zu den maoistischen K-Gruppen oder zur DKP gekommen. Die "autoritäre Persönlichkeit", wie sie in den zitierten sozialpsychologischen Theorien dargestellt wird, ist also keineswegs nur eine "faschistische", sondern auch ein "Antifaschist" wird von den Merkmale der autoritären Persönlichkeit erfaßt. Die Legitimation des Terrorismus durch den Antifaschismus belegt dies eindeutig.[8]

5. Die Funktion des Antifaschismus heute

Der Versuch der sozialpsychologischen und psychoanalytischen Theorien, ein einheitliches Persönlichkeitsbild "des Faschisten" zu entwerfen, setzt sich letzten Endes ausgesprochen odear unausgesprochen zum Ziel, eine Prognose zwischen Triebdynamik, sozialen persönlichkeitsprägenden Faktoren wie Familienstruktur und politischem Verhalten herzustellen. Indem dieser Zusammenhang aufgezeigt wird, soll die Möglichkeit zur Änderung und Verbesserung des Individuums und letzten Endes auch der Gesellschaft im Sinne einer Humanisierung geschaffen werden. Allerdings bleiben diese Bemühungen fragwürdig. Zutreffend in manchen Details stellt diese Interpretation insgesamt doch eine Reduktion dar, weil historische, aus nationalen Traditionen politischer Kultur erklärbare Besonderheiten außer acht bleiben. Die Zusammenhänge sind tatsächlich komplizierter als die psychologischen und psychoanalytischen Deutungen suggerieren.

Hinter allen diesen psychologischen und psychoanalytischen Theorien steht aber auch eine politischen Absicht, die einseitig auf die "faschistische" Persönlichkeit hinweist. Sinnvoll und notwendig ist es deswegen, nach strukturellen Gemeinsamkeiten zu fragen, die allen Feindvorstellungen gleichermaßen eigen sind, wobei allerdings die Reduktion vermieden werden muß. Auch die Unterschiede zwischen den Feindbildern müssen also vergegenwärtigt werden. Wenn das geschieht, kann es gelingen, einen bescheidenen Beitrag zur Überwindung der Polarisierung in der Politik zu erreichen. Zwar sind die Möglichkeiten der Aufklärung nicht allzu hoch einzuschätzen und dem "pädagogischen Allmachtwahn" (Theodor Litt) ist zu widerstehen: Bildung und Erziehung können nicht leisten, was die Politik nicht erreichen konnte. Auch der Antifaschismus bedarf kritischer Betrachtung und darf als Gegenbild des "Faschismus", der als das absolute Böse gilt, nicht tabuisiert werden. Die einzelnen Feindvorstellungen, die in der Politik eine meist negative Rolle spielen, dürfen nicht gleichgesetzt werden. Dringend notwendig aber ist, sie kritisch miteinander zu vergleichen.

Anmerkungen

1 Änne Ostermann/Hans Nicklas: Vorurteile und Feindbilder. München/Berlin/Wien 1976.

2 Ausführlicher hierzu siehe Hans-Helmuth Knütter: Deutschfeindlichkeit – gestern, heute und ... morgen? Asendorf 1991, S. 16ff.

3 Das Folgende nach Egon Barres: Vorurteile, Opladen 1978, S. 115.

4 Zu einer Definition des Begriffs "Antifaschismus", das sich um eine positive Fassung dieses Antibegriffs bemüht, vgl. Hans-Helmuth Knütter: Antifaschismus und politische Kultur in Deutschland nach der Wiedervereinigung. In: Aus Politik und Zeitgeschichte Nr. 9, 22. Februar 1991, S. 18, und ders.: Antifaschismus als innen- und außenpolitisches Kampfmittel, Bornheim 1991, S. 10.

5 Die folgende Ausführungen stützen sich auf folgende Veröffentlichungen: Wilhelm Reich: Massenpsychologie des Faschismus, Frankfurt a.M. 1979.
Theodor Adorno et.al.: The Authoritarian Personality. Studies in Prejudice. New York 1950, deutsch: ders.: Studien zum autoritären Charakter, Frankfurt a.M. 1973.
Erich Fromm: Die Furcht vor der Freiheit. Frankfurt a.M. 1966.

6 Erich Fromm: a.a.O., S. 138.

7 Else Frenkel-Brunswik: Interaction of psychological chapters in political behaviour. In: American Review, 1952, No.1, S. 63.

8 Bernhard Rabert: Terrorismus in Deutschland. Zum Faschismusvorwurf der deutschen Linksterroristen, Bonn 1991, vgl. auch die Vorstudie desselben Autors: Terrorismus und Antifaschismus. Der Mißbrauch des Faschismusvorwurfs durch die deutschen Linksterroristen 1970 - 1986. In: Hans-Helmuth Knütter (Hg.): Antifaschismus als innen- und außenpolitisches Kampfmittel, Bonn[2] 1991, S. 77-115 (Studien und Berichte aus dem Seminar für Politische Wissenschaft der Universität Bonn Nr.2).

Ulrich Schacht

Die sinn-lose Freiheit

Über die Präsenzkrise der gerechten Gesellschaft in den neuen Bundesländern

I.

Am 9. November 1989 stürzte die Berliner Mauer und ihre innerdeutsche Verlängerung unter den Augen der Weltöffentlichkeit in sich zusammen. Am 18. März 1990 fand die erste und letzte freie Wahl zu einer Volkskammer der DDR statt; sie endete mit einem überwältigenden Sieg der "Allianz für Deutschland" aus CDU, CSU, DSU und Demokratischem Aufbruch. Am 1. Juli 1990 trat die in einem Staatsvertrag zwischen der Bundesrepublik Deutschland und der DDR vereinbarte Währungs-, Wirtschafts- und Sozialunion in Kraft. Am 3. Oktober desselben Jahres schließlich verabschiedete sich die DDR als Staat von der historischen Bühne, indem sie dem Geltungsbereich des Grundgesetzes beitrat.

Vier Daten deutscher Gegenwartsgeschichte, die auch bei nüchternster Rückbesinnung nicht nur als logische Kettenreaktion gelesen werden dürfen, sondern begriffen werden müssen als gravierende Etappen einer weltgeschichtlichen Zäsur. Aber nicht ihre globale Bedeutung interessiert hier; vielmehr soll die sozial- und nationalpsychologische Brisanz des Vorgangs ins Blickfeld gerückt werden. Denn dieser – in ganzen elf Monaten zur historischen Urteil-Verkündung geführte – *kurze* Prozeß hatte ein Vor-Spiel, das fast ein halbes Jahrhundert währte, was wiederum Rückschlüsse auf das vor uns liegende Nach-Spiel zuläßt. Mit anderen Worten: Der historisch *kurze Prozeß* über die Existenz der DDR, der zweiten deutschen Diktatur also, der mit einem mehrheitlich gewollten "Todesurteil" endete, hat im Anschluß daran bei den Prozeßbetreibern ein Gefühlschaos ausgelöst, das den zuvor noch konsensfähigen Sinn jenes Urteils, seiner Begründung und Vollstreckung in die Nähe von Sinn-Losigkeit treibt.

Was ist im Deutschland dieser Tage geschehen, um aus einer diesbezüglichen Zu-Stimmung mehrheitsfähiger Natur eine Un-Stimmigkeit ebenso mehrheitsfähiger Natur werden zu lassen? Oder besser: Was alles ist *nicht* geschehen, das diese Entwicklung hätte verhindern oder wenigstens soweit eindämmen können, daß der nationale Diskurs über das Projekt "Freiheit für ganz Deutschland" *befreiter* und nicht *denunzierbarer* stattfinden könnte?

Anders gefragt: Warum werden jene vorhin genannten Daten immer weniger als wirkliche Befreiungs-Etappen von denen verstanden, die sich befreiten, indem sie *diejenigen* in die moralische Pflicht nahmen, die sich im freien Teil der Nation auf genau diese Befreiungs-Pflicht hin Jahrzehnt um Jahrzehnt hatten vereidigen lassen? Warum also endet bei denen, die es zwischen dem 9. November 1989 und dem 3. Oktober 1990 so wollten, wie es dann wurde, in einem subjektiven Niederlage-Gefühl, was sich objektiv als atemberaubende Serie von Positiv-Zäsuren erkennen läßt? Warum kann *Freiheit* als sinn-los erfahren werden, wenn zugleich die Erfahrung des Abwerfens von Un-Freiheit als originäres Sinn-Ereignis unverrückbar im jeweils individuellen Lebens-Raum stehengeblieben ist? Oder liegt gerade in dieser Charakteristik der Situation, daß etwas als wesentlich Erfahrenes *stehengeblieben* ist, mithin scheinbar schon wieder ein Ende gefunden hat, der Punkt, auf den es ankommt?

Ich meine, daß tatsächlich an genau diesem Punkt, der einen Soll-Bruch markiert, das festzumachen ist, was ich die *Präsenzkrise* der gerechteren Gesellschaft in den neuen Bundesländern Deutschlands nennen möchte, die zugleich mit einer kontextuellen Motivationskrise in den alten korrespondiert.

Untermauert wird diese Vermutung auch dadurch, daß demoskopische Erhebungen über das Problem verdeutlichen, daß wir es mit einer *psychosozialen* Krise zu tun haben, deren Basis keineswegs, oder nur in sehr begrenztem Maße, materielle Defizite sind, sondern vielmehr der Verlust von gesellschaftlicher, d.h. lebensperspektivischer Orientierungsfähigkeit. Aus genau diesem Grunde greifen alle Maßnahmen von seiten der amtierenden Regierung, die den langen Prozeß der *inneren* Wieder-Vereinigung Deutschlands nur "sozial-verträglich" zu organisieren versuchen, entschieden zu kurz, weil wir erfahren haben, daß das Sozial-Verträgliche als Identifikationsangebot nicht unbedingt deckungsgleich ist mit dem Emotional-Verträglichen. In dieser Differenz hat die konstatierte Krise meines Erachtens ihre Hauptursache, und genau hier sammelt sich, auf ganz Deutschland bezogen, so etwas wie eine kritische Masse in jedem Sinne des Wortes.

II.

Lange – und besonders in den Jahren der Entspannungspolitik – haben wir uns im freien Teil der Nation einreden lassen, daß die Mehrheit der Landsleute im unfreien Teil Deutschland das verwandte Gegen-Über primär als den reicheren Bezirk im nationalen Un-Gefüge erkennt. Daß er zugleich *auch* der *gerechtere* für sie sein könnte, wenn es darauf ankommt, wurde in zunehmendem Maße als unangemessene Selbstüberhebung denunziert oder sogar vehement bestritten.

Die Erfinder dieser ideologisch motivierten Pseudo-Bescheidenheit, die sich oft genug gar nicht sattsehen konnten am Macht-Haben und -Gehabe der von Moskau mit begrenzter Gewalt-Herrschaft belehnten SED-Funktionäre, wurden in den Tagen und Monaten des Umsturzes eines Besseren belehrt, das zugleich auf Böseres verwies, das sie nicht hatten wahrhaben wollen – ähnlich jener pathologischen Blickverengung aus anthropologischem und nationalpsychologischem Mentalitätsfundus, die Musil nach dem Ersten Weltkrieg diagnostizierte: "... wir haben viel gesehen und nichts wahrgenommen". Wahrnehmen mußten wir inzwischen jedoch, daß von unserer Gesellschaftsordnung, der repräsentativen parlamentarischen, gewaltengeteilten Demokratie, *mehr* verlangt wurde als nur das geschwinde Auffüllen der Ladenregale; verlangt wird darüber hinaus die Materialisierung der immateriellen Werte-Gemeinschaft, d.h. die Sichtbar-Machung ihres Selbst-Verständnisses.

An genau diesem Punkt jedoch versagt sich die gerechtere Gesellschaftsordnung des Grundgesetzes. Warum? Weil sie eine extrem symbolreduzierte, ja symbol*verarmte* Gesellschaft ist. Gesellschaften dieser Art aber sind zutiefst gefährdet, denn die semiotisch-symbolische Gleich-Gültigkeit aller Gesellschaftsebenen und -Institutionen provoziert Orientierungsvakua, in denen das Gesamtgefüge und seine Werte-Basis beliebig werden. Diese Beliebigkeit wiederum läßt es wertlos erscheinen. Die so wert-los erscheinende Gesellschaft aber wird – in Sinn- und/oder ökonomischen Krisen, die seriell psycho*logisch* irrationale Kurz-Schlüsse auslösen – zur *Wegwerfge*sellschaft, an deren Stelle die *Ein*-Ordnung als rettender Orientierungs-Rahmen tritt. Die gerechtere Gesellschaft darf deshalb, wenn es darauf ankommt, nicht nur *funktionieren*, also der *bessere* Funktionär und damit ein rein mechanische Größe sein – sie muß vielmehr *überzeugen* durch die sinnlich erfahrbare Präsenz, d.h. Verteidigung oder Durch-Setzung ihrer Grund-Werte, die ihre historische Qualität ausmachen, aus der sich dann wiederum Orientierungsmargen für Entwurf und Erarbeitung individueller Lebens-Qualität ableiten lassen. Das Identifikationspotential der gerechteren Gesellschaft muß also *erkennbar* werden, um über den Tag hinaus *wirksam* zu sein. Die Frage ist deshalb: Wie viele und welche Zeichen braucht der Mensch, um sich in einer historischen Situation, die ihm – wie immer er sie grundsätzlich für sich bewertet – chaotisch vorkommt, zurechtzufinden? Und wenn er die Zeichen hat, sie aber nicht ausreichen, weil er mehr noch Symbole braucht, die den *Sinn* des Geschehens markieren – was hat dann zu geschehen?

Zunächst und vor allem doch wohl dies: Demontage der Symbole, Namen, Zeichen und Institutionen des ancien regime sowie Installierung der Symbole und Zeichen der gerechteren Gesellschaft. Aber welche hat sie, um sich – wenn wir vom Design der westdeutschen Waren-Welt und dem Kürzel für ihr Äquivalent, DM, einmal absehen – *sichtbar* zu machen, um Präsenz, also *Flagge* im genauen und übertragenen Wortsinn zu zeigen?

Was die Bundesrepublik betrifft, so hat sie davon wenig genug, und das Wenige wird zumeist auch noch schamhaft in den Hintergrund gerückt oder boshaft mit inhumaner Tradition identifiziert.

Dabei ist – und ein Blick nach Prag, Warschau, Budapest oder auch Moskau reichte aus, um uns im Vergleich zu beruhigen – die temporäre Über-Präsenz nationaler und regionaler Symbolik, die die traditionelle oder neu geschaffene politische Gegen-Symbolik einschließt, eben nicht identisch mit dem Betreiben einer Archäologie untergegangener nationalistischer oder politischer Hysterie, sondern das genaue Gegenteil geschieht: nämlich die Rekonstruktion verschütteter und/oder verhinderter Selbst-Bestimmung. *Sichtbar* gemacht wird also nichts Destruktives, sondern etwas zutiefst Konstruktives: die Aufhebung der Unter-Präsenz eines grundlegenden Rechts, das Rechtsgrund legt. Das heißt: Die Symbole des revolutionären Um-Bruchs und seiner nationalpolitischen Tradition, die auch im deutschen Falle eine geschichtliche Konstante humaner Gesinnung ins Gegenwärtige hinein profiliert, müssen nach dem Sieg, wenn der sinn-reiche Ausnahme-Zustand All-Tag und also unsichtbar wird, erst recht zu sichten sein, da sie die Dauerhaftigkeit des Ersehnten und Erkämpften signalisieren.

Mit solcher Sichtbarkeit – man denke nur an die antizipatorische Renaissance der Länderflaggen in den 1989/90 noch nicht rekonstruierten Ländern zwischen Elbe und Oder, zu der die *bezeichnende* Über-Präsenz der vom Spaltersymbol befreiten schwarzrotgoldenen Nationalflagge gehörte – läßt sich nicht nur leben, sondern vor allem *überleben*, denn selbst der sicherste Revolutionär gerät nach erfolgreicher Revolution in eine Krise.

III

Diese Not-Wendigkeit von Symbolik kann sowohl politisch wie auch philosophisch begründet werden. Die amerikanische Historikerin Lynn Hunt hat am Beispiel der Französischen Revolution über die "Macht der Symbole" nachgedacht und den "Entwurf einer politischen Kultur" in Zusammenhang mit den "Symbolen der Macht" gesetzt, wenn sie schreibt: "Diese Symbole brachten nicht einfach politische Positionen zum Ausdruck; sie waren das Mittel, durch das die Menschen sich ihrer Position bewußt wurden ..." Die Ausübung von Macht erfordere stets "symbolische Praktiken"; es gäbe "keine Regierung ohne Rituale und Symbole, so entmystifiziert und frei von magischen Elementen sie auch erscheinen mag. Regieren ist nicht möglich ohne Geschichten, Zeichen und Symbole, die auf tausenderlei unausgesprochene Weisen vermitteln und bestätigen, daß dieses Regieren legitim ist." Symbole sorgten so zum einen für "psycho-politische Kontinuität"; zum anderen würden sie zu "greifbaren Erinnerungsmarken" einer neuen Tradition, auf die Verlaß sei. (Lynn Hunt, Frankfurt a.M. 1989, S. 71 ff.) Philosophisch gewendet, bedeutet dies: "Symbol ist dasjenige, woran man etwas wiedererkennt .. Aber was ist Wiedererkennen? Wiedererkennen ist nicht: etwas noch einmal sehen. Wiedererkennungen sind nicht eine Serie von Begegnungen, sondern Wiedererkennen heißt: etwas als das, als was man es schon kennt, erkennen ... In Wiedererkenntnis liegt immer, daß man jetzt eigentlicher erkennt, als man in der Augenblicksbefangenheit der Erstbegegnung vermochte. Wiedererkennen sieht das Bleibende aus dem Flüchtigen heraus. Das nun ist die eigentliche Funktion des Symbols ... In Wahrheit ist das Symbol eine Aufgabe des Aufbaus." (Hans-Georg Gadamer, Stuttgart 1977, S. 62 ff.) Doch der Aufbau, um den es derzeit in Deutschland geht, wird so symbollos wie nur irgend möglich bewerkstelligt. Es herrscht das verkümmerte Symbol-Bewußtsein Westdeutschlands vor, das sich aber nicht nur in Symbol-Bewußtlosigkeit erschöpft, sondern auch bewußt Symbol-Feindschaft anstrebt. Allenthalben dominieren falsche Skrupel und wahre Abneigung. Die mögliche Gefahr der Verwechslung eines berechtigten Siegesgefühls (angesichts der historischen Niederlage eines zutiefst inhumanen Regimes) mit einer unangebrachten Sieger-Pose durch die Vertreter der gerechteren Gesellschaft endet immer wieder in habitueller und rhetorischer Zurücknahme, wenn es um die *anhaltende* Größe der Stunde, die eine Rückkehr zur Tagesordnung ante quo verbietet, geht. Solche – psychologisch noch zu deutende – falsche Bescheidenheit zieht in der Endkonsequenz eine Degradierung des Ereignisses im Bewußt-Sein der Menschen zu einem Problem des Staatsetats nach sich, über das es – psychologisch und nicht nationaläkonomisch gesehen – nur kleinlich anmutendes Gezänk geben kann. Gefordert ist aber eine extra-ordinäre mentale Anstrengung und kein ordinärer fiskalischer Streit, der die Banalisierung des Epochalen zwangsläufig provoziert.

Der Publizist und Historiker Arnulf Baring hat in einem Zeitungs-Beitrag ("Warum ich an die Humboldt-Universität will", FAZ, 11. Mai 1991, S. 27) über eine Begegnung mit einem typischen Vertreter solcher falschen Bescheidenheit Auskunft gegeben: "Kürzlich sagte mir ein Berliner Senator der gegenwärtigen Großen Koalition, als wir über ein verwandtes Thema sprachen, ich ihm nämlich die Notwendigkeit nahezubringen versuchte, den sogenannten Palast der Republik abzureißen: Man solle solche 'Siegerposen' vermeiden. Ich war sprachlos. Zur historischen Reinigung gehören immer auch symbolische Akte. Dieser Palast einer sogenannten Republik war *das* Symbol der Diktatur. Er ist so etwas wie unsere Bastille gewesen."

IV

All das kollidiert nicht zuletzt mit einem elementaren Gerechtigkeits-Bedürfnis der Mehrheit der Landsleute in den neuen Ländern. Diese Mehrheit verfügt gewiß nicht über ein dezidiertes Rechtsbewußtsein, woher auch! Aber in den Kämpfen vom Herbst 1989, die sich bis ins Frühjahr 1990 hinzogen, hat sich ein *Sinn* für die gerechte Sache manifestiert, der sich nicht aufgehoben fühlen kann im kodifizierten Recht der alten Bundesrepublik, das in seiner Normen-Differenziertheit und Anwendungs-Undurchschaubarkeit unbegreifbar geworden ist – ein hochkompliziertes Terrain selbst für Experten; ein abstrakter Mechanismus für die, die erst jetzt damit konfrontiert werden. Das heißt: Es wird erwartet, daß die Justiz der gerechteren Gesellschaft – deren dritte Gewalt und Stütze sie ist – über die Täter der ungerechten Ordnung Recht spricht, es aber nicht mit Hilfe eines neurotisierten Über-Rechts, das im Kern auf plattestem Rechtspositivismus basiert, verhindert. Das In-dubio-pro-reo-Prinzip verpflichtet auf vieles, aber nicht darauf, dümmer zu sein, als die Geschichte erlaubt! Damit zusammen hängt auch eine rechtsphilosophische Vor-Entscheidung: Daß die zweite deutsche Diktatur, wie die erste, mit Hilfe von *Gesetzen* Unrecht praktizierte, kann *keine* Legitimation sein, auf die sich berufen darf, wer dieses Unrecht anstiftete, organisierte oder durchsetzte! Gustav Radbruch hat in seiner "Rechtsphilosophie" schon vor langem darauf hingewiesen, daß es der Rechtspositivismus war, der "mit seiner Überzeugung 'Gesetz ist Gesetz' den deutschen Juristenstand wehrlos gemacht" habe "gegen Gesetze willkürlichen und verbrecherischen Inhalts". Im Hinblick auf die NS-Zeit und den strafrechtlichen Umgang mit ihren schuldig gewordenen Justiz-Vertretern nach 1945 mahnte Radbruch deshalb: "Das aber muß sich dem Bewußtsein des Volkes und der

Juristen tief einprägen: es kann Gesetze mit einem solchen Maße von Ungerechtigkeit und Gemeinschädlichkeit geben, daß ihnen die Geltung, ja der Rechtscharakter abgesprochen werden muß." (Norbert Horster, München 1980², S. 42 ff.) Die Stunde verlangt also nichts Geringeres als rechtsphilosophische Bewegung in den Köpfen der Juristen der gerechteren Gesellschaft, die zu rechts*politischen* Entscheidungen und rechts*schöpferischen* Akten führen muß. Aber was erleben die Menschen in dieser Hinsicht von der neuen Gesellschaft, die die gerechtere sein will? Die Täter der ungerechten Ordnung erscheinen nur schwer oder gar nicht vor Gericht, obwohl ihre Verbrechen geschichtsnotorisch sind. Die Mitteldeutschen erleben, daß die erfolgreichen Funktionäre und Mitläufer der gestürzten Diktatur im wirtschaftlichen oder Advokaten-Bereich Positionen innehaben, die sie wieder zu Einflußreichen und Mächtigen machen, während man selber den Folgen von "Abwicklungsprozessen" ausgeliefert ist; daß sich alles politische und wirtschaftliche Gewicht der neuen Bundesrepublik Deutschland im westlichen Teil der Nation konzentriert und der Egoismus von Regional- und Lokalpolitikern – quer durch die Parteien – fast dafür gesorgt hätte, daß nicht einmal Jahrzehnte alte Treugelöbnisse, die Jahr um Jahr erneuert wurden, Gültigkeit behielten. Von Berlin ist die Rede und davon, was unter dem Begriff Hauptstadt zu verstehen ist. Berlin aber war und ist *das* Symbol der deutschen Einheit. Es hat konstitutive Bedeutung für die zukünftige psychische Befindlichkeit der deutschen Nation, und nicht nur dies. Aus solcher Befindlichkeit erwachsen, wie wir wissen, Hoffnung oder Frustration, Perspektiven oder Sinnlosigkeit. Schon jetzt stoßen in die zeichenleeren Räume der symbolverarmten Gesellschaft die Bataillone der Kahlköpfigen von Dresden und Leipzig mit den erschreckend leicht *hand*habbaren Symbolen und Gesten der ersten deutschen Diktatur. Noch ist das ein Randphänomen, gewiß; noch können wir sie zählen, die jungen alten Feinde der endlich gesamtdeutschen Demokratie. Aber schon liefern wir "Argumente". Die "Hauptstadtlüge" wäre so eines – (miß-)brauchbar wie wenige andere – gewesen. Die Parlamentsabstimmung am 20. Juni fiel knapp zugunsten Berlins aus; von den großen Volksparteien hat einzig die CDU eine Mehrheit ihrer Bundestagsabgeordneten für die Einhaltung des gegebenen Versprechens begeistern können; SPD und CSU brachen es mehrheitlich. Dabei wäre gerade in dieser Frage die repräsentative Demokratie in der Lage gewesen, glanzvoll Wahrhaftigkeit zu demonstrieren, indem sie unisono betont hätte: Bonn hat seine Pflicht erfüllt; das ist ein Verdienst. Berlin muß sein Recht bekommen, das ist eine Chance. Denn was gegen Bonn sprach, war ja gewiß nicht sein Provinz-Sein, weil das per se kein Fehler sein kann. Was gegen Bonn sprach, war (und ist) seine *symbolische* Dimension: es symbolisierte nur die Hälfte der Nation, und das von Anfang an und für immer! Bonn ist aus *gutem* Grund Distanz gewesen; in Berlin wurde sie überwunden – aus *besseren* Gründen. Berlin ist deshalb auch nicht die neue Zentrale, die die Länder und Regionen in ihren Rechten und Bedeutungen beschneidet oder auch nur begrenzt. Berlin ist vielmehr *das* Symbol für die Ankunft der gerechteren Gesellschaft – der wirklichen Demokratie – auf dem Territorium der *ganzen* Nation, die von diesem Symbol her nicht Befehls-Signale empfängt, sondern Beruhigungs-Zeichen. Die Nation ist *wirklich* einig und frei, sie ist *grenzenlos* zu sich gekommen, ist humaner Spiel-Raum geworden, der nie wieder verspielt werden darf. Das signalisiert einen potentiellen Grad von gesellschaftlicher Geborgenheit im Um-Bruch, der das Individuum nicht nivelliert, sondern geradezu ermöglicht, weil er es zugleich voraussetzt und antizipiert. Auf solchem Grund wächst historische Zeitweite, in der sich Lebensdynamik entfalten kann. Die "Extremisten des Status quo" (Václav Havel) wollen das bis heute nicht wahrhaben.

V

Wie kommen wir dazu, dies alles zu verkennen, zu verdrängen oder gar kalt zu ignorieren? Haben wir schon vergessen, mit wem wir es in den neuen Bundesländern zu tun haben? Mit Deutschen, die am 18. März 1990, dem Tag der ersten und letzten freien Volkskammerwahlen, nichts Geringeres erkämpft haben als einen *erfolgreichen* 17. Juni. Dieser 18. März 1990 entwertet dabei nicht die Herbstrevolte *vor* dem Mauersturz. Aber er verweist auf die moralische Qualität des Tages, an dem die Mauer fiel. Das psychopolitische Profil des Tages des Mauersturzes war die radikale Bereitschaft der Massen zur institutionalisierten Revolution. Das heißt: Die Deutschen haben in der Konsequenz jener Nacht vom 9. November 1989 am 18. März 1990 einen unglaublich *reifen* Akt politischer Natur vollbracht, indem sie nicht die *Revolution* gewählt haben; vielmehr haben sie die Revolution *gewählt*, also die Wahl zur Revolution erhoben. Sie haben damit zugleich all jenen die Grenzen ihres Denkens und Handelns gezeigt, die sich mit revolutionärem Pathos oder unbelehrbarer Entspannungs-Ideologie lediglich eine reformierte DDR – also eine politisch-moralische Absurdität – an den begrenzten Horizont malten. Die siegreiche Wählermehrheit vom 18. März 1990 ist deshalb der wirklich revolutionär handelnde Teil des deutschen Volkes gewesen, und die skizzierte Präsenskrise der gerechteren Gesellschaft, die er so konsequent gewählt hat, trifft ihn deshalb um so härter. Sie kann aus diesem Grund durch keine noch so oft wiederholte Solidar-Rhetorik des Gebens oder den Zahlen-Rationalismus abstrakter Subventions- oder Investitionssummen behoben werden. Vielmehr verlangt sie das Vertrauen stiftende oder fortsetzende *Symbol*, das den Sinn der revolutionären Entscheidung vom 18. März 1990 in die Zukunft prolongiert. Es geht, wenn wir genau hinhören, *nicht* um die oft unterstellte sofortige Realisierung der Wohlstands-Utopie, sondern um Sicherung und Sichtbar-Machung einer Sinn-Perspektive.

VI

In normalen Zeiten haben demokratisch legitimerte Regierungen die Pflicht, derartige Bedürfnisse nur minimal zu befriedigen; in psychopolitisch revolutionären dagegen maximal. Das ist die schwierigere Übung, gewiß; aber es ist vor allem eine, die auch die Westdeutschen bereichern könnte, denn die symbolreduzierte Gesellschaft hat unsere politische Mentalität verarmen lassen. Die Semantik der sozialen Strukturen in der neuen Bundesrepublik Deutschland muß eine semiotische Ausdrucks-Form erhalten, an der die Bedeutung und Dauerhaftigkeit des – im Verhältnis zur gestürzten zweiten deutschen Diktatur – gesellschaftlichen Gegen-Konzepts *signalhaft* erkenn- und ablesbar wird. Dieses Signal orientiert im historischen Prozeß des Entstehens der dritten deutschen Demokratie, der zur Zeit immer noch als chaotisch erfahren wird, den Bürger dieser Republik in Richtung Sinn. Dieser Sinn wiederum muß über das reine Zeichen hinausgehen und Symbol werden; Sinn-Symbol, das nicht so sehr formale Zielvorstellungen meint, sondern substantielle Grund-Legung, also jene Ziel-Potenz des gesellschaftlichen Prozesses, die die Unumkehrbarkeit des revolutionären Aktes garantiert.

Gelingt uns dies nicht, bestätigt sich offenbar eine Charakteristik der Deutschen durch den spanischen Philosophen Ortega y Gasset: "Deutschland hat im Gesamtverlauf seiner Geschichte die Unfähigkeit bewiesen, eine kulturelle Einheit zu bilden. Die innere Harmonie, jener einzigartige Stil, der allen Äußerungen eines Volkes eine gewisse Gleichartigkeit verleiht, hat der germanischen Rasse von jeher gefehlt ... Daß ich diese soziale Harmonie bei den Deutschen vermisse, soll jedoch nicht heißen, daß es sie bei den sogenannten lateinischen Ländern schon immer gegeben hat ... Nun ist es aber gerade kennzeichnend für Deutschland, daß man dieser sozialen Widersprüche und Disharmonien nicht gewahr wird, nicht vor Durst nach Einigkeit verschmachtet ..." Ortega hat dies 1908 geschrieben, in einem Essay mit der Überschrift: "Das zweigeteilte Deutschland".

Man wagt nicht an die Zukunft denken, wenn er recht behielte.

Helmuth Seliger

SOZIALE MARKTWIRTSCHAFT
als Motor der Erneuerung in Mitteldeutschland

Am 21. April 1948 forderte Ludwig Erhard vor dem Wirtschaftsrat:
"Befreiung von der staatlichen Befehlswirtschaft, die alle Menschen in das
entwürdigende Joch einer alles Leben überwuchernden Bürokratie zwingt,
jedes Verantwortungs- und Pflichtgefühl, aber auch jeden Leistungswillen
abtötet und darum zuletzt den frömmsten Staatsbürger zum Rebellen machen
muß. Es sind aber weder die Anarchie noch der Termitenstaat als menschliche Lebensform geeignet. Nur wo Freiheit und Bindung zum verpflichten-
den Gesetz werden, findet der Staat die sittliche Rechtfertigung im Namen
des Volkes zu sprechen!"

Ludwig Erhard, der Vater der SOZIALEN MARKTWIRTSCHAFT, hatte
nach dem totalen Zusammenbruch von 1945 das große Glück, die propheti-
schen Worte vom April 1948 im Zusammenhang mit der Währungsreform in
die Tat umzusetzen. Das deutsche Volk, eingepfercht in das Restdeutschland,
der späteren Bundesrepublik, war nach der totalen Niederlage mit den
schrecklichen Konsequenzen der Zerstörung bereit, mit Arbeit und Wieder-
aufbauwillen das Schicksal in die Hand zu nehmen und den demokratischen
Aufbau zu wagen.

Unser Land lag in Trümmern, die Not war riesengroß, die Verteilungswirt-
schaft am Ende. In dieser Situation wirkten die 5 wesentlichen Leitsätze, die
die SOZIALE MARKTWIRTSCHAFT prägen, wie ein Fanal, wie ein Aufbruch zu neuen Ufern, und alle Vordenker durften sich in den Folgejahren –
sofern sie dies erlebten – voll bestätigt sehen.

Da auch 1992 in der alten Bundesrepublik noch in vielen Fällen eine pro-
funde Unkenntnis über die wesentlichen Ziele und Leitsätze der SOZIALEN
MARKTWIRTSCHAFT besteht, werden sie hiermit wiederholt:
– Freiheit in der Wahl des Berufes
– Freiheit der Wahl des Arbeitsplatzes
– Freiheit in der unternehmerischen Investitionsentscheidung
– Freiheit auf Privateigentum und auf Produktionsmittel
– Freiheit in der Entscheidung des eigenen Verbrauches
Das weltweit mit Staunen, Anerkennung, aber auch zum Teil Neid
verfolgte "deutsche Wirtschaftswunder" war das Ergebnis der konsequenten

Anwendung dieser Leitsätze in den vergangenen Jahrzehnten. Die Anziehungskraft dieser Maxime führte teilweise zur Nachahmung, zur anerkennenden Duldung oder auch zur Kritik, wenn Regierungs- und Wirtschaftsformen anderer Länder ihre Unterlegenheit auf internationalen Märkten und auf entsprechenden Kongressen feststellen mußten.

Unbestritten bleibt jedoch die Wirksamkeit und Gerechtigkeit und damit die dauerhafte Überlegenheit dieser Wirtschaftsordnung, sofern sie konsequent und ohne Duldung von schädlichen Abweichungen gelehrt und praktiziert wird.

Schon früh – im Jahr 1961 – sprach der im Herbst 1991 verstorbene Wolfgang Frickhöffer von der AKTION SOZIALE MARKTWIRTSCHAFT (ASM) auf der berühmten Turiner Tagung der Mont-Pélerin-Society die bemerkenswerten Sätze:

"Wirtschaftliche Macht zersetzt und verfälscht unsere gesellschaftliche Ordnung, sie gibt der Marktwirtschaft Aspekte von skandalöser Ungerechtigkeit, sie stört die Funktionen der Marktwirtschaft, sie beschwört die Gefahr herauf, daß der Wirtschaftsprozeß von Verbänden und dann bald vom Staat gelenkt wird, wenn sie die Lenkung durch bewegliche Wettbewerbspreise immer mehr außer Kraft setzt – Willkür, Unfreiheit und wachsende Staatsmacht erheben ihr Haupt –".

Diese frühen Mahnungen eines Mannes, der sein Leben der SOZIALEN MARKTWIRTSCHAFT gewidmet hat, zunächst als Geschäftsführer unter Prof. Dr. Alexander Rüstow, dann später als Vorsitzender der ASM, haben um so mehr Gewicht, als in den alten Bundesländern in der jüngsten Vergangenheit Machtstrukturen im Entstehen sind, die mit der weltweiten Verknüpfung der Wirtschaftsmacht Bundesrepublik begründet werden, aber trotzdem Gefahren einer ungesunden Entwicklung in Deutschland heraufbeschwören.

Und gerade in diese Phase hinein erhebt sich das jahrzehntelang unter kommunistischer Vorherrschaft gedemütigte und wirtschaftlich ausgelaugte Volk in der sogenannten "Deutschen Demokratischen Republik" gegen seine Peiniger. Das auf Festigung kommunistischer Weltherrschaft ausgerichtete System in Moskau und seiner Satrapen in (Ost)Berlin war schon lange am Ende und hielt sich nur mit atomarer Drohung und militantem Gehabe noch an der Macht. Geistige Vorbereiter dieses Aufstandes des Volkes waren zweifellos die Ideen einer Perestroika und Glasnost des Kommunisten Michail Gorbatschow, aber auch die leuchtende Anziehungskraft westlicher Freiheit und westlichen Wohlstandes. Die Abschüttelung der kommunistischen Fesseln war so gewaltig und die Begeisterung im gesamten Volk so groß und emotional rührend, daß erst spätere Untersuchungen zeigen werden, wo eigentlich die Fehlbeurteilungen und Fehleinschätzungen zu suchen sind, die der Wiedervereinigung von West- und Mitteldeutschland schwierige Anpassungsprobleme bescherten und noch bescheren.

Es ist eine Sünde wider unser Vaterland, von der ehemaligen DDR als "Ostdeutschland" zu sprechen. Dies ist Mitteldeutschland. Ostdeutschland liegt jenseits der Oder-Neiße-Linie und unsere Herzen bluten im schmerzlichen Verzicht der jüngsten Verträge. Machtstrukturen lassen hier eine geschichtlich gerechte, der heutigen europäischen Situation angepaßte Änderung nicht zu, vielleicht auch *noch* nicht zu?!

Zweifellos beklagen wir 1992 in den neuen Bundesländern eine Entwicklung, die sich zusammensetzt aus enttäuschten Hoffnungen, übertriebenen Erwartungen, parteipolitisch unvernünftigen Forderungen und vor allem aus der Unfähigkeit der eingesessenen und in den alten Bundesländern geborenen Deutschen, sich in die moralisch geistige Situation der mitteldeutschen Landsleute hineinzuversetzen, die mit weit über der Hälfte der Bevölkerung erst nach 1945 auf die Welt kamen und in einem System aufwuchsen, bei dem schon das Kleinstkind in den Bewahranstalten der Betriebe und Gemeinden absichtlich indoktriniert wurde in einer so gerissenen Form, daß die Menschen gar nicht erkennen konnten, wie sie und ihre Jugend geistig vergiftet wurden.

Diese unglaubliche Belastung ist es, die alle Anstrengungen der Regierenden in Westdeutschland und auch alle guten Vorsätze, die SOZIALE MARKTWIRTSCHAFT schnell und effizient in den neuen Bundesländern einzuführen, außerordentlich erschwert. Die Tatsache der beeindruckend schnellen und großzügigen Währungsreform im Juli 1990 führte auch die Mitteldeutschen unbewußt in eine Situation, in der Konsumrausch für lange Entbehrungen – zwar für jeden denkenden Menschen verständnisvoll –, aber für die Volkswirtsschaft recht gefährlich in seiner Konsequenz, zu falschem Verhalten führte.

Die Leitsätze der SOZIALEN MARKTWIRTSCHAFT konnten ja nicht greifen, weil die Voraussetzungen in allen Bereichen auch nicht im Ansatz vorhanden waren und zum Teil noch sind. Man könnte bei der Formulierung der Gedanken versucht sein, bei den 5 Ecksätzen statt dem Wort "Freiheit" das Wort "Gleichheit" zu setzen, und dann bekämen die Erhard'schen Formeln einen völlig anderen Sinn und würden der Situation vor der Wende ziemlich gerecht werden.

Das Wort Gleichheit für ein Parteiprogramm und für ein Wirtschaftsprogramm ist tödlich und mit Sozialismus und Kommunismus gleichzusetzen. Gedankenspielereien in den alten Bundesländern, den Gleichheitsgedanken in Parteiprogramme einzuführen, sind mit allen Mitteln zu bekämpfen. Wohin diese Gleichheit führt, haben ja gerade die mitteldeutschen Landsleute durch ihre Erhebung zur Wende aufgezeigt.

Das Thema dieses Aufsatzes zwingt einfach in knappen Sätzen immer wieder zur Abweichung und zum Vergleich, um aufzuzeigen, warum die SOZIALE MARKTWIRTSCHAFT in den Mitteldeutschland als Motor der Erneuerung erst voll auf Touren kommen und damit Wirkung erzielen kann, wenn wesentliche Strukturen und Kernbedingungen geschaffen sind.

Eine der wichtigsten Voraussetzungen ist die umfassende und, wenn es sein muß, rigorose Besetzung aller Lehrerstellen mit Persönlichkeiten, die mit dem Kommunismus und dem System der DDR geistig nicht sympathisieren und wissenschaftlich die Grundbegriffe menschlichen Zusammenlebens und auch der SOZIALEN MARKTWIRTSCHAFT begreifen und lehren können. Dies ist leider eine Aufgabe für ein bis zwei Jahrzehnte, soll man den Experten Glauben schenken. Semantische Verführungen in den Köpfen der Jahrgänge 1945 – 1970 etwa müssen durch Überzeugungsarbeit geistig-moralisch getilgt werden.

Ich sehe als Verfasser dieses Aufsatzes einen tragischen Irrtum oder auch Fehler in der mangelnden Unterstützung der durch Begeisterung und Dankbarkeit ausgebrochenen Hilfswelle des "Westdeutschen Mittelstandes", der schon Anfang 1990 bereit war, mit seinem Wissen, seinen Möglichkeiten und seiner gestalterischen Anpassungsfähigkeit den Brüdern in Mitteldeutschland zu helfen. Voraussetzung hierzu war eine hervorragende Klausel im Einigungsvertrag, die vorsah, daß der § 613a des BGB für 2 Jahre suspendiert werden sollte. Dieser, von den Sozialpolitikern leidenschaftlich vertretene § 613a sieht vor, daß die Sozialplanpflichtigkeit bei Betriebsübergang besteht bzw. bestehende Arbeitsverhältnisse nicht tangiert werden dürfen. Dies aber war ja eines der Probleme, die zum totalen Niedergang der Sozialistischen Planwirtschaft führten, daß man Arbeitsbedingungen, Fertigungsprozesse, Marktentwicklungen, die nicht dem kommunistischen Denksystem entsprachen, ablehnte und bei der Gleichheit der Arbeitsplätze das Thema Arbeitslosigkeit zum Tabu erklärte. So kam es, daß der Schwung und die Begeisterung im Westen abnahmen und damit die Ratlosigkeit, Enttäuschung und auch Verbitterung im Mitteldeutschland zunahmen.

Schon im Spätherbst 1990 habe ich die Gefahren dieser Fehlentwicklung erkannt und in leidenschaftlichen Telegrammen und Briefen mit den Ministerien der Bundesregierung um die Durchführung der Suspendierung des § 613a gekämpft, während das Bundesministerium für Arbeit und Sozialordnung unter Norbert Blüm aus Fehleinschätzung und vielleicht auch sozialer Fixierung für die Festschreibung dieses Paragraphen kämpfte und sich durchsetzte.

Zahlreiche mittelständische Unternehmen – die wahren Träger der SO-ZIALEN MARKTWIRTSCHAFT – zogen sich enttäuscht und mit abgekühlter Begeisterung zunächst zurück und Ratlosigkeit kehrte ein. Die von denkenden Unternehmern vorhersehbare Entwicklung in Mitteldeutschland in Richtung Arbeitsbeschaffungsmaßnahmen, Beschäftigungsgesellschaften in sprachlich unmögliche "Null-Kurzarbeit-Entlohnungen", mußten zwangsweise dazu führen, die von Modrow gegründete Treuhand-Anstalt immer stärker in die wirtschaftliche Verantwortung einzubinden und der Treuhand-Aufgaben zuzuweisen, für die sie überhaupt nicht geeignet, geschweige denn geschaffen war. Es ist natürlich leicht, heute diese Tatbestände aufzuzählen und zu beklagen, es ist aber unbestritten, daß es frühzeitig Warner vor dieser Entwicklung gegeben hat, die heute dazu führt, daß die Treuhand der größte Arbeitgeber und Konkursverwalter, wenn man es genau nimmt, zwischen Werra und Oder ist. Die zähen und oft entmutigenden Verhandlungen zwischen investitionswilligen westdeutschen Unternehmen und den einzelnen Treuhandgesellschaften, die regional neben der Zentrale verantwortlich für die Umgestaltung der Wirtschaft waren und sind, führten zwangsweise zu Auflagen und Verpflichtungen der Investoren, die wiederum nicht gerade als "Antriebskräfte und Motoren für die Einführung der SOZIALEN MARKT-WIRTSCHAFT" gelten können.

Trotzdem gibt es – gottlob – unbestechliche Zeichen vom Lebenswillen und von der kreativen Kraft mitteldeutscher Bürger, die die Hände nicht in den Schoß legen und genau wie 1948/49 an den Wiederaufbau ihrer Heimat herangehen. Es vergeht ja keine Woche, in der nicht Meldungen positiven, aber leider oft auch negativen Inhaltes die Bürger in unserem Vaterland erfreuen und verwirren. Es wäre ein Leichtes, hier eine Sammlung von Zitaten und Überschriften aus Wirtschaftsnachrichten zu bringen, um dies zu beweisen.

Eines ist unbestritten und wirklich schädlich; der leichtfertige Umgang mit den Zahlen, die Milliarden bedeuten und die angeblich für die Gesundung der neuen Bundesländer benötigt werden. Expertenmeinungen stehen lange nicht mehr in so hohem Kurs wie früher, weil sie nicht genügend fundiert sind und oft der politischen Spekulation entspringen. Wie gefährlich es ist, Experten zu zitieren, zeigen allein die Aussagen von sogenannten Explorations-Experten im unseligen kuwaitischen Ölkrieg. Nach Ansicht der Experten sollten die Ölquellen noch jahrelang brennen. In Wirklichkeit arbeiten bereits wieder die kuwaitischen Ölquellen und fördern schon 1992 hunderttausende von Fässern Öl. Und so wird – auf Mitteldeutschland angewendet – den Experten die Fachkompetenz zu entziehen sein, die von jahrzehntelangen schwachen Erfolgen in der Durchsetzung der SOZIALEN MARKT-WIRSCHAFT sprechen.

Zweifellos wird es noch einige Jahre dauern, bis die nachdrängende Jugend begriffen hat, daß mit der Freiheit in der Wahl des Berufes und der Freiheit der Wahl des Arbeitsplatzes die Voraussetzungen für unternehmerische Investitionsentscheidungen des Einzelnen geschaffen wurden, und daß Privateigentum eben nicht mehr dem kommunistischen Staat unterliegt.

Ein untrügliches Zeichen einer existierenden und funktionierenden Marktwirtschaft ist das Vorhandensein einer freien ungebundenen Absatzorganisation. Der selbständige Handelsvertreter ist der klassische Repräsentant in der Vermittlung von Waren und Produkten zwischen Hersteller und Verbraucher. Auch er ist Motor der SOZIALEN MARKTWIRTSCHAFT, und erfreulicherweise gibt es schon jetzt mehr als 3 000 selbständige Handelsvertreter in den 5 neuen Bundesländern. Sie sind organisiert in der CDH. Man kann behaupten: nur wo der Markt frei ist, kann sich der Handelsvertreter betätigen; in einer Befehls- und Planwirtschaft hat er keinen Platz.

Es ist allzu verständlich, daß im Zuge der langsamen aber sich stetig entwickelnden SOZIALEN MARKTWIRTSCHAFT auch Glücksritter und Unberufene versuchen, in den neuen Bundesländern ihr Glück zu machen, und bei vielen unerfahrenen Bürgern eine "schnelle Mark" zu verdienen.

Es ist Aufgabe der Medien, nicht nur Negativbeispiele dieser Entwicklung aufzuzeigen, sondern auch die zahlreichen positiven Handlungen in Fernsehen, Funk und Presse mitzuteilen. Es wäre wünschenswert und sinnvoll, von guten Taten, positiven Entwicklungen, erfolgversprechenden Neugründungen und entsprechenden Ergebniszahlen von bereits solide arbeitenden Unternehmen zu berichten. Nur das gute Beispiel "erweckt Nacheiferung" und gibt dem Urteil höhere Gesetze, wie es einst Goethe so klug formulierte.

Es ist auch schädlich und nach allen Seiten negativ wirkend, wenn man täglich von neuen Milliarden-Forderungen und neuen Milliarden-Kostenrechnungen liest und hört. Es sind doch meist grobe Schätzungen ohne präzise Grundlage, die dazu führen, daß man nur von runden Milliardensummen spricht. Es ist unredlich und unseriös, immer nur von Zahlen zu hören wie "200 – 250 Mrd. oder 300 Mrd. oder 900 Mrd." Kosten kommen auf die Bundesrepublik zu. Weiß man denn nicht, daß 1 Mrd. 1000 Millionen DM sind? Wie kann man so locker derartige Zahlen in die Welt setzen?!

Der ständige Gebrauch von Milliarden stumpft die kritische Betrachtungsweise ab. Damit muß endlich Schluß sein! Und es ist genauso schädlich für die Entwicklung in den neuen Bundesländern, wenn der Lohnzuwachs deutlich über der Produktivitätsentwicklung liegt und mit dem Bestreben, schnellstmöglich die gleichen Lohnverhältnisse in beiden Teilen unseres Vaterlandes herzustellen, jegliche wirtschaftliche Erfahrung und Erkenntnis vernachlässigt wird. Die Freiheit in der unternehmerischen Investitionsentscheidung wird durch diese schädlichen und die Leistungsmotivation hemmenden Ansprüche gebremst oder in andere Kanäle gelenkt. Die Freiheit auf Privateigentum und auf Produktionsmittel zwingt zur Verantwortung auch der Arbeitnehmer, auch der Rentner und Pensionäre.

Auf Befragen antwortet fast jeder Bürger Mitteldeutschlands, daß er den "Status quo ante" vor der Wende nicht mehr will. Es ist die Aufgabe der Medien, der Lehrerschaft, der Unternehmer und vor allem auch der Politiker, hier maßvoll zu agieren und den Klassenfeind, sprich die unterschwellig wirkenden Argumente der Altkommunisten, durch positives Verhalten zu entkräften.

"Das Verteilen von Geld ohne Gegenleistung ist Verrat an der SOZIALEN MARKTWIRTSCHAFT. Bürger sind vor sozialer Not per Subvention zu schützen, aber es ist ein Vergehen an den Menschen, marode Betriebe (ohne konkurrenzfähige Produkte) mit Millionen-Subventionen noch eine Zeitlang künstlich zu beatmen." Dies schreibt Dr. Hans-Dieter Schoen von der Aktionsgemeinschaft Wirtschaft und Politik (AWP), einer Vereinigung, die sich leidenschaftlich für die SOZIALE MARKTWIRTSCHAFT seit über einem Jahrzehnt einsetzt. Die derzeitigen Sozialsubventionen demotivieren Arbeitslose und halten sie davon ab, Arbeit bei privaten Arbeitgebern wieder aufzunehmen. Viele Handwerker und Mittelständler sowie Existenzgründer können in den neuen Bundesländern kaum Leute bekommen. Die Beschäftigungsgesellschaften ohne Arbeit, der ständige Ruf nach mehr Geld und vor allem auch die Bereitschaft, immer mehr zu zahlen, aus Steuergeldern selbstverständlich, bei zunehmender Belastung des Staatshaushalts in den alten Bundesländern, führen in eine gefährliche Abwartungshaltung ohne Initiative.

Es ist höchste Zeit, daß den Bürgern in Mitteldeutschland, aber auch in den alten Bundesländern klargemacht wird, daß das System SOZIALER MARKTWIRTSCHAFT von dem Prinzip bestimmt wird:

Freie Entfaltung persönlicher Initiative im staatlich geregelten Wettbewerb, gebunden an die persönliche Verantwortung und finanzielle Haftung für die Konsequenzen wirtschaftlichen Tätigwerdens.

Der Staat sichert die Chancengleichheit durch eine gerechte Wettbewerbsordnung, aber wer von dieser Wettbewerbsordnung den Nutzen hat, hat auch die Kosten zu tragen. Wo dieses Risikoprinzip – durch Subvention oder Nulltarife – aufgehoben wird, ist weder der wirtschaftliche Umgang mit knappen Mitteln, noch eine auf das Allgemeinwohl hin ausgerichtete Bündelung der Privatinteressen gewährleistet. Sozial ist die Marktwirtschaft nur dann, wenn durch die klare Gesetzgebung und durch den Wettbewerb die Koordination der Einzelinteressen auf das Gesamtinteresse unvermeidlich ist und die wirtschaftliche Machtentfaltung hierdurch neutralisiert wird.

Der Motor SOZIALER MARKTWIRTSCHAFT beruht auf der freien Entfaltung und Selbstbestimmung der Bürger, die gleichzeitig über die Entwicklung der Volkswirtschaft insgesamt und über das Allgemeinwohl mitbestimmen. Die SOZIALE MARKTWIRTSCHAFT erwächst also aus dem Wirtschaftssystem der Mitbestimmung im Wettbwerb und dies im Sinne der Selbstbestimmung.

"Systemveränderer unserer Tage wollen durch ein Übermaß an Sozial- und Lohnforderungen vorsätzlich Inflation herbeiführen und so Märkte und – im politischen Bereich – Wahlen pervertieren, um einen Vorwand zur Einführung "neuer Mechanismen für die gesellschaftliche Steuerung", also für SOZIALISMUS zu erhalten. Mit dem Wettbewerb geht auch die Gewaltenteilung und mit ihr die Freiheit des Einzelnen und des Volkes verloren. Dies erkannte kurz vor seinem Tod selbst der Marxist und Lehrer der Deutschen Jungen Linken Prof. Horkheimer und bezeichnete den Gedanken, es fördere den freien Menschen, wenn es in der Gesellschaft keine Konkurrenz mehr gebe, als "optimistischen Irrtum!" (H.D. Schoen)

Diese bemerkenswerten Erfahrungssätze eines Marxisten sollten sich alle vor Augen halten, in West- wie Mitteldeutschland, die den Maximen der SOZIALEN MARKTWIRTSCHAFT "zeitbezogene Anpassungen" verabreichen wollen. Es gibt nur eine Freiheit und die müssen wir mit allen unseren Kräften verteidigen. Es darf nie Gleichheit als Wert an sich geben. Gleichheit wäre das Ende der SOZIALEN MARKTWIRTSCHAFT in den alten Bundesländern und in den erwachenden, sich langsam aber sicher zur SOZIALEN MARKTWIRTSCHAFT bekennenden neuen Bundesländern. Ihnen dabei zu jeder Stunde hilfreich geistige und auch finanzielle Wegbegleitung zu geben, muß unsere vornehmste Aufgabe für die nächsten Jahre bleiben.

Der Motor SOZIALE MARKTWIRTSCHAFT ist unverzichtbar, darf nicht geschwächt werden. Er muß ständig Strom zur Speisung seiner Umdrehungskraft erhalten. Der Strom kommt nicht aus dem Finanzministerium des Bundes, sondern aus den Gehirnen der Menschen, für die Freiheit das höchste Gut auf unserem Planeten darstellt.

Peter Gutjahr-Löser

Hochschulpolitik in den neuen Bundesländern am Beispiel der Universität Leipzig

A. *Von der SED-Kaderschmiede zu einer der Demokratie verpflichteten Hochschule*

Die Universität Leipzig, die zweitälteste deutsche Universität nach Heidelberg, hatte unter der kommunistischen Diktatur der letzten 45 Jahre in ganz besonderer Weise zu leiden. Die SED hatte diese in aller Welt hochangesehene Stätte der Forschung und Lehre zu ihrer Kaderschmiede erklärt und mit Brachialgewalt dafür gesorgt, daß sie sich uneingeschränkt in den Dienst der Partei stellte. Man hatte ihr den Namen "Karl-Marx-Universität" übergestülpt und ihr Selbstbewußtsein zuletzt dadurch zu brechen gesucht, daß man das zwar ausgebrannte, aber teilweise sogar für Lehrzwecke noch benutzbare und auf jeden Fall wiederherstellungswürdige Hauptgebäude, sowie – und das war noch wesentlich schlimmer – die fünfhundert Jahre alte gotische Universitätskirche, die den Zweiten Weltkrieg unbeschädigt überstanden hatte, 1968 in die Luft sprengte – mit ihr die Gräber und zahlreiche Epitaphien der Rektoren und eine wertvolle Ladegast-Orgel. Wohlgemerkt, dies geschah zu einer Zeit, als unter anderen kommunistischen Regierungen bereits anerkannt war, daß insbesondere Baudenkmäler geschützt werden müssen und als man z.B. in Polen bereits öffentliche Sammlungen für den Wiederaufbau des total zerstörten Königsschlosses von Warschau durchführte.

Wenn sich in der Universität gegen diese Kulturbarbarei Widerspruch regte, dann nur in vertraulichem Kreis. Die offiziellen Vertreter stimmten in das Loblied der an historischer Stelle geplanten sozialistischen Protzarchitektur ein, die – trotz der miserablen Bauqualität – nun wohl noch für einige Zeit das Ensemble des ehemals so eindrucksvollen Augustusplatzes beherrscht.

Angesichts der harten Hand, mit der die Parteigänger der SED an der Universität regierten, verwundert es nicht, daß von ihren offiziellen Sprechern bis zum Schluß die unter den Fenstern des Hauptgebäudes friedlich demonstrierenden Leipziger als Konterrevolutionäre beschimpft wurden und daß

Universitätsangehörige, die sich an den Kundgebungen beteiligten, Pressionen ausgesetzt waren.

Wenn es aber deshalb auch so aussehen konnte, als hätten sich gerade die Hochschulangehörigen der friedlichen Revolution verweigert, so ist dieser Eindruck dennoch falsch. Natürlich gab es weite Bereiche, in denen die SED auch in den kritischen Tagen den Ton angab; und zwar in allen Fächern, in denen man fürchten mußte, daß nach einer demokratischen Erneuerung fachliche Leistung vor Indoktrinationsbereitschaft rangieren würde, in denen die Wissenschaftler-Karrieren ausschließlich oder doch vorrangig dem marxistischen Glaubensbekenntnis und dem Parteibuch zuzuschreiben waren. Doch gab es auch an der Universität genügend kritische Köpfe, die bereit waren, sich auch öffentlich für die Überwindung des Systems zu engagieren. Sie hatten verschiedene Kristallisationspunkte gehabt, zu denen z.B. der Universitätschor gehört hatte, dessen Proben- und Auftrittsort die Universitätskirche gewesen war, der durch die Sprengung dieses Gotteshauses seine Heimat verlor und bei dem man mit diesem Datum den Zeitpunkt genau bestimmen kann, an dem die Bereitschaft zum Arrangement mit den Machthabern in innere und äußere Opposition gegen das System umschlug.

Die damaligen Herren der Universität unternahmen unmittelbar nach der Öffnung der Mauer hektische Versuche zur Behauptung ihrer Position. Ihr erster Versuch, ein vor allem mit Parteigängern besetztes Konzil zu etablieren, das die Fortsetzung der Machtausübung durch die alten Kräfte legitimieren sollte, wurde zwar von der demokratischen Opposition – der "Initiativgruppe für eine demokratische Erneuerung der Universität" – bekämpft. An den Machtverhältnissen änderte sich aber zunächst nichts. Der damalige Rektor Hennig, ein zwar engagierter SED-Genosse, der sich aber wegen seiner fachlichen Kompetenz als Chemiker und wegen seiner menschlich anständigen Art wohltuend von seinen Vorgängern abhob, erklärte im Frühjahr 1990, wenn auch nur eine Sektion seine Ablösung verlangen sollte, werde er seinen Platz räumen. Als dies tatsächlich von den Mathematikern verlangt wurde, trat Hennig zurück. DDR-Wissenschaftsminister Meyer bestellte daraufhin ein Interims-Rektorat, dem als Rektor der Anatom Leutert und als Prorektoren der Pathologe Geiler und der Theologe Wartenberg angehörten.

Auch die Zusammensetzung des zweiten Konzils, zu dessen Wahl nach dem Aufruf der Opposition "belastete Kräfte der Vergangenheit" nicht mehr kandidieren sollten, schien zunächst die fällige Erneuerung keineswegs zu garantieren. Zur Überraschung vieler Beobachter, stellte sich dann aber bei der geheimen Abstimmung über die Rückkehr zum traditionellen Namen

"Universität Leipzig" heraus, daß die Reformkräfte im Konzil über eine Mehrheit von 70 % verfügten.

Inzwischen hatte sich das Interims-Rektorat daran gemacht, den Schutt der SED-Zeit zu beseitigen. Da zu dieser Zeit in den wissenschaftlichen Einrichtungen immer noch die alten SED-Kader saßen, die sich mit aller Kraft an ihre Positionen klammerten, war dies ein nervenaufreibendes Geschäft. Auch wenn die Reformkräfte an der Univenität zunächst darauf vertraut hatten, die Hochschule aus eigener Kraft in freiheitliche Bahnen lenken zu können, wirkte doch erst der Beschluß der sächsischen Staatsregierung wirklich befreiend, alle ideologisch belasteten Fachbereiche "abzuwickeln", d.h., die Sektionen Rechtswissenschaft, Wirtschaftswissenschaften, Journalistik, Pädagogik, Teile der Sektion Philosophie und die Sektion "Marxismus-Leninismus" (die sich eilig in "Sektion Politikwissenschaft und Soziologie" umbenannt hatte) aufzulösen, Gründungsdekane aus dem Westen zu berufen und mit ihrer Hilfe ideologisch unbefrachtete neue Fachbereiche aufzubauen. Der dagegen von den Kommunisten und ihren Wasserträgern, wie dem Rektor der Berliner Humboldt-Universität, Fink, in Leipzig inszenierte und geförderte "Studentenaufstand", der vom Hungerstreik bis zur Besetzung des Rektorats reichte, brach angesichts der Standfestigkeit von Universitätsleitung und Staatsregierung sehr schnell zusammen, vor allem, nachdem der Wissenschaftsminister den Studenten die Fortsetzung ihrer Studien und die Ermöglichung von Examen ohne erhebliche Studienzeitverlängerungen zugesichert hatte.

Eine endgültige "Normalisierung" brachte dann die erste unabhängige Rektorwahl seit fast 60 Jahren am 12. Februar 1991 mit sich. Den Ton im Konzil gaben diejenigen an, die sich gegenseitig vertrauen konnten, weil sie sich zu einer Zeit bei den Montagsdemonstrationen kennengelernt hatten, als noch Mut dazu gehörte, sich als Hochschulangehöriger in dieser Weise zu engagieren. An die Spitze der Universität trat ein Mann, der wegen seiner kritischen Haltung jahrzehntelang an der Berufung zum Professor der Chemie gehindert worden war. Zum Prorektor wurde – neben Leutert und Wartenberg – der Physiker Adolf Kühnel gewählt, ein weiterer aktiver Verfechter der Wende. Allmählich gelang es, auch unter den Direktoren der Fachbereiche und Dekanen der Fakultäten noch verbliebene Vertreter der kommunistischen Zeit zu ersetzen. Die letzten Bastionen fielen mit dem Inkrafttreten des sächsischen Hochschulerneuerungsgesetzes, wonach akademische Selbstverwaltungsämter nur noch von "Professoren neuen Rechts" ausgeübt werden können. Bei der Auswahl der dafür in Frage kommenden Personen hatten aber Vertreter des alten Systems keine Chance.

Parallel zu dieser "auf offener Bühne" stattfindenden Neuorientierung hatte der vom Konzil eingesetzte Vertrauensausschuß bereits zügig damit begonnen, die Universitätsangehörigen – von oben beginnend – auf ihre mögliche Verstrickung in Stasi-Tätigkeiten zu überprüfen. Schon geraume Zeit, bevor die nach dem Hochschulerneuerungsgesetz vorgesehene Überprüfung aller Hochschulangehörigen hinsichtlich ihrer persönlichen Integrität einsetzte, war es dem Vertrauensausschuß gelungen, eine größere Zahl von ehemaligen Stasi-Mitarbeitern zu enttarnen und für deren Entlassung bzw. Abberufung durch den Wissenschaftsminister zu sorgen.

Der von dem Interims-Rektorat eingesetzten ersten Rehabilitierungskommission war der Versuch noch ziemlich schwer gefallen, aus politischen Gründen benachteiligten und verfolgten Hochschulangehörigen bei der Rückgewinnung ihres Ansehens behilflich zu sein. Eine zweite Rehabilitierungskommission, die das neue Rektorat im Mai berief, hat seither zügige Arbeit geleistet und in einer ganzen Reihe von Fällen dem Minister die Berufung von Opfern der SED-Diktatur zu außerordentlichen Professoren vorgeschlagen. Außerdem werden seither zum Zweck der Wiedergutmachung exemplarische Fälle durch Abdruck der ihren Fall betreffenden Dokumente in der Universitätszeitschrift der Öffentlichkeit vorgestellt.

Die SED-Herrschaft hatte sich vor allem durch Machtkonzentration in der Verwaltung der Universität behaupten können. Sie war in eine Vielzahl von "Direktoraten" gegliedert, deren Aufgabe vor allem in der Überwachung der Hochschulangehörigen bestand. Im Juli wurde vom Rektorat eine neue Verwaltungsstruktur in Kraft gesetzt, die durch eine klare Gliederung in Dezernate und eindeutige Kompetenzzuweisungen gekennzeichnet ist. Alle Leitungsfunktionen wurden bundesweit ausgeschrieben. Um die Jahreswende konnten die Dezernentenposten mit neuen Mitarbeitern besetzt werden, wobei der größere Teil aus dem Kreis der wissenschaftlichen Mitarbeiter der Universität stammte. Mit der Leitung von Sachgebieten wurden ebenfalls Kräfte betraut, die als unbelastet einzustufen sind.

B. Die personelle Ausstattung – oder: Kann die Massenuniversität vermieden werden?

Das Bemühen um die Überwindung der politischen Belastungen der Vergangenheit ist verschränkt mit den Anstrengungen, die Übertragung der Verhältnisse der westlicher Massenuniversitäten zu vermeiden. Generell muß an den östlichen Universitäten, wie auch sonst im öffentlichen Dienst der neuen

100

Bundesländer, in erheblichem Umfang Personal abgebaut werden. Dabei geht es nicht um so triviale Dinge, wie die Beseitigung heute unwirtschaftlicher Einrichtungen, wie derjenigen Werkstätten, in denen wegen des Mangels an Devisen westliche Geräte nachgebaut wurden oder die Überwindung des Sicherheitsfimmels, der seine Ursache in dem allgegenwärtigen Mißtrauen gegen alles und jeden hatte und eine völlig unvertretbare Aufblähung des Personalaufwandes mit sich brachte. Weit über derartige Rationalisierungs-Reserven hinaus sind die neuen Bundesländer zur notdürftigen Bewältigung ihrer Haushaltsprobleme gezwungen, drastisch in den Personalbestand des öffentlichen Dienstes einzugreifen. Wo – wie in Sachsen – nur 20 % der Landesausgaben durch eigene Steuereinnahmen gedeckt werden können, muß der Staat an die großen Ausgabenblöcke heran, die vor allem in den Geschäftsbereichen der Kultus- und Wissenschaftsministerien für die Besoldung des Personals erforderlich sind.

Daß die Finanzminister den Stellenabbau um so nachdrücklicher durchsetzen, je stärker die Forderung nach Angleichung der Tarife im öffentlichen Dienst zwischen Ost und West wird, und je weniger lange die Unterschiede in der Bezahlung gleicher Leistungen akzeptabel erscheinen, ist nur allzu verständlich. Die kaum als Beitrag zur Angleichung der Lebensverhältnisse interpretierbaren Forderungen der Westgewerkschaften, die ursprünglich für 1992 Gehaltssteigerungen von 11 % im Westen verlangt hatten, bereiten den Finanzministern in Dresden, Erfurt, Magdeburg, Potsdam und Schwerin zusätzlich schlaflose Nächte.

Die Forderung, die Zahl der Beschäftigten im öffentlichen Dienst proportional zur Einwohnerzahl an die Verhältnisse im alten Bundesgebiet anzugleichen, nimmt sich angesicht dieser Lage als vernünftig aus und erscheint – sieht man von dem Problem der unterschiedlichen technischen Voraussetzungen für Einsparungen einmal ab (wenn die Hälfte der rund 400 Gebäude der Universität Leipzig noch mit Braunkohle-Öfen versorgt wird, kann man auf eine größere Zahl von Heizern nun einmal nicht gut verzichten) – zumindest in groben Zügen die richtige Einsparungspolitik aufzuzeigen. Wenn – so lautet das Argument des sächsischen Finanzministers Milbradt – Baden-Württemberg doppelt so viele Einwohner hat wie Sachsen, an den Universitäten beider Länder aber etwa gleich viel Personal beschäftigt wird, muß Sachsen eben auf die Hälfte seiner Hochschulbediensteten künftig verzichten.

Das klingt plausibel, ist es aber nicht. Denn an den baden-württembergischen Hochschulen wird – wie in den anderen westlichen Ländern, für die ähnliche Daten gelten – mit einer aus den Kapazitätsberechnungen der

Kultusministerkonferenz seit langem bekannten "Überlast" von rund 180 %
gelehrt. Das heißt auf gut deutsch: Bei einer nach didaktischen Forderungen
verantwortbaren Relation zwischen Hochschulpersonal und Studentenzahlen
müßte fast die Hälfte der heutigen Nachfrager nach Studienplänen abgewiesen oder aber die Zahl der Beschäftigten an den Universitäten nahezu verdoppelt werden. Die Konsequenzen dieser Situation brennen den westlichen
Wissenschaftspolitikern seit Jahrzehnten auf den Nägeln: Überlange Studi-
enzeiten, Massenabfertigung und daher in der Breite nur schlechte Lehran-
gebote und häufig nur mäßige Ausbildungserfolge sowie unverantwortbar
hohe Zahlen gescheiterter junger Menschen sind die Folgen dieser Situation.
Dazu kommt, daß die überlasteten Hochschullehrer auch ihren Rechten und
Pflichten als Forscher nur selten in der – vor allem zeitlich – gebotenen Unabhängigkeit nachgehen können.

Das alles ist – wie bereits gesagt – seit Jahrzehnten bekannt, hat aber in
der alten Bundesrepublik zu keinerlei Konsequenzen geführt, offenbar weil
der Verlust an Ertrag sich auf diesem Gebiet nicht in nackten Haushaltszah-
len und Finanzstatistiken niederschlägt und weil Finanzminister und parlamentarische Verwalter der Staatshaushalte andere Darstellungsformen von
Soll und Haben offenbar nicht verstehen und auch auf diesem Gebiet der
generelle Grundsatz zur Gestaltung öffentlicher Ausgaben angewendet wird,
den ein Spötter in die Worte gefaßt hat: "Es darf ruhig etwas kosten, es muß
nur billig aussehen!"

Welche gewaltige Verschwendung menschlicher und ökonomischer Res-
sourcen im Hochschulwesen der westlichen Länder stattfindet, liegt auf der
Hand. Es kann keine Rechtfertigung dafür geben, diese Verhältnisse auf die
Hochschulen der neuen Bundesländer zu übertragen.

Läßt man einmal diejenigen Bereiche beiseite, die sich der besonderen
Aufmerksamkeit der SED und ihres ideologischen Ausrichtungseifers nicht
entziehen konnten oder als besonders liebedienerisch nicht wollten und die
deshalb – wie geschildert – abzuwickeln und anschließend völlig neu aufzubauen sind, verfügen die Universitäten der alten DDR gerade in der Lehre
über Vorzüge gegenüber ihren westlichen Pendants, die beachtlich sind.
Durch die sogenannte "Dritte Hochschulreform" des Jahres 1968 sollte die
Forschung aus den Universitäten ausgelagert werden; die einzige Aufgabe
der Hochschule sollte in der Lehre bestehen. Vernachlässigt man einmal die
politischen Randbedingungen oder Forderungen nach Linientreue, die vor
Fachkompetenz rangierten (und die es natürlich in durchaus unerfreulichem
Ausmaß gab und die keineswegs verniedlicht werden sollen), wurde bei der
Verleihung der Venia legendi konsequent darauf geachtet, daß die Befähi-

gung zur Übernahme von Lehraufgaben im Mittelpunkt der Beurteilung der Kandidaten stand. Nachwuchskräfte, die es zu etwas bringen wollten, waren in dieser Hinsicht ganz anders als ihre westlichen Kollegen herausgefordert. Und wenn das Leistungsprinzip in der DDR irgendwo etwas galt: hier wachten die etablierten und ernst zu nehmenden Hochschullehrer (und tun es immer noch!) mit besonderer Strenge darüber, daß ein zu berufender Wissenschaftler auch ein guter Hochschullehrer war und ist.

Es kommt hinzu, daß die Tätigkeit in der Lehre den fachlich besonders engagierten Wissenschaftlern eine Nische bot, in der man sich an den Universitäten den gewissenswidrigen Forderungen der politischen Führung erfolgreich entziehen konnte. Wer an seinem Fach interessiert war, wen die Neugier des Forschers gepackt hielt, wer sich aber von politischer Korrumpierung frei halten wollte, war in den meisten Fällen zwar gezwungen, auf einen Aufstieg in wissenschaftliche Führungspositionen zu verzichten. Ohne Mitgliedschaft in der SED oder einer – in Fällen besonderer fachlicher Leistungen als ausreichend geduldeten – Mitarbeit in einer Blockpartei oder "Massenorganisation" konnte man nicht ordentlicher Professor oder "Sektionsdirektor" werden. Aktivität in der Lehre erlaubte aber dann doch eine – wenn auch nur am Rande geduldete – Tätigkeit in der Wissenschaft.

Die in Professorenämter aufgestiegenen SED-Karrieristen hatten aber umgekehrt häufig keine große Lust, sich den anstrengenden Aufgaben in der Lehre zu unterziehen. Dieser Bereich wurde daher weitgehend den eher oppositionellen Vertretern des "Mittelbaus" überlassen. Die Folgen für die heutige Situation sind doppelt fatal. Der "Mittelbau" als Träger der besonders qualifizierten Lehre ist personell völlig überbesetzt; ihn durch Entlassungen auf ein formalen Kriterien des alten Bundesgebietes entsprechendes Maß zurückzustutzen, trifft in aller Regel nun gerade diejenigen, die an den Hochschulen den Qualitätsstandard durchgehalten und in vielen Fällen dort zugleich auch an der politischen Wende aktiv mitgewirkt haben. Der sich jetzt aus finanziellen Gründen angeblich als notwendig erweisende Personalabbau trifft daher in ganz besonderem und in jeder Hinsicht unvertretbarem Ausmaß die Falschen.

Dazu kommt aber auch, daß die Betreuungsrelation zwischen Hochschullehrern und Studenten, die zunächst aus dem Bestreben entstand, die Studierenden in Kleingruppen besser überwachen zu können, für die Qualität der Lehre eine besonders positive Rolle spielt. Massenveranstaltungen waren angesichts von maximalen Anfänger-Zulassungszahlen von z.B. etwa 100 bis 120 Juristen oder "Ökonomen" völlig unbekannt; Unterricht, wie er schon im Wintersemester 1991/92 für 600 erstimmatrikulierte Betriebswirte und 700

Jura-Studenten an der Universität Leipzig erforderlich wurde, kann bereits technisch nur mit Hilfe von Parallelveranstaltungen bewältigt werden: der größte Hörsaal der Universität verfügt nur über 450 Plätze; es gibt nur wenige Seminarräume für mehr als 30 Teilnehmer. – Kaum haben aber die jungen Menschen in den neuen Bundesländern die Chance, ohne politische Gängelung ihren Studienwünschen nachzugehen, werden schon die üblichen Steuerungsmethoden, mit denen man in den alten Ländern der Massenprobleme Herr zu werden bemüht ist, angewendet. Für die Wirtschaftswissenschaften wurde bereits der Numerus clausus verhängt; für die Juristen steht seine Einführung bevor. – Das erscheint allerdings weder von der in Kürze dramatisch steigenden Nachfrage nach Studienplätzen noch gar von dem Bedarf –.z.B. nach im rechtsstaatlichen Sinn ausgebildeten Juristen – vertretbar.

Die Ausbildung an den östlichen Universitäten ist auch zumindest in den Naturwissenschaften in aller Regel ausgezeichnet. Denn die Trennung von Forschung und Lehre hat es in der Praxis nicht, oder doch wenigstens nicht im verordneten Umfang gegeben. Einmal liegt das an den Studenten, die gerade in der Kleingruppe ihre Scheu, Fragen zu stellen, verlieren, und Vorgetragenes nicht einfach akzeptieren. Wir haben im Massenbetrieb der westlichen Universitäten vielfach vergessen, wie außerordentlich stimulierend dies auf die Hochschullehrer wirkt. Es ist durchaus bezeichnend, daß gerade diejenigen Professoren aus dem Westen, die als Gastdozenten in den abgewickelten Bereichen heute den Lehrbetrieb mit viel Hingabe aufrechterhalten, über die Lernbereitschaft, die Wachheit und das Niveau ihrer Studenten ins Schwärmen geraten können. Sie erfahren hier plötzlich wieder, was es heißen kann, unter Bedingungen zu lehren, wie sie an sich selbstverständlich sein sollten.

Zum anderen läßt sich weder die Neugier der Wissenschaftler, über die vorderste Front der Forschung ihres Faches auf dem Laufenden zu sein und möglichst über den weiteren Fortschritt mitzureden, verbieten, noch konnte das SED-Regime seine eigenen Forderungen nach Trennung von Forschung und Lehre konsequent vertreten: Die Notwendigkeiten des wirtschaftlichen Alltags verlangten zumindest in einigen Fächern – z.B. in der Chemie, aber auch in der Medizin, in der Veterinärmedizin und in der Landwirtschaft – die Kooperation mit der Industrie.

Angesichts des Fehlens von Forschungsabteilungen in den Unternehmen gab (und – das mag überraschen – gibt es noch) eine enge Kooperation vieler Hochschullehrer mit Industrieunternehmen bei Forschungs- und Entwicklungs-Projekten. Das kommt aber gerade auch der Praxisrelevanz der Hochschullehre unmittelbar zu Gute.

Da westliche Technik nicht zur Verfügung stand, mußte man außerdem eine große Findigkeit entwickeln, um mit unzureichenden Mitteln doch Effekte zu erzielen, die wenigstens ein ausreichendes Mithalten ermöglichten. – Was hier dargestellt wird, ist übrigens keineswegs subjektiver Eindruck, sondern wird durch Beispiele wie beim Physik-Praktikum, das Regensburger Studenten zur vollen Zufriedenheit der bayerischen Universität in den Semesterferien an der Universität Leipzig absolviert haben, belegt.

Westliche Vorurteile über den Leistungsstand gerade der naturwissenschaftlichen Hochschullehre entstammen auf der einen Seite sicher dem schlechten Ausstattungszustand. Die Evaluationskommissionen des Wissenschaftsrates haben sich aber sehr schnell davon überzeugen müssen, daß mangelhafter Zugang zu moderner Technik in vielen Fällen besonders erfinderisch gemacht und große Innovationsfähigkeit stimuliert hat. Wie man unter derartig unzureichenden äußeren Bedingungen gute Forschung zustande bringt, hat die westlichen Gutachter bei ihren Besuchen im letzten Jahr nicht nur einmal verblüfft.

Die anfangs vorhandene Neigung zu abwertender Beurteilung des östlichen Wissenschaftsniveaus folgte aber sicher auch aus dem Umstand, daß bei den großen wissenschaftlichen Kongressen in der alten Bundesrepublik und im westlichen Ausland in der Vergangenheit kaum einmal ausgewiesene DDR-Wissenschaftler auftauchten, daß man es häufig nur mit zugeknöpften Apparatschiks zu tun hatte, denen man weder wissenschaftliche Hochleistungen noch die Fähigkeit, sich auf Neues einzulassen, zutraute. Die große Masse der früheren DDR-Wissenschaftler mußte nach Osten blicken, wenn sie an westliche Erkenntnisse heranwollte – und sie hat dies auf diesem Umweg in ganz erstaunlichem Ausmaß getan und geschafft. Daraus haben sich nicht nur wissenschaftliche Beziehungen, sondern menschliche Freundschaften zu den ideologisch nicht derart verbohrt abgeschirmten osteuropäischen Forschern entwickelt, die die Hochschulen der neuen Bundesländer zum wichtigsten Brückenglied in das ausgepowerte Osteuropa einschließlich der Staaten der ehemaligen Sowjetunion machen. Wer heute Begegnungen zwischen solchen wirklichen Freunden beiwohnt, erfährt, daß wir uns über die Haltbarkeit dieser Beziehungen auch angesichts sicher mancher vor uns liegenden Belastungen keine Gedanken machen müssen.

Allerdings laufen wir Gefahr, auch dieses Pfund, mit dem sich wuchern ließe, zu verspielen, wenn wir jetzt die Hälfte aller Hochschullehrer entlassen und dem Rest Überlasten in der Lehre aufbürden, die für die Ausbildung der künftigen Generation verhängnisvoll sind, und die zu verantworten die Hochschullehrer des Ostens nicht wie ihre westlichen Kollegen bereits zu abgestumpft sind.

Die Aufgaben der östlichen Universitäten in der Lehre werden sich – wie bereits angedeutet – innerhalb des nächsten halben Jahrzehnts aber noch dramatisch steigern. Von den rund 24.000 Bediensteten, die (außerhalb der anders finanzierten medizinischen Ausbildungseinrichtungen) an den 19 Hochschulen des Freistaates Sachsen zu Beginn des Jahres 1991 beschäftigt waren, werden bis Ende 1992 nur knapp über 11.000 übrigbleiben. Für die Universität Leipzig heißt dies, mit einer Schrumpfung von über 6.000 Mitarbeitern auf etwa 2.500 fertig werden zu sollen. Gleichzeitig werden sich aber die Studentenzahlen drastisch steigern. Die zu DDR-Zeiten zwischen 8 und 10 % eines Geburtsjahrganges brutal niedrig gehaltenen Abiturientenzahlen beginnen bereits jetzt atemberaubend zu steigen und werden – gerade angesichts des ausgeprägten Bildungswillens, der die Sachsen schon immer ausgezeichnet hat – mit Sicherheit in Kürze hinter den über 30 % Abiturientenanteil des alten Bundesgebietes kaum zurückstehen. Dabei darf auch nicht übersehen werden, daß die Möglichkeiten, die Studienberechtigung über den Zweiten Bildungsweg zu erwerben, bereits in der Zeit der DDR sehr ausgeprägt war. Auch für die Bereitschaft, die damit verbundenen besonderen Mühen auf sich zu nehmen, gibt es überzeugende Belege. Um eine Verdreifachung der Studienanfängerzahlen innerhalb der nächsten fünf Jahre zu prognostizieren, braucht man daher keine besondere Phantasie.

Schon hört man aus politischen Kreisen, daß man sich eben nach der Decke strecken müsse und sich z.B. die Förderung von "Orchideenfächern" nicht leisten könne. – Was mit der Hochschulreform von 1968 nicht gelungen ist, nämlich Disziplinen wie z.B. die Archäologie, die Ägyptologie und die Orientalistik, die einmal besondere Glanzlichter am wissenschaftlichen Himmel der Universität Leipzig waren, endgültig zu zerstören, scheint den Finanzpolitikern des freien Deutschland mühelos zu gelingen. Hatten auch die Vertreter der genannten Fächer zu DDR-Zeiten die Objekte ihrer Forschung in Kisten zu verpacken und unzugänglich in Kellerdeponien zu verwahren, konnten sich auch Studenten für diese Fächer nicht einschreiben und hatten Nachwuchskräfte auch kaum berufliche Perspektiven so hatten die alten Gelehrten (und hier trifft das Wort einmal zu!) dennoch ihre Nischen, in denen sie sich wenigstens mit den literarischen Äußerungen ihrer Fächer beschäftigen konnten. Kann man auf ihre Förderung in der reichen Bundesrepublik, die sich so viel auf ihren kulturellen Gang zu Gute hält, tatsächlich verzichten und sie schlechter stellen, als es das kleinkariert-miefige SED-

Kulturestablishment getan hat? – Vollmundige Aussagen zur Rückgewinnung der "Universitas litterarum" in den neuen Bundesländern erweisen
sich angesichts der praktischen Stellenplanpolitik als vordergründige Lippen-
bekenntnisse, die nicht hingenommen werden können.

Angesichts dieser in wenigen Strichen gezeichneten Situation erweist sich
der personelle Kahlschlag, den die Finanzminister der neuen Länder erzwin-
gen (müssen?) als ein Schritt, der dazu führt, daß einer der wenigen Aktiv-
posten in der Startbilanz der neuen Bundesländer – nämlich eine Hoch-
schulausbildung, die in vielen Fächern kurz und gut ist – auf dem Altar der
Herstellung einheitlicher Lebensverhältnisse in der neuen Bundesrepublik
geopfert wird. Man soll gewiß nicht hinter allen negativen Entwicklungen
sofort eine Verschwörung vermuten. Aber ist der von sächsischen Hochschullehrern ausgesprochene Verdacht, der erzwungene Planstellenabbau an
den Universitäten folge der bewußten Strategie, die neuen Bundesländer auf
Dauer vom Westen abhängig zu machen, der Sache nach so weit hergeholt?

Es ist daher nicht nur von akademischem Interesse, ob die Doktrin von der
Kulturhoheit der Länder zur Kompetenzverteilung mehr hergibt, als die
Finanzpolitiker zugestehen wollen, oder ob eine solche Zuständigkeitsrege-
lung in der Lage ist, auch auf die Art und Weise der Bildungs- und Wissen-
schaftsfinanzierung in einer Weise durchzuschlagen, die sogar Reparaturen
an dem verkorksten System der Hochschulorganisation der alten Länder
ermöglicht.

C. Weg von der Verwaltung des Mangels durch zentralistische Bürokratien!

Die Mängel des westlichen Hochschulsystems sind zu evident, als daß
man die gegenwärtigen Finanzierungsprobleme für das Personal der Ost-
Universitäten als deren spezifisches, isoliert zu lösendes Problem betrachten
dürfte. Außerdem sind es gerade die Erfahrungen der ehemaligen DDR, die
uns davor warnen sollten, die Lösung der Hochschulprobleme weiterhin von
der Verwaltung des Mangels durch bürokratische Verfahren zu erwarten. Für
die Universität Leipzig spielt es keine Rolle, ob der zuständige Referent in
der Bürokratie (Ost-) Berlins oder Dresdens sitzt. Und es bedeutet der Sache
nach kaum eine Verbesserung, ob ein an zentralistische Steuerung gewöhnter
Bürokrat aus Ost-Berlin oder ein ebenso an napoleonisch-zentralistisches
Verwaltungshandeln gewöhnter Leih-Beamter aus München oder Stuttgart
die Entscheidungen trifft. Sicher fühlt sich der West-Beamte anders als sein
Vorgänger in Ost-Berlin einem demokratischer Machtbegrenzung unterwor-

fenen Verwaltungshandeln verpfichtet und sicher muß er die Überprüfung seiner Entscheidungen durch unabhängige Verwaltungsgerichte fürchten. Im Bereich der leistenden Staatsverwaltung hat er aber dem Vorgehen seines der Diktatur dienenden Vorgängers nicht nur nichts voraus, er ist ihm wegen des Zwanges zur Beachtung rechtsstaatlicher Verfahren sogar prinzipiell an Effizienz unterlegen. Wäre es anders, müßten die Massenprobleme der West-Universitäten längst bewältigt sein. Sie verschlimmern sich aber weiterhin von Jahr zu Jahr.

Geringere Effizienz der rechtsstaatlichen Bürokratien muß aber solange nicht nachteilig sein, wie sie auf die erforderlichen bürokratischen Aufgaben beschränkt sind und die Steuerung der übrigen Fragen dem Marktgeschehen so weit wie möglich und sozial verträglich überlassen bleibt. Für eine derartige Gestaltung spricht gerade im Bereich des Bildungswesens generell und speziell für die Hochschulbildung so viel wie alles. Denn die negativen Auswüchse unseres Hochschulsystems sind kein Fatum, das unverschuldet über uns hereingebrochen wäre. Der Beginn der Probleme ist vielmehr sehr genau mit dem Tag bezeichenbar, an dem die letzten Elemente des Marktes im Universitätsleben zu Gunsten bürokratischer Lösungen eliminiert wurden. Die Leistungsfähigkeit der akademischen Lehre ließ in dem Moment nach, in dem die Studiengebühren und die Hörergelder abgeschafft und die Professoren unahhängig von Nachfrage und Einsatzbereitschaft für ihre Leistungen in der Lehre pauschal entgolten wurden. *Lehrverpflichtungen* – schon der Begriff belegt es – werden seither häufig für ein notwendiges Übel gehalten, denen man sich so gut es geht zu entziehen sucht, und sind nicht mehr zentrale Aufgabe des Hochschul*lehrers*. Ist die Parallele zum Verhalten der SED-Professoren tatsächlich nur zufällig oder hängt dies nicht eben doch gerade daran, daß hier bürokratisch gesteuert wird? – Hochschulsysteme, die noch Studiengebühren und die Abhängigkeit des Einkommens der Hochschullehrer von ihrem Einsatz in der Lehre kennen, beweisen die vorgetragene These zur Genüge.

Die Rückkehr zu Studiengebühren, mit deren Hilfe das Hochschulwesen wieder ein – wenigstens teilweise – marktgesteuertes System würde, scheidet heute aus sozialpolitischen Gründen aus, wenn man erwartet, daß die Studierenden selbst die erforderlichen Mittel dafür aufbringen sollen. Nichts zwingt aber, gerade dies zu verlangen. Solange der Staat die Kosten für das Bildungswesen aufbringt, kann er auch einen Teil der erforderlichen Mittel denen zum Zweck der Steuerung überlassen, die Hochschulbildung nachfragen. Erhält jeder junge Mensch – etwa mit Vollendung der Vollzeitschulpflicht – ein Guthaben von sagen wir 40.000 DM, mit dessen Hilfe er

"Bildung kaufen" kann und erhalten die Bildungsstätten die Möglichkeit, diese so eingenommenen Mittel frei dafür einzusetzen, sich auf dem Markt konkurrenzfähiger (also auch mit zusätzlichem Personal!) auszustatten, werden sie ihrem Bildungsangebot einen ganz anderen Stellenwert als heute zumessen. Und wirkliche Konkurrenz bietet vor allem den *Hochschulen des Ostens einen Ausweg aus der Misere, denn sie sind in den meisten Fächern in der Lehre besser als ihre westlichen Konkurrenten.* Und die Studenten werden sehr schnell begriffen haben, wo sie für ihr Guthaben den größten Gegenwert erhalten!

Eine solche Steuerung bietet aber auch einen Hebel, um die verkrustete westdeutsche Hochschulstruktur aufzubrechen. So paradox es klingen mag – die Übertragung der westlichen Massenuniversität auf die Hochschulen der ostdeutschen Länder läßt sich mit einiger Wahrscheinlichkeit wohl nur dadurch verhindern, daß die Probleme der West-Universitäten jetzt endlich mit Nachdruck angegangen werden. Dies wird am besten gelingen, wenn wenigstens ein Teil der Entscheidungen über die konkrete Hochschulausstattung in die Hand derer gelegt wird, die später von den (Ausbildungs-)Leistungen abhängen werden, wenn auf diesem Gebiet endlich eine Konkurrenzsituation entsteht und die bürokratische Steuerung des tertiären Bildungsystems überwunden wird.

Die Idee ist nicht neu, aber an eine ernste Umsetzung hat bisher niemand gedacht, weil das jetzige Verfahren der Steuerung so lange einfach bleibt, wie seine Kosten vom allgemeinen Wohlstandsniveau aufgefangen oder gar nicht erst sichtbar werden. Die Probleme, vor denen die Ost-Universitäten jetzt stehen, decken die Situation mit aller wünschenswerten Schärfe auf und liefern daher hoffentlich den Ansatz zu generellem Umdenken.

Wie nötig die Bewältigung der Massenprobleme der Hochschulen gerade im Westen ist, zeigt sich vor allem an der demografischen Entwicklung. Da die Zahl der im aktiven Berufsleben Tätigen weiter ständig sinkt, wird die Lebensarbeitszeit dringend verlängert werden müssen. Erste – man möchte sagen: natürlich – bürokratische Ansätze dazu gibt es bereits in der Rentengesetzgebung, wonach den heute 50jährigen das den älteren zugestandene Wahlrecht des Übertritts in den Ruhestand ab 63 Jahren beschnitten und generell erst mit 65 Jahren ermöglicht wird. An eine Verlängerung der aktiven Berufsphase durch eine Verkürzung der Ausbildungszeiten denkt bisher kaum jemand, und wenn, dann wird darüber gestritten, wie man derartige Lösungen durch bürokratische Verfahren herbeiführen könnte. Seit Jahrzehnten wird ohne jede praktische Konsequenz über eine schematische Kürzung der Gymnasialzeit um ein Jahr oder über die Verordnung verbindlicher Regelstudienzeiten diskutiert. Kaum jemand denkt über den einzig realistischen Weg der Kürzung der Ausbildungszeiten nach, nämlich wie eine Konzentration des Lehrangebotes und seine effiziente Vermittlung über den Markt belohnt werden könnte.

Über Einzelheiten solcher Vorschläge läßt sich natürlich diskutieren. Und sicher steckt in den Details noch eine ganze Reihe von Problemen. Aber der Umstand, daß wir gegenwärtig dabei sind, die Probleme der westlichen Massenuniversität auf die insoweit noch gesunden Ost-Universitäten zu übertragen, sollte uns veranlassen, schnell und gezielt den prinzipiell von der bürokratischen Lösung wegführenden Weg zu beschreiten. Wir nehmen den östlichen Bundesländern sonst einen der wenigen Startvorteile, die sie bei ihrer schwierigen Aufholjagd besitzen. Die bisherige Weigerung der westlichen Bundesländer, einer besseren Personalausstattung der östlichen Hochschulen zuzustimmen, bleibt so lange verständlich, wie sie für ihre eigenen Universitätsprobleme nur bürokratische Lösungsmöglichkeiten sehen. Der hier erneut vorgeschlagene Weg würde aber gerade auch den westlichen Hochschulen aus ihrer Misere heraushelfen können. Denn wenn es richtig ist – und dafür spricht alles, auch wenn es weder die Bürger noch die Politiker der westlichen Länder bisher gemerkt zu haben scheinen –, daß auch die alte Bundesrepublik sich durch den Beitritt der neuen Länder innerlich erheblich verändert hat, dann sollten wir die Situation auf beiden Seiten der alten Grenze nüchtern betrachten und ihre Schwachstellen gemeinsam zu beseitigen trachten.

D. Die materielle Ausstattung – oder: Es geht kaum ohne Lastenausgleich!

Diese Vorschläge kosten zunächst kein Geld; sie machen den Einsatz der vorhandenen Mittel effizienter. Das wird aber nicht ausreichen. Auch für die materielle Ausstattung der Hochschulen werden wir alle tiefer in die Tasche greifen müssen.

Allein die Situation der Universitätskliniken in Leipzig ist nur noch mit dem Begriff katastrophal zu umschreiben. Zwar sind in einigen Bereichen bereits sensationelle Verbesserungen gelungen – so kann die Universität mit Stolz darauf hinweisen, daß ihre Radiologie seit dem Wintersemester 1991/ 1992 über die modernsten Einrichtungen der Welt verfügt – aber dafür brennt es an anderen Stellen lichterloh. Der Verschleiß der technischen Ausrüstung hat im letzten halben Jahr zur Schließung eines Operationssaales nach dem anderen geführt. Mit gewaltigem Aufwand werden derzeit Zwischenlösungen in Form von Container-OPs vorbereitet. Für die große Masse der Gebäude gilt, daß sie von Grund auf saniert oder völlig neu gebaut werden müssen. Erste Schätzungen sprechen von einem Investitionsbedarf in Höhe von 1,5 Milliarden DM. Für den übrigen Hochschulbereich wird mit einer zusätzlichen Milliarde DM für Gebäudeinvestitionen gerechnet. Bereits bei den heute niedrigen Studienanfängerzahlen muß Leipzig in der Biologie wegen des Fehlens geeigneter Praktikumsräume einen Numerus clausus verhängen, denn die Ausbildungskapazität in diesem Fach wird einfach durch die Körperbreite der Studenten am Labortisch limitiert. Der schlampige Umgang mit der Umwelt zu DDR-Zeiten hat aber auch z.B. im Gebäude des Fachbereichs Chemie nicht Halt gemacht. Eigentlich müßte es sofort geschlossen werden. Das Chemie-Studium könnte aber dann erst nach Errichtung eines Neubaus wieder eröffnet werden – eine Konsequenz, die wegen des Anspruchs der gegenwärtig Studierenden auf die Fortsetzung ihrer Ausbildung niemand verantworten kann.

Angesichts der geschilderten Steuerkraft des Landes wird auch die 50-prozentige Finanzierung der Hochschulbauten durch den Bund nur noch für kurze Zeit Entlastung bringen; denn wenn erst einmal alle erforderlichen Neubauplanungen realisierungsreif sind, werden die erforderlichen Komplementärmittel des Landes kaum noch im erforderlichen Umfang zur Verfügung stehen.

Es sind daher gerade auch für die Sanierung der Hochschulbauten finanzielle Sonderopfer unverzichtbar. Die Bereitschaft dazu wird in dem Maß zunehmen, in dem es dabei nicht um eine "Sonderabgabe Ost" geht. Der richtige Zeitpunkt, dem Volk einen derartigen"Zweiten Lastenausgleich" zuzumuten, ist von den verantwortlichen Politikern ganz offenbar versäumt worden. Aber wenn wir in einer gemeinsamen Aktion für die Zukunft der Bildungschancen unserer Jugend von denen, die es in den letzten 40 Jahren verstanden haben, in einem nennenswerten Umfang und mehr als andere Vermögen anzusammeln, ein solches Sonderopfer verlangen, sollte dies als Sicherung unserer Zukunft verstanden werden und politisch durchsetzbar sein.

Vielleicht bedarf es dazu auch einer neuen Begrifflichkeit, die dies klar macht. Haushaltsdebatten stehen stets unter dem von allen Seiten mit Verve vertretenen Imperativ, die konsumtiven Ausgaben des Staates müßten zu Gunsten der Investitionen verringert werden. Betont wird diese Forderung noch dadurch, daß man von "Zukunftsinvestitionen" spricht. Wissenschaftspolitiker aller Couleur haben immer wieder – und immer wieder erfolglos – versucht klarzumachen, daß die Ausgaben für Forschung und Lehre zu den investiven Ausgaben gehören und daß ihre Einbeziehung in Forderungen nach Subventionsabbau sachwidrig ist. Wenn sie aber damit in der Sache auch recht haben, sie haben – wie die drohende Vermassung der Ost-Universitäten bestätigt – damit keine Chance. Man sollte versuchen, allein schon durch eine zutreffendere Terminologie dazu beizutragen, daß die Aufwendungen für die Universitäten als unverzichtbare Aufwendungen der mentalen Reproduktion unverzichtbar sind. Eine den Sachverhalt besser treffende Begrifflichkeit wäre ein wichtiger Beitrag zur inneren Wiedervereinigung, weil sie helfen würde, den jungen Landsleuten im Osten die wenigen Chancen, die sie ihren westlichen Altersgenossen voraus haben, zu erhalten, und weil dies auf der anderen Seite den Anstoß dazu bieten würde, die großen Probleme der westlichen Universitäten nach vielen Jahrzehnten folgenloser Diskussionen endlich mit realistischen Methoden anzugehen.

D. Marxismus in den Köpfen?

Nach 45 Jahren systematischer kommunistischer Indoktrination könnte ein zentrales Problem darin bestehen, daß die Bürger – und insbesondere diejenigen, die heute im aktiven Berufsleben stehen – zumindest Elemente der verordneten Ideologie so verinnerlicht haben, daß sie für einen unbefangenen Umgang mit den Wahrheiten des staatlichen und gesellschaftlichen Lebens verdorben sind. Die – wenn auch geringen – Informationsmöglichkeiten, die den Bewohnern der ehemaligen DDR über die möglichen Alternativen offenstanden, der Widerspruch zwischen Doktrin und Wirklichkeit, die ständige Verletzung elementarer moralischer Normen durch die Verkünder der Staatsdoktrin und schließlich auch ein überall vorhandenes Maß an opportunistischer Anpassungsbereitschaft lassen diese Gefahr als nicht besonders groß erscheinen. An einer solchen Befürchtung ist aber sehr wohl richtig, daß gerade in jungen Jahren von dem "faszinierenden Irrtum", wie Klaus Hornung die marxistische Ideenwelt genannt hat, Erfaßte aus jugendlichem "Idealismus" so sehr verstrickt wurden, daß sie glauben konnten, sich auch über die genannten Elementarnormen sittlichen Verhaltens hinwegsetzen zu müssen, um dem hehren Ziel der im Kommunismus vollendeten Befreiung des Menschen von jeder Ausbeutung zu dienen. Den in dieser Weise verstrickten Menschen zu einer Bewältigung ihrer persönlichen Vergangenheit zu helfen, scheint neben allen äußeren Problemen, die das kommunistische System uns hinterlassen hat, die schwerste Hypothek zu bilden. Fleiß, Einsatzbereitschaft und Opferfreude werden es ermöglichen, die Schäden der

Vergangenheit mehr oder weniger schnell vergessen zu machen. Die geistige Auseinandersetzung über die überwundene Ideologie bleibt die schwerste Aufgabe.

Die Grundlagen dafür haben in der alten Bundesrepublik viele Wissenschaftler und Hochschullehrer gelegt. Unter ihnen nimmt Klaus Hornung eine herausragende Stellung ein – nicht nur, weil er nicht müde wurde, die Fehler der marxistischen Dokrin aufzuzeigen, sondern weil er sich auch in Zeiten, in denen es so aussah, als sei das "sozialistische Lager" ein unüberwindlicher Koloß, keine Minute der Resignation gegönnt hat. Das war ihm ja auch nicht möglich, denn er hat immer gewußt, daß der äußere Eindruck nur auf eine geschickte Kaschierung der tönernen Füße des kommunistischen Systems zurückzuführen war. So bedeutet der Zusammenbruch des "real existierenden Sozialismus" und der damit verbundene Todesstoß für die hinter ihm stehende Theorie für Klaus Hornung wohl die schönste Bestätigung, die einem Pädagogen und Philosophen zuteil werden kann.

Manfred Erhardt

Die Hochschulpolitik des Landes Berlin

Berlin hatte im 19. und beginnenden 20. Jahrhundert einen hervorragenden Ruf als deutsche und europäische Wissenschaftsmetropole. 27 Nobelpreise wurden an Berliner Professoren vergeben. Ein Ruf nach Berlin war bis zum 2. Weltkrieg die Krönung einer wissenschaftlichen Karriere. Nach dem 2. Weltkrieg galt es, die empfindlichen Lücken zu schließen, die die Nationalsozialisten durch die Vertreibung jüdischer Gelehrter gerissen hatten und die in der Folge von Kriegszerstörungen und Teilung der Stadt entstanden waren.

Nach tatkräftigem Aufbau war der Westteil Berlins wieder eine der größten deutschen Universitätsstädte – mit fast 100.000 Studenten an zwei Universitäten (der Freien Universität und der Technischen Universität), an der Hochschule der Künste und an sieben Fachhochschulen. Ebenso war Berlin-West wieder ein Zentrum der Wissenschaften von internationalem Zuschnitt geworden; an rund 200 Forschungseinrichtungen arbeiteten etwa 12.000 Mitarbeiter.

Somit war schon vor der Wende im Westteil der Stadt versucht worden, an die alten Traditionen der Wissenschaftsmetropole anzuknüpfen.

Aber erst das Jahr 1989 sollte die Chancen zur Verwirklichung der Berliner Träume eröffnen. Mit dem Fall der Mauer ist die Stadt nicht mehr Außenposten des Westens, sondern steht in der Mitte Europas als Drehscheibe im West-Ost- wie im Nord-Süd-Dialog.

Im Ostteil der Stadt, in der sog. Hauptstadt der DDR, hatte das SED-Regime Wissenschaft und Forschung in ideologische Ketten gelegt. Die Forschung fand vor allem in den Instituten und Einrichtungen der Akademie der Wissenschaften der DDR statt, also weitgehend getrennt vom Ort der Lehre.

An der Humboldt-Universität, den drei künstlerischen Hochschulen, der Hochschule für Ökonomie und den Ingenieurhochschulen Lichtenberg und Wartenberg studierten rund 25.000 Studenten. In der Forschung arbeiteten etwa 12.000 Mitarbeiter in 40 Einrichtungen; rund 54 % des Potentials der Akademie der Wissenschaften der DDR waren in Ost-Berlin konzentriert.

Die Chancen und Aufgaben für Wissenschaft und Forschung im geeinten Berlin sind in der Koalitionsvereinbarung der die Regierung tragenden Parteien CDU und SPD im Januar 1991 folgendermaßen formuliert worden:

"Berlin bietet den Standortvorteil einer in Deutschland einmaligen Vielfalt und Leistungsfähigkeit von Hochschulen und wissenschaftlichen Einrichtungen. Das große Angebot qualifizierter Wissenschaftler und die Kooperationsmöglichkeiten mit den vorhandenen Forschungskapazitäten machen die Stadt interessant für die Ansiedlung innovativer Industrie- und Wirtschaftsunternehmen. Deshalb gilt es, den Forschungsstandort Berlin als ein Zentrum von internationaler Bedeutung zu erhalten und auszubauen. Damit unmittelbar verbunden ist die Erhaltung der Funktion der Stadt als überregionales akademisches Ausbildungszentrum mit derzeit rund 140.000 Studierenden. Hierbei ist es notwendig, das Neben- und Miteinander der vorhandenen Einrichtungen im Interesse aller daran Beteiligten neu zu gestalten."

Der Akzent liegt also eindeutig in der Aufgabe des Gestaltens! Ein Schwerpunkt der wissenschaftspolitischen Aktivitäten im ersten Jahr der neuen Gesamtberliner Regierung lag naturgemäß im Ostteil der Stadt. Hier mußten die Voraussetzungen für eine grundlegende Erneuerung geschaffen werden, um in ganz Berlin eine nach Struktur und Qualität einheitliche Wissenschaftslandschaft aufzubauen.

Außerhalb Berlins und der neuen Bundesländer wird nicht immer verstanden, warum die Erneuerung der Hochschul- und Forschungseinrichtungen der lenkenden Hand des Staates bedarf. Dabei wird leicht vergessen, daß die Wissenschaften, insbesondere die Geisteswissenschaften, in der ehem. DDR durch Eingriffe, Mängel und Behinderungen gekennzeichnet waren, die einem autonomen Wissenschaftsverständnis widersprechen. Ich nenne unter Bezug auf die Feststellungen des Wissenschaftsrates nur die folgenden:

– verbindliche Vorgabe marxistisch-leninistischen Inhalts als nicht hinterfragbare, nicht kritisierbare Prämissen wissenschaftlicher Arbeit;

– eine oft bis ins einzelne gehende politische Aufsicht über die Personalpolitik, in der neben Kriterien der wissenschaftlichen Qualifikation solche der politischen Loyalität und des parteipolitischen Engagements eine große Rolle spielten;

– maßgebende Teilnahme parteipolitischer Instanzen an Prioritätensetzungen und Verbindlichkeitserklärungen in bezug auf die thematische und methodische Ausrichtung der einzelnen Wissenschaften;

– Zensur, Maßregelungen, Publikationsverbote und Kommunikationsbeschränkungen der verschiedensten Art.

Es sind die mit diesen Mängeln einhergehende politische Bevormundung und Gängelung, die uns nun dazu zwingen, auch staatlicherseits die Voraussetzungen zu schaffen, auf deren Grundlage wissenschaftliche Autonomie erst möglich wird.

Andererseits dürfen uns die genannten Mängel nicht dazu verleiten, die gesamte Forschung der DDR einem Verdikt zu unterwerfen. Es hat, wie die Evaluierungen durch den Wissenschaftsrat ergeben haben, an den Hochschulen und insbesondere an den Instituten der Akademie der Wissenschaften – vor allem in den eher politikfernen Bereichen – auch gute und sehr gute Leistungen gegeben, die teilweise international Anerkennung und Beachtung gefunden haben.

Im Vordergrund unserer Hochschulpolitik standen die Ziele, die vom Einigungsvertrag und den Empfehlungen des Wissenschaftsrates vorgegeben waren:

– Wiederherstellung von Freiheit und Autonomie der Wissenschaften durch strukturelle, fachliche und personelle Erneuerung der Hochschulen;

– Zusammenführen von Forschung und Lehre;

– Herstellen der Standards der internationalen "scientific community".

Daß sich Berlin – trotz der Sparzwänge – den Herausforderungen auch finanziell nicht verschlossen hat, läßt sich an den Steigerungsraten des Haushalts der Senatsverwaltung für Wissenschaft und Forschung ablesen. Er ist gegenüber dem Vorjahr um 17 Prozent gestiegen! Daran wird deutlich, daß die Wissenschaftspolitik im Rahmen der Gesamtpolitik einen hohen Stellenwert genießt.

Um Berlin wieder in den Rang einer europäischen Metropole der Wissenschaft zu heben, ist ein ganzes Bündel von Maßnahmen ergriffen und eine Reihe von Gesetzesvorhaben beschlossen worden.

1. Das Ergänzungsgesetz zum Berliner Hochschulgesetz

Ende 1990 war es nicht mehr gelungen, die "Rechtsverhältnisse der durch die Vereinigung im Land Berlin hinzutretenden staatlichen Hochschulen" (§ 1, Abs. 4 BerlHG) zu regeln.

Das sogenannte Ergänzungsgesetz mußte dies nachholen; es wurde am 27. Juni 1991 nach heftigen parlamentarischen und außerparlamentarischen Diskussionen vom Abgeordnetenhaus verabschiedet. Aufgrund dieses Gesetzes wurden inzwischen an allen Fachbereichen der Hochschulen im Ostteil der Stadt Struktur- und Berufungskommissionen gebildet, wie sie der Wissenschaftsrat empfohlen hatte. Die strukturelle, fachliche und personelle Erneuerung ist damit auf einen guten Weg gebracht worden.

Allein an der Humboldt-Universität wurden inzwischen für die Fachbereiche Philosophie, Geschichte, Erziehungs-, Sozial-, Rechts- und Wirtschaftswissenschaften über 100 Professorenstellen ausgeschrieben. 57 Rufe sind erteilt, von denen 20 bis Ende März 1992 angenommen worden sind.

Neben der Humboldt-Universität sieht das Ergänzungsgesetz die Übernahme und Neustrukturierung der Hochschule für Musik, der Hochschule für Schauspielkunst und der Kunsthochschule Berlin-Weißensee vor.

Nicht fortgeführt, sondern abgewickelt wurden die Hochschule für Ökonomie, die Ingenieurhochschule Wartenberg und einige Teile der HUB (z.B. Marxismus-Leninismus und Kriminalistik). Für die Studenten der abgewickelten Hochschulen wurde sichergestellt, daß sie ihre Ausbildung ordnungsgemäß zu Ende führen können.

2. Neue Fachhochschule für Technik und Wirtschaft

Schon der Wissenschaftsrat hatte festgestellt, daß in Berlin eine Unterversorgung mit Fachhochschulstudienplätzen besteht, während universitäre Studienplätze überrepräsentiert sind.

Für die neuen Länder und Berlin ist der zügige Ausbau der Fachhochschulen ein wichtiger Beitrag zum Wirtschaftsaufschwung, zumal von den Fachhochschulen wichtige Wachstums- und Entwicklungsimpulse auch für die wirtschaftliche und strukturelle Entwicklung ausgehen.

Am 1. Oktober 1991 wurde im Ostteil der Stadt eine neue Fachhochschule für Technik und Wirtschaft (FHTW) gegründet. Sie wird im Endausbau eine jährliche Aufnahmekapazität von 2.240 Studenten und eine Studienplatzkapazität von insgesamt 8.800 Studenten haben. Damit wird sich das Angebot an Studienplätzen im Fachhochschulbereich Berlins nahezu verdoppeln. Die FHTW umfaßt die ehemalige Ingenieurhochschule Lichtenberg sowie das Verwaltungsvermögen der ehemaligen Hochschule für Ökonomie und der Ingenieurhochschule Wartenberg. In der Gründungsphase wird sie als Teil der Technischen Fachhochschule geführt. Die neue Fachhochschule wird aber keine Kopie der TFH werden, sondern ein unverwechselbares eigenes Profil erhalten, das am deutlichsten in der Struktur des Studienangebots sichtbar wird. In fünf Fachkomplexen (Maschinenbau/Verfahrenstechnik, Elektrotechnik/Elektronik/Informatik, Bauwesen, Wirtschaft, Kultur und Gestaltung) sind 20 Studiengänge geplant.

3. Drei Universitätsklinika in Berlin

Am 8. Oktober 1991 hat der Berliner Senat allen Unkenrufen zum Trotz bekräftigt, daß es auch künftig drei gleichberechtigte und eigenständige

Universitätsklinika geben soll (Steglitz, Rudolf Virchow und Charité). Sie sollen ihre Aufgaben in Forschung, Lehre und Krankenversorgung in enger, arbeitsteiliger Kooperation erfüllen. Dadurch sollen die Voraussetzungen geschaffen werden, die Zahl der Krankenbetten auf 1.350 je Universitätsklinikum zurückzuführen und die Staatszuschüsse zu reduzieren.

Die drei Universitätsklinika sind aufgefordert, ein Konzept für eine fachlich und wissenschaftlich sinnvolle Kooperation vorzulegen, wobei auch die Auswirkungen auf Zulassungszahlen und die Einsparungsmöglichkeiten darzulegen sind.

4. Kapazitäten und Personalausstattung der Berliner Hochschulen

Am 22. Oktober 1991 hat der Senat von Berlin planerische Festlegungen über Aufnahmekapazitäten, Zahl der Studienplätze und Stellenausstattung der Berliner Hochschulen getroffen. Ziel bleibt es, in Berlin auch künftig doppelt so viele Studenten auszubilden wie es dem Bevölkerungsanteil Berlins entspricht. Das bedeutet, die Bereitstellung von 90.000 Studienplätzen unter Normallastbedingungen und 115.000 unter Bedingungen der rechnerischen Höchstlast. Mit dieser Zielzahl wird der Aufgabe Berlins als überregionalem Ausbildungszentrum weiterhin Rechnung getragen, ohne der Hochschulplanung des Landes Brandenburg die Luft zu nehmen. Diese quantitativen Vorgaben führen zu einer Reduktion des insbesondere an der Humboldt-Universität überhöhten Stellenbestandes um rund 900 Stellen, also um ca. ein Fünftel. Zur sozialen Abfederung dieses Stellenabbaus werden für eine begrenzte Zeit 300 Beschäftigungspositionen als Überhang eingerichtet.

Damit die Humboldt-Universität schnell zu Qualität und Leistung findet, erhält sie die Vergünstigung, für die Dauer von 5 Jahren unter sogenannten Normallastbedingungen zu arbeiten, was eine Studentenzahl von 19.200 bedeutet statt der rechnerischen Höchstlast von 23.000.

5. Landeshochschulstrukturkommission

Der Wissenschaftsrat hat den neuen Ländern und Berlin empfohlen, zur strukturellen Erneuerung und zur Entwicklungsplanung Hochschulstrukturkommissionen einzurichten.

Die Berliner Landeshochschulstrukturkommission, deren Einsetzung der Senat am 9. April 1991 beschlossen hatte, trat am 8. Mai 1991 zu ihrer konstituierenden Sitzung zusammen. Dieses Gremium von 18 hochrangigen Wissenschaftlern sowie je einem Vertreter der Arbeitgeber und Gewerkschaften berät den Senat bei der strukturellen Weiterentwicklung des Gesamtberliner Hochschulbereichs. Es schlägt die auswärtigen Mitglieder der Struktur- und Berufungskommissionen vor und erarbeitet Empfehlungen für einen Hochschulentwicklungsplan.

Inzwischen hat die Landeshochschulstrukturkommission Empfehlungen für folgende 14 Themenbereiche vorgelegt: Chemie, Biologie, Pharmazie, Informatik, Sportwissenschaft, Elektrotechnik, Universitätsklinika, Philologien, Lehrerbildung, Personalstruktur-Ost im Überhang, Errichtung eines naturwissenschaftlichen Campus der Humboldt-Universität zu Berlin-Adlershof, Physik, Mathematik und für das Naturkundemuseum.

6. Fusion von Fachbereichen

Auf Empfehlung des Wissenschaftsrates sollen die in Berlin jeweils doppelt vertretenen Fachbereiche Agrarwissenschaften, Veterinärmedizin und Lebensmitteltechnologie zusammengelegt werden.

– Die Veterinärmedizin der FU und die Veterinärmedizin der Humboldt-Universität (i.f. HU) sollen zu einem neuen Fachbereich Veterinärmedizin an der HU zusammengeführt werden.

– Die Lebensmitteltechnologie und die Biotechnologie der TU und die Lebensmitteltechnologie und Lebensmittelchemie der HU sollen einen neuen Fachbereich Lebensmitteltechnologie an der TU bilden.

– Der Fachbereich internationale Agrarentwicklung der TU und der Fachbereich Landwirtschaft und Gartenbau der HU sollen zu einem neuen Fachbereich Agrar- und Gartenbauwissenschaften an der HU zusammengefaßt werden.

Zur Zeit liegt dem Abgeordnetenhaus der Entwurf eines Fusionsgesetzes vor. Danach sollen Gründungskomitees für jeden der drei neuen Fachbereiche gebildet werden, denen neben dem Gründungsdekan zwei auswärtige Professoren, jeweils zwei Professoren der bisherigen Fachbereiche sowie paritätisch Vertreter des akademischen Mittelbaus, der Studenten und sonstigen Mitarbeiter angehören. Wichtigste Aufgabe dieser Gründungskomitees wird es sein, einen Struktur- und Stellenplan zu erarbeiten und Vorschläge für die Stellenbesetzung vorzulegen.

Ferner ist vorgesehen, die Kirchliche Hochschule Zehlendorf in die HU einzugliedern, die Elektrotechnik der HU und den Studiengang Druck II an der HdK an die TU zu verlegen und die Ausbildung für die künstlerischen Lehrämter an der HdK zu konzentrieren.

7. Konstituierung der Akademie der Wissenschaften

Erstes greifbares Ergebnis der Kooperation mit Brandenburg im Wissenschaftsbereich soll der angestrebte Abschluß eines Staatsvertrages zur Neukonstituierung einer Akademie der Wissenschaften sein. Damit soll die im Jahre 1700 als Kurfürstlich-Brandenburgische Societät gegründete Preußische Akademie der Wissenschaften als rechtsfähige Körperschaft des öffentlichen Rechts neu konstituiert werden. Die Akademie wird die Infrastruktureinrichtungen (Bibliothek, Archiv, Kustodie) der Gelehrtengesellschaft der Akademie der Wissenschaften der DDR, die als eigene Einrichtung nicht fortgeführt wird, übernehmen und die Langzeit- und Editionsvorhaben weiterführen. Mit Brandenburg besteht inzwischen Einvernehmen über den Text des demnächst abzuschließen Staatsvertrages.

8. Berufsakademie

Zur Abrundung des Bildungsangebots im tertiären Bildungsbereich fehlt in Berlin die Berufsakademie. Die Berufsakademie vermittelt Abiturienten in einem dreijährigen Bildungsgang nach dem Vorbild des dualen Systems der beruflichen Bildung eine dem Fachhochschulabschluß gleichstehende Qualifikation. Gespräche mit Verbänden und Wirtschaftsbetrieben haben ergeben, daß ein Bedarf an einer derartigen, in Baden-Württemberg bereits bestens bewährten Bildungseinrichtung besteht. Bereits jetzt liegen Angebote der Berliner Wirtschaft für über 140 Ausbildungsplätze vor. Wenn auch der Koalitionspartner mitzieht, könnte schon am 1. Oktober 1992 die Berufsakademie Berlin ihre Tore öffnen.

9. Neuordnung der außeruniversitären Forschungslandschaft

Von der Auflösung der Institute und Forschungseinrichtungen der ehemaligen Akademie der Wissenschaften der DDR (AdW) war Berlin besonders stark betroffen: 54 % der AdW-Potentiale waren hier angesiedelt.

Das auf Grund Art. 38 des Einigungsvertrages vom Wissenschaftsrat empfohlene Konzept zur Neuordnung der Forschungslandschaft wurde von Senat und Abgeordnetenhaus gebilligt und die Neugründung von insgesamt 16 Instituten und Außenstellen sowie die Eingliederung von insgesamt 13 Forschergruppen in bestehende Einrichtungen auf den Weg gebracht. Damit verbleiben Berlin 37 Prozent des positiv evaluierten Potentials aller ehemaligen AdW-Institute.

Im einzelnen handelt es sich um:

– eine Großforschungseinrichtung (Max-Delbrück-Zentrum für Molekulare Medizin) Außenstellen bzw. Eingliederungen in bestehende Großforschungseinrichtungen mit 732 Stellen;

– acht Institute der sog. Blauen Liste und fünf Außenstellen bzw. Eingliederungen in bestehende Einrichtungen der Blauen Liste mit 878 Stellen;

– acht Arbeitsgruppen und vier geisteswissenschaftliche Zentren der Max-Planck-Gesellschaft mit 156 Stellen;

– ein Fraunhofer-Institut und vier Außenstellen von Fraunhofer-Instituten mit 190 Stellen;

– 28 Langzeitvorhaben für die zukünftige Akademie der Wissenschaften mit 116 Stellen.

Zu diesen rd. 2.000 neuen Stellen kommen rd. 170 Stellen im Bereich der Ressortforschung des Bundes, rd. 900 Stellen des Wissenschaftlerintegrationsprogramms, 350 Stellen bei den Kliniken in Berlin-Buch, ca. 660 Infrastrukturstellen sowie derzeit rd. 1.700 ABM-finanzierte Beschäftigungspositionen hinzu. Insgesamt handelt es sich also um über 5.700 Arbeitsplätze im Bereich der außeruniversitären Forschung. Dies ist das erfreuliche Ergebnis lang und zäh geführter Verhandlungen mit dem Bund.

10. Zentrum für Forschung und Technologie in Adlershof

In Berlin-Adlershof, wo die meisten Institute der ehemaligen Akademie der Wissenschaften konzentriert waren, entsteht ein neues und innovatives Zentrum für Forschung und Technologie. Angesiedelt werden sollen universitäre und außeruniversitäre Forschungseinrichtungen, Forschungslabors der Wirtschaft und High-Tech-Unternehmen. Das Rahmenkonzept dafür wird von der Entwicklungsgesellschaft Adlershof (EGA) der Wirtschaftsförderung Berlin GmbH erarbeitet. Auch das Zentrum für Planetare Fernerkundung der Deutschen Forschungsanstalt für Luft- und Raumfahrt wird dort aufgebaut. Ebenfalls in Adlershof werden die naturwissenschaftlichen Fachbereiche der

Humboldt-Universität ihren Campus finden, wie es die Landeshochschulstrukturkommission empfohlen hat. In einem Stufenplan sollen hierfür 730 Millionen DM investiert werden.

Der Senat hat mir ein Mandat für Gespräche mit dem Bundesforschungsminister erteilt, um den Bau von BESSY II ebenfalls in Adlershof zu realisieren. Bei diesen Verhandlungen wird Berlin ein stärkeres finanzielles Engagement anbieten; eine hälftige Kostenbeteiligung für eine Einrichtung der sogenannten Blauen Liste. Das geschätzte Investitionsvolumen beträgt 154 Millionen DM; es wird mit jährlichen Betriebsmitteln von ca. 27 Millionen DM gerechnet. Die Verhandlungen mit dem Bundesforschungsminister sind im Gange.

Vier Institutionen haben einst den Ruhm Berlins als internationales Zentrum der Wissenschaft begründet: die Preußische Akademie der Wissenschaften, die Friedrich-Wilhelms-Universität, die Technische Hochschule Charlottenburg und die Kaiser-Wilhelm-Gesellschaft zur Förderung der Wissenschaften.

In einem erweiterten Sinne bleiben diese Bereiche auch unsere Zukunftsaufgaben; nämlich:

– Der Neuaufbau einer Berlin-Brandenburgischen Akademie der Wissenschaften.

– Die Erneuerung der Humboldt-Universität und die Befreiung dieser traditionsreichen Hochschule von den ideologischen Fesseln der Vergangenheit.

– Auch FU und TU sollten sich schrittweise der Evaluierung stellen, damit Mittel frei werden für neue Entwicklungen, innovative Schwerpunktsetzungen und Profilbildung.

– Die vielen im Ostteil der Stadt neu aufgebauten außeruniversitären Forschungsinstitute müssen sich rasch konsolidieren.

– Auf der Grundlage der Empfehlungen der Landeshochschulstrukturkommission ist ein Hochschulentwicklungsplan zu erstellen, wobei eine Abstimmung mit der Hochschulplanung des Landes Brandenburg erforderlich ist.

– Die Regelungen des Berliner Hochschulgesetzes sind unter den Gesichtspunkten von Qualität, Pluralität, Autonomie, Freiheit und Leistungsfähigkeit zu überprüfen und zu novellieren.

Die Bewältigung dieser Aufgaben ist Voraussetzung für den Anspruch Berlins, anknüpfend an frühere Traditionen wieder eine europäische Metropole der Wissenschaft zu werden.

Identität und Zukunft der Deutschen

Dietmar Schössler

Plädoyer für die Wiederaneignung von Clausewitz

Vorüberlegungen

Als der Verfasser im Frühjahr 1992 an der Führungsakademie der Bundeswehr in Hamburg einen Vortrag über 'Die aktuelle Bedeutung von Clausewitz für die Lage-Analyse' hielt, kam ihm im Verlaufe der Diskussion deutlicher als jemals zuvor zu Bewußtsein, daß eine geistige und gesellschaftliche Situation offenkundig den Kulminationspunkt erreicht hat. Der unter den Hörern anwesende – promovierte – amerikanische Verbindungsoffizier erläuterte seine Vorstellung von der geistigen Grundeinstellung der Deutschen im Vergleich zur eigenen nationalen Befindlichkeit. Der Oberstleutnant etikettierte das deutsche 'kontinentale' Bewußtsein als verstandesgelenkten 'Mechanizismus' – was sich beispielsweise in der Strategiedebatte in typischen Begriffen wie 'Sicherheitsarchitektur', 'Stabilität'. usf. abbildete. Die eigene angelsächsische Denkweise von heute nannte er 'organisch' – Strategie und Sicherheitspolitik würden schrittweise, praktisch (im Sinne des Praxisbegriffs) entfaltet, gegensätzlich zu dem an starren Plänen und Zeitkalendern hängenden 'architektonischen' Vorgehensweisen besonders der Mitteleuropäer. Diese These stieß verständlicherweise nicht nur auf Zustimmung, doch man mußte dem Amerikaner zugestehen, einen Vorgang kulturellen 'Tauschs' auf den Punkt gebracht zu haben. Während die USA aus Vietnam ihre Lektion gelernt hatten und schleunigst ihren Praktizismus und Technizismus zugunsten geistigerer Konzepte korrigierten (darunter eine massive Clausewitz-Rezeption), schritt in Zentraleuropa die ursprünglich von den siegreichen USA begierig übernommene 'pragmatische' Denkweise erfolgreich voran – ein gesamtgesellschaftlicher Vorgang, der sich in den Curricula der 'reformierten' Oberstufe des vorgeblich allgemeinbildenden Schulwesens ebenso wie etwa in den Führungsvorschriften der Streitkräfte widerspiegelte. Im Verfolg dieses Abräumprozesses hatte man auch Clausewitz, den man sich hierzulande als den anachronistischen Vernichtungspropheten des vornuklearen Zeitalters vorstellte, gerne den Anderen überlassen. Wir halten dagegen, daß jetzt die Wiederaneignung des exportierten Clausewitz zu den unabdingbaren Momenten einer wieder zu erarbeitenden nationalen Perspektive gehört, um wenigstens tendenziell jenen 'Tauschhandel' wieder umzukehren.

Dies sei im folgenden in drei eher skizzenartigen Anmerkungen unternommen, wobei wir mit einer kurzen Darstellung des rationellen Kerns des Clausewitzschen Konzepts beginnen, um sodann auf den deutschen 'Sonderweg' in der zeitgenössischen Clausewitzdiskussion einzugehen. Es soll in einem dritten Schritt wenigstens angedeutet werden, warum die Wiederaneignung von Clausewitz jenen identitätsstiftenden Beitrag leisten könnte, der – im Rahmen eines gesamtgesellschaftlichen Prozesses – zugleich den Schulterschluß mit der westlichen Sicherheits- und Wertegemeinschaft auch künftig gewährleistet.

1. Die 'Treue zu einer Methode' (R. Aron)

Raymond Aron postulierte in seiner monumentalen Clausewitz-Studie 'Penser la Guerre: Clausewitz': "Den Krieg unserer Zeit gemäß Clausewitz denken besteht nicht in der mechanischen Anwendung der Begriffe des preußischen Offiziers, sondern in der Treue zu einer Methode." (Aron 1980)

Diese Methode ist nur zu einem Teil eine fachwissenschaftliche; in ihren Hauptmomenten ist sie eine Triade aus wenigstens folgenden Denkmustern: einem historischen 'Blick' und Herangehen, einem dialektischen Zugriff und einer eher empirisch-fachwissenschaftlichen Daueranstrengung. (Vgl. a. Hahlweg 1980. pass.) Wenn man es nicht als mechanisch-isoliertes Gegenüberstellen auffaßt, dann bestand eine Fähigkeit von Clausewitz darin, in Polaritäten respektive in begrifflichen Spannungsverhältnissen zu denken; er sieht' dieses bewußt ins Extreme gesteigerte Konfrontieren von Konzepten und Kategorien nicht als willkürliche Setzungen; als genuiner Dialektiker geht er von vornherein von einer Totalität der Erscheinungswelt aus, die ihrerseits nur durch eine angemessen komplexe Methode zu erfassen ist.

Deshalb darf man so scheinhaft idealtypische Konfrontationskonstrukte wie 'Absoluter Krieg-Wirklicher Krieg', 'Mittel-Zweck', 'Verteidigung-Angriff' nicht undialektisch und abstrakt nebeneinanderstellen. Es ist auch nicht sinnvoll, zwischen dem Empiriker und dem Philosophen Clausewitz eine Trennwand aufzurichten. (Dies hat etwa die Rezeption in Westeuropa erkennen lassen.) Auch 'Wesen und Erscheinung' oder in anderen Begriffen: 'Natur der Sache – Welt der Totalerscheinungen' sind bei Clausewitz nicht zwei getrennte Bereiche, die höchstens mühselig durch heuristische Vehikel in beiden Richtungen befahrbar werden.

Stattdessen geht es Clausewitz – wenn man es sehr zusammenrafft – um drei Erkenntnis- und zugleich Politikaspekte: um das Aufdecken der richtigen Beziehungen von Theorie und Praxis, um das Aufschlüsseln der Struktur des politisch-gesellschaftlichen Seinsbereichs und hierbei methodisch um die Einheit systematischen und empirischen Erkennens;

– um das Aufdecken der tatsächlichen, seinsbedingten Beziehungen von Politik und Krieg; um die Bedeutung der von der Gesellschaft her entstehenden ideellen und moralischen Faktoren; um die Analyse des 'ganzen Gärungsprozeses, den wir Krieg nennen', als eines gesellschaftspolitischen Bewegungsvorganges;

– um das Aufschlüsseln der als internationale Politik erscheinenden Dialektik von strategisch organisierten politischen Willen; um die Analyse der dialektischen Beziehung zwischen Verteidigung und Angriff (im weitesten Sinne), um die Erkenntnis der richtigen Relationen von Strategie und Taktik und der vom politischen Zweck her bedingten Vielfalt kriegerischer Erscheinungsformen (vom Vernichtungskrieg bis hinunter zur 'bloßen Bedrohung des Gegners').

Durchgreifendes, wesentliches Einteilungsprinzip (H. Rothfels) bei der Entwicklung seines Blicks auf die bunte Wirrnis der revolutionär-chaotischen Erscheinungsformen wird für Clausewitz die Unterscheidung nach Zweck-Ziel-und Mitteln: Das gesamte politisch-militärische Handlungsfeld ist, nach Zweck (Politik), Ziel (Strategie) und Mitteln (moralische und physische) durchstrukturiert. Weil es immer mehrere, zumindest zwei Handlungssubjekte gibt, die sich im internationalen System gegenüberstehen, kann von einer unvermeidbaren Dialektik dieser strategisch organisierten Willen gesprochen werden. Henry Kissinger bringt dies recht gut auf den Begriff, wenn er postuliert: "Der Kern der Lehre von Clausewitz ist, daß das Verhältnis zwischen den Staaten ein dynamischer Vorgang ist, in dem der Krieg nur eine Erscheinungsform ist, und daß selbst eine Periode des Friedens zu einem Instrument werden kann, um den Willen einer Nation einer anderen aufzuzwingen." (Kissinger 1974)

Man muß sich nicht um große Nachweise bemühen, daß diese hier nur grob skizzierte Methode zum einen in den Kontext der klassischen deutschen Philosophie und mithin in den Gesamtzusammenhang der deutschen Klassik gehört – und daß eben wegen jenes nicht abtrennbaren Dazugehörens der Clausewitzschen Methode zu diesem Kontext diese auch Teil hat am 'Weltbürgertum' jener Zeit. So folgert etwa Panajotis Kondylis, daß Clausewitz, "wenn man ihn unbedingt geistesgeschichtlich einordnen will, nicht so sehr zu einer bestimmten deutschen Geistesströmung, sondern vielmehr zur Tradition des europäischen realpolitischen Denkens gehört, dessen Anfang und gleichzeitig größter Höhepunkt in der Neuzeit Machiavelli bleibt. Zu dieser

Tradition bekannte sich Clausewitz selbst, als er schrieb: 'kein Buch in der Welt' wäre 'dem Politiker notwendiger als der Machiavel', und als er die Gegner des Florentiners, ... verachtungsvoll für 'eine Art humanistischer Petitmaîtres' und für 'humane Sittenprediger' hielt ... Der zweite 'Koryphäe' der Politik war in seinen Augen Montesquieu, und auch hier fällt es nicht schwer, die Anziehungs- und Berührungspunkte dingfest zu machen." (Kondylis 1988, 100 f.) Kondylis räumt aber unseres Erachtens richtigerweise ein, daß die "Reifung von Clausewitz' Methode" viel später erfolgte als seine Lektüre dieser Klassiker, und daß sich diese Reifung "eigenständig bzw. beim Kampf mit den inhaltlichen Fragen seines eigenen Problembereichs" vollzog. (Ebenda, 101)

Wir können dies im Rahmen eines kurzen Aufsatzes nicht weiter ausarbeiten – entscheidend ist aber hier für uns lediglich der Gedanke. Wenn die klassische deutsche Philosophie und die deutsche Klassik überhaupt zum Kern deutschen Identitätsbewußtseins gehören, dann muß auch die gesamteuropäische Verflechtung dieser Ideenwelt erkannt und anerkannt werden. Weil Carl von Clausewitz in diesen geistigen Zusammenhang gehört, hat er auch Teil an dieser gesamteuropäischen Ideenverflechtung. Dieses Teilnehmen hat er selbst so gesehen. Seine ganze geistige und politische Entwicklung dokumentiert dies nachhaltig.

2. Die Untreue zu einer Methode

Es lassen sich ganze Berge von Belegen aufhäufen, die alle einen nicht gerade schmeichelhaften Tatbestand dokumentieren. Während der 'pragmatistische' Westen wie der 'materialistische' Osten den unmodern-unschicklichen Teutonen Clausewitz in seiner zeitlosen Gültigkeit (bei aller Detailkritik) erkannten und somit anerkannten, feierte in den ehemaligen Gefilden des Landes der Dichter und Denker der begriffslose Materialismus und Positivismus geradezu Triumphe. Einzuräumen ist allerdings, daß der Westen sich über lange Zeitstrecken schwer tat mit dem 'metaphysischen Nebelwerfer' aus den Wäldern Germaniens. Es gibt auch peinliche Sätze (peinlich für die Verfasser) etwa Fullers oder Liddell Harts über Clausewitz als dem vorgeblich Schuldigen am Gemetzel des Ersten Weltkrieges. Noch der späte Liddell Hart kommt mit dem Strategiebegriff von Clausewitz nicht zurecht und interpretiert ihn als unzulässigen Zugriff auf den Bereich der Politik, woraus dann in der Verlängerung dieses Gedankens die Eigendynamik des Militärs folge. (Liddell Hart 1967, 333) Für die westlichen Mißverständnisse mag es auch eine Rolle gespielt haben, daß die jeweils vorliegenden Übersetzungen des Werks "Vom Kriege" solche Fehldeutungen begünstigten. Erst mit der Princeton-Ausgabe von 1976/84 – herausgegeben von Peter Paret, Michael Howard und Bernard Brodie – liegt eine wirklich kongeniale Übertragung der Clausewitzschen Begrifflichkeit in den angelsächsischen Kulturbereich vor. Im Osten wiederum lag über die Rezeptionslinie Engels-Mehring-Lenin von Anfang an eine günstigere Situation vor. Lenins Auszüge aus "Vom Kriege" dokumentieren, wie rasch hier wesentliche Aspekte des Werks – namentlich seine Methode – erfaßt wurde. Allerdinge wurde Clausewitz durch den Marxismus-Leninismus in verzerrter Weise genutzt. Praxis wurde in Techne gewandelt – auch die Methode von Clausewitz diente nur dem einen Ziel, alle geistigen und politischen 'Überbau'phänomene der Gesamtstrategie und dem letztlich utopischen Zweck einzuordnen.

In der Bundesrepublik schlug die Clausewitz-Rezeption einen anderen Weg ein. Bis heute hält sich hier eine weltweit bereits überwundene Auffassung, die zwischen einem in engen Grenzen zu bejahenden 'militärischen' Clausewitz und einem im Prinzip deshalb zu verwerfenden 'kriegerischen' Clausewitz unterscheidet. Die Militärs hatten Clausewitz vornehmlich als militärstrategischen Fachmann behandelt. Dies geschah allerdings aus den Erfahrungen von 1938 bis 1945 heraus im Bewußtsein, daß Clausewitz damals der Lehrmeister hätte sein müssen. Die Namen Blumentritt, Halder, Ruge, Speidel mögen für diese – reflektierte – Seite der nachkriegsbedingten Clausewitz-Aufarbeitung stehen. In späteren Arbeiten konnte nachgewiesen werden, daß bei Beck und seinem geistigen Umfeld Clausewitz den wesentlichen politisch-strategischen Orientierungsrahmen lieferte – doch im Kräfteverhältnis innerhalb der Wehrmacht war dies eine Minderheitsposition, zumal der einzige wirkliche Gegenpol zum sich durchsetzenden Positivismus in der Wehrmachtselite, eben Generaloberst Ludwig Beck, bekanntlich schon 1938 aus dem Amt gedrängt wurde. (Vgl. eingehend K.-J. Müller 1980 und ders. 1986) Diese Bedeutung von Clausewitz für den Ende der 30er Jahre geführten verzweifelten Kampf von Teilen der Heereselite gegen den Kriegskurs der politischen Führung ist von jener zweiten Rezeptionslinie in der Bundesrepublik überhaupt nicht verstanden worden. Dieser 'zivilen' Richtung (etwa H. Schmidt, H. Afheldt u.v.a.) erschien die Clausewitzsche Position als die rein militärische, der sie eine ebenso rein politische gegenüberstellten. Die Analyse geriet hier in Extreme, in denen ein 'Clausewitz-Krieg' anderen, vorgeblich politisch reflektierteren Konfliktbildern entgegengesetzt wurde. (Nachweise bei Schössler 1991, 114 f.) Selbstverständlich wurde und wird in der breiteren Debatte des Verhältnisses von Politik und

Krieg Sein und Sollen durcheinandergewürfelt; immer wieder verrennt sich das bornierte sicherheitspolitische Denken in die Frage, ob der Krieg auch heute noch die Fortsetzung der Politik sei – wobei die Existenz nuklearstrategischer Vernichtungsmittel als Beweis für das Ende des 'Clausewitz-Krieges' aufgeführt wird. Gemeint ist jedoch, es solle keinen Krieg mehr geben. Clausewitz und seine Methode wird nicht verstanden, was nicht weiter verwundert, weil das dominierende praktizistische Denken auch keinen Zugang zum wahrhaft theorie-geleiteten Umgang mit dem Sicherheitsproblem finden kann. In dieser geistigen Wüste sind glücklicherweise einige Oasen zu finden; so die teilweise völlig neue Horizonte eröffnende Analyse der Clausewitzschen Methode durch den in Deutschland publizierenden politischen Philosophen Panajotis Kondylis, der vor allem die anthropologischen und kulturgeschichtlichen Dimensionen bei Clausewitz herausarbeitet (vgl. Kondylis 1988, 11 ff.); in gleicher Weise zu nennen sind die Studien von Ernst Vollrath, der Clausewitz ideenhistorisch präziser verankerte und den Charakter des Werks "Vom Kriege" als einer Praxis-Philosophie verdeutlichte. (Vgl. Vollrath 1984)

3. Die Wiederaneignung einer Methode

Wenn es sich fast von selbst versteht, daß der verstehende und stets aktualisierte Umgang mit dem eigenen geistigen Erbe zu den identitätsstiftenden Hauptmomenten einer Person wie einer Nation gehört, dann ist auch der Umgang mit Clausewitz in diesem Kontext erst bedeutsam. Ironischerweise wird aber die jetzt abverlangte begriffliche Anstrengung nicht zu einem isolierenden, sich gegenüber der 'modernen Welt' wieder abschottenden Unternehmen. Ganz im Gegenteil; der heute von der 'Natur der Sache' (Clausewitz) her bedingte harte Arbeitsgang begrifflicher Wiederaneignung macht die ganze Kenntnis des nunmehr weltweit rezipierten Denkers notwendig. Die Ironie verdoppelt sich noch, weil Clausewitz immer schon ein unabtrennbares Moment der gesamteuropäischen Ideenbewegung war – er kämpfte um die Wiedergewinnung seiner politischen und geistigen Identität innerhalb einer durch den revolutionären Westen radikal veränderten Konstellation; um sich als Subjekt zu erkennen und anzuerkennen, bedurfte es zuvor der Erkenntnis und Anerkennung der Anderen als ebenso mit sich identischer Subjekte. Für Carl von Clausewitz war die Entfaltung seiner personalen Subjektqualität unabtrennbar mit der Entwicklung kollektiver, nationalstaatlicher Subjektidentität verknüpft. Auch hier erweist sich, wie sehr er mit der deutschen Klassik und der 'klassischen' deutschen Philosophie vermittelt war. In den Worten von Hans Rothfels: "Clausewitz' Intellektualität erhielt erst ihre entscheidende charakteristische Ausprägung in dem Maße, als sein persönliches Schicksal sich erfüllte ... Mit ungemeiner Empfänglichkeit stand Clausewitz' Seele allen großen Ideen seiner Epoche offen .., die ganz persönliche Sehnsucht nach Macht und Größe des nationalen Staates ... wurde durch das Schicksal der Verbannung, das Erlebnis tiefster Demütigung, zu ausserordentlicher – vielleicht darf man wirklich sagen – einzigartiger Wucht gesteigert. Wie die Persönlichkeit der entscheidenden Richtung nach in den Bann politischer Ideen trat, so wurde der Begriff des Staates ganz von individuellen Antrieben des Willens, der Aktivität durchflutet ... Entscheidend blieb für die Ausformung seines Staats- und Nationalbegriffes der individualistische Grundzug, der Anspruch des idealischen Menschen auf Ausbildung und Steigerung seines Ich. Indem dieses Postulat durch Clausewitz' besondere Lebensumstände zu leidenschaftlicher Dringlichkeit anwuchs, arbeitete sich in seinen Gedanken der Begriff des Staates scharf und klar heraus, als Träger der Macht, als die große Hebelkraft geistiger und nationaler Gesundheit, die den Einzelnen mit sich fortreißt, ihn erst auf den Weg zur Höhe führt." (Rothfels 1980, 17 u. 102 f.) Aber zugleich findet man die ebenfalls damals typisch 'deutschen' Ausführungen bei Clausewitz, die "aus einem ganz anderen Bezirk zu stammen scheinen, aus jener Welt des kosmopolitischen Reisenden, der frei von politischer Leidenschaft die Institutionen fremder Völker auf ihren Menschheits- und Kulturgehalt hin zu prüfen unternimmt ... Die unverwüstliche Frische des Buchs 'Vom Kriege', seine – man möchte trotz des Gegenstandes sagen – geistige Anmut, beruht wesentlich darauf, daß es kein einseitig-technisches Lehrbuch ist, sondern die Spezialleistung eines an sich auf die Totalität der Kultur gerichteten Geistes." (Ebenda 105 f.)

Zu Recht wendet sich deshalb in den letzten Jahren die internationale Rezeption immer stärker dieser universalistischen, aufklärerischen Dimension in Clausewitz' Weltanschauung und intellektueller Disposition zu. Oben wurde bereits auf die entsprechende These von Panajotis Kondylis verwiesen. Zu nennen wären beispielsweise auch die Arbeiten von Azar Gat, der Clausewitz in die Gesamtheit der europäischen Reaktion auf und gegen die Aufklärung stellt – in vollem Bewußtsein davon, daß es um einen die Aufklärung 'aufhebenden', also auch weiterführenden Ansatz ging (Gat 1991, 156 ff.).

Abschließende Bemerkung:

Wir gingen von der These aus, daß zur Identität 'der' Deutschen sicherlich nicht in erster Linie Positivismus und Materialismus zu rechnen sind, sondern jene in vielen Jahrhunderten bis hin zu Aufklärung und deutscher Klassik führende Linie harter geistiger Arbeit und methodisch systematisierter Haltung gegenüber Natur und Gesellschaft. Ein protestantisches, teilweise sogar gesinnungsethisches, enorm dynamisierendes Moment ist hierbei unübersehbar. Es gehört aber wesentlich auch jene schöpferische konfrontative Haltung gegenüber den sich säkularisierenden, aus dem revolutionären Westen eindringenden Ideen dazu, die insgesamt zu einer 'Aufhebung' und Integration dieser Vorstellungen und Triebkräfte führte. In diesem dialektischen Prozeß von Abgrenzung und Aneignung ist auch Clausewitz zu verorten. Was sich hier – etwa in der Gruppe der preußischen Reformer – an konflikthaften Konfrontations- wie schöpferischen Aneignungsprozessen entfaltete, ist im Guten wie im Bösen mitbestimmend für die späteren historischen und gesellschaftlichen Entwicklungen in Zentraleuropa geworden. Gegenüber einer verkürzten und simplifizierenden Debatte ist aber einzuwenden, daß von dieser Konstellation aus keine direkte Linie zu den 'Deutschen' des 20. Jahrhunderts führt – es muß eher im Verblassen und Banalisieren dieser patriotisch-weltbürgerlichen Haltung, in ihrer Überlagerung und schließlichen Verdrängung durch den homo faber, durch Praktizismus und Technizismus, die Ingangsetzung jener unheilvollen Kausalkette gesehen werden, die auch über das Jahr 1945 hinaus weiterwirkt. In der Wiederaneignung von Clausewitz liegt – wie wir oben erörterten – deshalb ein identitätsstiftendes Moment. Zu dieser Identität gehört eine kreative Haltung gegenüber dem revolutionären Westen – das heißt aber auch eine wieder einzuübende Kunst der Aneignung und zugleich Abgrenzung. Hierzu ist jedoch ein 'Reimport' des Clausewitz aus dem Westen erforderlich. Der für eine zu erarbeitende nationale Perspektive unabdingbare preußische Denker kann nur noch im Rahmen einer euroatlantischen Dauerdebatte wieder eingeholt werden. Die Clausewitz-Rezeption im vereinigten Deutschland leistet so auch einen wünschenswerten Beitrag zur Integration und Identität der Deutschen innerhalb des Gesamtzusammenhanges der westlichen Sicherheits- und Wertegemeinschaft.

Zitierte Literatur

R. Aron: Clausewitz. Den Krieg denken, Berlin 1980

A. Gat: The Origins of Military Thought. From the Enlightenment to Clausewitz, Oxford 1991

W. Hahlweg: Das Clausewitzbild einst und jetzt, in: Carl von Clausewitz, Vom Kriege, Bonn 1980

H. Kissinger: Kernwaffen und Auswärtige Politik, München u. Wien 1974

P. Kondylis: Theorie des Krieges. Clausewitz-Marx-Engels-Lenin, Stuttgart 1988

B. Liddell Hart: Strategy: The Indirect Approach, London 1967

K.-J. Müller: General Ludwig Beck, Boppard 1980

ders.: Clausewitz, Ludendorff and Beck, in: M. Handel (Hg.), Clausewitz and Modern Strategy, London and Totowa N.J. 1986, pp. 240 ff.

H. Rothfels: Carl von Clausewitz. Politik und Krieg, Bonn 1980

D. Schössler: Carl von Clausewitz, Reinbek 1991 (Rowohlt Monographie 448)

E. Vollrath: 'Neue Wege der Klugheit', in: Zeitschrift für Politik, H. 1/84, pp. 1 ff.

Friedemann Maurer

Mensch, Raum und Identität

Eine kulturanthropologische Skizze

Eine buddhistische Weisheit sagt: "Es ist wohl ein Finger nötig, um auf den Mond zu deuten, aber was für ein Unfug, wollte einer den Finger für den Mond halten". Diese Einschränkung gilt auch für unsere folgende Überlegung zur Philosophie des Regionalismus. Wir können auf eine überaus verwickelte Problematik lediglich verweisen und einige Perspektiven zeigen, unter denen der Sachverhalt wahrnehmbar und einer ersten Auseinandersetzung zugänglich ist, nicht aber die große Summe vorführen, wie sie der Anspruch unseres Themas beschwört.

Was meinen Region und Regionalismus?

Wir fragen zunächst nach Begriffsinhalt und Bedeutungsumfang des Wortes Regionalismus, das aus dem Lateinischen abgeleitet ist, wo *regio* mit einer dreifachen Wortbedeutung auftaucht. *Regio* heißt einmal Richtung oder Linie, zum zweiten dann Grenze oder Grenzlinie und drittens Gegend oder Landschaft. Region ist also ein morphologisch gebrauchter Begriff für ein durch Überschaubarkeit und durch einen in sich geschlossenen Lebenszusammenhang geprägtes räumliches Gebilde, in dem sich so etwas wie ein eigener Menschenschlag ausgebildet hat, der sich von anderen landsmannschaftlichen Gruppierungen und deren sozialen und wirtschaftlichen Lebensumständen merkbar abhebt. Utz Jeggle, der Tübinger Kulturwissenschaftler, hat diesen Sachverhalt am Beispiel der Vierlande entwickelt, jener "Gartenkammer Hamburgs ..., wo seit dem 17. Jahrhundert auf kleinem Raum die Vitamine der Hansestadt angebaut werden; Gemüse, aber auch Früchte und Obst, die nur auf einem bereits luxusorientierten Markt, wie es die reiche Hansestadt war, verkauft werden konnten. Diese Aufgabe hat die Vierländer charakterlich geprägt. Die Männer sind Gärtner, die Frauen gehen in die Stadt und verkaufen je nach Jahreszeit die Erdbeeren und Pfirsiche, den Rosenkohl und die Blumen. Sie haben sich deshalb auch sehr lange ihre

Tracht bewahrt, ja sie haben sie wohl erst für diesen Zweck ausgestaltet, denn sie war das Markenzeichen der stets stadtnah-frischen Ware, und bis heute schmückt ausgerechnet eine Margarinepackung der stolze Hut der Vierländertracht.

Das Regionale ist in diesem Fall also nur zum Teil Ausdruck der spezifischen regionalen Eigenheiten, sehr viel stärker kommen die ökonomischen Außenerfordernisse hinzu; das heißt, die Hamburger verlangen von den Vierländern, daß sie richtige, echte und als solche erkennbare Vierländer sind, die eben nicht nur Gemüse auf dem Markt, sondern sich auch als eine Art Verpackung mitliefern.

Das ging so weit, daß die Mädchen, die das Frische zum Markte trugen, eine zeitlang auch ihre eigene, von der Tracht und dem Gemüse wiederum bezeugte Frische auf den Liebesmarkt der Seestadt Hamburg brachten ..."[1]

Dies ist vielleicht ein etwas überzeichnetes Beispiel, das jedoch sichtbar macht, wie in vermeintlich autonomem sozialem Verhalten Fremdbestimmtes sich einnistet und das eigene – was man gemeinhin den Charakter nennt – so modelt, wie andere es haben wollen. Regionalität faßt somit in mehr oder minder starker Merkmalsdichte Besonderheiten einer Landschaft zusammen, die – dafür stand das Beispiel der Vierlande – ganz wesentlich von ökonomischen Gegebenheiten ausgebildet werden, andererseits aber auch von kulturellen Eigenheiten, einer eigenen Sprache und weiteren ethnischen Merkmalen bestimmt sein können. Es gibt zweifelsohne auch recht blasse Regionen, die sich kaum von anderen abheben und denen ein eigentliches Regionalbewußtsein abgeht. Des weiteren sind heute durch die alle Schichten erfassende Mobilität und durch die weitentwickelte beruflich-soziale Differenziertheit der Gesellschaft Risse und Entfremdungen zwischen in einem Gebiet lebenden Menschen entstanden, die mit bloßer räumlicher Nähe nicht mehr zu heilen sind: "Die Widersprüche unserer Gesellschaft laufen nicht mehr dem Lech entlang zwischen Bayern und Schwaben oder über den Schwarzwald, von dem Badener und Württemberger getrennt werden, sondern sie werden sehr viel stärker durch die Arbeit, die Stellung im Produktionsprozeß, die Verfügung über Produktionsmittel geprägt. Auf der Ebene der Stammestümer ... wurde das Regionale sehr oft als politische Augenbinde benutzt, um andere Bruchlinien der angeblichen Gemeinschaft zu verstecken und nur das gemeinsam Verbindende zu sehen, das im Grund in Äußerlichkeiten bestand."[2]

So einleuchtend diese soziologische Analyse klingen mag, es bleibt bei aller Determination von sozialen Verhältnissen und sozialer Identität eine wunderliche Widerborstigkeit angestammter Eigenheit in unserer vermeint-

138

lich so polyglotten Welt, ein gleichsam archaischer Behauptungswille auf gegenseitige Abgrenzung von Traditionsgemeinschaften. Eine Abgrenzung, die in aller Regel dem nächsten Nachbarn gegenüber weit rigoroser und zählebiger verfolgt wird als gegenüber räumlich entfernteren Gemeinschaften. Wie wäre wohl sonst zu erklären, daß gerade heute in der ob ihres Internationalismus' hoch gepriesenen Schweiz die Abgrenzungsbedürfnisse jeweiliger regionaler Eigenheiten anwachsen. Insbesondere werden die Sprachprobleme und die dahinter verborgenen Mentalitäts- und Kulturkonflikte entlang dem sogenannten "Röstigraben", der die Deutschschweiz vom Welschland trennt, immer offensichtlicher – und (zumindest für den Außenstehenden) immer skurriler.

Hegels verhängnisvolle Vision der großen Völker

Der Umstand, daß wir heute allenthalben auf der Welt regionalistische Bewegungen ausmachen können, hat vielerlei Gründe. Hinter den politischen und kulturellen Autonomiebestrebungen, die aus Gegenwehr gegen den Zentralisationsdruck in den großen Staaten entstanden sind, verbirgt sich einer der Grundgedanken von Hegels Geschichtsphilosophie; der Gedanke nämlich, daß es nur verhältnismäßig wenige große Völker gäbe, die dazu bestimmt seien, als Organe der geschichtlichen Dialektik den gesellschaftlichen Aufstieg des Menschengeschlechtes zu befördern. Diesen großen Staaten hätten sich die kleinen Länder und Völker restlos unterzuordnen; denn für Hegel gelten sie nur als "reaktionäre Überbleibsel, dazu verurteilt, von den großen assimiliert oder auch vertilgt zu werden. Sie haben keinen Eigenwert und kein Eigenrecht; kein Engel steht als ihr Fürbitter am Throne des Weltgeistes."[3]

So analysiert Gerd Kaltenbrunner Hegels verhängnisvolle Vision der großen Völker, die Friedrich Engels dann zu dem radikalen Schluß und zu der blutigen Prophetie veranlassen, wonach für ihn der nächste Weltkrieg nicht nur reaktionäre Klassen und Dynastien verschwinden lasse, sondern ganze reaktionäre Völker. Und reaktionäre Völker sind für ihn vor allen Dingen die *kleinen* Völker, die dem Fortschritt von Vernunft und Freiheit entgegenstehen und deswegen von den herrschenden großen Nationen und Staaten versklavt und aufgesogen werden dürfen.

Die verheerenden Folgen von Hegels Vision der großen Völker haben nicht nur die Väter, Söhne und Enkel der marxistischen Lehre für differenzierte politische und kulturelle Zusammenhänge in der Geschichte blind gemacht und im kommunistischen Machtbereich zu einer menschen-verachtenden, rücksichtslosen Unterjochung kleinerer Völker und ethnischer Minderheiten geführt, die es wagten, sich gegen die Russifizierung aufzulehnen. Auch nach dem Zusammenbruch des Sowjetreichs dauert die Beunruhigung einer Vielzahl von ethnischen Minderheiten und ehemals selbständigen Staaten bis heute an.

Wie immer sich einzelne Volksgruppen, Minderheiten und Regionen, die gegenüber den Metropolen Selbständigkeit und Autonomie einfordern und gegen die Unterdrückung kämpfen, durchsetzen mögen, es gilt Lenins wah-res, wenn auch von ihm und seinen Nachfolgern in Wirklichkeit mißachtetes Wort, wonach ein Volk, das andere unterdrücke, nicht frei sein könne. Diese Freiheit und der zu ihr gehörende kulturelle und soziale Frieden sind auch im europäischen Westen ein dauernder Konfliktherd geblieben.

Man denke nur an die Basken und Katalanen, die Bretonen und Korsen, die Flamen und Elsässer, die Südtiroler, Oberschlesier und Slowenen, die Serben und Kroaten, die Friaulaner und Makedonier; allesamt Gruppier-ungen, die sich gegen den von den Zentralen programmierten Marsch in die Geschichtslosigkeit stemmen und gegen ein zentralistisch-bürokratisches Nivellement zur Wehr setzen. Was immer hinter dieser unitaristischen Tendenz der modernen Welt sich an politischen, sozialen und kulturellen Motiven verborgen halten, was immer sich dieser allumfassenden Ideologie der ONE WORLD und dem Sog zu immer größeren Einheiten entgegen-stellen mag, man kann heute mit Gerd Kaltenbrunner geradezu von einer *partikularistischen Wende* sprechen, die sich in den hochentwickelten Staaten in Ost und West gegen den *Universalismus der abstrakten Einheits-zivilisation* deutlich abzeichnet.[4]

Manche Autoren machen gar Anzeichen einer Renaissance antiken Klein-raumdenkens aus, wie es sich in der Tradition von Platon und Aristoteles in der Lebensform der *polis* entwickelt hat. Auf jeden Fall erfährt der Kleinstaat und die Region in unserem gegenwärtigen Denken eine neue Wertschätzung, in der die verschiedensten politischen Orientierungen sich verbinden und gegen die etablierten Superstrukturen und politisch- administrativen Appa-rate zu Felde ziehen. Der zur wohlfeilen Parole gewordene Slogan *small is beautiful* stellt nicht nur ein ökologisches Postulat dar, sondern gründet sich auf einem neuen Grundverständnis von Politik, in dem die Orientierung an gewachsenen Lebensformen und überlieferten Werten einen herausragenden Rang gewinnt. Dieser herausragende Rang, den überlieferte Eigenart und kulturelle Identität seit dem Aufgang des bürgerlichen Bewußtseins in der Aufklärung für die Verwirklichung demokratischer Lebensformen gewonnen haben, liegt in der Forderung nach der integren bürgerrechtlichen Existenz, der *civility*, von einzelnen wie von Gruppen begründet. Wenn alle Menschen gleich geboren sind, verbieten sich selbstredend Unterdrückung wie Knechtschaft. Bis heute lernen die amerikanischen Schulkinder Abraham Lincoln's Bekenntnis: *As I would not to be a slave so I would not to be a master. This expresses my idea of democracy. Whatever differs from this, to the extent of the difference, is no democracy.*

Mensch und Raum als anthropologische Grundkategorien

Wir setzen an dieser Stelle neu ein und fragen, welche anthropologischen Erkenntnisse diesem Bedürfnis des Menschen nach Überschaubarkeit seiner Lebenssituation, nach Sicherung von Eigenart und spezifischen Überlieferungen zugrunde liegen.[5]

Aus der anthropologischen Forschung wissen wir, daß frühe menschliche Entwicklung den verläßlichen Anderen und den überschaubaren, in sich abgegrenzten Lebensraum braucht, um physische und psychische Gesundheit, Sozialität und ganz allgemein die Kulturfähigkeit des Subjekts zu sichern.

Bei dem Basler Anthropologen Adolf Portmann lesen wir: "Alle unsere natürlichen Anlagen sind dem Leben einer *kleinen Gruppe* gemäß; sie entsprechen einer Lebensart, in der überschaubare Verhältnisse, klare Beziehungen zu allen Mitgliedern einer Gruppe bestehen können. In dieser sozialen Umwelt arbeiten unsere Beziehungsstrukturen am richtigsten, vermögen wir unsere Eigenart im Vergleich einigermaßen einzuschätzen, zur Geltung zu bringen und in ein tragbares Gleichgewicht mit den genau bekannten Vorzügen und Nachteilen der anderen zu bringen."[6]

Diese Äußerung von Portmann weist auf einen elementaren Sachverhalt hin, den uns bereits Johann Heinrich Pestalozzi, der große Erziehungsdenker "im bürgerlichen Morgenrot" (Ernst Bloch), ins Bewußtsein gerückt hat. Das Leben beginnt in den nähesten Verhältnissen, im fraglosen Schutz und der Sicherheit der mütterlichen Liebe und Sorge. Erst durch die Zuwendung des Menschen wird das heranwachsende Kind wieder zum Menschen gemacht. Im Gegensatz zum Tier liegt das eigentliche Wesen des Menschen in seiner Unfertigkeit, Weltoffenheit, Beziehungsbedürftigkeit und Lernfähigkeit. Er ist umfassender Liebe und Fürsorge bedürftig, aus eigener Kraft zum Leben nicht fähig. Diese ursprüngliche Sozialität des Menschen ist es dann auch, die Adolf Portmann weiterformulieren läßt: "Das Lenken ererbter Sozialgefühle, das Finden neuer Beziehungsformen, die den vitalen Wert der kleinen Gruppe wahren, das alles stellt Teilprobleme in der neuen Aufgabe der Lenkung menschlicher Massen. Nicht Jammern über zunehmende Vermassung bringt Lösungen, sondern Wissen um tiefere Anlagen und Bedürfnisse und das Suchen nach sinnvoller Befriedigung derselben. Die natürlichen Anlagen zum Leben in Kleingruppen voll auszuwerten und in einer neuen Harmonie mit der unabänderlichen Steigerung der Menschenzahl und des Massenhaften zu bringen, das ist eine der großen Aufgaben der Gegenwart."[7]

Von den wirklichen Zusammenhängen zwischen den anthropologischen Voraussetzungen des Lebens und den politisch-sozialen Verhaltensweisen bleibt in der Verhaltensforschung und in der philosophischen Anthropologie vieles im Dunkeln. Deshalb greifen alle Diskussionen über Sinn und Wert überschaubarer Lebensräume, mögen wir nun von Regionen, Kantonen, Provinzen, Landschaften oder ganz allgemein von Heimat sprechen, notwendig auf Erkenntnisformen zurück, die wissenschaftlichen Modellen und Begriffen weit vorausliegen. Was die dem Menschen gemäße kulturelle Form und Sicherung seines Lebens sei, wird uns allererst in Bildern, Symbolen, Mythen, Märchen und Poesie offenbar.

An diesem Punkt setzen wir mit einer ersten philosophischen Besinnung ein, indem wir den Raum als eine existentielle Kategorie zu beschreiben versuchen. Der Mensch vergegenständlicht sie immer wertend und erfährt auf diese Weise Raum als Rahmenbedingung der sozialen Beziehungen. Raum läßt sich als ein Korrelat des in ihm lebenden Menschen fassen, als ein wohl objektivierbares Nicht-Ich, das jedoch dem Ich niemals ganz selbständig gegenübergestellt ist, sondern stets als bedeutsam für dieses Ich auftritt. Bedeutsam heißt hier dauerhafte Orientierungskategorie für typische Handlungs- und Erlebnisweisen von Subjekten und dementsprechend Selektivität, Perspektivität und Strukturierung dieser ursprünglichen Verbindung von Innenwelt und Außenwelt. Daß das Vertraute uns plötzlich fremd, das Entfernte nah, daß die je bestimmte räumliche Situation uns Organ oder Gegenspieler, Heimat oder Fremde sein kann, hängt damit zusammen, daß in unser Verhältnis zum Raum immer schon Interpretationen und Voreinstellungen mit eingehen, daß jede Handlung oder Gestaltung im Raum eine Erinnerungsarbeit ist. Die Kontinuitätserfahrung des Ich, die Erfahrung sozialer und personaler Identität basieren auf der fortlaufenden Differenzierung der Innenwelt-Außenwelt-Beziehung, sind vorstellungsmäßig an die Erfahrung des Räumlichen gebunden. Die räumliche Dimension liefert den Stoff für unsere Lebensgeschichte, ohne sie kann unser Leben nicht erinnert und erzählt werden. Jeder von uns wächst in je besonderen Landschaften, Städten, Dörfern,

Häusern und Wohnungen auf. Sie bilden die Welt unserer Kindheit, liefern Entwürfe und Vorbilder für alle künftigen Lebenswelten. Wer in den Bergen groß geworden ist, entwickelt sich anders als das Kind, das an der See aufwächst, wird auch später noch andere Bilder, andere Stimmungen und andere sinnliche Eindrücke in sich spüren.

Jeder von uns lebt in ferner ganz bestimmten Rollen – als Kind, als Mutter oder Vater, als Schüler, Berufstätiger oder Pensionär, als junger und alter Mensch. Entsprechend sind die räumlichen Umwelten, in denen der einzelne sich zu bewähren und zu verwirklichen sucht. Es ist geradezu ein existentieller Grundzug des Menschen, sich aus dem umgebenden und erfahrenen Raum seine eigene Welt zu machen, sich diese zu bewahren beziehungsweise mit dem Wandel der eigenen oder der Gruppennormen zu verändern. In jedem Fall aber sind Räume Selbstauslegungen von Menschen; als einzelnem, als Gruppe oder Überlieferungsgemeinschaft, als Mitglieder von Herrschaftssystemen, Kultgemeinschaften, Arbeitsorganisationen oder Bildungssystemen. Sie spiegeln Rahmenbedingungen sozialer Beziehungen, damit auch Gesellschaftsstrukturen und -ideologien, auf symbolische Weise wider. Sie erzählen unter Umständen viel von den Menschen, die in diesem je bestimmten Rahmen agieren, ohne daß diese selbst anwesend sein müßten.

Das Heimweh als anthropologisches Paradigma

Ziehen wir die Umwelt von uns ab, bleibt nicht nur Ungestaltes, wie Musil formulierte; vielmehr kann der Mensch buchstäblich zusammenbrechen, elend und krank werden. Das sogenannte nostalgische Phänomen genießt seit seinem nachgewiesenen epidemischen Auftreten ab dem siebzehnten Jahrhundert in der Geschichte der Medizin erst organisch- medizinische, in der jüngeren Vergangenheit psychiatrische Prominenz. Der Begriff des nostalgischen Phänomens wird kasuistisch meist am Erscheinungsbild des "Schweizerheimwehs" festgemacht, mit dem schwere Krankheiten von epidemischer Bedeutung beschrieben werden, die zuerst an Schweizer Söldnern und Reisläufern im Dienste europäischer Fürsten auftraten. Die"furchtbare Schweizer Krankheit" oder "Nostalgia" konkurrierte mit der Pest und wurde dieser vergleichbar oft für unheilbar gehalten. Als einer der Auslösefaktoren für diese Nostalgieepidemien, als deren Symptome hektisches Fieber, Obstipation oder Durchfall, Wahnideen und selbst Krampfzustände angegeben werden, wird in der Literatur immer wieder eine volkstümliche Melodie, der sogenannte "Kühreihen", genannt, der dann auf Befehl des französischen

Königs vor den Schweizer Söldnern nicht mehr gespielt werden durfte, um die verheerenden Folgen der "Heimsucht", eben körperliche Zusammenbrüche und Massendesertionen, zu vermeiden[8].

Unsterblich geworden ist das Schweizerheimweh durch das (nach einer älteren aus dem Hessen-Darmstädtischen stammenden Vorlage entstandene) Volkslied "Der Schweizer", das 1835 von Friedrich Silcher vertont wurde und in "Des Knaben Wunderhorn" überliefert ist. Dort wird die Motivierung des Desertierens als eine Folge des Heimwehs, erweckt durch das Alphorn, poetisch verklärt:

Der Schweizer
(Fliegendes Blatt)

Zu Straßburg auf der Schanz
Da ging mein Trauren an;
Das Alphorn hört ich drüben wol anstimmen,
Ins Vaterland mußt ich hinüber schwimmen:
Das ging nicht an.

Ein Stund in der Nacht
Sie haben mich gebracht;
Sie führten mich gleich vor des Hauptmanns Haus,
Ach Gott, sie fischten mich im Strome auf:
Mit mir ists aus.

Früh Morgens um zehn Uhr
Stellt man mich vor das Regiment;
Ich soll da bitten um Pardon
Und ich bekomm gewiß doch meinen Lohn,
Das weiß ich schon.

Ihr Brüder allzumal,
Heut seht ihr mich zum letztenmal;
Der Hirtenbub ist doch nur Schuld daran,
Das Alphorn hat mir solches angethan,
Das klag ich an.

Ihr Brüder alle drei,
Was ich euch bitt, erschießt mich gleich;

Verschont mein junges Leben nicht,
Schießt zu, auf daß das Blut raus spritzt,
Das bitt ich euch.

O Himmelskönig, Herr,
Nimm du mein arme Seel dahin,
Nimm sie zu dir in den Himmel ein,
Laß sie ewig bei dir sein,
Und vergiß nicht mein!

Was im siebzehnten Jahrhundert als typische Soldatenkrankheit entdeckt wurde und natürlich nicht auf die für das Heimweh besonders "begabten" Schweizer beschränkt blieb, sondern genauso an Napoleons französischen Truppen in Rußland oder an den Nostagiequalen deutscher Landser des letzten Krieges nachgewiesen ist, stellt ein komplexes psycho-somatisches Krankheitsbild dar. Das Heimwehproblem bildet auch die Ursache für andere abnorme Reaktionen, wie sie auf dem psychiatrisch-forensischen Niveau erscheinen und von Karl Jaspers in seiner 1909 veröffentlichten Dissertation über Heimweh und Verbrechen vorgestellt wurden. Beispielsweise sind bei jungen Dienstmädchen im Pubertätsalter schwere, sonst unerklärliche Verbrechen wie Brandstifung und Mord mit Heimweh als Motiv in stichhaltige Verbindung gebracht worden.

Nun ließe sich das nostalgische Phänomen über diese dramatischen, pathologisch und kriminologisch dokumentierten Erscheinungsformen hinaus in einer Fülle von subtilen psycho-somatischen Krankheitsbildern, wie sie sich beim Auswanderer, Asylanten, Gefangenen, Krankenhauspatienten, Altenheiminsassen oder Gastarbeiter zeigen, abbilden. Man könnte ohne weiteres einen Zusammenhang herstellen zu sozialpsychologisch-politischen Fragestellungen, wie sie sich aus der hohen Mobilität der Menschen heute und aus der Umsiedlung ganzer Bevölkerungsgruppen ergeben, sei es infolge von Kriegen, Zusammenbrüchen von Kolonialherrschaften oder Auswanderungsbewegungen wegen Armut oder politischer Verfolgung. Wir verfolgen jedoch diese Fragestellung nicht weiter, sondern beschränken uns auf das Allgemeine, das sich am sogenannten nostalgischen Phänomen aufweisen läßt.

Das Schweizerheimweh, das in den Söldnerheeren des siebzehnten Jahrhunderts auftrat und von Menschen erlitten wurde, die ausnahmslos Analphabeten und von jeder Verbindung mit der Heimat abgeschnitten waren, soll uns lediglich als anthropologisches Paradigma für einen umfassenderen

Zusammenhang dienen, der für den wohl unbegrenzbaren Formenreichtum des nostalgischen Phänomens verantwortlich ist. Bei Auguste Comte findet sich einmal der Hinweis, unser geistiges Gleichgewicht ergebe sich wesentlich aus der Tatsache, daß die räumlichen Gegebenheiten und der ganze materielle Rahmen, in denen sich unser Leben abspielt, ein Bild der Permanenz und der Beständigkeit bieten, an dem wir in unserer Unrast und in unseren wechselnden Stimmungen, Sicherheit und Kontinuität erfahren. Anders ausgedrückt: Das Ich bezieht die Erfahrung der Kontinuität wesentlich aus der Dimension des Räumlichen, das wiederum ein verzweigtes System von Strukturen und Symbolen ist, an denen sich das Transzendente des Lebens, die Geschichte der Menschen, die diesen Raum bewohnen, festmacht; die Geschichte ihres Geschlechts, ihres Leibes, ihrer Glaubensüberzeugungen, ihrer sozialen und politischen Gewißheiten, ihre Geschichten von Liebe und Haß, Schuld und Erlösung, Erkenntnis und Irrtum, an die sie zu erinnern der materielle Rahmen ihres Lebens nicht aufhört.

Reißen wir den Menschen gewaltsam aus diesem immer schon gedeuteten Rahmen seines Lebens heraus, stecken ihn etwa ins Zuchthaus, in die Irrenanstalt oder in die Armee und nehmen dabei die jeweils menschenfeindlichste Ausprägung dieser Einrichtungen an, dann weiß dieser oft buchstäblich nicht mehr, wer er ist, dann berauben wir ihn durch die Uniformisierung seiner Umwelt bis hin zu Haarschnitt und Kleidung der Insignien seiner Geschichte und seiner Identität. Damit werfen wir den einzelnen ganz auf sich selbst zurück, zerschneiden den Blutkreislauf zwischen Außenwelt und Innenwelt. Am Ende bleibt ein ungestaltes, kraftloses und sieches Ich, ein innerlich wie äußerlich gebrochener Mensch. Daß es immer wieder Beispiele unendlich tapferer Menschen gibt, die solcher Selbstentäußerung durch schier übermenschliche Willensanstrengung und Leidensfähigkeit über eine gewisse Zeit hinweg widerstehen können, widerspricht keineswegs unserem bisherigen Gedankengang; denn, wenn Raum eine "Tätigkeit der Seele" ist, wie Simmel sagt, dann können wir mit dem Vorstellungsvorrat einer anderen, besseren Welt wohl die widrige Gegenwart nicht tilgen, so doch zu überleben trachten. Wie qualvoll dies allerdings ist, wenn die vertrauten Stützen des gewohnten materiell-räumlichen Rahmens fehlen, bildet just unser Thema.

Geben wir dem unversehens seiner räumlichen Umwelt Entrissenen jedoch Freiraum, sich eine neue räumliche – und das heißt immer auch soziale und personale – Identität aufzubauen, kann er sich unter Umständen heilen und wieder zu sich selbst finden. Daß selbst in solchen Fällen die nostalgische Fixierung so stark und unheilbar pathogen bleiben kann, ruft uns jener spektakuläre Fall des Gastarbeiters Enrico, der vor zwanzig Jahren durch alle Zeitungen ging, ins Gedächtnis. Sein Gesundheitszustand verschlechterte sich durch Heimweh so sehr, daß er mit einem Militärflugzeug in die sizilianische Heimat geflogen werden mußte.

Das Paradoxon räumlicher Erfahrungen

Im pathologischen Fall ist die Fixierung des Subjekts an sein Herkunftsmilieu eine Fessel für die persönliche Entwicklung, weil es nicht imstande ist, eine neue räumliche Situation vom eigenen Ich her zu ordnen, weil es in einem elementaren Sinn nicht mehr imstande ist, zu *lernen*, d.h. sich mit Neuem, Ungewohntem und Andersartigem auseinanderzusetzen. Faßt man Lernen jedoch als jenen paradoxen Vorgang des Sich-Selbst-Veränderns durch die Akkomodation an das Neue auf, dann ist die nostalgische Reaktion nicht als bloße Mangelerscheinung und Störung der Persönlichkeitsentwicklung anzusehen, was sie durchaus sein kann, sondern taugt als Hinweis auf existentiell notwendige Bedürfnisse des Subjekts, seine bisherige Identität zu bewahren. Im Grund geht es bei der Entwicklung des sich seiner Identität gewissen Menschen immer um den Ausgleich zwischen der explorativen und der auf Beharrung im Gewohnten gerichteten Tendenz im Leben, zwischen Heimat und Fremde. Die alten Bräuche des fahrenden Studenten- und Wanderburschentums waren Einrichtungen der "Entwöhnung". Erst durch die Bewährung in der Fremde, durch die auswärtige Lehrzeit und im Durchgang durch das "nostalgische" Leiden gewann man einen Platz im Leben, kehrte man mit anderen Augen in die vertraute Welt zurück oder gründete eine neue Heimat.

Goethe sprach davon, daß jede große Trennung ein Stück Wahnsinn bedeute. Auch der Verlust der Heimat ist so ein Stück Wahnsinn, das einen entweder ganz in Bann schlägt, so daß man schließlich daran zerbricht – oder das einen aus der Krise heraus in eine neue Freiheit gelangen läßt. In Canettis autobiographischem Buch "Die gerettete Zunge" wird eine solche frühe, schmerzhafte Häutung, die Vertreibung aus dem Kindheitsglück Heimat als Weg zur Subjektwerdung dargestellt. "Die einzig vollkommen glücklichen Jahre, das Paradies in Zürich, waren zu Ende. Vielleicht wäre ich glücklich geblieben, hätte sie (die Mutter) mich nicht fortgerissen. Es ist aber wahr, daß ich wie der früheste Mensch durch die Vertreibung aus dem Paradies erst entstand."[9]

Hinter dem Leid und der späteren Versöhnung eines jungen Elias Canetti, die aus der Erfahrung der zerbrochenen Kinderwelt erwachsen, erscheinen einem unwillkürlich jene biblischen Gestalten, deren Menschenschicksal Heimatlosigkeit, ruhelose Wanderschaft, Pilgertum ohne Ende heißen: Abraham, Mose, Jeremias, Jesus und Paulus. "Die Füchse haben Gruben, und die Vögel unter dem Himmel haben Nester; aber der Menschensohn hat nichts, wo er sein Haupt hinlege." (Lk 9.58) Das Motiv von der Kirche als dem wandernden Gottesvolk und vom "fremden" Exodus- und Wandergott Jahwe taucht in den biblischen Texten in vielerlei Varianten auf; es wirkt über die Jahrtausende im eschatologischen Lebensgefühl des Diasporajudentums, im Bewußtsein von der Pilgrimschaft aller Christen, die sich in der Welt als Fremde, als Gäste, als Reisende fühlen: "Wir haben hier keine bleibende Stadt, aber die zukünftige suchen wir" (Hebr. 13, 14).

Das biblische Existenzverständnis von der Heimat in der Fremde und vom Fremdsein in der Heimat führt weit über einen bornierten, pseudoreligiösen Heimatbegriff hinaus, wie ihn Eduard Spranger kultivierte: "Im Heimaterlebnis schwingt etwas tief Religiöses mit, auch bei dem, der es sich nicht eingestehen will. Und wenn wir von jemandem sagen, er habe keine Heimat, so ist das ungefähr soviel, als wenn wir sagten, sein tieferes Dasein habe keinen Mittelpunkt."[10]

Das tiefere Dasein des Menschen liegt jedoch nach biblischem Verständnis eben nicht in der Heimat als dem Ruhepunkt des frommen Gemüts, sondern steht unter der nie abreißenden Erfahrung, in der Heimat fremd zu sein und in der Fremde eine (innere) Heimat (des Glaubens) haben zu können.

Doch kehren wir zu unserer anthropologischen Bestimmung zurück, wonach es geradezu zum Wesen des Menschen gehört, Heimat und Welt, Vertrautes und Fremdes in der eigenen Lebensgeschichte miteinander zu verweben.

Regionalismus und historisches Bewußtsein

Regionalismus muß auch verstanden werden als die kulturelle und politische Anstrengung des modernen Menschen, dieses gestörte Gleichgewicht zwischen Heimat und Welt, Vertrautem und Fremdem wieder herzustellen. Regionalismus ist damit eine Antwort auf eine spezifische Herausforderung des Menschen durch die modernen Lebensverhältnisse und deren ständigen Emanzipationszumutungen, vor allem durch eine niemals zuvor erlebte Geschwindigkeit im Wandel unserer Zivilisation. Dörfer, Städte und Quartiere ändern ihr Gesicht gegenwärtig rascher als in jeder Epoche zuvor. Sie werden uns buchstäblich vor unseren Augen fremd.

Baudelaire hat schon im vorigen Jahrhundert das grausame Wort von der Stadt, die schneller als eines Menschen Herz sich wandle, ausgesprochen. Diesen schmerzhaften Verlust an Identität – Identität hier einfach als Antwort verstanden auf die Frage, wer wir sind und woher wir kommen – kann jeder machen, der nach zehn oder zwanzig Jahren Abwesenheit seinen Heimatort besucht. Der Vertrautheitsschwund der Gegenwart führt zu einem nie gekannten Aufblühen eines historischen Bewußtseins, das sich in der Denkmalspflege und im Museumswesen kompensatorisch ein Gegengewicht zu schaffen versucht.

Das Aufblühen des historischen Bewußtseins in unserer Zeit ist ein Teil einer ganz allgemeinen philosophischen Selbstvergewisserungsanstrengung des modernen Menschen, dessen Leben seine Seitenstützen in Traditionen, allgemein gültigen Normen und Werten, Institutionen und generationenüberdauernden Aufgaben verloren hat. Allein durch die Verankerung des Bewußtseins in der Vergangenheit kann sich der moderne Mensch gegen die *Ortlosigkeit* seiner Gegenwart schützen. Das historische Bewußtsein ist also kein kulturelles Relikt, das in seinem Bestand durch zivilisatorische Modernisierungsprozesse gefährdet wäre; es ist der Versuch, den Sinn von Zukunft und Gegenwart in der Geschichte zu begründen.

Erst das historische Bewußtsein greift die Frage, wie unsere soziale und kulturelle Wirklichkeit ausgestaltet sein sollte, umfassend und angemessen auf, auch wenn es für aktuelles Handeln nicht selten zu spät ist; denn die Tiefe der Wirklichkeit, deren "Reife", wie Hegel sagt, wird allererst in der Erfahrung von deren Verletzlichkeit und Vergänglichkeit bewußt.

Im Grunde handelt es sich um jene prinzipielle Verspätung, mit der nach Hegel die bestimmenden Gestalten und Werte des Lebens philosophisch erfaßt und für eine rückwärts gerichtete Prophetie des menschlichen Handelns nutzbar gemacht werden können. In der Vorrede zu Georg Wilhelm Friedrich Hegels "Grundlinien der Philosophie des Rechts" heißt es: "Um noch über das *Belehren*, wie die Welt sein soll, ein Wort zu sagen, so kommt dazu ohnehin die Philosophie immer zu spät. Als der *Gedanke* der Welt erscheint sie erst in der Zeit, nachdem die Wirklichkeit ihren Bildungsprozeß vollendet und sich fertig gemacht hat. Dies, was der Begriff lehrt, zeigt notwendig ebenso die Geschichte, daß erst in der Reife der Wirklichkeit das Ideale dem Realen gegenüber erscheint und jenes sich dieselbe Welt in ihrer Substanz erfaßt, in Gestalt eines intellektuellen Reichs erbaut. Wenn die Philosophie ihr Grau in Grau malt, dann ist eine Gestalt des Lebens alt geworden, und mit Grau in Grau läßt sie sich nicht verjüngen, sondern nur erkennen; die Eule der Minerva beginnt erst mit der einbrechenden Dämmerung ihren Flug."[11]

Heimat, Tradition, geschichtliche Identität – all die Begriffe, die in dem Passepartout-Begriff Region und Regionalismus aufscheinen – sind uns heute ein flüchtiges, wertvolles Gut, nach dem wir uns sehnen, das wir unseren Kindern weitergeben möchten, bevor wir gehen. Heimat bleibt ein fernes unaufgebbares Ziel, mit Ernst Bloch eben das, *was uns allen aus der Kindheit scheint und worin keiner war.*

Anmerkungen

In veränderter Fassung ist dieser Beitrag unter dem Titel "Zur Philosophie des Regionalismus" auch erschienen in: Franz Schuster (Hrsg.), Region und Kultur. Veröffentlichungen des Instituts für Kommunalwissenschaften der Konrad-Adenauer-Stiftung, St. Augustin 1990, S. 27-38.

1 Utz Jeggle: Lebensgeschichte und Herkunft, in: Friedemann Maurer (Hrsg.), Lebensgeschichte und Identität – Beiträge zu einer biographischen Anthropologie, Frankfurt 1981 (Fischer TB 6626), S. 17f.

2 Utz Jeggle: a.a.O., S. 20. Zum politikwissenschaftlichen Hintergrund vgl. Gisela Riescher: Gemeinde als Heimat – Die politisch-anthropologische Dimension lokaler Politik, München 1988.
Vgl. auch Heft 3/1984 "Regionale politische Kultur" der Zeitschrift "Bürger im Staat", hrsg. von der Landeszentrale für politische Bildung Baden-Württemberg

3 Gerd Kaltenbrunner im Vorwort des Herausgebers "Vom Lob des Kleinstaates – Vom Sinn überschaubarer Lebensräume", Freiburg im Breisgau 1979 (Herderbücherei Initiative 32), S. 12.

4 Gerd Kaltenbrunner, a.a.O., S. 15.

5 Die folgenden Darlegungen folgen im wesentlichen Friedemann Maurer: Lebenssinn und Lernen – Zur Anthropologie der Kindheit und des Jugendalters (Kapitel "Lernen, räumliche Umwelt und Identität"), 2. Aufl. Bad Heilbrunn/Obb., S. 40-53. – Eine umfassende Darstellung zur Territorialität des menschlichen Daseins gibt Ina-Maria Greverus: Der territoriale Mensch – Ein literaturanthropologischer Versuch zum Heimatphänomen, Frankfurt/M 1972.

6 Adolf Portmann: Das Tier als soziales Wesen, Frankfurt/M. 1978, S. 98f.

7 Ebenda

8 Charles Zwingmann: Das nostalgische Phänomen, in: Ders. (Hrsg.), Zur Psychologie der Lebenskrisen, Frankfurt/M. 1962, S. 308-338. Das Schweizerheimweh war auch Gegenstand einer 1911 erschienenen Oper in drei Aufzügen von Wilhelm Kienzl mit dem Titel "Der Kuhreigen" (Verlag Josef Weinberger, Leipzig 1911). Das Libretto von Richard Batka geht auf die Novelle "Die kleine Blanchefleure" von Rudolf Hans

Bartsch zurück, einer literarischen Paraphrase des verbreiteten Liedes "Zu Straßburg auf der Schanz".

9   Elias Canetti: Die gerettete Zunge, Frankfurt/M. 1979, S. 9.
10 Eduard Spranger: Vom Bildungswert der Heimatkunde, 7. Aufl., Stuttgart 1967, S. 7.
11 Georg Wilhelm Friedrich Hegel: Grundlinien der Philosophie des Rechts, hrsg. von Johannes Hoffmeister, 4. Auflage Hamburg 1955, S. 17.

Claus Jäger

Vor der Endlösung?

Der Kampf um die Abtreibung

I.

Die Zahl der jährlich in Deutschland vorgenommenen Tötungen ungeborener Kinder ist bekannt. Die seriösen Berechnungen kommen auf etwa 350.000, einschließlich der neuen Bundesländer. Man muß diese Zahl immer wieder nennen, um sich die Dimension dieses Tötungs-Geschehens in unserer Republik zu vergegenwärtigen. Kann es ein Volk eigentlich noch ertragen, daß in jeweils drei Jahren über eine Million ihrer noch ungeborenen Mitglieder umgebracht werden, ohne daß ihnen außer ihrer bloßen Existenz – für die sie selber nicht verantwortlich sind – irgend ein Vorwurf gemacht werden könnte? Dieses grausige Geschehen vollzieht sich in einem wohlhabenden Land, das den nationalsozialistischen Holocaust hinter sich hat und aus diesen Erfahrungen heraus die Todesstrafe in seiner Verfassung abgeschafft hat. Kann es ohne Auswirkungen auf das sittliche Bewußtsein in unserem Volk bleiben, wenn Massenmörder nicht hingerichtet werden dürfen, unschuldige Kinder aber massenweise umgebracht werden, noch ehe sie das Licht der Welt erblickt haben?

Diese Fragen drängen sich auf, wenn man mit der Wirklichkeit der herkömmlicherweise verharmlosend "Abtreibung" genannten Tatsache der Vernichtung ungeborener Kinder konfrontiert wird. Diese Wirklichkeit ist weit brutaler, als sich die meisten Menschen vorstellen, die sich mit diesem Problem nie beschäftigen, aber auch brutaler, als viele Frauen annehmen, die zu einer verschleiernd 'Schwangerschaftsabbruch' genannten Tötung ihres noch ungeborenen Kindes veranlaßt, oft gedrängt werden. Es ist hier nicht der Platz, die gräßlichen Methoden der Tötung im einzelnen zu beschreiben. Fest steht jedoch, daß sie allesamt als besonders grausam bezeichnet werden müssen und bei einem geborenen Kind die Tötung automatisch als Mord qualifizieren würden. Die Tötung der Ungeborenen spielt sich allerdings fast unbemerkt von der Öffentlichkeit in Krankenhäusern oder in jüngster Zeit mehr und mehr in professionellen Abtreibungskliniken oder -praxen ab. Der Tod kommt auf leisen Sohlen, und die Todes-Schreie der Kinder sind nicht zu hören. Wer den Film "Der stumme Schrei" des amerikanischen Gynäkologen Dr. Nathanson gesehen hat, 'hört' diesen stummen Schrei immer wieder, wenn er an die Tötungsmaschinerien in manchen berüchtigten Spezialkliniken denkt.

II.

Wie ist es möglich, daß im Deutschland des Jahres 1992 ein derartiges widerliches und zutiefst unmenschliches Geschehen ablaufen kann, ohne daß der Staat hindernd eingreift? Ist unser wiedervereinigtes Deutschland nicht kraft seiner Verfassung ein Rechtsstaat, der die Menschenwürde und das Grundrecht auf Leben nicht nur zu achten sondern aktiv zu schützen hat? Wo bleibt da dieser Staat? Die Frage ist fast rhetorisch, denn der Staat – das ist das Perverse dabei – ist da und beteiligt sich selbst am Tötungsgeschehen, indem er es zuläßt und billigt, daß die gesetzlichen Krankenkassen sämtliche Abtreibungen als Pflichtleistungen für die versicherten Frauen erbringen. "Der Staat tötet" hat Professor Isensee schon 1986 in einem bemerkenswerten Aufsatz festgestellt; seine Schlußfolgerung war, daß diese Krankenkassenleistungspflicht verfassungswidrig ist.

Dabei steht im § 200 f der Reichsversicherungsordnung lediglich, daß die Krankenkassen "nicht rechtswidrige" Schwangerschaftsabbrüche bezahlen müssen. Krankenkassen, Bundesarbeitsministerium und Bundesjustizministerium behandeln aber alle Tötungen ungeborener Kinder, die auf Grund einer "Indikation" des Strafgesetzbuchs vorgenommen werden, schlicht und einfach als rechtmäßig und veranlassen die Krankenkassen, sie als Pflichtleistungen zu erbringen. Sie können sich allerdings auf Urteile des BGH stützen, während das Bayerische Oberste Landesgericht einen gegenteiligen Standpunkt vertritt und lediglich die medizinische Indikation als Rechtfertigungsgrund gelten läßt; die übrigen Indikationsfälle, insbesondere die Notlagenindikation, auf Grund derer 85 % aller Tötungen vorgenommen werden, behandelt es lediglich als Strafausschließungsgründe, die nicht unter den genannten Paragraphen der Reichsversicherungsordnung fallen.

Die bayerische Staatsregierung hat deswegen eine Normenkontrollklage beim Bundesverfassungsgericht erhoben, die allerdings noch nicht einmal zur Verhandlung gelangt ist. Nur wenn es gelingt, die "Abtreibung auf Krankenschein" als Normalfall zu beseitigen, kann eine Bresche in die Abtreibungsmentalität vieler Mitbürger geschlagen werden, die das Töten von ungeborenen Kindern für rechtmäßig halten, "weil doch der Staat den Krankenkassen kein rechtswidriges Handeln erlauben kann". Mehr als die Ver-

wässerung des Strafrechts und mehr als die Handlungsweise von Beratungsstellen wie 'Pro Familia' hat diese Abtreibungs-Mentalität der 'Tötung auf
Krankenschein' das Bewußtsein unserer Bevölkerung negativ beeinflußt und
zu der Todeslawine geführt, die das Menschenrecht auf Leben hinwegzuspü-
len droht. Auch wenn in Teilen der jungen Generation ein vor allem umwelt-
orientierter Gesinnungswandel festzustellen ist, muß diese Abtreibungs-
Mentalität noch als weithin vorherrschend bezeichnet werden.

Es ist eine grobe Irreführung der Öffentlichkeit, wenn manche Politiker
behaupten, vor der Reform der § 218 ff StGB und der Reichsversicherungsordnung habe es gleich hohe Zahlen von Tötungen ungeborener Kinder
gegeben, nur seien sie damals unter eine große Dunkelziffer gefallen. Alle
seriösen Schätzungen von Anfang der siebziger Jahre gingen von einer Dunkelziffer von ca. 70.000 Abtreibungen pro Jahr in der damaligen Bundesrepublik Deutschland aus; auch der Gesetzgeber von 1974/75 hat diese Zahl in
etwa seinen Überlegungen zugrunde gelegt. Heute haben wir, wenn man die
neuen Bundesländer außer Betracht läßt, das Drei- bis Vierfache der damaligen Todeszahlen.

III.

Die großen Bundestagsfraktionen einschließlich der Mehrheit der CDU/CSU
gehen davon aus, daß diese Zahlen massiv gedrückt werden können, wenn
man zusätzliche soziale Leistungen für Mütter in Not vorsieht und eine verbesserte Beratung anbietet. Ich halte das für einen grundlegenden Irrtum.
Natürlich bin auch ich für derartige Verbesserungen, weil es in der Tat – vor
allem in kinderreichen Familien – auch zu sozialen Notständen kommen
kann, wenn die Familienmutter erneut schwanger wird. Aber Deutschland
hat heute das beste Sozialsystem der ganzen Welt gerade für Mütter und
Familien: neben dem Kindergeld und den Kinderfreibeträgen gibt es Erzie-
hungsgeld mit Erziehungsurlaub, das Baby-Jahr für die Rente der Mutter,
Baukindergeld, kindergestaffeltes Wohngeld und die Stiftung Mutter und
Kind, die in Baden-Württemberg sogar noch weit besser ausgebaut ist als in
anderen Bundesländern. Daneben helfen die christlichen Kirchen in Notfäl-
len dieser Art auf wirkungsvolle Weise über ihre karitativen Einrichtungen.
Wenn das Niveau der Sozialleistungen gerade für Mütter in Not ausschlag-
gebend wäre für die Frage, ob und wieviele ungeborene Kinder getötet werden, müßte Deutschland eines der Länder mit der niedrigsten Abtreibungs-
Quote in Europa und in der Welt sein. Wie bekannt, ist dies nicht der Fall.

Auch eine verbesserte Beratung, obwohl theoretisch hilfreich, kann in der Praxis kaum mehr Frauen als bisher von der Abtreibung abhalten. Denn die Beratungsstellen, die den unmittelbaren Kontakt mit den Schwangeren haben, bleiben ja dieselben wie bisher. Diejenigen, die es schon jetzt ablehnen, mit dem Ziel der Lebens-Erhaltung zu beraten, werden das auch künftig nicht anders handhaben; diejenigen, die schon jetzt mit einer positiven Zielsetzung an die Beratung herangehen, werden ihre 'Erfolgs'-Quote kaum schon deswegen erhöhen können, weil sie eine einheitliche gesetzliche Regelung haben.

IV.

Mehr Aussicht auf Erfolg könnte ein Projekt haben, das aus der Mitte der Unionsfraktion im März 1992 in die Beratungen des Deutschen Bundestages eingeführt worden ist, sofern es in die Tat umgesetzt würde: die Pflege-Obhut als staatliches Angebot an alle Frauen in Schwangerschaftskonflikten, die vor der Frage einer Abtreibung stehen. Nach diesem Projekt würde der Staat allen Frauen in dieser Situation anbieten, das Kind, das die Frau nicht großziehen kann oder will oder darf, im Falle des Austragens und Gebärens kostenlos in die Obhut einer Pflegefamilie zu nehmen, von wo es seine leibliche Mutter innerhalb einer bestimmten Frist wieder zurückholen kann, wenn sie sich doch entschließt, das Kind zu behalten. Anderenfalls kann das Kind zur Adoption freigegeben oder in einem Dauerpflegeverhältnis großgezogen werden. Dieses Modell würde der Schwangeren viel Spielraum lassen, müßte allerdings von einer breiten Aufklärungsaktion begleitet werden, die das unmenschliche Vorurteil ausräumt, es wäre einer Frau nicht zuzumuten, ihr Kind, das sie nicht großziehen kann oder will oder darf, einer anderen Familie zu überlassen, statt es töten zu lassen. Leider wird gerade dieses feministische Vorurteil, angefangen von der SPD und FDP bis weit in die Reihen der Unionsfraktion hinein, Widerstand gegen die Pflege-Obhut aufbauen und aktivieren.

V.

Bleibt das Strafrecht als äußerstes Mittel, das der Staat zum Schutz des Lebens ungeborener Kinder einsetzen muß, wenn andere Mittel nicht ausreichen; so hat das Bundesverfassungsgericht am 25. Februar 1975 entschieden.

Beim Schutz des Lebens ungeborener Kinder hat sowohl das liberalisierte Strafrecht der Notlagenindikation von 1975 im Westen Deutschlands als auch das DDR-Strafrecht in den neuen Bundesländern gründlich versagt – das zeigen die Abtreibungszahlen. Das wird auch in Art. 31 Abs. IV des Einigungsvertrages, der Rechtsgrundlage für das neue Gesetzgebungsverfahren, indirekt anerkannt. Unsinnig ist es, daraus den Schluß zu ziehen, das Strafrecht sei überhaupt nicht imstande, das Leben ungeborener Kinder zu schützen. Dieselben Politiker, die diese Auffassung vertreten, fordern meist auf anderen Gebieten, etwa bei der Vergewaltigung in der Ehe, bei der Umwelt- oder Wirtschaftskriminalität – Gebiete, auf denen Nachweise noch schwerer zu führen sind – drastische Strafverschärfungen und kommen nicht auf die Idee, dem Strafrecht völlige Wirkungslosigkeit zu bescheinigen.

Einige der Gesetzentwürfe zum § 218, die im vergangenen Sommer und Herbst eingebracht worden sind, wollen dennoch die Strafbarkeit der Tötung ungeborener Kinder völlig beseitigen (PDS und Grüne) oder stellen nur noch Formalitäten wie die Tötung durch einen Nicht-Arzt oder Überschreitung bestimmter Fristen, unter staatliche Sanktion und nehmen selbst diese Sanktion aus dem StGB heraus (SPD). Auch der FDP-Entwurf, der mit seiner Beratungspflicht vor jeder Tötung ungeborener Kinder wenigstens ernsthafte Ansätze zum Lebensschutz erkennen läßt, läßt für eine Frist von drei Monaten nach der Empfängnis das ungeborene Kind strafrechtlich schutzlos, wenn die Schwangere trotz Beratung bei ihrem Tötungs-Entschluß bleibt. Da diese Tötung ohne jeden schwerwiegenden Grund geschehen kann und dennoch 'rechtmäßig' sein soll – die Krankenkassen sollen sie ja finanzieren – ist auch der FDP-Entwurf eindeutig verfassungswidrig. "Das Lebensrecht der Leibesfrucht hat während der gesamten Dauer der Schwangerschaft Vorrang vor dem Selbstbestimmungsrecht der Schwangeren und darf auch nicht für eine bestimmte Frist in Frage gestellt werden" – mit diesem Leitsatz des Bundesverfassungsgerichts-Urteils von 1975 ist der FDP-Entwurf nicht zu vereinbaren.

Der Mehrheits-Entwurf der Unionsfraktion stellt zwar auf eine Indikationen-Lösung ab und bewegt sich damit – so der ehemalige Präsident des Bundesverfassungsgerichts, Ernst Benda – am untersten Rande des gerade noch verfassungsrechtlich Erlaubten. Seine "psycho-soziale Indikation" gleicht jedoch der "Indikation der sonstigen Notlage" im geltenden Strafrecht wie ein Ei dem anderen, ist aber in einigen Punkten, z.B. der gerichtlichen Überprüfbarkeit der Indikation, noch schwächer. Gerade diese Notlagenindikation aber hat beim Kampf gegen die Abtreibungs-Lawine jämmerlich versagt, weil sie auf dem Grundsatz aufbaut "wo kein Kläger, da kein Richter".

Deswegen hatte die Unionsfraktion 1975 die Notlagenindikation bei nur 4 abweichenden Stimmen zu Recht abgelehnt.

Lediglich der Gesetzentwurf der Initiativgruppe 'Schutz des ungeborenen Kindes' in der CDU/CSU, der von 46 Abgeordneten eingebracht worden ist, bietet mit seiner Beschränkung auf eine medizinische Indikation als reinen Strafausschließungsgrund und mit genereller gerichtlicher Nachprüfbarkeit ein wirksames strafrechtliches Instrumentarium zum Schutz der ungeborenen Kinder. Leider hat aber dieser Entwurf bei den Mehrheitsverhältnissen im Bundestag keinerlei Aussicht auf Annahme.

Allerdings sind die Chancen auch der anderen Entwürfe begrenzt, im Bundestag eine Mehrheit zu finden, so gering sind die Spielräume für Kompromisse – auch zwischen FDP und SPD. So mag es durchaus sein, daß im Herbst bei der Schlußabstimmung über die Gesetzentwürfe keiner von ihnen angenommen wird. Art. 31 des Einheitsvertrages wäre damit zwar nicht erfüllt, den ungeborenen Kindern bliebe aber eine "Endlösung" erspart, die den gegenwärtigen schreienden Unrechtszustand sanktionieren und die Massenabtreibung legalisieren würde. Eine derartige Legalisierung – das sei hier am Rande erwähnt – würde auch die Dämme einreißen, die heute noch den Schutz des Lebensrechts Schwerbehinderter, Hochbetagter oder Schwerstkranker gegen die Euthanasie aus angeblicher Barmherzigkeit garantieren.

Das Bundesverfassungsgericht müßte dann endlich über die bayerische Normenkontrollklage entscheiden. Von diesem Urteil wird wohl mehr Gerechtigkeit für die ungeborenen Kinder zu erwarten sein als vom deutschen Parlament in seiner derzeitigen Zusammensetzung. Menschenrechte müssen notfalls auch gegen "Endlösungen" durch den Gesetzgeber geschützt werden. Das kann in unserer Republik nur das Bundesverfassungsgericht.

Herbert Schneider

Demokratische Festkultur und nationale Identifikation

– Zum Nationalfeiertag in Deutschland –

1. Vom halböffentlichen Hoffest zum nationalen Feiertag

Die Silhouette des barocken Dresdens ist uns von Bernado Belotto gen. Canaletto überliefert worden; Schloß, Brühlsche Terrasse, Hofkirche, dahinter die Kuppel der Frauenkirche und etwas weiter entfernt der Turm der Kreuzkirche. Zu dieser Schaufront wurde August der Starke vom venezianischen Canal Grande inspiriert. Das linksstädtische Elbufer sollte von Palästen und Kirchen eingesäumt werden. Doch beim Umbau seiner Haupt- und Residenzstadt ging es diesem kunstsinnigen Fürsten weniger darum, ein architektonisches Kleinod der Nachwelt zu hinterlassen, als vielmehr seine neuerworbene königliche Würde zu demonstrieren und den glanzvollen Rahmen für seine Hoffeste zu schaffen.[1] Das Barock liebte die festliche Inszenierung. Und seine absoluten Regenten wetteiferten miteinander darin, durch Prunk und Verwandlung ihren Reichtum, ihre Macht und ihren Kunstsinn darzustellen. Damit wollten sie nicht nur ihre Rivalen, sondern auch ihre Untertanen beeindrucken und den Adel disziplinieren.[2] Das den homo ludens ansprechende halböffentliche Repräsentationsfest jener Tage erfüllte auch die Funktion eines Integrationsinstruments. So wurde der seiner politischen Macht beraubte Adel funktionell in die Feste eingebunden. Und auch die einfachen Untertanen durften bei ihnen als Mitläufer und Zuschauer nicht fehlen. Doch sie erfreuten sich nicht an den Schauspielen fürstlicher Macht, sondern litten auch an den damit verbundenen Geld- und Zeitopfern. Die durch den Merkantilismus finanziell wieder etwas zu Kräften gekommenen bürgerlichen Kreise waren es denn auch, die die Lasterhaftigkeit und Verschwendungssucht der Höfe anprangerten und ihnen als Vorbild des einfachen Lebens, der Sittenstrenge und der Rechtschaffenheit das republikanische Rom gegenüberstellten. Nicht auszuschließen ist, daß sich darunter auch Vorfahren des mütterlicherseits aus dem gewerbefleißigen und handelstüchtigen Leipzig stammenden Klaus Hornung befunden haben.

Im Unterschied zu reformatorischen Eiferern wollte aber das Bürgertum das Fest als Ausdruck der Freude, Besinnung und Gemeinsamkeit nicht abschaffen. Es ging von der bis heute nicht widerlegten anthropologischen

Prämisse aus, daß der Mensch ein festefähiges und -bedürftiges Wesen sei.[3] So wie die Baumeister absoluter Herrscher mit breiten Straßenauffahrten, prächtigen Treppenhäusern und ausladenden Gartenterrassen den Rahmen für höfische Repräsentationsfeste gesetzt hatten, so planten die Architekten der neuen amerikanischen Bundeshauptstadt Washington nicht nur ein zusätzliches nationales Symbol mit der sichtbezogenen Raumbeziehung zwischen "up" und "down", dem Kapitol und dem Weißen Haus, sondern auch mit Straßen und Plätzen als Foren für die Feierlichkeiten und Versammlungen eines nicht mehr ständisch differenzierten Untertanenverbandes, sondern einer bürgerlich verfaßten Gesellschaft. Bei seinem Amerikabesuch staunte Alexis de Tocqueville über das Gelingen ihres Vorhabens. Doch zu seiner Zeit zeigte bereits auch das Fest in Europa starke Anzeichen der Verbürgerlichung. Vor allem trugen in Deutschland zwei Phänomene dazu bei; zum einen das "Volksfest", zum anderen das "Nationalfest".

Das "Volksfest" verdanken wir der paternalistischen Fürsorge gekrönter Staatsoberhäupter und ihrer aufgeklärten Bürokraten. Es sollte in Form von Umzügen, Ausstellungen und Preisverleihungen nicht nur einen Ansporn für die "Hebung der ländlichen Lebensverhältnisse und agrarischen Produktionsbedingungen" geben, sondern auch Angehörige unterschiedlicher Stände zur gemeinsamen Geselligkeit zusammenführen. Noch immer erinnern die zu Bierschwemmen verkommenen "Münchner Oktoberfeste" und "Cannstatter Wasen" schwach an diese gutgemeinten volkspädagogischen Absichten, deren politischer Gehalt noch dadurch verstärkt wurde, daß sie auch zur Integration der wenige Jahre zuvor durch Machtworte Napoleons zustandegekommenen buntscheckigen Königreiche Bayern und Württemberg beitragen sollten. Anders das "Nationalfest"; beeinflußt von dem Gedankengut und Formenschatz der Großen Französischen Revolution stellte es keinen Heiligen oder Regenten, sondern die politisch geeinte Nation in seinen Mittelpunkt. Im Unterschied zu Frankreich war aber Deutschland in der ersten Hälfte des vergangenen Jahrhunderts erst auf dem Wege hierzu; fast gleichzeitig lief ein anderer, heute kontraproduktiv erscheinender, damals aber nicht ohne weiteres als gegenläufig gesehener Prozeß ab; die Herausbildung eines territorialstaatlichen Patriotismus. So konnte noch bei der Veranstaltung der Erinnerungsfeier an die Völkerschlacht von Leipzig im Jahre 1814 an die gemeinsame Solidarität von Landesfürsten und deutscher Nation appelliert werden. Je länger sich aber die monarchischen Regierungen dem Wunsche nach nationaler Einheit und liberalen Freiheitsrechten verschlossen, desto mehr bemächtigte sich politische Ungeduld des jüngeren Bildungsbürgertums. Die von ihm damals inszenierten Nationalfeste wollten nicht nur das Verlangen nach nationaler Einheit ausdrücken, sondern auch verfassungspolitische Forderungen einklagen. Warum hat es sich nicht anderer Mittel – wie z.B. der Presse – bedient? Die kurz vorher gefaßten Karlsbader Beschlüsse mit ihrer Einschränkung der Presse-, Vereinigungs- und Versammlungsfreiheit legten ein Ausweichen auf das Fest nahe. So wuchs dieses in eine Stellvertreterrolle hinein. Das 1814 gefeierte dynastisch-nationale Versöhnungsfest verwandelte sich in ein oppositionelles Nationalfest.[4] Dessen Träger sollten in der Folge nicht nur Studenten (Wartburgfest) oder Bildungsbürger (Hambacher Fest), sondern auch die der deutschen Einheit verpflichteten Turn- und Sängervereine sein. Die von ihnen und den Schützen veranstalteten Nationalfeste brachten mit dem Ausbau der Eisenbahn in den 60er Jahren des vergangenen Jahrhunderts schon mehr als 100.000 Teilnehmer auf die Beine: Deutsches Schützenfest in Frankfurt (1862), Deutsches Turnfest in Leipzig (1883) und Deutsches Sängerfest in Dresden (1865). Der von Bismarck erzwungene Einigungsweg entsprach zunächst ganz und gar nicht dem Geist der "Schwarz-Rot-Goldenen"-Nationalfeste. Nach 1871 fanden sich jedoch Turner, Sänger und Schützen nicht nur mit dem kleindeutschen Nationalstaat ab, sondern verwandelten sich in dessen entschiedene Befürworter. Ihre später veranstalteten zentralen Feste nahmen denn auch den Charakter von Kultfeiern eines integrativen "Schwarz-Weiß-Roten"-Nationalbewußtseins an.[5]

Das 2. Reich besaß keinen gesetzlich eingeführten Nationalfeiertag. Wie schon zuvor wurden in den Einzelstaaten die Geburtstage der Landesherren mit Schulfeiern, Dankgottesdiensten, Festbällen und Paraden begangen. Eine herausgehobene Bedeutung kam hierbei dem Geburtstag des Deutschen Kaisers Wilhelm I. zu, der es jedoch aufgrund seines preußischen Selbstverständnisses unterließ, diesen zu einem im gesamten Reich zu begehenden Fest zu erklären. Als ein nationaler Ersatzfeiertag schien sich aber der Jahrestag der Schlacht von Sedan anzubieten. Kurz nach dem erfolgreich beendeten Krieg von 1870/71 hatten sich liberal-protestantische Kreise zum Fürsprecher eines die Reichsgründung und den Sieg über Frankreich zu feiernden nationalen Einigungsfestes gemacht. Obwohl sich der Kaiser nicht dazu entschließen konnte, den Jahrestag der Schlacht und damit die Gefangennahme Napoleons III. zum Nationalfeiertag zu verkünden, ließen sie sich von seiner Absage nicht entmutigen. Dank ihrer rührigen Bemühungen setzte sich der Sedantag zunächst auf lokaler Ebene mit Freudenfeiern, Böllerschießen und Glockengeläut an seinem Vorabend sowie Festgottesdiensten, Umzügen und Lustbarkeiten am 2. September durch. Er erhielt schließlich auch einen offiziösen Anstrich durch die Anordnung der preußischen Regierung, die

Schulen in einer angemessenen Weise daran zu beteiligen. Zwar sollten die von diesen veranstalteten Feiern mit einem Gebet beginnen und mit einem Kirchenlied ihren Abschluß finden, doch in den Mittelpunkt derselben hatten die Persönlichkeiten, Ereignisse und Ergebnisse von 1870/71 zu treten. Diese wurden später von Wilhelm II. in seinen vielen Reden – vor allem was die Person seines Großvaters anging – glorifiziert; gleichzeitig verstärkte der Monarch durch Manöver und Paraden den militärischen Charakter der Sedanfeiern. Da diese aus verschiedenen Gründen bei Katholiken und Sozialdemokraten Unbehagen hervorriefen, verfehlten sie den Zweck eines Nationalfeiertags, einen Beitrag zur nationalen Integration zu leisten.

2. Symbole und Identifikation

Öffentliches Fest und politische Gemeinschaft waren nie voneinander getrennt. So wie der absolute Barockfürst halböffentliche Hoffeste inszenierte, so feierte die mittelalterliche städtische Schwurgemeinschaft ihr Patrozinium und die griechische polis ihre Kulte. Im Fest erleben Menschen das Miteinander. Der moderne Nationalfeiertag stellt deshalb keinen Bruch mit der Vergangenheit dar. Was ihn jedoch von den vorhergegangenen öffentlichen Feiertagen unterscheidet ist zweierlei. Zum einen bezieht er sich nicht mehr allein auf die Person eines Herrschers, sondern auf ein Ereignis der nationalen Geschichte; zum anderen bildet er keinen Bestandteil des kirchlichen Festkalenders, wenngleich dieser auch Nationalheiligen einen Platz einräumt. In seiner heutigen Form geht er auf die französische Revolution von 1789 zurück. Schon Rousseau hatte der polnischen Regierung empfohlen, dem Volke in Form von patriotischen Festen seine Einheit, die Verwirklichung des "Contrat sociale", erleben zu lassen. Seine von der Festkultur des antiken Griechenlands inspirierten Überlegungen nahmen aber nicht in Polen, sondern im revolutionären Frankreich Gestalt an. Dieses wurde zur Schöpferin der 'Fêtes civiques", in denen das hergebrachte religiöse Moment durch neue transzentrale Werte wie Nation und Vernunft ersetzt wurden.[6] Die Revolutionäre waren auch überzeugt davon, daß durch diese nationalen Feste den Franzosen die religiöse Gesinnung ausgetrieben werden könnte. So ersetzten sie den kirchlichen Festkalender durch einen revolutionären Festzyklus.[7] Nach dem Gesetz vom 25.10.1775 sah dieser nicht weniger als 11 nationale Gedenktage wie u.a. das Fest der Gründung der Republik (22.9.), das Fest der Eheleute (29.4.) und den Erinnerungstag des Sturms auf die Bastille (14.7.).

Aus diesem republikanischen Festkalender hat sich der 14.7. gehalten. Der französische Nationalfeiertag erweist sich auch heute noch als eine geglückte Mischung unterschiedlicher Festelemente: Revolutionäres Pathos, höfisches Zeremoniell und spontane Ausgelassenheit gehen miteinander eine Verbindung ein. Doch der Feiertagskalender in unserem Nachbarland beschränkt sich nicht allein auf den 14.7. Genauso wie in Deutschland gehören zu ihm auch die großen christlichen Feste und der 1. Mai als internationaler Solidaritätstag der Arbeiterschaft. An seinem Beispiel kann der gesellschaftliche Integrationsprozeß der Arbeiterschaft abgelesen werden. So ist die in Deutschland geltende verfassungsrechtliche Garantie des 1. Mai Ausdruck ihrer gelungenen Eingliederung im Zeichen der staatstragenden Ideen von sozialer Gerechtigkeit, Frieden, Freiheit und Völkerverständigung. Allein ihm droht heute das Schicksal mancher staatlich anerkannter kirchlicher Feiertage. Sie sind nicht länger herausgehobene Zeitpunkte gemeinsamen Erlebens und individuellen Insichgehens, sondern willkommene Anlässe für einen Kurzurlaub. Allein Weihnachten und Ostern stellen in halbsäkularisierter Form für die Mehrheit unserer Mitbürger noch immer beides dar; eine Besinnungspause und ein Grund zur Freude. Wie wird der Staat mit diesen Veränderungen in der Festkultur seiner Bewohner künftighin umgehen? Eine zunehmende weltanschauliche Pluralisierung bei gleichzeitiger Ausdünnung des gemeinsamen Kulturbestandes läßt auch den Nationalfeiertag in einem anderen Licht erscheinen. Dissens ruft nach Konsens! Es könnte also sein, daß dessen Bedeutung als Integrationsfaktor zunimmt, immer vorausgesetzt, daß er vom Gros der Bevölkerung bewußt oder auch nur stillschweigend angenommen wird.

Symbole können stellvertretend für einen Wert, ein Bekenntnis oder eine Gemeinschaft stehen. Als solche weisen sie über sich selbst hinaus und vergegenwärtigen eine soziale Gruppierung. So haben sich ihrer in der Vergangenheit nicht nur die Kirchen, sondern auch die Staaten als Ausdrucksmittel der Identität und der Identifikation bedient. Wappen und Fahnen scharten schon im Mittelalter Menschen um sich. Doch wie schon zu sehen war, kamen erst mit dem Entstehen des Nationalstaates die Staatshymne und der Nationalfeiertag hinzu. Zwar hat heute die Kenntnis der Symbolsprache im Vergleich zu früheren Jahrhunderten nachgelassen, doch ist die Verwendung von Symbolen noch immer verbreitet. Das "animal symbolicum" lebt weiter. Die Identifikationen ausdrückenden PKW-Aufklebschilder zeugen davon ebenso wie die Bildung von Menschenketten bei Demonstrationen. Im Vergleich hierzu nimmt sich das Angebot und der Gebrauch von Symbolen im staatlichen Bereich bescheiden aus. Es drängt sich der Eindruck auf, als ob der demokratische Staat Bundesrepublik sein Antlitz verbergen wolle.

Adolf Arndt hat schon in seiner Rede über "Demokratie als Bauherr" den ästhetischen Minimalismus und die funktionale Anpassung staatlicher Bauvorhaben beklagt.[8] Hatten die öffentlichen Auftraggeber vergessen, daß es eine völlige Abstinenz von durch Sinne erfahrbaren staatlichen Einrichtungen kaum geben kann?[9] Würde damit nicht auch der Bürger ein Stück Identifikationsmöglichkeit verlieren?[10] Ob der Bund in Berlin jetzt mehr Mut aufbringen wird, zu einer dem demokratischen Verfassungsstaat angemessenen Selbstdarstellung zwischen Museumsinsel und Tiergarten zu finden? Bei der Neugestaltung des künftigen deutschen Regierungszentrums geht es nur vordergründig um die Unterbringung von Ministern, Abgeordneten und Beamten, sondern im Grunde genommen um eine Orientierung in einer historischen Stadtlandschaft und um ein bauliches Identifikationsangebot. So wie sich die deutsche Demokratie in den vergangenen Jahrzehnten schwer mit ihrer baulichen Selbstdarstellung tat, so wenig stilsicher erwiesen sich ihre Vertreter im Umgang mit öffentlichen Feiern. Unter den Argusaugen einer sich sauertöpfisch gebenden meinungsbildenden Schicht schwankten sie zwischen einem antiquierten Imponiergehabe und einem volkstümlichen Bierzeltritual. Es sollte deshalb nicht überraschen, daß auch die Bundesrepublik Schwierigkeiten mit ihrem Nationalfeiertag hatte. Obwohl der 17. Juni als "Tag der Deutschen Einheit" auf eines der wenigen revolutionären Ereignisse in unserer Geschichte verwies, konnte er sich auf die Dauer gesehen in der westdeutschen Bevölkerung nicht durchsetzen. Lag dies daran, daß sich die Stätten des 17.6. außerhalb der Bundesrepublik befanden und deshalb nicht zugänglich waren? Oder ist die sich breitmachende Abstinenz darauf zurückzuführen, daß den Deutschen der Glauben an die Wiedervereinigung allmählich verloren gegangen war? So verstärkten sich die Stimmen, die den 17. Juni durch den 23. Mai. (Verkündigung des Grundgesetzes) als Verfassungstag ersetzt sehen wollten.

Zwei Fragen sind hier zu stellen. Zum einen, braucht ein demokratisches Staatswesen wie die Bundesrepublik überhaupt einen Feiertag als Identifikations- und Identitätsmittel? Zum anderen, wenn ja, wie soll dessen "Stoff" beschaffen sein? Vor allem bei Angehörigen der inzwischen ergrauten skeptischen Generation wirkt aus dem 3. Reich mit seinen die Überidentifikation verstärkenden magischen Kultfeiern ein tiefsitzendes Mißtrauen gegenüber allem nach, was nach staatlichen Ritualen und Symbolen aussieht. Erhält dieses gegenwärtig nicht neue Nahrung durch die in der einstigen DDR gesammelten Erfahrungen, wo ein von oben erzwungener Ritualismus Massenloyalität erzeugen sollte. Vergeblich – wie man inzwischen weiß. Im Gegensatz hierzu scheint die Bundesrepublik bislang fast ohne Rituale und Symbole ausgekommen zu sein, ohne daß darunter die Zustimmung zu ihr Schaden genommen hätte. Daraus kann man schließen, daß Demokratien im geringeren Maße als andere Staatsformen auf Rituale und Symbole angewiesen sind.[11] Doch auch in der Bundesrepublik machte sich ein gewisses Bedürfnis nach Identifikationsmöglichkeiten breit, wenngleich sich dieses andere Ausdrucksformen als den Feiertag oder die Hymne suchte. Stellt nicht in den Augen ihrer Bevölkerung der Bundespräsident ein Personensymbol dar? Und hat nicht das Grundgesetz den Rang eines Wortsymbols erworben? Es erscheint aber mehr als fraglich, ob beide ausreichen, um den Prozeß des Zusammenwachsens im geeinten Deutschland identitäts- und integrationsfördernd abzustützen.

Identitätssymbole – und den Nationalfeiertag zähle ich dazu – erlauben bekanntlich verschiedne Interpretationen.[12] Dabei kommt es zunächst darauf an, von welchem Ereignis sie ausgehen. So macht es einen Unterschied aus, ob die Verkündigung des Grundgesetzes oder der Tag der Wiedervereinigung den Feiertagsstoff bildet. Ein Nationalfeiertag "Verkündigung des Grundgesetzes" hätte mit großer Wahrscheinlichkeit die vorhandene Zustimmung zur freiheitlich-demokratischen Verfassungsordnung noch verstärkt. Doch die zeitlichen Umstände der Verkündung des GG sind wenig dazu geeignet, sich im Gedächtnis der Bundesbürger einen herausgehobenen Platz zu sichern. War das nicht anders mit dem neuen "Tag der Deutschen Einheit"? Er bewegte auch emotional unsere Mitbürger in Ost und West. In ihm fanden zwei in der deutschen Geschichte lange Zeit voneinander getrennten Ströme wieder zueinander, d.h. der der übernationalen Werte freiheitlicher Demokratie und der der nationalen Erfahrung und Aufgabe. Handelt es sich aber – wie ein bekannter, der CDU verbundener professoraler Wortführer der multikulturellen Gesellschaft meint – bei diesem republikanischen Nationalismus um "eine Tarnkappe eigener Machtinteressen?"[13] Oder bietet sich hier nicht vielmehr die Chance, den freiheitlich-demokratischen Verfassungspatriotismus mit nationaler Erfahrung und eigener kultureller Grundierung zu verbinden?[14]

3) Demokratische Festkultur und nationale Feiertagspflege

Noch ist uns die Nacht vom 2. auf den 3.10.1990 in Erinnerung: Chorgesang – Bläserstimmen – Fahnentuch – Ansprache des Bundespräsidenten – Singen der Nationalhymne; und dies alles vor der Kulisse des Reichtagsgebäudes in Sichtweite des gefallenen Symbols der Trennung, der Mauer. In der sogenannten "Provinz" ging es etwas weniger bewegend und eindrucksvoll zu. Abgesehen von der Tradition des Bäumepflanzens herrschte offensichtlich Unsicherheit darüber, wie der nationale Feiertag zu begehen sei. Ein neuer Weg wurde inzwischen insofern eingeschlagen, als dessen zentrale Feier nicht mehr in der Bundeshauptstadt – ob Bonn oder Berlin – stattfinden, sondern in der Hauptstadt des Landes ausgerichtet werden soll, dessen Ministerpräsident gerade den Vorsitz im Bundesrat führt. Dies ist ein guter Gedanke insofern, als er unserem "komplexen Verfassungsverständnis" (Christian v. Krockow) oder – um unseren Jubilar Klaus Hornung zu zitieren – einer "perspektiven Identität" entspricht.[15] So kam Hamburg im vergangenen Jahr dazu, die zentrale Feier zu veranstalten. Die Reaktionen der Zeitungen auf deren Gestaltung fielen aber recht unterschiedlich aus. Während die "FAZ" rühmte "Hamburg weiß zu feiern", übte die in Heidelberg erscheinende "Rhein-Neckar-Zeitung" Kritik am "bombastischen Feststil". Als nächstes Bundesland wird Mecklenburg-Vorpommern die zentrale Feier zum Nationalfeiertag auszurichten haben. Der Modus "reihum" erlaubt Experimente. Es können neue Festformen ausprobiert werden. Doch sollte dabei nicht vergessen werden, daß auch ein Fest von der Begegnung mit dem Vertrauten lebt. So stellen Identifikationsrituale zur Regelform gewordene soziale Abläufe dar, die unter Einbeziehung von wahrnehmbaren Symbolen gemeinschaftliche Beziehungen ausdrücken.

Der Begriff "öffentliches Fest" kann zweierlei beinhalten; zum ersten, daß es sich im Unterschied zum kommerzialisierten oder privaten Fest jedermann öffnet; zum anderen, daß es aus einem für die Allgemeinheit wichtigen Anlaß begangen wird. Auf die Veranstaltungen zum Nationalfeiertag, anderen staatlichen Gedenktagen oder städtischen Festen trifft beides zu. Im Unterschied zu totalitären Staaten mit Massenaufmärschen von dazu abkommandierten Betriebsangehörigen, Schülern und Hausbewohnern – eine solche Veranstaltung habe ich noch am 40. Jahrestag der DDR am Berliner Marx-Engels-Platz beobachten können – wird aber die Teilnahme an den Feierlichkeiten zu unserem Nationalfeiertag nicht erzwungen. Der Verfassungsstaat gebietet allein einen arbeitsfreien Tag. Das von ihm gefeierte Fest ist jedoch nur ein Angebot an den Bürger, der auch bei diesem Anlaß das Recht auf eine individuelle Feiertagsgestaltung besitzt.[16] So gehört zu den Merkmalen einer demokratischen Festkultur, daß sich an den am Nationalfeiertag veranstalten Feiern nur Minderheiten beteiligen. Es bleibt uns daher im Sinne einer Feiertagspflege die Aufgabe, darüber nachzudenken, wie diese vergrößert werden können. Wie alle Symbole lebt auch der Nationalfeiertag von der bewußt-unbewußten Akzeptanz durch die Bürgerschaft. Doch auch das Fest mit öffentlicher Feier muß gelernt sein. Deshalb sollten Bildungseinrichtungen wie Schulen und Hochschulen nach einem durch die "Kulturrevolution" der 60er und 70er Jahre erfolgten Einbruch wieder den Mut zu öffentlich abgehaltenen Feiern finden.[17] Wie die Praxis lehrt, hängt deren Akzeptanz aber von der Programmattraktivität ebenso ab wie von den eingeräumten Mitwirkungsmöglichkeiten. Dabei können Staat und Gemeinden von den Kirchen lernen.

Die demokratische Festkultur will weder den religiösen Kult ersetzen noch diesen für den Nationalfeiertag instrumentalisieren. Obwohl in Deutschland weiterhin besondere Beziehungen zwischen Staat und Kirche bestehen, wird dieser auch hier losgelöst vom christlichen Inhalt und unabhängig von den Kirchen begangen. Doch sind Übergangszonen nicht zu übersehen. Diese wurden deutlich, als sich die Kirchenleitungen dagegen aussprachen, in der Nacht zum 3.10.1990 die Kirchenglocken läuten zu lassen, um nicht in den Verdacht zu geraten, einen nationalen Triumphalismus abzusegnen. Manche Pfarrgemeinden haben sich aber nicht daran gehalten; ihre Glocken erklangen. In unserem Kulturbestand ist noch immer etwas von dem Wunsch lebendig, Gott möge der politischen Gemeinschaft seinen Segen schenken. In einer gegliederten Festkultur sollte deshalb auch noch Platz für den Gottesdienst bleiben, in dem übrigens von vorstaatlichen Werten aus der Verfassungskonsens und die nationale Einheit reflektiert werden können.

Das öffentliche Fest ist vielschichtig angelegt. Es dient sowohl der Besinnung und dem Gedenken als auch der Freude und Unterhaltung. Daraus können sich Spannungen zwischen Ordnung und Spontanität ergeben. Wie geht die demokratische Festkultur damit um? Ohne den Charakter eines Volksfestes aufzugeben, sollte sie entsprechend ihres pluralistischen Selbstverständnisses sowohl ritualisierte (u.a. Feierstunde) als auch spontane (u.a. Spiele) Elemente für unterschiedliche Teilnehmergruppen anbieten. Eine so gegliederte Festkultur fördert die Akzeptanz und fördert das Gelingen. Wie aber erst jüngst wieder die benachbarte Schweiz bei der Ausrichtung ihrer 700 Jahrfeier erfahren mußte, kann das Kernstück eines jeden Festes, die Feier, besondere Probleme bereiten. Um den schon etwas erstarrten Festformen des 19. Jahrhunderts zu entgehen, wird sie daher nicht selten durch eine historische Vortragsveranstaltung oder ein "Kritisches Forum" ersetzt. Eine Feier erhebt aber einen anderen Anspruch als eine Belehrung oder ein Meinungsstreit. Sie will den durch einen Zusammenklang von Wort, Musik und Gesang den ganzen Menschen ansprechen und ihn aus dem Alltag hinausführen. Vor allem obliegt es dabei der Festabsprache, dem Symbolgehalt des Feieranlasses gerecht zu werden. Ohne in Wortgeklingel zu verfallen, sollte sie sich verstehend mit der Vergangenheit auseinandersetzen, nüchtern, wenn auch wertebewußt die Gegenwart erschließen und mutmachende Zeichen für die Zukunft der res publica Deutschland in Zusammenarbeit mit Europa und der Welt setzen.

Anmerkungen

1 Fritz Löffler: Das alte Dresden. – Leipzig, 1981, S. 126 ff.

2 Armin Reese: Zum höfischen Fest des Absolutismus. – in R. Beilharz/G. Frank (Hrsg.): Feste. – Weinheim 1991, S. 122

3 Gerd-Klaus Kaltenbrunner: Vorwort des Herausgebers. In: ders. (Hrsg.): Grund zum Feiern. Abschaffung und Wiederkehr der Feste. – München 1981, S. 8

4 Paul Hugger: Einleitung. Das Fest – Perspektiven einer Forschungsgeschichte. In: ders. u.a.: Stadt und Fest, Stuttgart 1987, S. 11

5 Dieter Düding: Nationale Oppositionsfeste der Turner, Sänger und Schützen im 19. Jahrhundert. – In: D. Düding/P. Friedmann/P. Münch (Hrsg.): Öffentliche Festkultur, Reinbek 1988, S. 15

6 Paul Hugger: wie Anm. 4, S. 13

7 Ottilie Dotzenrad: Republikanische Feste im Rheinland zur Zeit der französischen Revolution. – In: D. Düding/P. Friedemann/P. Münch (Hrsg.): Öffentliche Festkultur, Reinbek 1988, S. 58

8 Adolf Arndt: Demokratie als Bauherr. – Berlin 1961

9 Heinrich Klotz: Architektur als Staatsrepräsentation. – In: Der Merkur, 9/10, 1986, S. 761-767

10 Herbert Schneider: Identifikationssymbole und -rituale in Politik und politischer Bildung. – In: B. Claussen/B. Bröcker (Hrsg.): Politisches Lernen und politische Institutionen im gesellschaftlichen Wandel, Hamburg 1992, S. 7

11 Paul Tillich: Symbol und Wirklichkeit. – Göttingen 1986[3], S. 6

12 Dieter Oberndörfer: Die offene Republik. – Freiburg 1991

13 Dolf Sternberger: Verfassungspatriotismus. – Frankfurt 1990

14 Christian Graf von Krockow: Symbolbildung und politische Identität. – In: Bundeszentrale für politische Bildung (Hrsg.): Wappen und Flaggen der Bundesrepublik Deutschland und ihrer Länder, Bonn 1981

15 Peter Häberle: Feiertagsgarantien als kulturelle Identitätselemente des demokratischen Verfassungsstates. – Berlin 1987, S. 29

16 Siehe auch den Sammelband Karl Pellens (Hrsg.): Historische Gedenktage im politischen Bewußtsein – Identitätskritik und Identitätsbildung in Öffentlichkeit und Unterricht. – Stuttgart 1992

17 Herbert Schneider: Demokratische Festkultur. – in: K. Pellens (Hrsg.): Historische Gedenktage im politischen Bewußtsein. – Stuttgart 1992, S. 38.

Caspar von Schrenck-Notzing

Wer kommt nach den 68ern?

Politische Generationen seit Kriegsende

Kaum ein auch nur gelegentlicher Beobachter der Zeitläufte wird sich den
Kopf darüber zerbrechen, um welche Generation es sich handelt, wenn von
der "geschmähten Generation" (H. Filbinger) die Rede ist. Zu sehr ist die
Schmähung der Kriegsgeneration ein Teil unserer politischen Kultur geworden. Selbst als das Schlagwort "Streitkultur" umlief, wurde streng darauf
geachtet, die Kriegsgeneration aus dem Dialog auszuklammern, den man um
so lieber mit der SED-Spitze führte. Kann ein Angehöriger des Jahrgangs
1927 darauf pochen, infolge der "Gnade der späten Geburt" den derart Ver-
fehmten nicht beigesellt zu werden? Und beginnt es nicht manchem zu
dämmern, daß Material genug bereitliegt, um auch anderen Generationen den
Prozeß zu machen? Bereits Mitte der achtziger Jahre hat ein Oppositions-
Fundamentalist, G. Maschke, Anklage wider eine "Verschwörung der Flakhelfer" erhoben. Die "Inferiorität als Staatsräson" (so der Titel des betr.
Sammelbandes), das unerschütterliche Credo, Deutschland dürfe nie wieder
eine Macht bedeutenden Zuschnitts werden, denn dies sei "gefährlich", wird
von Maschke einer bestimmten Generation angelastet: "Es ist in etwa die
Generation der Flakhelfer (Jahrgänge etwa zwischen 1926 und 1932), die in
die Spitzenpositionen eingerückt ist. Zu dieser Generation gehört Helmut
Kohl ebenso wie Hans Magnus Enzensberger, Hans Jochen Vogel ebenso
wie Jürgen Habermas, Walter Leisler Kiep ebenso wie Ralf Dahrendorf."
Trösten wir uns damit, daß jede Generation auch ihre Dissidenten hat.
  Doch was ist eigentlich eine Generation? Eine Generation ist, wenn wir
das Fremdwort ins Deutsche übertragen, eine Zeugung. Es handelt sich also
um einen biologischen Prozeß, die Erhaltung der Gattung Mensch durch die
regelmäßige Zeugung einer neuen – eben – Generation. Eine biologische
Generation reiht sich so in der Abfolge Kinder – Eltern – Großeltern an die
andere. Später Geborene treten zum gegebenen Zeitpunkt an die Stelle von
früher Geborenen. Aus Kindern werden Eltern. Doch ist unser Thema nicht
die biologische Generation, sondern die politische. Eine politische Generation wird durch ein einmaliges historisches Geschehen geprägt. Diese Prägung, die in den meisten Fällen lebenslang erhalten bleibt, hat nichts mit der
Zeugung zu tun, sondern mit einer besonderen Aufnahmebereitschaft, die im

Alter zwischen 25 und 30 Jahren zu verzeichnen ist, wo mit Berufswahl, Familiengründung, Eintritt ins öffentliche Leben sich auch weltanschaulich-politische Positionen herausbilden und festigen, die später die Sicht auf wechselnde Zeitumstände bestimmen, sich selbst aber im Kern nicht mehr ändern. Auf eine kurze Formel gebracht: *Eine biologische Generation wird von den Eltern gezeugt, eine politische von der Geschichte.* Meist sind es Jahrhundertereignisse, die die politischen Generationen formen. So hat Claude Digeon ("La Crise allemande de la Pensée Française") untersucht, wie die verschiedenen Generationen die Niederlage von 1871 "verarbeitet" haben, von der "romantischen Generation" der Geburtsjahrgänge nach 1800, die von der Niederlage innerlich kaum berührt wurde, bis zur Generation der Geburtsjahrgänge von 1860-1870, die nicht mehr vom Zusammenbruch des zweiten Kaiserreichs betroffen zum Träger der Bewegung der "Moderne" wurde. Die dazwischen liegenden Generationen hingegen konnten sich von der Niederlage nicht lösen. Analog dürfte kaum zu bestreiten sein, daß in Deutschland alle Generationen nach der Wilhelminischen (Geburtsjahrgänge vor 1890) und vor der Vereinigungsgeneration (der heute 25-30jährigen) auf unterschiedliche Weise durch die Niederlage von 1945 geprägt worden sind, von der sie sich aus äußeren (Jalta-System) und inneren (Vergangenheits-bewältigung) Gründen nicht lösen konnten.

Fünf politische Generationen sind seit Kriegsende in die Spitzenpositionen eingerückt: Die Wilhelminische Generation, die Weimarer Generation, die Kriegsgeneration, die Flakhelfer- und Kinderlandverschickungsgeneration und die 68er Generation. Als Bundesrepublik und DDR 1949 gegründet wurden, war die Wilhelminische Generation (Geburtsjahrgänge vor 1890) eigentlich schon dabei, sich auf das Altenteil zurückzuziehen. Wer etwa 1885 geboren war und so noch etwas von der Vorkriegszeit miterlebt hatte, war 1949 64 Jahre alt und damit im Pensionsalter. Angehörige dieser Generation bekleideten vor allem repräsentative Ämter. Die beiden ersten deutschen Nachkriegspräsidenten Theodor Heuss (geb. 1884) und Wilhelm Pieck (geb. 1876) gehörten zur Wilhelminischen Generation. Epochemachend war jedoch, daß der Inhaber eines anderen repräsentativen Amtes, der Präsident des Parlamentarischen Rates, diesen Posten als Sprungbrett zum Kanzleramt nützte. Der 1876 geborene Konrad Adenauer wurde so sehr zur prägenden Kraft der fünfziger Jahre, daß man diese auch die "Ära Adenauer" nannte. Adenauer verkörperte sogar als dezidierter Antipreuße die preußischen Tugenden Pflichtbewußtsein, Nüchternheit, Dienst am Ganzen und verfolgte sogar als Mann des klerikalen Zentrums aus dem "Heiligen Köln" die nationalstaatlichen Ziele der Wiedergewinnung der politischen Handlungsfähigkeit und der Souveränität des von ihm geleiteten Staatswesens. Unbeirrt verfolgte der sonst zu mancherlei Winkelzügen aufgelegte Politiker das Ziel einer adäquaten Wiederbewaffnung der Deutschen, wenngleich deren Schlußstein, die atomare Bewaffnung der Bundeswehr nicht mehr durchgesetzt werden konnte. Die Trümmerwelt von 1945 bestimmte Adenauers *Arbeitsfeld*, nicht jedoch sein *Weltbild*. Doch die "Verinnerlichung" von 1945 sollte noch gründlich nachgeholt werden. Im November 1958 führte der Sieg der amerikanischen Liberalen bei den Kongreßwahlen und das Berlin-Ultimatum Nikita Chruschtschows – beides nicht ohne Zusammenhang – zu einem fast völligen Zusammenbruch von Adenauers Politik. Seine letzten Regierungsjahre (bis 1963) wurden unter einer Lawine der Umwertung aller Werte begraben. An die Stelle des Staates trat die Gesellschaft, an die Stelle der Politik die Moral, an die Stelle der Tradition der Fortschritt, an die Stelle der Pflichterfüllung die Bedürfnisbefriedigung. Allem, was noch stand, wurde – wie Arnold Gehlen formulierte – das Mark aus den Knochen geblasen. Jetzt erst begann jene Gegenwart, die bis 1989 anhielt.

Mit der nächstfolgenden, der Weimarer Generation (Geburtsjahrgänge vor und nach 1905) kommen wir zur eigentlichen Gründergeneration der Bundesrepublik. Im 1. Bundestag entfielen auf Vertreter der nach ihr folgenden Generation nur 5,9 % der Mandate. Die Weimarer Generation war, zählen wir einige verbliebene Vertreter der Wilhelminischen Generation einmal ab, unter sich. Der Zusammenbruch von 1918 war für die Weimarer Generation ein Fait accompli gewesen, sie wuchs in die neuen Verhältnisse hinein. An die Stelle der zerbrochenen, weit in die Geschichte hineinreichenden Institutionen setzte die Weimarer Generation Prinzipien, vor allem auch Verfassungsprinzipien, die durchaus theoretisch begründet waren. Nur trafen die Prinzipien auf ähnlich begründete Gegenprinzipien. Es kam zu einem Kalten Bürgerkrieg, der die Form des Parteienstreites annahm. Die Besatzungsmächte unterbanden diesen Kalten Bürgerkrieg, indem sie nach dem Motto "Die Guten (= Linken) ins Töpfchen, die Schlechten (= Rechten) ins Kröpfchen" nur noch eine Mannschaft auf das politische Spielfeld laufen ließen. Entnazifizierung, Entmilitarisierung, Lizenzierung und Umerziehung waren die Mittel. Die Weimarer Generation blieb auf das Jahr 1933 fixiert. Bonn sollte, um den bekannten Buchtitel von Aleman auf den Kopf zu stellen, doch Weimar werden, aber mit einem Happy end. Dazu waren Korrekturen vorzunehmen, die sich auch in etlichen Artikeln des Grundgesetzes niedergeschlagen haben. Ein konstruktives Mißtrauensvotum nach Art. 67 war sicher geeignet, die Entlassung Brünings, die Einführung des Parteienverbots nach Art. 21 die Wahlerfolge der NSDAP zu verhindern. Mit dem Grundrecht auf

Asyl nach Art. 16 sollte keineswegs einer neuen Völkerwanderung und dem Untergang des Abendlandes Tür und Tor geöffnet, sondern nur Tucholsky und Ossietzky eine sichere Heimstatt garantiert werden. Die Weimarer Generation stellte auch die Politpädagogen der Nation, die mit erhobenem Zeigefinger die deutschen Lande durchstreiften, ob Alexander Mitscherlich oder Marion Gräfin Dönhoff, ob Theodor Eschenburg oder Helmut Krausnick, ob Theodor W. Adorno oder Wolfgang Abendroth. Auf die Weimarer Generation geht auch der "Verfassungspatriot" zurück, wie ihn der 1907 geborene (A)dolf Sternberger an die staatsbürgerliche Wand gemalt hat.

Die nächste Generation, die Kriegsgeneration (Jahrgänge etwa 1910-1925) ist eine schwierige Generation. Sie wurde vom doppelten Zusammenbruch des Deutschen Reiches und der eigenen Ideale voll getroffen. In den Nachkriegsverhältnissen richtete sich diese Generation provisorisch und pragmatisch ein. Wer gelernt hatte, im Kriege zu überleben, hatte auch gelernt, sich den Umständen zu fügen, ohne sie gleich begeistert zu verinnerlichen. Um Verfassungsfeinde, wie das Grundgesetz in Art. 18 (Verwirkung der Grundrechte) wohl erwartet hatte, handelte es sich gewißlich nicht. Der Kriegsgeneration war bewußt, daß die Verhältnisse in Nachkriegsdeutschland nicht auf einen Diskussionsprozeß, eine Güterabwägung oder dergleichen zurückgingen, sondern auf eine einmalige historische Entscheidung, den Sieg der Alliierten im Jahre 1945. Dieser Sieg hatte die Rahmenbedingungen geschaffen, innerhalb deren man sich als loyaler Staatsbürger nolens-volens zu bewegen hatte. Doch wurde der Kriegsgeneration keine Ruhe gegönnt. Als die Vergangenheitsbewältigung um 1960 an die Stelle der Staatsräson zu treten begann, wurde den Angehörigen der Kriegsgeneration post festum eine zweite, aus dem Fundus der Anklagebehörden bei den Nürnberger Prozessen geschneiderte Biographie verpaßt, die mit der ersten, der selbsterlebten, nur wenig gemeinsam hatte. In die Mühlen der Vergangenheitsbewältigung geraten, spaltete die Kriegsgeneration sich auf; die einen taten unbeirrt ihre "verdammte Pflicht", den anderen platzte der Kragen. In einer Fülle von Richtigstellungen, Memoiren, Polemiken, in einem nur selten wissenschaftliches Niveau erreichendem Revisionismus vertraten sie zorngerötet "die andere Seite". Keine Kinder des Medienzeitalters taten sie es meist mit untauglichen Mitteln. Schließlich gab es in der Kriegsgeneration auch Vertreter einer "Sauren Generation" (Winfried Martini). Die einmal versalzene Suppe wurde von diesen als von Ewigkeit zu Ewigkeit versalzen erklärt. Rudolf Augstein, Hans Heigert, Erich Kuby, Harry Pross, Walter Jens sind bezeichnende Exemplare dieser Spezies, die mit Heinrich Böll sogar einen Literaturnobelpreisträger gestellt hat. In die politischen Führungspositionen rückte die

Kriegsgeneration spät auf. Aus ihrem Mandatsanteil von 5,6 % im ersten Bundestag waren im fünften (1965-69) 46,4 % geworden. In der Regierung setzte sich die Kriegsgeneration erst mit der Regierung Brandt-Scheel durch, wo sie 13 von 17 Ministern stellte. So früh als möglich wurde sie wieder aus der Politik entfernt. 1991 beklagte Hans Jochen Vogel, daß im Bundestag nur 1,2 % der Abgeordneten über 65 Jahre alt seien, und das ist ja das heutige Alter der Kriegsgeneration.

Die nun folgende Generation ist nicht schwierig. Sie ist nicht zerrissen und trägt auch im Hinterkopf keine "andere Welt" mit sich herum. Es ist die Generation der Flakhelfer und Kinderlandverschickten (Geburtsjahrgänge von 1926-1932). Man spricht auch von den "weißen Jahrgängen" derer, die weder in der Wehrmacht noch in der Bundeswehr gedient haben. "Die Gnade der späten Geburt" materialisierte sich schon bald nach Kriegsende in Gestalt einer Postkarte der Entnazifizierungsbehörde mit dem aufgedruckten Stempel "Jugendamnestie". Die Generation war zwar Zeuge des deutschen Zusammenbruchs gewesen, verfügte jedoch noch nicht über einen eigenen Vorrat an Idealen und Illusionen, der 1945 hätte zusammenbrechen können. 25jährig standen die Flakhelfer mitten in den Aufbaujahren der Bundesrepublik und schwammen problemlos mit dem Strom der neuen Zeit. Ohne verlorene Jahre als Soldaten oder Kriegsgefangene stiegen sie schnell und sicher auf und nahmen den eigenen Aufstieg als schlagenden Beweis für die prinzipielle Güte der Verhältnisse im "freiesten Staat der deutschen Geschichte". Ihrer Überzeugung gaben sie in der Politik ebenso Ausdruck wie in der Politikwissenschaft. Die amerikanische Missionierung mittels Verbreitung der Sozialwissenschaften (F. Tenbruck, B. Plé) fand in der Flakhelfergenation ihre eifrigsten Adepten. Die Generation von Helmut Kohl und Hans Jochen Vogel ist auch die von Ralf Dahrendorf und Kurt Sontheimer.

Es gibt keine Generation, die es an Berühmtheit auch nur annähernd mit der der 68er aufnehmen könnte. Diese Generation (mit den Geburtsjahrgängen der 40er Jahre) ist dokumentiert, interpretiert und literarisch bearbeitet worden. Es ist die bislang letzte Generation mit einem eigenen Profil und einer allgemein verständlichen Bezeichnung (auch wenn es sich in Deutschland eigentlich um eine 67er Generation handelte). Auch wenn die Organisationsformen dieser Bewegung sich relativ schnell auflösten, wie APO und SDS, blieb diese Generation als Personengruppe "auf dem langen Marsch durch die Institutionen" (R. Dutschke) und als Beschleuniger des "Wertewandels" erhalten. Heute sind die 68er in breiter Front in die Führungspositionen eingerückt, sämtliche Ministerpräsidenten der westlichen

Bundesländer (mit Ausnahme von Johannes Rau und Max Streibl), zählen dazu. 1968 ist aber auch das Paradebeispiel eines Generationenkonflikts. Als 1988 der 20. Wiederkehr des Revolutionsjahres in mancherlei Tagungen und Publikationen gedacht wurde, kam im Münchner Heyne-Verlag ein Taschenbuch heraus, das als erstes Bild ein Photo von Studenten mit Leitern und Farbeimern zeigte, die die Aufschrift auf der Frankfurter Universität "Johann Wolfgang Goethe Universität" mit "Karl Marx Universität" überschmierten. Die Bild-Unterschrift lautete: "Karl-Marx-Uni: Die Abrechnung mit politischen Denk- und Handlungsweisen der Mütter und Väter". Sollten die Väter, die in das "Vaterland des Sozialismus" einmarschiert waren, provoziert werden? Doch wäre der Spaß nur der halbe gewesen, wenn "die Generation, auf die wir gewartet haben" (der Theologe H. Gollwitzer) , nicht auch ihre Ziehväter provoziert hätte, die Verfassungsdemokraten aus der Weimarer Generation wie die Vertreter der westlichen Wertegemeinschaft aus der Flakhelfer-Generation. Mit der allgemein getragenen rot-goldenen Mao-Plakette und dem Schwenken des Roten Büchleins mit den Worten des Großen Vorsitzenden, solidarisierten sich die Studenten mit einer der scheußlichsten Episoden der Menschheitsgeschichte, der chinesischen "Kulturrevolution". Peter Schütt schrieb dazu im FAZ-Beitrag "Maos güldene Sonne über Hamburg": "Viele junge Leute vor allem aus besseren Verhältnissen waren von dieser Frustseuche befallen. Manche von ihnen bekleiden heute höchste Ämter in Politik, Wirtschaft und Kultur und würden jeden Gedanken an Aufstand und Umsturz entrüstet von sich weisen. Sie bezeichnen sich zwar gern als 'Achtundsechziger', aber sie haben längst aus ihrer Erinnerung verdrängt, wie sehr sie damals der Mao-Droge verfallen waren."

Welche Generation kommt nach der 68er? Die Beantwortung dieser Frage steht und fällt mit der Annahme, daß es sich bei dem Jahr 1989 wiederum um ein Epochenjahr gehandelt hat, ein Jahr, in dem die Uhren neu gestellt wurden, und das für eine geraume Zeit. Wenn das Jahr 1989 ein Epochenjahr gewesen ist, so wie 1945, 1918, 1871, 1815 Epochenjahre waren, dann liegt nahe, daß dieses Jahr auch zum Entstehen einer neuen politischen Generation führen wird. Das Jahr 1989 hat das Koordinatensystem der 68er völlig durcheinandergebracht, nicht minder aber auch das der vorhergehenden politischen Generationen, der Verfassungspatrioten der Weimarer Generation, der gebrannten Kinder der Kriegsgeneration, der Politpädagogen der Flakhelfergeneration. Doch noch ist diese neue Generation eine "verdeckte Generation", so wie Deutschland eine "verdeckte Großmacht" ist. Als Bezeichnung für sie ist in der August-Nummer 1991 der Zeitschrift "Merkur" das Wort "Einigungsgeneration" vorgeschlagen worden: "Die heute 25jährigen haben am Beginn ihres Erwachsenenalters die deutsche Einigung erlebt. Sie haben den 9. November 1989 entweder am Fernsehen verfolgt, oder sie waren sogar dabei, als die Grenzen fielen. Sie sind die Generation, deren weiteres Leben von dem vermutlich noch lange währenden Prozeß der sozialen Einigung der vergrößerten Bundesrepublik geprägt sein wird. Sie sind, wenn man so will, die Einigungsgeneration. Was hat für sie diese plötzliche Rückkehr der Geschichte zu bedeuten?"

Und in der Tat dürfte die Rückkehr der Geschichte, von der sich die Deutschen um 1960 und spätestens am 13. August 1961, dem Tage des Berliner Mauerbaus verabschiedet hatten, für das Denken der neuen Generation der Angelpunkt werden. Nach einer bis zum Exzess individualistischen Generation und im Kontrast zu ihr wird wohl eine Generation folgen, für die das, was Norbert Elias die "Wir-Schicht" der Person nennt, wieder eine Rolle zu spielen beginnt. Im gleichen Beitrag von Heinz Bude ist nebenbei auch das Bild einer anderen Generation gezeichnet, die zwischen den überprofilierten 68ern und der prognostizierten Einigungsgeneration angesiedelt ist. Beeindruckt von einer auf hohen Touren laufenden Museumspädagogik, einer Denkmalspädagogik, einer Film- und Fernsehpädagogik (mit ihrem Höhepunkt, dem Fernsehstreifen "Holocaust", im Jahre 1979) nahm diese Generation sich am Ende selbst als Opfer wahr und kultivierte voller Selbstmitleid eine depressive Weltsicht mit teils grünen, teils yuppiehaften Obertönen. Die "Betroffenheitsgeneration" hat noch einmal zusammengefaßt, was als Bezugnahme auf die mit dem Jahr 1945 verbundenen Ereignisse in den vorangegangenen Generationen angeklungen war. Von der "Betroffenheitsgeneration" wurde all das nun zu einem persönlichen Lebensstil verarbeitet. Damit war aber der Bezugspunkt 1945 endgültig ausgereizt. Bude sieht einen neuen Generationenkonflikt heranreifen: *"Auf der einen Seite steht eine Generation von Älteren, die Betroffenheit fordert, und auf der anderen Seite eine Generation von Jüngerem, die Betroffenheit verweigert."* Die deutsche Wiedervereinigung hat eine neue politische Konstellation mit alten Denkschablonen und Politkünsten zusammengespannt. Die gegenseitige Abstoßung dieser beiden unvereinbaren Komponenten ist unvermeidlich. Da die neue politische Konstellation nicht mehr zurückzuschrauben ist, sind es die Denkschablonen und Politkünste, die weichen müssen – mit oder ohne Konflikt. Die Vereinigungsgenneration hat in sie noch nichts investiert, sie ist frei von Altlasten. Ein Paradigmenwechsel steht bevor.

Siegfried Schiele

Pluralismus und Konsens in der politischen Bildung

Der Zusammenbruch der sozialistischen Systeme in Mittel- und Osteuropa hat auch die politische Bildung vor neue Fragen gestellt. Vielleicht kann man in dieser Entwicklung einen Entlastungseffekt für die politische Bildung sehen. Der Zusammenbruch stärkt die Demokratien westlicher Prägung gleichsam automatisch und macht den abstrakten Systemvergleich fast überflüssig. Für manche Bereiche politischer Bildung, die in den letzten Jahren den Systemvergleich zu abstrakt betrieben und die Lebenswirklichkeit vernachlässigt haben, mag Selbstkritik am Platz sein. Für andere, die der Wirklichkeit des realen Sozialismus besser auf der Spur waren, ist Selbstgerechtigkeit auch nicht angebracht.

Die westlichen Demokratien stehen vor Herausforderungen mit globalen Aspekten und vor Bewährungsproben, die noch nicht bestanden sind. Die politische Bildung steht somit auch vor neuen Aufgaben, die noch zu definieren sind und Phantasie und Mut zum Umdenken geliebter Positionen erfordern. Wichtige Hinweise zu dieser Thematik hat schon vor geraumer Zeit Walter Gagel gegeben, der einen "Konsens über Probleme" gefordert hat[1].

Bevor jedoch diese Fragen beleuchtet werden, soll noch einmal das klassische Muster westlicher Demokratie betrachtet werden.

Die moderne Industriegesellschaft ist in eine riesige Zahl von sozialen Gruppen gegliedert, die kaum mehr überschaubar sind. Mit Recht spricht man nach wie vor von einer pluralistischen Gesellschaft, die ihre Interessen in vielfältiger Weise gruppiert und zum Ausdruck bringt. Die Bürgerinnen und Bürger sind aufgefordert, ihre eigenen Interessen in diesen Prozeß mit einzubringen. Dabei geht es nicht nur um Wertvorstellungen, die in unserer offenen und freien Gesellschaft miteinander konkurrieren und nach Gestaltung drängen.

So sehr einzelne oder Gruppen in unserer Gesellschaft glauben mögen, der "Wahrheit" nahe gekommen zu sein, so klar muß auch sein, daß sie ihre generelle Sicht der Dinge nicht anderen aufzwingen dürfen, die zu entgegengesetzten Schlüssen gekommen sind: "Im Verzicht auf den Anspruch der Allgemeinverbindlichkeit bestimmter Werte und Überzeugungen offenbart sich die Einsicht in das Unvermögen des Menschen, letzte Wahrheiten über die Stellung des Menschen in der Geschichte und deren Sinn anderen logisch zwingend und einsehbar vermitteln zu können"[2].

Gerade diese Sicht der Dinge hat eine Unterstützung erfahren durch das Scheitern der sozialistischen Systeme, die mit absolutem Wahrheitsanspruch aufgetreten waren und mit totalitärem Druck allen diese Wahrheit aufzwingen wollten. Trotz dieser kräftigen Vitaminspritze aus Mittel- und Osteuropa hat sich die pluralistisch organisierte Demokratie noch längst nicht weltweit durchgesetzt. Sie wird immer wieder Anfeindungen ausgesetzt sein, die unter dem Banner von vermeintlich absoluten Wahrheiten die freilich stets unvollkommene Demokratie westlicher Prägung ins Wanken bringen wollen.

Konflikt, Kompromiß und Konsens in der politischen Bildung

Es bleibt deshalb eine immerwährende Aufgabe politischer Bildung, die Bedeutung von Konflikten für das Funktionieren demokratischer Systeme herauszustellen. Diese Aufgabe ist deshalb nicht leicht, weil sie mit dem Harmoniestreben des Menschen kollidiert. Die Auseinandersetzungen um die "Konfliktpädagogik", die vor allem im Bereich der politischen Bildung heiß ausgetragen wurden, haben mit diesem banalen Hintergrund zu tun. Vielleicht sollte man stärker herausstellen, daß es nicht um den "Konflikt an sich" geht, sondern daß durch die konfliktreiche Auseinandersetzung Lösungen gefunden werden, die in der Regel für die Allgemeinheit erträglicher und weiterführender sind, als wenn dezidierte Einzelpositionen, die nicht dem rauhen Wind der Auseinandersetzung ausgesetzt wären, durchgepaukt würden. Didaktische Modelle, die auf die Durchleuchtung dieses Sachverhalts abzielen, müßten in großer Zahl entwickelt und erprobt werden.

Mit dieser Fragestellung hängt auch die Thematik "Kompromiß" in der Demokratie zusammen. Dem Kompromiß haftet in der öffentlichen Bewertung etwas Schwächliches und Unzureichendes an. Dabei wird nicht beachtet, daß der Kompromiß substantiell einer pluralistischen Gesellschaft eigen ist. Wenn es hunderte von Gruppen und Positionen in einer Gesellschaft gibt, dann wird der Kompromiß zur Notwendigkeit und zur Tugend. Auch in dieser Beziehung hat die politische Bildung noch Aufgaben. An praktischen Beispielen sollte der Wert des Kompromisses einleuchtend herausgestellt werden. Hier muß man "gegen den Strich bürsten", weil vor allem unsere jungen Menschen die Klarheit und Eindeutigkeit bevorzugen und Kompromiß leicht mit Gemauschel und Geschäft gleichsetzen.

Um keine Mißverständisse entstehen zu lassen, muß deshalb betont werden, daß der Kompromiß eindeutige Positionen voraussetzt. Je klarer die Positionen aufeinanderprallen, desto besser kann der Kompromiß ausfallen. Es hätte wenig Sinn, wenn bereits im Vorfeld Positionen kompromißorientiert formuliert würden. Dadurch würden die Meinungs- und Willensbildung nicht erleichtert, sondern erschwert. Das gilt auch für den didaktischen Bereich. Es ist gut und wichtig, daß es unterschiedliche Positionen gibt, die miteinander ringen und in Konkurrenz stehen. Für die Weiterentwicklung der Didaktik politischer Bildung sind unterschiedliche didaktische Theorien unabdingbar. Auf diesem Feld bedarf es neuer Impulse.

Im Zusammenhang mit der spezifischen Zielsetzung dieser Schrift darf betont werden, daß Klaus Hornung zu denen gehört, die sich um die Erarbeitung klarer Positionen verdient machen. Immer wieder hat er z.B. auf die Gefahren einer "Playboy-Demokratie" hingewiesen und vor dem falschen Verständnis von Freiheit gewarnt[3]. Ebenso steht er für die Notwendigkeit eines "nationalen Identitätsbewußtseins". Es geht hier nicht um eine Auseinandersetzung oder gar um eine Verifizierung oder Falsifizierung dieser Ansätze. Vielmehr soll lediglich betont werden, wie notwendig es ist, Ansätze zu entwickeln, die in sich stimmig sind und eine gewisse Plausibilität für sich in Anspruch nehmen können. Auch wenn sie zum Widerspruch herausfordern, erfüllen sie eine wichtige und weiterführende Funktion.

Für den jeweiligen Vertreter einer Theorie mag der Prozeß der geistigen Auseinandersetzung oft schmerzhaft ablaufen. Solange die Auseinandersetzung jedoch nach den Spielregeln intellektueller Redlichkeit abläuft, ist es doch auch Genugtuung, einen Pol im Spannungsfeld geistiger Konflikte zu markieren.

Daß die Konflikte vor allem in den siebziger Jahren vielfach nicht spielregelgerecht abliefen, hat zur *Konsensdebatte* geführt. Werden Streit und Positionen absolut gesetzt, dann gerät das Gesamtsystem aus den Fugen. Es ist deshalb eine Frage der Steuerung des Gesamtsystems, ob der Akzent stärker auf Dissens – das ist der Regelfall – oder auf Konsens gelegt werden sollte. Man kann der Formel zustimmen: "Soviel Pluralität als möglich, soviel Konsens als nötig für die Selbstbehauptung und historisch-politische Dauer des Gemeinwesens"[4].

Daß der "Beutelsbacher Konsens" tragfähig bleibt, ist ein Zeichen dafür, daß die politische Kultur insgesamt an Boden gewonnen hat. Freilich führt der Begriff "Beutelsbacher Konsens" auch zu Mißverständnissen. Daß der Akzent im Jahr 1976 auf Konsens lag, ist der historischen Situation zuzuschreiben. Damals war der Geist der Unversöhnlichkeit, an dem langfristig eine Demokratie zerbrechen muß, weit verbreitet. Interpretiert man jedoch den Inhalt des Konsenses, dann könnte man mit gleicher Berechtigung von der Bekräftigung des Grundsatzes der "Bedeutung von Dissens" für die Existenz einer Demokratie reden. Das zeigt, daß es beim Konsens um ein Minimum geht, das allerdings unverzichtbar ist und damit gleichzeitig ein Optimum darstellt. Der inhaltliche Konsenskern zielt auf Artikel 1 des Grundgesetzes. Wenn die Menschenwürde Ausgangspunkt und Zielpunkt politischen Handelns ist, dann ist der Strom politischer Auseinandersetzung kanalisiert. Weiterer inhaltlicher Festlegungen bedarf es dann nicht. Ins Blickfeld geraten dann die Spielregeln für das Austragen der gesellschaftlichen Konflikte, um die gerungen werden muß und die auch Wertbezüge zum Ausdruck bringen. Ohne das Fair play der Konfliktaustragung gerät das Gesamtsystem ins Wanken. Vor diesem Hintergrund können Regelverletzungen nicht auf die leichte Schulter genommen werden. Auch der "zivile Ungehorsam", der leicht mit "Zivilcourage" verwechselt wird, verkennt die fundamentale Bedeutung der Einhaltung von Spielregeln. Man sollte das menschliche Gewissen nicht dadurch entwerten, daß man es schon auf die Waagschale legt, wenn Änderungen von Sachverhalten im Rahmen des Spielregelsystems möglich sind.

Der Kerngedanke unseres Grundgesetzes drückt sich in der politischen Bildung im Verbot jeglicher Indoktrination aus. Wenn auch die vielfältigen Träger politischer Bildung die Bildungsarbeit mit besonderen Akzenten versehen können und sollen, so verdienten ihre Bemühungen nicht das Wort Bildung, wenn sie von festgefügten Zielvorstellungen und Absichten ausgingen, deren Nichterreichen Sanktionen nach sich zögen. Ganz besonders sensibel müssen sich öffentliche Träger politischer Bildung wie Schulen und Zentralen für politische Bildung verhalten. Deren Arbeit ist zwar auf die Grundgedanken der Demokratie gerichtet, bedarf aber gerade deshalb der Offenheit und der Vielfalt der Akzente. Wenn sich öffentliche Träger nicht intensiv und mit allem Nachdruck um diese Offenheit bemühen, dann wäre das Streichen jeglicher politischer Bildung aus allen Lehr- und Bildungsplänen immer noch besser als der Mangel an Glaubwürdigkeit einer politischen Bildung, die vorgibt, überparteilich zu sein, aber dennoch sublim indoktriniert. Es ist schwer, Parteinahme für die Demokratie und Parteilichkeit[5] voneinander zu unterscheiden, die Unterscheidung ist aber essentiell für eine glaubwürdige politische Bildung.

Der Grundsatz der Kontroversität ist immer auch eine Art Nagelprobe für eine sach- und fachgerechte politische Bildungsarbeit im öffentlichen Auftrag. Bei den vielfältigen Strömungen einer pluralistisch verfaßten Gesellschaft kann es nicht sein, daß nur eine "Hauptströmung" im politischen Unterricht zum Tragen kommt. Es kann auch nicht von Ergebnissen bei Landtagswahlen abhängen, welcher Wind jeweils im politischen Unterricht durch das Klassenzimmer weht.

Um der Praktikabilität politischer Bildung willen muß man sich bei der Darstellung von Kontroversen politischer Art in der Regel auf Positionen beschränken, die in den demokratisch legitimierten Parlamenten vertreten werden. Diese "Gebrauchsanweisung" ist freilich dann etwas problematisch, wenn rechts- oder linksradikale Gruppierungen ins Parlament gelangen, deren Zielsetzungen gegen den Kerngedanken des Grundgesetzes gerichtet sind, der Nachweis für diese Absicht jedoch nicht leicht zu erbringen ist oder aber die juristische Auseinandersetzung nach Art. 21,2 GG bewußt nicht gesucht wird, um die offene politische Auseinandersetzung nicht zu ersticken. Wir können jedoch froh sein, daß radikale Gruppierungen, die den Grundgedanken des Grundgesetzes verletzen, in der Geschichte der Bundesrepublik nur selten ins Parlament gelangt sind.

Zukunftsprobleme politischer Bildung

Das Thema "Pluralismus und Konsens in der politischen Bildung" bedarf noch einer Nachbetrachtung. Mit dem Wegfall der Ost-Westkonfrontation ist der politischen Bildung zwar eine Bürde genommen, aber dafür zeigen sich andere Belastungen enormer Art immer deutlicher.

Wer leugnet, daß es globale Gefährungen ersten Grades gibt oder diese herunterspielt, betreibt unverantwortliche Beschwichtigungspolitik. Unser Globus ist dadurch gefährdet, daß wir die ökologischen Belastungen weltweit noch längst nicht in den Griff bekommen. Damit verbunden ist die Gefahr, daß uns die technische Entwicklung über den Kopf wächst. Auch die Gefährdung des Weltfriedens ist nach wie vor gegeben, weil die Kontrolle des Nuklear-Potentials nicht gewährleistet ist. Schließlich ist nicht im entferntesten eine Lösung in Sicht, wie wir das Elend der Dritten Welt beheben können. Eine politische Bildung, die diese globalen Probleme vernachlässigt, wird zum Glasperlenspiel. Im Hinblick auf diese Probleme werden didaktische Fragestellungen wie z.B. die Bedeutung der Institutionenkunde drittrangig. Auch die Frage von Konsens und Dissens erscheint vor diesem Hintergrund in neuem Licht. So sehr der Grundsatz des Dissenses für eine pluralistische Gesellschaft Lebenselexier ist, wie wir gesehen haben, so sehr wächst der Konsensdruck, wenn es um die Bewältigung von globalen Gefährdungen geht. Es ist sogar fraglich, ob wir uns den Luxus leisten können, politisch über Lösungswege zu streiten, wenn es z.B. aus naturwissenschaftlicher Sicht bei manchen Problemen nur *einen* überzeugenden Weg gibt, um ökologische Katastrophen abzuwenden. Im Hinblick auf das beschriebene Gefährdungspotential bedarf es im politischen Raum eines Konsenses, der im inneren Zusammenhang mit den Grundgedanken der Demokratie steht.

Bedenkt man diese Problematik, dann bedarf es einer kritischen Durchsicht von Lehrplänen und Schulbüchern. Das Ergebnis wäre sicherlich eine Akzentverlagerung hin zu den beschriebenen Gefährdungen. Freilich wird auch deutlich, daß es sich um übergreifende Fragestellungen handelt, die nicht eindeutig einem einzigen Fach zuzuordnen sind. Die politische Bildung muß jedoch die übergreifende Klammer darstellen und für die interdisziplinäre Zusammenarbeit offener sein als bislang.

Wenn die politische Bildung jedoch den beschriebenen Fragestellungen nicht nachgeht, wird das Interesse der Jugend an politischen Fragen noch mehr nachlassen. Die Jugend reagiert nämlich auf die globalen Gefährdungen sensibler als die Mehrheit der Erwachsenen. Sie hat aber den Eindruck, daß die Politik gegenüber den Gefährdungen fast hilflos reagiert und von der Hand in den Mund lebt, aber nicht die großen Würfe zur wirklichen Lösung der Probleme wagt.

Hier muß die politische Bildung der Jugend und der Politik zugleich helfen, der Politik, indem sie das Anpacken der Probleme erleichtert, der Jugend, in dem sie moralische Unterstützung gibt und zugleich zur vernetzenden Betrachtung der Probleme führt, deren Bewältigung mit moralischem Enthusiasmus allein nicht zu schaffen ist.

Anmerkungen

1 Walter Gagel: Didaktische Probleme angesichts des technisch-ökonomischen Wandels – Barrieren für einen Konsens? in: Siegfried Schiele/Herbert Schneider (Hrsg.): Konsens und Dissens in der politischen Bildung. – Stuttgart 1987, S. 102-114, S. 111

2 Waldemar Besson/Gotthard Jasper: Das Leitbild der modernen Demokratie. – Bonn 1990, S. 20

3 Vgl. z.B. Klaus Hornung (Hrsg.): Mut zur Wende. Grundlagen und Auftrag einer Politik der Erneuerung. – Krefeld 1985

4 Klaus Hornung: Emanzipation – Identität – Konsens. Zur Lage und zu den Grundlagen politischer Bildung. – in: Siegfried Schiele/Herbert Schneider (Hrsg.): Konsens und Dissens in der politischen Bildung. – a.a.O., S. 97

5 Bernhard Sutor: Neue Grundlegung politischer Bildung, Band II: Ziele und Aufgabenfelder des Politikunterrichts. – Paderborn 1984, S. 46 ff.

Christoph Palmer

Der Wahlkampf in der Demokratie

1. Wahlkampf: Ein Zeitraum verdichteter Politikvermittlung und Politikwahrnehmung

Für die Bürger wird das konkrete, politische Erleben von Wahlkämpfen stark geprägt, die mit ihrer verdichteten und emotionalisierten Atmosphäre, zumal im Zeitalter der Mediendemokratie, für einen hohen Aufmerksamkeitswert sorgen. Der französische Politikwissenschaftler Henri Ménudier spricht davon, daß die großen Wahlkämpfe die "kollektive Erinnerung" prägen. Daß das Wahlkampftreiben jedoch tief in das Wählerbewußtsein eindringt, ist damit nicht impliziert.

Eine exakte Definition für den Wahlkampf gibt es nicht; sicher auch deshalb, weil die Abgrenzung zu "normaler" politischer Betätigung so schwer fällt. Die Auffassung, daß Wahlkämpfe in jüngster Zeit kurzfristiger geplant werden und damit später anzusetzen sind, wird durch die letzte Bundestagswahl bestätigt. Oft wird die Meinung vertreten, daß der Wahlkampf mit dem Ende des innerparteilichen Nominierungsprozesses – in der Regel neun bis sechs Monate vor dem Wahltag – beginnt. Es gibt jedoch auch weiter gefaßte Wahlkampfbegriffe, bis hin zu Aussagen, daß ein Wahlkampf schon "jeweils am Wahlabend" beginne.

Das Publikum verfolgt, teils angeregt und interessiert, teils angeekelt und distanziert, das heftige Treiben eines Wahlkampfes und hat am Ende dieses politischen Mobilisierungsprozesses eine Entscheidung über die Parteien- und Personenpräferenz zu fällen.

Von "Hoch-Zeiten" der Wähler mit den zu Wählenden zu sprechen, mag eine sehr idealisierte Darstellung eines realen Wahlkampfverlaufs sein, richtig ist aber doch, daß niemals sonst in der Demokratie Politiker und Bürger eine vergleichbare Chance (haben), in nahen Kontakt miteinander zu treten, wie in diesen Wochen, in denen die Politiker ihre Amtsstuben verlassen, um von Saal zu Saal, von Marktplatz zu Marktplatz zu ziehen. Für Dolf Sternberger ist der Wahlkampf sogar die moderne Erscheinungsart der aus der Antike überkommenen Volksversammlung, freilich in einer in Raum und Zeit ausgedehnten Form. Zugleich wird sich vor allem durch diesen strittigen Wettbewerb die "Politikerkaste" bewußt, wer der Souverän ist und daß

Machtdelegation in der Demokratie immer auf Zeit erfolgt. Den Erziehungseffekt der Wahl für Politiker brachte Raymond Aron auf den kurzen Nenner: "Am Tage der Wahl sind die Regierenden von den Regierten abhängig".

Aus einer demokratietheoretischen Perspektive mag man kritisieren, daß es sich bei flüchtigen Wahlkampfkontakten um kaum mehr als formale Pflichtübungen handelt. Idealtypisch stellen Wahlkämpfe jedoch eine große Chance dar, um die Wähler in den politischen Prozeß miteinzubeziehen und Politiker auf Probleme und Anliegen aufmerksam zu machen. Die Funktion des Wahlkampfes wäre es dann, mittels Argumenten, Programmen und Personen dem Wähler die Meinungsbildung zu ermöglichen.

In diesem Zusammenhang sollte Anthony Downs ökonomisches Modell der Demokratie eingeführt werden. Nach Downs bieten die Parteien Personen, Programme und Versprechungen gleichsam als Ware an, der Wähler wäge ab und entscheide als Käufer mit Blick auf seinen und der Gesellschaft Vorteil. An diesem Modell, das Schumpeters Überlegungen weiterführt, ist manches zu kritisieren, vor allem das Axiom des rationalen Wählerverhaltens und die einseitige Reduzierung der Rolle des Bürgers auf die Konsumierung des von politischen Eliten dargebotenen politischen Betriebs. Die Darstellung des Wahlkampfs als Marktgeschehen ist jedoch ein interessantes, der Wirklichkeit nahe kommendes Konstrukt.

2. Wahlkampfkritik als historisches Stereotyp

Zwar gibt es vereinzelte, frühe Stimmen, die dem Wahlkampf durchaus Positives abgewinnen konnten. Für Friedrich Naumann etwa hatte er noch "eine große erziehende Kraft für alle Beteiligten."

Ungleich häufiger anzutreffen sind jedoch Klagen über Manipulationsmöglichkeiten von Führern und Eliten gerade in Wahlkampfzeiten und über die Trägheit der Wähler. Schon früh im Schrifttum zu Demokratie- und Parteifragen kommt es zu entsprechenden Wertungen. William Godwin beklagte 1788 den englischen Parlamentswahlkampf mit den Worten: Die "Jagd nach Wählerstimmen (ist) ein so abscheulich erniedrigendes, mit Moral und Würde völlig unvereinbares Geschäft ..., daß ich einen wahrhaft großen Geist kaum für fähig halte, die schmutzige Plackerei dieses Unwesens auf sich zu nehmen." Der demokratiekritische Robert Michels konstatierte zu Beginn des 20. Jahrhunderts die "Interesselosigkeit der Masse", ja ihre "Apathie".

Wahlkämpfe stoßen also nicht erst in der neuzeitlichen Mediendemokratie auf Widerstände. Alexis de Tocqueville, einer der ersten systematischen Be obachter von Wahlkämpfen, kam nach seiner Amerikareise zu Schlüssen, die ein moderner Wahlkampfkritiker kaum anders formuliert hätte: "So liegt den Parteien sehr daran, die Wahl zu ihren Gunsten zu entscheiden, nicht so sehr, um ihren Parteilehren mit Hilfe des gewählten Präsidenten zum Sieg zu verhelfen, als um durch dieWahl zu zeigen, daß diese Lehren die Mehrheit errungen haben." Etwas später: "Der Präsident seinerseits ist durch die Sorge um seine Behauptung voll beansprucht. Er regiert nicht mehr zum Wohl des Staates, sondern zum Vorteil seiner Wiederwahl; er neigt sich vor der Mehrheit, und statt ihren Leidenschaften zu widerstehen, wie es seine Pflicht wäre, kommt er ihren Launen entgegen."

Alexis de Tocqueville bescheinigte aber schon 1835 den Amerikanern zugleich, daß sie genau wüßten, wie weit sie im Wahlkampf gehen könnten: "Die Erfahrung hat sie gelehrt, bis zu welchem Grade sich die Erregung steigern darf und wo diese haltmachen muß". Damit spricht er die Fähigkeit zur politischen Mäßigung und die Vermeidung von Eskalationen an, die auch heute den Wahlkämpfern aller Parteien aufgegeben ist.

3. Parteien als Träger des Wahlkampfes

Nach dem Grundgesetz (Art. 21 Abs. 1, S. 1) wirken die Parteien bei der politischen Willensbildung des Volkes mit. In ständiger Rechtssprechung hat das Bundesverfassungsgericht die Rolle der Parteien insbesondere auch für die Durchführung von Wahlen herausgehoben. Verfassungsrechtlich ist ihnen eine besondere Stellung zugewiesen; sie sind in den "Rang einer verfassungsrechtlichen Institution erhoben", ohne jedoch selbst ein Verfassungsorgan zu sein.

Im 1967 verabschiedeten Parteiengesetz sind die Aufgaben für die Parteien konkretisiert und ihnen u.a die Mitwirkung an der Einflußnahme auf die Gestaltung der öffentlichen Meinung, an der politischen Bildung, an der Förderung der Bürgerbeteiligung am politischen Leben, an der Heranbildung von Bürgern zur Übernahme öffentlicher Verantwortung und der Bewerberaufstellung für die Parlamente aller Ebenen zugewiesen. Die Funktionszuweisung an die Parteien wirkt mit Ausnahme der Bewerberaufstellung blaß und wenig konkret. Dies kann mit der Schwierigkeit zusammenhängen, die Vielzahl der Aufgaben von Parteien befriedigend zu definieren. Sicher hängt es auch mit den historischen Ursprüngen des Parteiengesetzes zusammen. Es war in erster Linie als Parteienfinanzierungsgesetz angelegt.

Obwohl den Parteien eine besondere Rolle bei der Willensbildung zukommt, wird ihnen keine monopolartige Bedeutung zugemessen.

In der "parteienstaatlichen Demokratie" oder besser der Parteiendemokratie sind sie jedoch die "faktisch dominierenden" Träger der politischen Willensbildung. Diese Einschätzung ergibt sich aus der Anzahl der Funktionen und der Intensität ihrer Wahrnehmung durch die Parteien in Repräsentativverfassungen. Sie sind die unverzichtbaren politischen "Handlungseinheiten" der Demokratie. Von der Kandidatenauswahl über die Durchführung von Wahlkämpfen bis zur parlamentarischen Mitwirkung und der Regierungsausübung reicht ihre Allzuständigkeit. Das parteienstaatliche Element in der politischen Ordnung der Bundesrepublik Deutschland gilt vielen Kritikern als gefährlich "überdehnt". Neu ist diese Kritik allerdings nicht, mit anderen Argumenten wird eine lange zurückreichende Diskussion immer wieder aufgenommen.

Die von Joseph A. Schumpeter maßgeblich geprägte Konkurrenztheorie der Demokratie richtet ihr Augenmerk besonders auf die Wahl. Nach seiner zwar zu engen, bezogen auf den Stellenwert des Wahlkampfes für die Parteien, aber immer noch zutreffenden Definition ist die "Partei eine Gruppe, deren Mitglieder willens sind, im Konkurrenzkampf um die politische Macht in Übereinstimmung miteinander zu handeln." Mit den Worten von Dolf Sternberger ist es der "Lebenszweck" der Parteien "Wähler für ihre jeweiligen Kandidaten mitsamt ihren Programmen zu gewinnen und möglichst auch zu behalten."

Gegen eine funktionalistische Demokratieauffassung kann manches eingewandt werden, doch realitätsnah formuliert ist die Aussage J. A. Froweins: "Ohne die politischen Parteien könnten in der modernen Massendemokratie Wahlen nicht durchgeführt werden." In dem der Wahl vorhergehenden Wahlkampf findet die freie Konkurrenz der Parteien um die Macht in der Demokratie statt. Die Parteien präsentieren Personen, Schlagworte und Programme, sie geben Rechenschaft über Regierungserfolge oder stellen Absichten für zukünftiges Regierungshandeln vor.

Das Bundesverfassungsgericht hat den Wahlkampf als Gipfel und "Kernstück" parteipolitischer Tätigkeit bezeichnet. Die Organisation von Wahlkämpfen ist, wenn man den Stellenwert des Wahlakts als solchen in der Demokratie hoch bewertet, zweifellos eine der Hauptaufgaben von Parteien, obwohl z.B. das deutsche Parteiengesetz in der Aufgabenzuweisung an die Parteien den Begriff "Wahlkampf" meidet und ihn nur in Bezug auf die Erstattung von Kosten verwendet. Der Wahlkampf ist offensichtlich in den allgemeineren Formulierungen (s.o.) verborgen.

Der Wahlkampf ist zugleich die zentrale Aktivierungsphase für Mitglieder, Funktionäre und Anhänger sowie die Zeit, in der die Leistungsfähigkeit der Partei als ganzes besonders gefordert ist und auf dem Prüfstand steht. Während die Mitgliederschaft von Honoratiorenparteien vornehmlich überhaupt nur in Wahlkampfzeiten gebraucht wurde, wird heute von den Parteiaktivisten eine weit darüber hinausgehende Beteiligung erwartet. In Wahlkampfzeiten vermehrt sich allerdings der Grad und die Dichte der meisten Parteitätigkeiten noch immer stark.

4. Wozu Wahlkampf?

Obwohl die Wahlforschung bislang keinen exakten Aufschluß über die Frage geben kann, wie sich Wahlkämpfe quantitativ auf Wahlergebnisse niederschlagen, aber größere Wählerverschiebungen verneint, kommt dem Wahlkampf doch unzweifelhaft eine wichtige Rolle für die Aktivierung der potentiellen Wähler und die Bestärkung der eigenen Anhängerschaft zu. Der direkte Nutzen für die Parteien liegt also in der Mobilisierung der "stillen Reserven". Sie veranstalten "Erweckungs-Exerzitien zur Festigung der eigenen Anhängerschaft". Schon manche Wahl wurde auch dadurch entschieden, daß Parteien es ganz offensichtlich nicht verstanden hatten, "ihre" Wähler zur Urne zu bringen.

Von einer "Erinnerungsfunktion" des Wahlkampfes zu sprechen, ist richtig: "Im Wahlkampf werden die in der Vergangenheit in einem vielschichtigen Kommunikationsprozeß entstandenen Informationen, Meinungen und Einstellungen wieder belebt, aktualisiert und in ein Meinungsbild umgesetzt." (Werner Kaltefleiter)

Daneben trägt er zur allgemeinen Meinungsbildung der Bevölkerung bei – sei es in einer langfristigen Wirkung – auch dadurch, daß er Themen in die Bevölkerung trägt und er hat Anteil an der Ausprägung der politischen Kultur eines Landes.

Murray Edelman hat einen anderen Aspekt des Wahlkampfes herausgestellt: Er vermittele den Wählern in einem "rituellen Akt" das Gefühl des "Dabeiseins", damit sei er trotz geringen direkten Ertrags für ein politisches System wichtig.

Einen Verzicht auf Wahlkampf wird eine Partei nicht ernsthaft erwägen können. Es wäre zugleich der Anfang vom Ende der Demokratie, wenn Parteien ihre Angebote in Form einer strittigen Vorwahlphase nicht mehr dem Souverän unterbreiten wollten oder könnten. Bundespräsident Richard von

Weizsäcker schrieb 1982 allen harmoniesüchtigen Idealisten ins Stammbuch: "Die parlamentarische Demokratie funktioniert nur, wenn die Parteien um die Mehrheit kämpfen."

Tendenziell wird der Wahlkampf bei abnehmender Parteienbindung, schrumpfenden Stammwähleranteilen, sich markant auflösenden bzw. verändernden "Milieus" und sich kurzfristiger ergebender Wahlentscheidungen wichtiger. Die Ansprache der Wechselwähler durch den Wahlkampf wird für die Parteien schon quantitativ eine immer zentralere Aufgabe. Die Wahlkampfführung muß sich darauf durch eine besondere Flexibilität und Reaktionsfähigkeit auf neue Themen und Situationen einrichten. All diejenigen, die hoffen, daß die Rituale des Wahlkampfstreits schwinden, werden wohl eher enttäuscht werden müssen.

5. Wahlkampf im Kontext nationaler politischer Kultur

In einer Wahlkampagne spiegelt sich die politische Kultur eines Landes förmlich im Brennglas wider. Unter politischer Kultur werden, der grundlegenden Definition von Gabriel A. Almond und Sidney Verba folgend, die eher kurzfristigen Meinungen ("beliefs"), die längerfristigen Einstellungen ("attitudes") und die tiefsitzenden Werte ("values") verstanden, die das politische Verhalten von Menschen bestimmen. Im Gegensatz zu dieser Definition wird vor allem in der Publizistik und im tagespolitischen Gebrauch unter politischer Kultur ein Begriff verstanden, der die Politik insgesamt oder bestimmte Entscheidungen und Ereignisse normativ als "gut" oder "schlecht" bewertet.

Die politische Kultur bildet sich mehrdimensional auf einer kognitiven, affektiven und evaluativen Ebene aus. Wahlkämpfe gehen auf diese mehrdimensionale Ausprägung von Meinungen, Einstellungen und Werten ein, indem sie umfassend mit Schlagworten und Sachargumenten, mit Emotionalisierung und Appellen operieren. Tiefsitzende Grundauffassungen oder Vorurteile, mittelfristig angelegte Vorlieben oder Vorbehalte und kurzfristige Sympathien oder Antipathien sollen vermittelt, abgeschwächt oder verstärkt werden. Die individuellen historisch-politischen Prädispositionen sollen aktiviert werden.

Natürlich trägt ein Wahlkampf auch selbst wieder zur Prägung der politischen Kultur bei: "Die Art der Auseinandersetzung, Form und Inhalt des Parteienwettbewerbs sind somit von großer Bedeutung für die politische

Kultur eines Systems, denn in ihnen manifestiert sich die politische Kultur des Alltags." (K. Sontheimer)

Werden in einem Wahlkampf die "Grenzen des guten Geschmacks" überschritten, das Stilempfinden von breiten Bevölkerungsgruppen oder durch Tiefschläge das Anstandsgefühl einschneidend berührt, also der, in einem langen historischen Prozeß entwickelte, Werterahmen verletzt, so kann dies für die Partei und die Politiker, die entsprechend agieren, einschneidende Folgen haben.

Ein Wahlkampf muß sich in die Tradition eines Landes einpassen. Die Balance zwischen markantem und agressivem Werben für die eigenen Positionen und der "Zumutbarkeit" gegenüber den Wählern sollte schon um der eigenen Wahlchancen willen, von den Parteien gehalten werden. "Da in Deutschland kaum die Mehrheit gewinnen kann, wer systematisch polarisiert", gibt es eine gewisse Zurückhaltung gegenüber einer ausufernden Wahlkampfpolemik. Es ist darauf zu verweisen, daß im internationalen Vergleich die politischen Auseinandersetzungen in Deutschland noch vergleichsweise zurückhaltend geführt werden, obwohl die Öffentlichkeit dazu eine andere Einschätzung pflegt.

"In einer desintegrierten Gesellschaft während der Krisenjahre der Weimarer Republik zeigte der Wahlkampf erbitterte, häufig blutige Leidenschaft." Friedrich Tenbruck hat den bewußten Rückzug der Deutschen in ihre private Sphäre in den ersten Jahrzehnten des Bestehens der Bundesrepublik dann vorrangig als Reflex auf den verlorenen Krieg und den völligen Zusammenbruch interpretiert. Aufbau und wirtschaftliches Wohlergehen standen im Vordergrund der Anstrengungen eines restlos verunsicherten Volkes. Die "politische Entwicklung (wurde) eher als der Aufbau und das Wirken einer Verwaltung empfunden, die von Zeit zu Zeit der demokratischen Bestätigung und Kontrolle bedurfte."

Die Diagnose von Ernst Fraenkel, daß die "emotionale Überhitzung der politischen Leidenschaften in der Weimarer Zeit ... in auffälligem Gegensatz zu der phlegmatischen Unterkühlung des politischen Denkens in der Bundesrepublik" steht, hätte darin mit eine ihrer Hauptursachen. An diesem Vergleich kann die völlig unterschiedliche Wahlkampfsituation vor dem Hintergrund der zeitlich vorherrschenden Meinungen, Einstellungen und Werte verdeutlicht werden.

In "normalen" Zeiten der Demokratie wird der auf Akteursseite vorwiegend unter Nutzenkalkül geführte Wahlkampf beim Wähler nur selten Begeisterung auslösen, selbst dann, wenn er einen hohen Aufmerksamkeitswert besitzt und an seinem Ende die Wahl eine hohe Wahlbeteiligung erbringt.

In außergewöhnlichen Zeiten kann ein Wahlkampf dagegen ein ganzes Volk aufwühlen und förmlich Massen bewegen.

Was Deutschland und die politische Kultur der Deutschen betrifft, ist zu konstatieren, daß eine "demokratische Streitkultur" auch aufgrund der historischen Erfahrungen nicht sehr weit entwickelt ist. Kurt Sontheimer spricht von "dem Unvermögen der meisten Deutschen, in begrenztem und geregeltem Konflikt ein Mittel produktiver Gesellschaftsgestaltung zu erblicken" und benennt dies als "Tradition der Konfliktscheu". Claus Leggewie hat unlängst für die Unfähigkeit zu streiten, den Begriff "polemologische Inkompetenz" geprägt.

Martin Greiffenhagen attestiert den Deutschen, daß sie nicht wahrhaben wollten, "daß unterschiedliche Interessen und Beurteilungen 'natürlich' sind." Gerade deshalb sind auch Sachauseinandersetzungen innerhalb von Parteien in Deutschland eher dazu angetan, ihre Wahlchancen zu reduzieren. Der Wähler erwartet von Parteien Geschlossenheit und ein einheitliches Erscheinungsbild. Im Wahlkampf bemühen sich darum in besonderem Maße alle Parteien. Der Eindruck einer diskutierenden oder unterschiedlich argumentierenden Partei soll vor dem Souverän vermieden werden. Er würde als Führungsschwäche ausgelegt. Die "Schere im Kopf" ist bei den meisten Wahlkämpfern schon verinnerlicht und selbst der offiziellen Parteilinie in der Regel mit Distanz gegenüberstehende Parteigruppierungen und – gliederungen sowie Einzelpersönlichkeiten zeigen in Wahlkampfzeiten in aller Regel auf, daß sie in Solidarität zur Partei gehören.

Man könnte, um die Tradition der Konfliktvermeidung herauszuarbeiten, eine ganze Fülle von Belegen nennen. Charakteristisch für Generationen – trotz der späteren Wandlung des Verfassers – scheint eine Bemerkung von Thomas Mann zu sein, der in den "Betrachtungen eines Unpolitischen" schreibt: "Ich bekenne mich tief überzeugt, daß das deutsche Volk die politische Demokratie niemals wird lieben können, aus dem einfachen Grunde, weil es die Politik selbst nicht lieben kann, und daß der vielverschriene 'Obrigkeitsstaat' die dem deutschen Volke angemessene, zukömmliche und von ihm im Grunde gewollte Staatsform ist und bleibt."

Dieter Oberndörfer stellte die deutsche Tradition der angelsächsischen Demokratieauffassung gegenüber: "Die angelsächsischen Demokratien waren in dieser Hinsicht immer viel realistischer. Sie unterlagen nie der Versuchung, die politische Auseinandersetzung mit einem Gelehrtendisput zu verwechseln. Sie akzeptierten im Hinblick auf die menschliche Natur die gesellschaftliche Arbeitsteilung und die Komplexität der politischen Sachverhalte stets die Tatsache, daß der politische Wettbewerb in repräsentativen Demokratien um das Vertrauen für bestimmte Politiker und Parteien die Gestalt harten politischen Kampfes annehmen kann."

Ralf Dahrendorf, der liberale Soziologe, hat das spezifisch Deutsche an Konfliktscheu und Harmoniesehnsucht benannt und unter Bezug auf Ferdinand Tönnies und Werner Sombart auf den im Kern "illiberalen Grundzug einer solchen Ideologie" verwiesen. "Die Sehnsucht nach Synthese", so Dahrendorf, "in der deutschen Geistesgeschichte habe nicht selten zu Gewalt und Unterdrückung geführt." Tatsächlich sind Vertreter harmonistischer Auffassungen leicht in Gefahr obrigkeitsstaatlichen oder gar totalitären Vorstellungen zu huldigen, denn Konfliktvermeidung um jeden Preis ist eine zutiefst demokratiefeindliche Einstellung.

Es gibt wohl keinen aktiven Wahlkämpfer in Deutschland, dem nicht schon am Straßenstand, beim Informationsgespräch im Hausflur oder in der Wahlversammlung der in unzähligen Variationen vorgebrachte Anwurf begegnet ist, daß sich doch die Parteien um mehr Gemeinsamkeiten bemühen und das ewige Gezänk vermeiden sollten. Die akute Streitunlust und harmonistische Einstellung der Deutschen ist auch durch die jahrzehntelange Einübung der Demokratie in Deutschland nicht geringer geworden.

6. Wahlkampf als Medium der Konfliktregulierung

Es wäre ein großes Mißverständnis, dem Verfasser Sympathien oder Verständnis für das Konfliktdenken zu unterstellen. Weder kann die Konfliktvermeidung um jeden Preis eine demokratische Grundtugend sein, noch können marxistisch beeinflußte und insbesondere seit Ende der 60er Jahre wirksame Konfliktstrategien in allen gesellschaftlichen Bereichen eine Möglichkeit für gedeihliches menschliches Zusammenleben anbieten. Es kommt allerdings auf eine dem Anlaß und der jeweiligen Funktion angemessene Konflikt- und Kompromißfähigkeit an. "Die soziale Realiät zeigt sich ... bestimmt durch Neben-, Mit-, Für- und Gegeneinander, also durch relative Beziehungslosigkeit, Kooperation, Solidarität und Gegnerschaft der einzelnen in ihren Gruppen und der sozialen Gruppen untereinander" (B. Sutor).

In der pluralistischen Demokratie ist der politische Streit über Themen und Personen der Normal-, nicht der Ausnahmefall. Der Konflikt ist das "Material, aus dem die Politik gemacht wird" (R. Leicht).

Wahlkampfzeiten sind die für die Demokratie notwendigen, dramatisierten Streitphasen und die hier besonders heftig aufbrechenden Konflikte können umso leichter in Kauf genommen werden, je stärker ein Grundkonsens über die demokratischen Grundregeln, auch die Verfahrensregeln, verankert ist. Wahlkampagnen dürfen im Interesse einer lebendigen und profilierten Demokratie nicht in lustlose Pflichtübungen abgleiten, sondern müssen ein zentrales Element des Willensbildungs- und politischen Aktivierungssprozesses sein.

"Wenn der Eindruck vorherrscht", so E. Fraenkel, "daß die Auseinandersetzungen zwischen Regierung und Opposition eine Spiegelfechterei darstellen, wird die Überzeugung wachsen, daß die Wahlen lediglich Routineabstimmungen sind, die bestenfalls zu einer Wachablösung zu führen vermögen, wenn nicht gar sich darin erschöpfen, leichte Korrekturen eines über- und zwischenparteilichen Patronage-Kartells zu bewerkstelligen."

In diesem Zusammenhang ist die in den vergangenen Jahren deutlicher zu Tage getretene "Verwechselbarkeit" der großen deutschen Volksparteien besonders bedenklich, und die in den letzten vier Bundestagswahlen kontinuierlich abnehmende Zustimmung zur Politik von CDU/CSU und SPD spricht auch dafür, daß Konfliktverwischung vom Wähler nicht goutiert wird. Zwar soll damit keiner Polarisierung zwischen den Großparteien das Wort geredet werden, obwohl auch ernstzunehmende Beobachter gerade der Polarisierung eine integrierende Wirkung zuerkennen, und auf SPD und CDU/CSU verweisen, die damit in den ersten Jahrzehnten der Bundesrepublik die Flügel der rechten und linken Randwähler an sich banden.

Es soll jedoch zu einer stärkeren Darstellung der eigenen Politik, zu argumentativ, im besten Wortsinn, unterscheidendem Wahlkampfstil, aufgerufen werden.

Oder wie es Joseph Rovan formuliert: "Einerseits ist es für die Demokratie gut, wenn sich die Parteien nicht wie haßerfüllte Bürgerkriegsarmeen gegenüberstehen. Aber andererseits ist es auch wieder nicht gut, wenn die Unterschiede sich allzusehr verwischen und die Bedeutung der Stammwähler, die sich aus Gründen der Herkunft oder aus tief verankerten ideologischen Motiven einer Partei verpflichtet wissen, immer mehr zurückgeht."

Daß die entscheidende Differenz zwischen Regeln für die Konfliktregulierung bzw. zur Mäßigung des Konflikts, die gerade in der Demokratie notwendig sind und von totalitär gespeisten Ansätzen der generellen Konfliktvermeidung, dem Wähler vermittelt werden muß, ist vordringlich. Dieser Aufgabe hat sich sowohl die Politik, wie die Politische Bildung zu stellen. Winfried Steffani hat in Zusammenfassung der neopluralistischen Überlegungen Fraenkels darauf hingewiesen, daß es neben "einem notwendigen 'unstreitigen Sektor' (Konsens), dem Bereich anerkannter Grund- und Menschenrechte sowie fundamentaler, rechtsstaatlich gesicherter Verfahrensregeln einerseits, ... (auch eines) ebenso notwendigen 'streitigen Sektor' (Dissens), dem Bereich des politischen Konfliks und der politischen Gestaltung andererseits" bedürfe. Je stabiler die Konsensbasis sei, desto strittiger könnten Konflikte ohne Gefahr des Zerfalls des politischen Systems ausgetragen werden.

7. Wahlkampf und Politikverdrossenheit

Warum trägt die praktizierte Form des Wahlkampfes nach allen Erfahrungen und Erkenntnissen eher zu steigender Politikverdrossenheit bei? Darauf gibt es neben der Harmonieerklärung eine ganz einfache Antwort: Allzu aufdringliche Beeinflussungsversuche genießen weder im privaten noch im politischen Bereich Ansehen.

Die Intensität der Konfrontation mit Politik, die aggressive Abgrenzung der Parteien und des Führungspersonals zueinander, die Reduzierung von Argumenten auf Schlagworte, der oft in keinem Verhältnis zum Ergebnis stehende Aufwand des Wahlkampfes, wirken auf den Souverän abschreckend. Auch die oberflächliche Unwirklichkeit des Wahlkampftreibens ist nicht dazu angetan, Menschen anzusprechen. "Wenn Wahlkampf auf Dauer ermüdet, dann nicht, weil die Sachen ausdiskutiert, sondern weil sie gar nicht richtig zur Sprache gekommen sind", so Leggewie.

Oft sind es gerade die Begleitumstände eines Wahlkampfes, die zur Parteiverdrossenheit beitragen. Insbesondere den angewandten Werbetechniken der Parteien kommt hier eine herausgehobene Wirkung zu. Die Wähler fühlen sich bedrängt und überflutet, sehen mit Skepsis und Unbehagen die Wurfsendungen und Plakatständer, denen sie überall begegnen. Dabei hat schon Schumpeter erkannt: "Die Psychotechnik der Parteileitung und Parteireklame, der Schlagworte und der Marschmusik ist kein bloßes Beiwerk. Sie gehören zum Wesen der Politik." Die Verkürzung von Argumenten auf Schlagworte ist – in gewissen Grenzen – wohl auch unvermeidlich, um eine Botschaft überhaupt noch an die Wähler heranzubringen. In den USA ist der Begriff des "sound bite" entwickelt worden. Er bezeichnet die Kurzbotschaft, die ein Slogan oder auch eine Redewendung sein kann und die "herüber" kommen soll. Ohne "sound bites" ist politische Kommunikation gerade in reizüberfluteten Mediengesellschaften nicht mehr möglich. Alle Trübsal darüber ist nicht angezeigt, wenn es zusätzlich immer noch die argumentative Ebene gibt, die von Parteien angeboten wird.

Die Methoden politischer Werbung halten auch einer kritischen Überprüfung mit der ökonomischen Werbung stand. Allerdings sind die vergleichende, weitergehend natürlich erst recht die diffamierende Werbung, markante Sonderfaktoren der politischen Werbung. Ein politisches Wettbewerbsrecht, das mit dem Gesetz gegen unlauteren Wettbewerb vergleichbar wäre, gibt es nicht. Es gelten nur die allgemeinen Gesetze und die Garantie der freien Meinungsäußerung läßt an "keine über die bestehenden Gesetze hinausgehende Reglementierung der politischen Werbung denken" (E. Wangen).

Man sollte sich auch vergegenwärtigen, daß die politische Werbung nicht vorrangig zur Befriedigung eines Informationsbedürfnisses entstand, sondern natürlich dazu, Menschen beeinflussen zu können. Allgemeinverbreitung hat diese Erkenntnis jedoch noch nicht gefunden. Puristische Forderungen in Richtung eines "reinen" Informationsgehalts der politischen Werbung werden auch in Zukunft auf der Tagesordnung stehen.

8. Wahlkampf und Fernsehen

Man kann die möglichen, vor allem auch negativen Wirkungen von Wahlkämpfen nicht einschätzen bzw. einordnen, ohne auf die Rolle der Öffentlichkeit in der Wahlkampfkommunikation einzugehen. In Wahlkampfzeiten bemühen sich die Parteien in besonderem Maße darum, Öffentlichkeit überhaupt herzustellen. Da Öffentlichkeit heute vorwiegend durch das Fernsehen erzeugt wird, beschränken sich die folgenden Überlegungen auf dieses Medium.

Zwar soll hier keine kommunikationswissenschaftliche Untersuchung über die Wirkung des Fernsehens auf die Abläufe und letztlich den Ausgang von Wahlkämpfen versucht werden. Seit den großen Fernsehdebatten zwischen Nixon und Kennedy im amerikanischen Präsidentschaftswahlkampf 1960 hält die Diskussion darüber an, wie stark das Fernsehen die Wählerentscheidungen beeinflussen kann. Der Glaubenskrieg darüber scheint bis heute nicht entschieden zu sein. Einige knappe Bemerkungen zur Medieneinwirkung sind zum Verständnis und der Einschätzung des realen Ablaufs der Wahlkampagnen in der modernen demokratischen Gesellschaft aber unerläßlich. Schließlich werden Wahlkämpfe vor allem mittels der Massenmedien geführt. Dem Fernsehen kommt hierbei schon aufgrund der Häufigkeit der Nutzung eine Schlüsselrolle zu. Darauf haben sich die Akteure auch eingestellt.

Eine überzeugende politische Kommunikationsfähigkeit ist besonders in Wahlkampfzeiten eine Anforderung für die Parteien. Sie wollen ja vorrangig Wahlen gewinnen. Untersuchungen haben wiederholt ergeben, daß dem Fernsehen und insbesondere den Fernsehnachrichten ein hohes Vertrauen entgegengebracht wird, was die Glaubwürdigkeit von Informationen betrifft. Schon aufgrund der knappen Sendezeiten ergibt sich insbesondere für Nachrichten- und politische Magazinsendungen der Zwang zur Verkürzung und Zuspitzung. Parteien müssen vor allem in Wahlkämpfen darauf achten, mit knappen Sentenzen vorwiegend ihres Führungspersonals gut "über den Bildschirm zu kommen". Medienmacher und Politiker sind aufeinander angewiesen; die Massenmedien warten im Wahlkampf auf das Spektakel, die Parteien liefern es; beide Teile glauben, sich nichts vorwerfen zu müssen.

Die Ritualisierung und Personalisierung der Politik durch den Visualisierungszwang des Fernsehens ist kaum umkehrbar. Das Medium Fernsehen gehorcht eigenen Regeln und stellt eigene Gesetzlichkeiten auf. Eine Grundannahme ist dabei: Das Vertrauen gegenüber dem Bild übertrifft das Vertrauen gegenüber dem gedruckten Wort Die Authentizität der Berichterstattung in Wort und vor allem Bild vom jeweiligen Ereignisort suggeriert Wahrheit. Daraus gewinnt das Fernsehen seine dominierende Stellung im Kommunikationsprozeß.

Für Heinrich Oberreuter politisiert das Fernsehen jedoch vorwiegend nur an. Probleme könnten nicht in ihrer ganzen Komplexität dargestellt, sondern nur vereinfacht abgehandelt werden. Um die Entscheidungsfähigkeit der Wähler überhaupt aufrecht zu erhalten, müßten Sachverhalte vereinfacht werden. Für Systemtheoretiker wie Niklas Luhmann ist die Komplexitätsreduktion im Zeitalter der Massenkommunikation unvermeidbar. "Den Medienzwängen folgend, haben Politik und Politiker sich wenigstens nach außen hin dem oberflächlichen und kurzatmigen Rhythmus angepaßt, der durch die Eigengesetzlichkeit des Fernsehens bestimmt wird. Fernsehen ist zur bestimmenden politischen Sozialisationsinstanz geworden" (Oberreuter).

Es soll mit dem Verweis auf die Eigengesetzlichkeit des Fernsehens keine Entgleisung, Verkürzung oder Vereinfachung in Wahlkampagnen gerechtfertigt und nicht Verdummungsstrategien von Wahlkämpfern das Wort geredet werden; doch zu berücksichtigen ist, daß die Politik sich einfacher darstellen muß, als sie handelt. Natürlich beeinflussen, ja instrumentalisieren umgekehrt Politiker mit ihren differenzierten Apparaten durch Informationsselektion und -steuerung ebenso die Medien. Eine einseitige Zuweisung der Verantwortlichkeit an das Fernsehen für die "Tagesordnung" der politischen Debatte ("Agenda-setting-function"), wird der Realität nicht gerecht. An der

Wirkungsweise des Fernsehens auf die Menschen ändert diese Umkehr des "Akteurs" jedoch dem Prinzip nach nichts.

Die "Erhöhung des Passivitätsgrads unseres Alltagslebens" (H. Lübbe) ist auch eine Folge der fortschreitenden Informationsüberflutung. Die Überfütterung mit Fernsehbildern erzeugt Hilflosigkeit und begünstigt zumindest tendenziell passive Informationsaufnahme.

Wenn man die Erkenntnis akzeptiert, daß viele Menschen in der fernsehgeprägten Demokratie nicht mehr so aufnahmefähig sind, als daß sie sich permanent an echter, tiefgehender politischer Kontroverse laben wollten oder könnten, ist zugleich einer der Gründe für die vergleichsweise dürftige Wahlkampfbeteiligung benannt. Eine echte politische Kontroverse würden viele mehrstündige Sachauseinandersetzungen über einzelne Themenbereiche und Grundlinien der Politik bedeuten. Keine Fernsehanstalt und auch keine Radiostation kann sich erlauben, ihre Zuschauer und Zuhörer damit über Gebühr zu langweilen. Die in bundesdeutschen Wahlkämpfen gefundene Form der Präsentation von verschiedenen Politikfeldern in Expertenrunden und Anhörungen ist bereits eine Herausforderung an die Aufnahmebereitschaft der Zuschauer.

Nurmehr symbolische Politikvermittlungsstrategien, d.h. der Ersatz von politischen Problemlösungen durch Kommunikation, sind schon weiter fortgeschritten als viele bereit sind, sich selber zuzugestehen. "Es geht nicht bloß darum, daß das Entertainment auf dem Bildschirm zur Metapher für jeglichen Diskurs wird. Es geht darum, daß diese Metapher auch jenseits des Bildschirms dominiert", so N. Postman.

Die Kehrseite der weitgehenden Unterhaltungsorientierung in modernen Gesellschaften scheint zu sein, daß die Individuen der postmaterialistischen Gesellschaft sich in hohem Maße mit sich selbst befassen. Die neuen Normen sind eher, so Klaus Hornung, "von privater Glückssuche, persönlichem Erfolgsstreben, Freizeit- und Konsumorientierung" bestimmt. Schon für Ernst Fraenkel war prüfenswert, ob das graduell steigende politische Unbehagen nicht eine Begleiterscheinung des wachsenden ökonomischen Wohlbehagens darstelle. Ralf Dahrendorf hat dies auf den bekannten Nenner gebracht, daß eine "Gesellschaft im Überfluß" dazu neige, sich in eine "Gesellschaft im Überdruß" zu verwandeln.

Wenn dann die "Urgewalt" Wahlkampf mit einem ritualisierten und konfliktgeladenen Automatismus mittels des Mediums Fernsehen über Menschen in ihrer Alltagswelt hereinbricht, sind Verständnis oder gar konkrete Beteiligung zu erwarten, eine vielleicht zu hohe Anforderung. Interesse auf einen bestimmten Zeitpunkt – die Wahl – hin läßt sich noch wecken, zu mehr sind Wahlkämpfe aber gegenwärtig kaum der Lage.

9. Bilanz und Konsequenzen für die Wahlkampfführung

Obwohl besonders strittige und emotionalisierte Wahlkämpfe in der öffentlichen Meinung und Publizistik nicht beliebt sind, sind es vergleichsweise faire und zurückhaltende Wahlkämpfe auch nicht. In solchen Fällen kommt häufig der Vorwurf auf, daß sich die Parteien immer verwechselbarer würden und Langeweile die Wahlkampagne bestimmt habe.

Recht machen können es Parteien und Politiker mit ihrer Wahlkampfführung also eigentlich niemandem. Kritische Stellungnahmen zur Wahlkampfführung begleiten als Stereotyp jeden Wahlkampf in der Bundesrepublik Deutschland. Die Frage wäre noch, ob eine gleichsam elegant zurückhaltende Wahlkampfführung, die sich in besonderem Maße um Differenzierungen und Argumente bemühte, die Wähler wirklich zufrieden stellte. Den Wahlkampf, der auf allgemeine Zustimmung stoßen wird, gibt es nicht. Ganz sicher wäre es schon ein Fortschritt, wenn wenigstens diese einfache Wahrheit verstanden und stärker ins Allgemeinbewußtsein eingehen würde.

Dies entbindet die demokratischen Parteien jedoch nicht von der Aufgabe, berechtigter Kritik dadurch entgegenzutreten, daß sie der weiteren "Entpolitisierung" von Wahlkampagnen Einhalt gebieten. Wahlkampf muß mehr sein als "Showbusiness". Die Orientierung alleine auf den politischen Unterhaltungswert einer Wahlkampagne mag zwar kurzfristig Erfolge zeitigen, die Seriosität der Politik und das Vertrauen zu solchermaßen operierenden Parteien erhöht sie nicht. Der Wahlkampf als Politikinszenierung ist ein zu dürftiges Angebot, das sich auf Dauer für Parteien nicht auszahlen wird; der schönere Kandidat, die attraktivere Kandidatin, das griffigere Programm und die von Werbeagenturen geschaffenen zugkräftigeren Slogans sind kein Ersatz für sachliche, aber durchaus leidenschaftliche politische Kontroversen über den Inhalt der Politik. "Denn eine Parlamentswahl, die nicht zugleich eine Fortsetzung einer Parlamentsdebatte 'mit anderen Mitteln' ist, verfehlt ihren Zweck, die Repräsentationsverfassung mit jenem guten Schuß plebiszitären Öls zu salben, ohne die sie rostig wird", so E. Fraenkel.

Die Akzeptanz für Wahlkampagnen könnte zumindest wieder steigen, wenn das ehrliche Bemühen um bessere, überzeugendere Zukunftsentwürfe sichtbar würde. Auf werbliches und strategisches Beiwerk kann angesichts stetig ansteigender Professionalisierung auf Akteursseite – schon um der didaktischen Vermittelbarkeit willen – zwar nicht verzichtet werden, Auswüchse sollten – sogar im wohlverstandenen Eigeninteresse der Parteien – zurückgedrängt werden. Die Mischung aus professioneller Präsentation und inhaltlicher Oualität muß eine Partei selbst finden. Dies ist weiterhin das beste Mittel, um erfolgreich Wahlkämpfe zu prägen.

Anmerkung

Literaturhinweise und Quellenangaben finden sich in der Dissertation des Verfassers "Bundestagswahlkämpfe in der Bundesrepublik Deutschland." (Reihe: Europäisches Forum) Baden-Baden 1992

Heinz Karst

Der deutsche Soldat im künftigen Europa

Zur Ausgangslage

In der "Welt" vom 3.2.1992 äußerte Prof. Arnulf Baring: "Machen wir uns doch nichts vor: Für die Masse unserer Landsleute ist die Bundeswehr genauso anachronistisch wie Friedrich der Große – ein Relikt jener Sagenwelt, in der es noch Kriege gab." Baring schließt sich diesem Fehldenken nicht an. Er meint: "Eine Welt des Friedens – das bleibt ein Traum!" Aber daß dieser Traum unter Deutschen verbreitet ist, wie in kaum einem anderen Volk, steht außer Zweifel. Für viele Bürger ist es wenig bemerkbar, wie sehr dieser Traum in Widerspruch zur Realität der Politik und der internationalen Lage steht. "Ende des Kalten Krieges: Welt ohne Ordnung!" definierte 1991 Prof. Michael Stürmer die internationale Szene nach dem Zerfall des Sowjetimperiums und der Einigung Deutschlands. Wie die "Arbeitsgemeinschaft Kriegsursachenforschung" der Universität Hamburg am 9.1.1992 mitteilte, tobten 1991 weltweit 46 Kriege, wobei die ethnischen Konflikte in der ehemaligen UdSSR nicht mitgezählt wurden. Zwei Kriege fanden in Europa statt, in Nordirland, wo 17 000 britische Soldaten eingesetzt sind, im ehemaligen Jugoslawien, wo 1992 mehr als 13 000 Blauhelme den bröckeligen Waffenstillstand sichern sollen und im ostanatolischen Raum der Türkei. 15 Kriege besonderer Art gab es in Afrika, 7 im nahen und mittleren Osten, 17 in Asien und 5 in Lateinamerika. Fast möchte man Nietzsches geistreiches Aperçu zitieren: "Man ist am meisten in Gefahr, wenn man soeben einer Gefahr entronnen ist."

Die Mehrzahl der Deutschen nimmt diese weltweiten Konflikte des "modernen Kleinkrieges" ungern wahr, will sie oft auch nicht wahrnehmen, weil sie sie in Lohnforderungen, Urlaubsplänen und Wohlstandsgenuß stören, an Soldaten erinnern und an Pflichten dem demokratischen Gemeinwesen gegenüber, das seit dem 3.10.1990 in der übrigen Welt fast nur "Deutschland", "Germany" genannt wird, bei uns immer noch holprig "Bundesrepublik Deutschland". Am 19.8.1991 veröffentliche die "FAZ" Ergebnisse einer Umfrage des Institutes Allensbach: "Glück ist für mich, wenn sich alle meine Wünsche erfüllen!" oder "Glück ist für mich, meine Pflicht zu erfüllen!" Der ersten Vorgabe stimmten 61 % zu, der zweiten knapp 22 %; der Rest blieb unentschieden. Das dürfte keine leichte Lage für die Soldaten der Bundeswehr sein, zumal der Realitätsverlust in der "Gesellschaft", die sich einen "Staat ohne Politik" (Johannes Gross am 7.3.1991 in "Westfalenblatt") wünscht, nicht gering ist. Klaus Hornung hat früh und oft darauf verwiesen, daß entgegen einem "pausbäckigen Optimismus", der die "Integration von Gesellschaft und Bundeswehr" als geglückt betrachte, doch das von der "Freiheit vom Ernstfall" tief geprägte Bewußtsein unserer zivilen Nachkriegsgesellschaft fortdauere, die Neigung der Deutschen seit 1945, sich fortan zu den auserwählten Völkern zu rechnen, denen ein Dasein bequemer Machtlosigkeit vergönnt sei und die nach der Maxime leben möchten "Katastrophen sind verboten!". "Macht" wurde aus "Wehrmacht" eliminiert, "Wehr" in Bundeswehr verwendet. Nach dem verbrecherischen Mißbrauch von staatlicher Macht in der Hitlerdiktatur wurde Macht bei uns als böse verabscheut, mindestens verdächtigt, und nur mit schlechtem Gewissen zugelassen, als auf Drängen Adenauers die Bundeswehr innerhalb der NATO ab 1955 aufgebaut wurde.

Wahr es da verwunderlich, wenn diese neue deutsche Streitmacht, von Offizieren und Unteroffizieren der ehemaligen Wehrmacht geführt, ausgebildet und erzogen, mit vielen subtilen Mitteln daran gehindert werden sollte, soldatisches Seltstbewußtsein, militärisches Profil zu zeigen, sich in Uniform in der Öffentlichkeit sehen zu lassen? Die Bundeswehr als "notwendiges Übel", wie Graf Baudissin nicht müde wurde zu predigen, sollte "Sicherheit produzieren", der Soldat einen "Beruf wie jeden anderen" ausüben, sich zur "gesellschaftlichen Normalität" bequemen, wie der Bundeswehrverband unentwegt fordert, sich an den Usancen der Industrie orientieren, wie Wolfram von Raven 1969 empfahl, der Kontrolle eines eigens für ihn geschaffenen Wehrbeauftragten unterworfen sein und als "Staatsbürger in Uniform" auftreten, was nicht zuletzt dazu führte, daß Soldaten es meiden, in Uniform außer Dienst zu erscheinen. Diensteid und Feierliches Gelöbnis sollten Soldaten nicht öffentlich ablegen, sondern in ihren Unterkünften, wie der SPD-Parteitag in Münster 1988 verlangte.

Keine Armee der deutschen Wehrgeschichte wurde derart mißtrauisch belauert, unablässig kritisiert und bis zum Frankfurter Mörderurteil vom 8.12.1987 ins gesellschaftliche Abseits gedrängt. Der "Wehrexperte" der SPD Erwin Horn verstieg sich bei der Kritik an den Tiefflugübungen unserer Luftwaffe zu der Äußerung, unsere Piloten "führten Krieg gegen das eigene Volk!" Klaus Bednarz forderte unsere Soldaten in "Monitor" auf, bei einem Verteidigungsfall "sofort massenhaft zu desertieren". Gleiches forderte der von linken Medien gehätschelte kommunistische Schriftsteller Gerhard Zwerenz in seinem Buch von 1988 "Soldaten sind Mörder". Der "Spiegel" charakterisierte die Bundeswehr am 10.12.1988 hohnvoll als "hirnlose Kampfmaschine", obwohl sie bereits mehr Professoren als Generale und Admirale beschäftigt. Der "Stern" speit oft Gift und Galle gegen die Bundeswehr und warnt in schöner Regelmäßigkeit vor einem angeblichen "Rechtsruck" der Truppe. Der Wehrbeauftragte Weisskirch vemerkte im "Jahresbericht 1987": "Wenn nur etwa 6 von 100 der jungen Wehrdienstleistenden die Frage, ob ihrer Meinung nach die Bevölkerung hinter der Bundeswehr stehe, mit Ja beantworten, so läßt diese Zahl aufhorchen." Im "Jahresbericht 1988" zitiert er an herausragender Stelle einen Stabsfeldwebel: "Ich bin jetzt 28 Jahre Soldat und habe meinen Beruf immer geliebt und überzeugt vertreten. Nun muß ich plötzlich erleben, wie meine Nachbarn von mir abrücken, weil sie in mir einen Friedensstörer, ja – so wörtlich – einen Killer entdeckt zu haben glauben." In den "AZ-Reportagen" vom 12.11.1985 versicherte Graf Baudissin: "Für mich gibt es keine soldatischen Tugenden." Es verwundert nach diesem Urteil umso mehr, als er in der "Bunten" am 31.1.1991 dem deutschen Volk "Feigheit" vorwarf (S. 16). Das sind Streiflichter, die das soziale Umfeld beleuchten, in dem die Bundeswehr sich bewährte, in dem Millionen Soldaten ihren Dienst nach Artikel 87 a GG treu erfüllten und erfüllen.

Leistung der Bundeswehr

Dennoch wurde, allen Widerständen und Hemmnissen zum Trotz, die Bundeswehr bei "Freund und Feind" eine respektierte Truppe, die international Ansehen gewann, bei Katastrophen im In- und Ausland vorbildlich Hilfe leistete und in ungebrochener Loyalität dem Staat der Deutschen dient. Ihr kam dabei die Reputation zugute, die deutsche Soldaten, mehr noch im Ausland als im eigenen Land, genießen, ein Ruf, der sogar den "Spiegel" noch 1970 zu dem Geständnis bewog, daß "das Ansehen der Bundeswehr in der Welt bis heute von den Leistungen deutscher Soldaten auf den Schlachtfeldern der Vergangenheit herrührt" (15/70, S. 34). Die soldatische Substanz der Deutschen war offenbar trotz aller Bemühungen in der Bundesrepublik nicht gänzlich zerstört. Söhne der Wehrmachtsoffiziere Guderian, Foertsch, Stauffenberg, Model und Keitel dienten und dienen in der Bundeswehr.

Adenauer, ein Nichtsoldat, hatte rasch erkannt, daß staatliche Souveränität, wenn auch noch in Grenzen, der Bundesrepublik Deutschland nur durch politischen Anschluß an den freien Westen und durch Wiederbewaffnung möglich sei. Sicher war, daß ohne die Bundeswehr eine Verteidigung Europas gegen den kommunistischen Osten frühestens an der Rheinlinie erfolgreich sein konnte. Mit der Bundeswehr, als Streitmacht in der Nato, wurde die Verteidigung als Vorneverteidigung an die Demarkationslinie vorverlegt. Streitkräfte ohne Atombewaffnung waren und sind, strategisch gesehen, zweitrangig. Aber ohne Zweifel hat unsere Bundeswehr ihren Anteil daran, daß wir Deutschen und Europa in einem zwar nicht selten gefährdeten, aber doch einigermaßen militärisch geschützten Frieden leben durften, daß die Schandmauer Ulbrichts 1989 fiel und Deutschland am 3.10.1990 seine staatliche Einheit wiedergewann, wenn auch unter dem Verlust eines Viertels des früheren Reichsgebietes. Auf Herstellung, Lagerung und Verwendung von ABC-Waffen verzichtete die Bundesrepublik Deutschland in der Anlage 1 zu Protokoll III im WEU-Vertrag vom 23.10.1954.

Nach 1991 bei der ehemaligen Nationalen Volksarmee vorgefundenen Plänen war ein großangelegter Angriffskrieg gegen Westeuropa durch den Warschauer Pakt noch bis in die Ära Gorbatschows in allen Details vorbereitet. "Etwa 25000 Dokumente zu den strategischen und operativen Kriegsplanungen der Streitkräfte des WP fanden sich in den Akten des einstigen DDR-Verteidigungsministeriums in Strausberg, östlich von Berlin" ("FAZ" vom 1.2.1992). Nicht die diversen "Friedensbewegungen" bei uns, die Greinacher und Jens, die Grass und Jungk, haben den Frieden in Europa erhalten und gefördert, sondern die NATO und in ihr die Bundeswehr, selbst wenn, wie der "Daily Telagraph" am 31.1.1992 schrieb, zu den Reformaufgaben für den UNO-Sicherheitsrat endlich die Veränderung der UNO-Charta gehöre; es ginge nicht länger an, daß 50 Jahre nach Kriegsende Italien, Deutschland und Japan bei der UNO, deren Mitglieder sie sind, noch immer als ehemalige "Feindmächte" firmieren würden.

Radikale Wende

Es waren der Fall der Mauer quer durch Deutschland, die Auflösung des Warschauer Paktes, der Zerfall des Moskauer Imperiums und die friedliche Vereinigung der beiden deutschen Teilstaaten, die Wiederherstellung eines geeinten freien Europa, die eine radikale "Wende" mit weltweiter Auswirkung markieren. Nicht absehbare politische, wirtschaftliche und soziale Folgen zeichnen sich ab. In diese säkulare Wende platzte Januar 1991 der 2. Golfkrieg. Während am weitaus blutigeren 1. Golfkrieg – von 1980 bis 1988 – unsere "Friedensbewegungen" kaum Interesse zeigten, ebensowenig wie an dem noch nicht beendeten Afghanistankrieg, war es ein Schock, wie in einer angeblich ungeklärten Verfassungslage Teile des deutschen Volkes und eine Anzahl Soldaten reagierten. Zum ersten Mal seit fast 36 Jahren ihres Bestehens mußte die Bundeswehr gewärtigen, daß Verbände der Kriegsmarine, der Luftwaffe und vielleicht sogar des Heeres in einer kritischen Lage zum Schutz der Türkei und der Südflanke der Nato eingesetzt würden. Während auf Deutschlands Straßen "Friedensbewegungen" an allen Ecken gegen die Alliierten am Golf –nicht gegen Saddam Hussein! – demonstrierten, enthüllte dieser erste Einsatz in vager, aber nicht ganz unmöglicher Gefährdung unserer Soldaten Lage und Ausbildung der Bundeswehr unter der Flagge des "Soldaten für den Frieden". Das Ergebnis war nicht gerade ermutigend, aber heilsam und beschämte tüchtige Soldaten, Offiziere und Unteroffiziere.

Scharenweise meldeten sich Reservisten, aber auch aktive Soldaten und Wehrpflichtige, als Kriegsdienstverweigerer, bis Ende 1991 die stattliche Zahl von 151 000 Anträgen verzeichnet war. Das Ansehen der Bundeswehr nahm in der Öffentlichkeit unseres Landes, mehr noch im verbündeten Ausland, Schaden. Das "notwendige Übel", von bundeswehrfeindlichen Medien genußvoll und nicht selten hämisch kommentiert, bestand seine erste ernste Prüfung wenig überzeugend. So sehr man das allgemeine soziale und politische Klima in unserer Demokratie dafür verantwortlich machen kann und muß, so gaben auch Offiziere offen zu, man "sei weder geistig noch moralisch der gegenwärtigen Situation gewachsen." Wer, gleich an welcher Stelle, in der Bundeswehr darauf drang, daß die Truppe kriegstüchtig sein müsse, unabhängig von der aktuellen Bedrohungslage, wurde der "Kämpferideologie" bezichtigt oder als "Traditionalist" ins Abseits gestellt. Dabei waren Warnungen seit Jahren genug ergangen. Schon am 4.11.1978 hatte der Journalist Conrad Ahlers (SPD) in der Hamburger "Morgenpost" bemerkt: "Wenn die Bundeswehr dennoch oft ein zwiespältiges Bild vermittelt, dann aus anderen Gründen. Denn trotz des hohen Einsatzstandes der wenigen, stets präsenten Verbände ist festzustellen, daß die Bundeswehr einem fortschreitenden Prozeß der 'Entmilitarisierung' unterliegt. Auch wenn die Waffen immer besser werden, die Fähigkeit, sich ihrer zu bedienen, sinkt." Ahlers war Reserveoffizier der Bundeswehr und Fallschirmjäger.

"Entmilitarisierung der Bundeswehr"

Die Entmilitarisierung unserer Streitkräfte war von Anfang an Ziel nicht weniger einflußreicher Medienleute, Politiker und Kirchenvertreter, aber auch mancher Soldaten und parteipolitischer Gruppen. Es ist aber für die

Zukunft der deutschen Soldaten in Europa von Belang, diese aus historischen, parteilichen und mitunter auch aus religiösen Gründen nicht selten verbissen in Szene gesetzte "Entmilitarisierung" der Bundeswehr kurz zu beleuchten. Wenn die "Times" im Dezember 1991 schrieb: "Deutschland wird durch seine Geographie und wirtschaftliche Stärke dazu veranlaßt, die frühere Führung der Sowjetunion in Osteuropa zu übernehmen" und wenn französische und deutsche Politiker eine europäische Verteidigungsunion innerhalb oder zusätzlich zur NATO anvisieren, dann sind Gestalt, Organisation, Rüstung und Ausbildung der Bundeswehr, gleich welcher Stärke und mit welchen differenzierten Zielsetzungen in einem Land der Mitte von Bedeutung, das wie kaum ein anderes über nur wenige natürliche Grenzen verfügt.

Das unerbittliche Gesetz bleibt bestehen, daß die Bundeswehr, solange sie besteht, kriegstüchtig sein muß, selbst dann, wenn verteidigungspolitische Windstille und breite Friedenseuphorie die "Gesellschaft" beglücken. Andernfalls muß man die Bundeswehr auflösen oder wie einige vorschlagen, in eine Umweltschutztruppe umwandeln. Bisher gibt es nur drei Staaten auf der Erde ohne Soldaten: Costa Rica, Island und den Vatikan. Der bewaffnete Staat ist der Normalfall. Kaum haben sich beim Zerfall der Staaten, wie Jugoslawien und Sowjetunion, neue Republiken gegründet, stellen sie als erste Maßnahme eigene Streitkräfte auf. Solange Krieg jedwelcher Art nicht weltweit geächtet ist und diese Ächtung überwacht wird, sind kriegstüchtige Soldaten notwendig, um Frieden und Freiheit zu erhalten und zu schützen.

Nicht die konturlose Anpassung der Soldaten an zivile Verhaltensweisen, wie im Extrem das schleunigst wieder zurückgezogene "Kursbuches 2000" des "Zentrum Innere Führung" vorsah, integriert die Soldaten in die "Gesellschaft", sondern die positive Willenserklärung der Mehrheit der Bürger zur militanten Sicherung des Friedens und notfalls zur Wiederherstellung des Friedens. Schon 1961 hatte Rolf Dahrendorf unsere "Gesellschaft" in "Gesellschaft und Freiheit" zutreffend charakterisiert als "eine Gesellschaft, die auf persönliches Erfolgsstreben, Freiheitorientierung, Konsumorientierung, Individualismus, betonte Ablehnung aller militärischen Disziplin, Sachlichkeit und Materialismus angelegt ist ... die in wirtschaftliches, nicht in staatliches Licht getaucht ist" (S. 315). Daran hat sich wenig geändert, es sei denn mit dem Aufkommen irrationaler Strömungen wie New Age und zahlreicher Sekten, dem Anstieg der Kirchenaustritte und des Drogenkonsums.

Schon auf der Generalstagung in Saarbrücken am 5.4.1978 hatte Altbundespräsident Walter Scheel den Finger in die Wunde gelegt: "Die Funktion der Friedenssicherung kann die Bundeswehr also nur erfüllen, wenn sie für den Ernstfall gerüstet ist, gerüstet nicht nur im Hinblick auf Waffen und Ausrüstung, sondern – und das ist das wichtigste – auch im Bewußtsein der Soldaten. Das heißt aber, wenn wir den Frieden erhalten wollen, dann müssen wir unsere Soldaten im Hinblick auf einen möglichen Krieg ausbilden. Diese harte Wahrheit wird leider zu häufig verschwiegen oder mit mehr oder weniger schönen Worten vernebelt." In einem Referat am "Zentrum Innere Führung" 1985 bemängelte der damalige Oberst, spätere Generalleutnant von Scheven, die Ausbildung in der Bundeswehr: "Kenntnisse und Vorstellung von Gefechtserlebnissen fehlen bei Führern und Mannschaften. Es mangelt an handwerklichem Können. Wichtige Voraussetzungen für Führungs- und Überlebensfähigkeit werden vernachlässigt. Wir sind mehr 'Friedensarmee' als einige unserer Verbündeten (USA, UK) und verlieren den Sinn für Einsatzbereitschaft" (Heft 1/85, S. 153). Kurz danach schrieb ein Divisionskommandeur, später weithin bekannter Generalleutnant: "Freilich will mir oft scheinen, als habe die Verdrängung des eigentlichen Prüfsteins der Armee, die Verdrängung des Krieges und der Kriegstüchtigkeit, längst weite Teile der Bundeswehr erfaßt." Hart äußerte sich Brigadegeneral Peter Heinrich Carstens in einem Gespräch in der "Welt" vom 4.11.1987: "Soldaten sind nicht kriegstüchtig!". Wörtlich hieß es: "Der für die Ausbildung des Heeres zuständige Brigadegeneral P.H. Carstens schlägt Alarm: Die einsatzbezogene Kampfausbildung der Soldaten entspräche nicht den Forderungen einer kriegnahen Schulung.. Wir dürfen unsere Männer nicht in Watte pakken." Kurz danach, am 20.11.1987, kritisierte der Inspektionschef der Einzelkämpferinspektion an der Kampftruppenschule I, Hammelburg, Oberstleutnant R. Brühl, die wenig überzeugenden Ergebnisse im "Einzelkämpferlehrgang": "Die Hälfte der jungen Offiziere tritt nicht an." Er kam zum Resumeé: "Solange wir in der Bundeswehr es nicht schaffen, den seiner soldatischen Aufgabe verpflichteten Offizier auszubilden, der die Notwendigkeit und den Wert einer kriegsnahen Ausbildung erkannt hat und auch für sich akzeptiert, werden wir die Ergebnisse nicht wesentlich verbessern. Die Grundlagen dazu freilich sind in der Gesellschaft zu schaffen." Was die "Gesellschaft" dazu dachte, wurde deutlich, als der Kommandierende General des II. Korps in Ulm, Generalleutnant Lange, "Weisungen für die Ausbildung im II. Korps 1/1984" herausgab, die durch die übliche Indiskretion in die Presse gerieten. In ihnen hatte der General eine "Verbesserung der kriegsnahen Ausbildung" verlangt. Ein Sturm der Entrüstung erhob sich von Rendsburg bis Passau in Medien, aber auch unter Reservisten, Politikern und sogar aktiven Offizieren. Graf Baudissin äußerte: "Zwei Dinge aber machen mich besorgt: zum einen, daß in den offiziellen Vorschriften immer stärker eine Kriegsbezogenheit betont wird, das heißt, daß die Eignung davon abgeleitet wird, wie sich einer auf dem späteren Schlachtfeld bewegen könnte. Das sehe ich mit Sorgen, denn für mich ist eben die Bundeswehr die erste kriegsverhütende Armee, die wir haben. Und zweitens ist das, was man dann Kampfmotivation nennt, im Frieden nicht zu spielen und nicht zu erzeugen" (AZ-Reportage 12.11.1985).

Ungeachtet dieser Divergenzen in den Auffassungen hat die Mehrzahl der aktiven Soldaten der Bundeswehr, zwar manchmal in Zweifel oder in Suche nach klarer Führung, sich bemüht, den richtigen Mittelweg zu finden und zu praktizieren. Das dürfte auch weitgehend gelungen sein. Sogar die immer wieder von außen in die Bundeswehr hineingetragene Auseinandersetzung um die soldatische Tradition der Deutschen wurde von vielen Truppenteilen sinnvoll beantwortet. Wenn über die künftige Rolle des Soldaten der Bundeswehr in Europa nachgedacht werden soll, muß Klarheit in Fragen der Ausbildung, Führung und Tradition bestehen. Es könnte bei allem Friedenswillen, ja bei vielfacher Friedenseuphorie, in einer instabilen Weltlage doch dazu kommen, daß Verbände der schnellen Eingreiftruppe, international odar national, eingesetzt werden, im Beistandsgebiet der NATO oder im Auftrag der Vereinten Nationen außerhalb. Im Zusammenwirken mit verbündeten Kameraden, die derartige Divergenzen und Skrupel ihres Auftrags weniger kennen, könnten andernfalls deutsche Soldaten in eine beschämende Lage kommen: "Ich wünsche den Soldaten der Bundeswehr, daß sie sich nie wieder ihren alliierten Freunden gegenüber schämen müssen, wie das während des Golfkriegs der Fall war." – das war eine der 9 Thesen, mit denen sich der stellvertretende Kommandierende General des II. Korps, Generalmajor Horst Albrecht, aus der Bundeswehr verabschiedete.

Geschichte – Raum der Freiheit

Geschichte ist ein Raum der Freiheit. Sie ist nicht, wie Marx lehrte, vorherbestimmt. Kein "Zukunftsforscher", wie etwa Jungk, oder Politiker, wie etwa Bahr, hat auch nur im entferntesten zu den welthistorischen politischen und geistigen Umbrüchen vor allem in Osteuropa, wie in der Welt, rechtzeitig gültige Voraussagen gemacht, weder zum Zusammenbruch der UdSSR noch zur deutschen und europäischen Einigung oder zum blamablen Scheitern der ganze Generationen (vor allem im Westen) begeisternden Utopie des Marxismus-Leninismus. Klaus Hornung hingegen hat bereits 1977 in seinem

Bestseller "Der faszinierende Irrtum" (Marx und die Folgen) klar erkannt: "Die Erfahrung der Wirklichkeit im Herrschafts-Marxismus hat die Faszination des Irrtums gebrochen" (S. 148). Unser Jahrhundert hat zahlreiche "Propheten" Lügen gestraft. Liest man etwa die von Habermas 1979/80 herausgegebenen "Stichworte zur geistigen Situation der Zeit", kann man nur staunen über die vielen krassen Fehlurteile und falschen Voraussagen linker Denker, die er in diesen zwei Bänden zu Wort kommen ließ.

Die umwälzenden Veränderungen in Osteuropa sind genug geschildert worden. Noch ist die politische Szene dort völlig offen. Sie kann neue Überraschungen bringen, am Ende eines Jahrhunderts, das so blutig und voller weltpolitischer Umbrüche war, wie kaum ein anderes je zuvor. Deutschland, das *vor* der Einheit den Weg vom nationalen Machtstaat zum sozialen Versorgungstaat, als "Staat ohne Ernstfall", wie kein anderer beschritten hat, muß nun, schon wegen seiner geographischen Mitte in Europa, aus der Nische der Entscheidungsunlust in der Politik, der Flucht vor der Macht und der gleichgültigen Distanz zu seinen Streitkräften, zur "ungeliebten Bundeswehr" (Günter Rohrmoser in "Ideologiezerfall", Sinus Verlag, 1990, S. 136) als freier Staat in internationaler Solidarität heraustreten und Politik machen. Dabei ist die Instabilität der kleiner werdenden Welt mit ihrer Zunahme von je einer Milliarde Menschen pro Dekade von Jahren nicht gering. Neue Gefahren zeichnen sich ab. Der Weltbürgerkrieg verebbt. Die Bürgerkriege in der Welt nehmen zu. Wieder war es Klaus Hornung, der bereits 1975 in verschiedenen Studien darlegte: "Nicht die Unmöglichkeit und Abschaffung von Krieg, kollektiver Gewaltanwendung und bewaffnetem Konflikt ist das historische Signum der Gegenwart, sondern deren tiefgreifender Gestaltwandel" ("Bereiten wir den falschen Frieden vor?", Freiburg 1975; dazu "Der politisch-revolutionäre Krieg der Gegenwart", Stuttgart-Hamburg 1980). Wenn nicht alle Anzeichen täuschen, dürfte der "low-intensity-war", wie ihn amerikanische Sozialwissenschaftler und Militärs nennen, ein – vielleicht sogar das dominante Kriegsbild der Zukunft sein. Prof. Dr. v. d. Heydte hatte den "modernen Kleinkrieg" in einem erhellendem Buch gleichen Namens 1972 kenntnischreich und umfassend analysiert (Holzner-Verlag, Würzburg). Kaum jemand las das Buch, schon gar nicht Politiker. Erst als es in den achtziger Jahren in Englische übersetzt wurde, kam es in den USA auf den Markt und wurde bekannt.

Sicher ist: gerade im ausgehenden Jahrhundert hat Deutschland eine wohl disziplinierte, loyale und bestens ausgerüstete Bundeswehr bitter nötig, eine Streitmacht, die ein breites Spektrum von möglichen Einsätzen im Rahmen der NATO oder im Auftrag der Vereinten Nationen abdecken kann, von den

Blauhelmen bis zu den Grünhelmen, vom Katastrophenschutz bis zur Hilfeleistungen in Ländern der Dritten Welt, aber auch in Europa, vom Einsatz hochpräsenter Verbände im Beistandsgebiet der NATO, aber auch außerhalb der NATO, notfalls bis zu Bekämpfung des Narcoterrorismus im Inland, bis zur Verification von Abrüstungsmaßnahmen, ja, bis zur Bekämpfung von Kleinkriegsaktionen in Zonen, deren staatliche Stabilität für die Freiheit des geeinten Europa lebenswichtig ist. Ohne Zweifel werden derartige Einsätze äußerst selten sein. Jene abstrusen Vorstellungen, mit denen Bundeswehrgegner hausieren gehen, die Bundeswehr werde dann künftig in allen Krisenherden der Erde eingesetzt werden, sind widersinnig. Die letzte Entscheidung über den Einsatz deutscher Soldaten bleibt beim Bundestag und der Bundesregierung. Nur zwei Kriege seit 1945 sind im Auftrag der Vereinten Nation geführt worden; der Koreakrieg von 1950-1952 und der 2. Golfkrieg vom Januar bis März 1991. Demgegenüber hat es mehr als 160 Kriege seit 1945 gegeben mit mehr als 40 Millionen Toten. Erfahrungsgemäß ist die Zahl der Verwundeten in jedem bewaffneten Konflikt drei Mal so hoch, wie die der Toten. Im übrigen steht letztlich für jede deutsche Streitmacht primär die Gesamtverteidigung des eigenen Vaterlandes an erster Stelle; der singuläre Golfkrieg von 1991 sollte nicht das Muster für die gesamte neue Wehrstruktur der Bundeswehr sein.

Henry Kissingers schöne Vision, "die Geschichte arbeite unerbittlich auf eine Art universellen Frieden hin", dürfte ebenso fragwürdig sein, wie die Rede von F.J. Strauß im Hamburg 1961 "Vom Nationalstaat zum Weltstaat". Vorerst verstärkt "vielenorts der aufflackernde, zunehmend militante Nationalismus die Besorgnis der Bürger, wohin das alles führen soll" (B. Fleckenstein in "Information für die Truppe" 1/92, S. 12) Die Staaten dieser Erde sind Nationalstaaten, in denen sie ihre Identität finden. Rückkehr zu Geschichte, zur nationalen Tradition scheint das Signum der Epoche. Die "multikulturellen Gesellschaften" brechen überall auseinander, bis hin zu Jugoslawien, zu der UdSSR und selbst zu Indien. Musterbeispiel ist Israel, das keinen Palästinenserstaat in seinen Grenzen duldet. Das Selbstbestimmungsrecht der Völker wird als eines der entscheidendsten Menschenrechte proklamiert und gefordert. De Gaulles "Europa der Vaterländer" wäre eine akzeptable Lösung. Ob wir wollen oder nicht, wir werden in der Welt als Deutsche genommen, beurteilt oder verurteilt.

Für die Bundeswehr kommt es darauf an, eine gesamtdeutsche neue Bundeswehr mit einem Friedensumfang von 370 000 Mann bis Ende 1994 auf die Beine zu stellen – geschichtlich ein einmaliger Vorgang, der einen Neubau deutscher Streitkräfte bedeutet. "Der Vorgang, wie sich zwei ehemals gegnerische Armeen über Nacht unter eine gemeinsame Aufgabe stellen, ist ohne historisches Beispiel. Er konnte auch nicht generalstabsmäßig vorbereitet werden" (Generalleutnant von Scheven am 4.10.1991 in Munster).

Unfreundliche, ja auch feindliche Stimmen in Medien des verbündeten Auslands gelten weniger Deutschlands Streitkräften, als seiner Wirtschaftskraft, seiner politischen Bedeutung, sodaß bereits der Vorstoß des Bundeskanzlers, auch Deutsch als dritte Sprache in der EG einzuführen, heftige Reaktionen auslöste. Neid, Mißgunst, Angst, Beschwörung der NS-Vergangenheit und auch Bewunderung, ja, Zustimmung charakterisieren die internationale Szene, wobei die Zustimmung am stärkstem im Osten Europas und in der ehemaligen UdSSR sein dürfte. Natürlich ist der Westen, an der Spitze Frankreich, zugleich darauf bedacht, das geeinte Deutschland "europäisch einzubinden", wie der verhüllende Ausdruck für Kontrolle am langen Zügel lautet.

Wie aber nehmen die Bürger unseres Volkes diese Lage auf? Nicht wenige fragen sich: Bundeswehr ohne Feindbild? Wozu noch Soldaten? Bundeswehr ohne politische Legitimation, wahrscheinlich auch ohne Zukunft und ohne den nötigen Rückhalt im Volk? Wo soll das hinführen? "Wozu noch Soldaten?" fragte der "Spiegel" vom 5.3.1990, auf dem Titelbild eine Strohpuppe als Vogelscheuche in Soldatenuniform. Politiker drängen auf Reduzierung des Verteidigungshaushaltes, auf die sogenannte "Friedensdividende". Mehr als 30 % der einberufenen Reservisten stellen sich nicht. In der "Welt" vom 19.2.1992 befürchten hohe Offiziere, trotz schöner Politikerreden auf dem "Weg ins Ghetto" zu sein. Ein Oberstleutnant wird angeführt: "Wir als Kommandeure, als Kompaniechefs, führen einen idiotischen Kampf. Wir verteidigen die Existenz der Bundeswehr und begründen ihre Notwendigkeit. Dabei ist sie nicht von uns, sondern vom Gesetzgeber gewollt, vom Volk. Wir müssen uns für etwas rechtfertigen, was die Gesellschaft gewollt hat" (SOWI-Bericht 56). Schon am 1.8.1955 hatte ich in einer heftig umstrittenen Denkschrift mit dieser Terminologie auf diese drohende Entwicklung verwiesen. Wir dürfen uns nichts vormachen: die Bundeswehr wird nicht mehr – und ist es von Anfang an nicht – von einer ausreichenden Mehrheit unseres Volkes getragen. Es sieht so aus, als erlebten wir das Ende einer Großepoche, die mit der "levée en masse" in der französichen Revolution 1792 anbrach: mit dem "Volk in Waffen", mit den Massenheeren, mit der Allgemeinen Wehrpflicht.

Die NATO, die künftig mehr politisch und wirtschaftlich aktiv sein will und eine Reform erfahren soll, bleibt aber auch auf lange Sicht jene eingespielte Organisation, die Frieden und Sicherheit in einer instabilen Weltlage für den freien Westen garantieren kann. Weder die KSZE noch die WEU haben Exekutivorgane, die dazu befähigt wären, so wichtig und ausbaufähig beide Insitutionen sind. Der saarländische Ministerpräsident regte sogar an, die NATO bis nach Wladiwostok auszudehnen. Andere fordern den Beitritt der bisherigen Satellitenstaaten des Warschauer Paktes, wenigstens ihre Assoziation in Kürze. Das Bündnis ist seit jeher ein Gemisch von unterschiedlichen Wehrstrukturen und Staatsformen. Die USA, Kanada, Großbritannien und Luxemburg unterhalten Freiwilligenstreitkräfte. Die anderen NATO-Staaten stützen sich noch auf Wehrpflichtarmeen. Frankreich, Großbritanien und die USA sind Atommächte, die anderen Staaten nicht. Frankreich und Spanien haben ihre Streitkräfte nicht der NATO unterstellt, Großbritannien und die USA teilweise. Frankreich, Spanien, Großbritannien und Portugal haben politische und teilweise auch militärische Verpflichtungen in Übersee, andere, wie z.B. Deutschland, nicht. Vorstellungen von soldatischem Ethos sind in den einzelnen NATO-Streitkräften unterschiedlich, wie ihre soldatischen Traditionen und ihre "Integration" in ihr Volk. Wenn in einer Diskussion im I. Deutschen Fernsehen im Mai 1991 britische Oberschüler die Frage, ob sie ihr Land in jedem Fall verteidigen würden, allesamt mit "Ja" beantworteten, die deutschen Oberschüler geschlossen mit "Nein", so kennzeichnet das unsere Schieflage. Der damalige Staatssekretär im BMVg, Lothar Rühl, meinte noch 1989, daß für einen großen Teil der öffentlichen Meinung und der gesellschaftlichen Eliten in der Bundesrepublik die Bundeswehr eine provisorische Notlösung in der gefährlichen Zeit der Konfrontation geblieben sei, die im Grunde ihre "raison d`être", ihren Daseinszweck überdauert habe. Für viele stelle sie noch immer einen Rückfall in die deutsche Vergangenheit, für viele Prediger in den Kirchen und Universitätsprofessoren auf den Kathedern einen Sündenfall am Ursprung der zweiten Republik dar. Die westdeutsche Gesellschaft habe kein natürliches Verhältnis zur Landesverteidigung und zur Armee" ("Mittlerbrief 4/1989"). Allen Erfahrungen nach dürfte es in der "Gesellschaft" der neuen Bundesländer kaum anders sein.

Das Motto etwa der US-Militärakademie Westpoint "Ours is not to reason why, ours is to work and die" würde bei uns genau so abgelehnt, wie das Motto der französischen Offiziersschule St. Cyr "S ´instruire pour vaincre".

Graf Baudissin gab der Devise "Nie wieder Sieg!" sogar in einem Buch Ausdruck. Die alliierten Soldaten am Golf Januar 1991 wären hilflos geblieben, wenn sie sich nach diesem Rat hätten richten sollen. Sie wollten den Sieg und errangen ihn. Es waren überwiegend freiwillige Soldaten. Mit Wehrpflichtigen wäre ein derartiger Einsatz von "High-Tech" kaum zum Erfolg gekommen, zumal selbst die amerikanischen Streitkräfte 2500 Verfahren gegen Verweigerer einleiten mußten.

Wenn Bundespräsident von Weizsäcker den nicht selten zitierten Satz Scharnhorsts im § 1 des "Immediatbericht" vom 31.8.1807 vorbringt: "Alle Bewohner des Staates sind geborene Verteidiger des Staates", so ist das ein Satz aus versunkener Zeit. Es ist widersprüchlich, wenn 1991 151 000 Anträge der "geborenen Verteidiger" auf Kriegsdienstverweigerung bei den Kreiswehrersatzämtern eingingen. Die Kriegstdienstverweigerung beginnt sich bei uns auf hohem Niveau einzupendeln. Verbreitet ist die Aufassung unter jungen Staatsbürgern – und nicht nur unter ihnen – daß Zivildienst ethisch wertvoller sei als Wehrdienst. Auch wenn bei einem künftigen Jahrgangsaufkommen von angeblich nur 370 000 wehrfähigen Männern ein Teil bei der Polizei, beim BGS, im Entwicklungsdienst, im Zivil- oder Katastrophenschutz und als Zivildienstleistende – Ende 1990 waren es 83 000 – sich melden, bleibt Wehrungerechtigkeit bestehen. Die politische Anregung, für alle jungen Männer und Frauen ein Sozialjahr einzuführen, könnte den schwachen Dienstgedanken in unserer Demokratie beleben und Wehrungerechtigkeit fast ausschließen. Ob diese Lösung bei unserem Weg in die "multikulturelle Gesellschaft" auch nur die Chance hat, verwirklicht zu werden, bleibt zu bezweifeln.

Unsere Bundeswehr, künftig eine Ausbildungs- und Mobilmachungsarmee mit nur einem Teil voll präsenter Verbände, würde, selbst wenn der "rasche Aufwuchs" mit jüngeren Reservisten ausreichend geübt würde, in der Krise wahrscheinlich erfahren, daß nur ein Teil der einberufenen Reservisten anträte. Wenn sich schon in normalen Friedenszeiten bis zu 30 % und höher zur Wehrübung einberufene Reservisten nicht stellen, was geschähe bei drohender Mobilmachung? Zwar kann darüber niemand Genaues voraussagen. Es ließen sich Lagen denken, in denen die Jugend die Verteidigung der Freiheit bejaht. Vorerst bleibt bei der verbreiteten Gleichgültigkeit der Bundeswehr gegenüber und in der Friedenseuophorie im "postmilitärischen Zeitalter", die mit Realitätsverlust einhergehen, Skepsis geboten. Minister Dr. Stoltenberg am 17.6.1991 an der Universität der Bundeswehr in München: "Der verbreitete Verlust an Realitätssinn, die nicht weniger verbreitete Unfähigkeit, latente Gefährungen anthropologische und weltpolitisch nüchterner zu analysieren, kann zur Verblendung führen und damit zum Unvermögen, auf plötzlich auftretende Krisen angemessen zu reagieren."

Da eine militärische Konfrontation "alten Stils" in Europa für absehbare Zeit fast ausgeschlossen sein dürfte und das "europäische Haus" mit den Völkern Osteuropas gemeinsam gebaut werden soll, kann man sich auf das anvisierte Personalstrukturmodell 370 einigen. Auf Dauer aber ist die Frage nicht abzuweisen, ob nicht eine Großepoche der Neuzeit ihrem Ende entgegengeht, jene Epoche der Massenheere, des "Volkes in Waffen", wo "jeder Bürger Soldat, jeder Soldat Bürger" sein sollte? Die von der sozialen Wirklichkeit längst überholte Schreckvokabel von der Armee als "Staat im Staate" ist in der arbeitsteiligen Industriegesellschaft obsolet. Nicht wenige NATO-Staaten haben nach 1945 Kriege geführt, die USA in Korea, Vietnam, Panama und am Golf 1991, Frankreich in Indochina, in Algerien, im Tschad, Portugal in Angola, Timor und Mozambique, Großbritannien in Burma, in Korea, auf Zypern, in Ägypten und um die Falkland-Inseln, am Golf, die Türkei in Korea, auf Zypern und in Ostanatolien, Belgien im Kongo – um nur einige "Konflikte" von NATO-Staaten in der "Nachkriegszeit" zu nennen. Nirgends wurde die Armee als "Staat im Staat" betrachtet, sieht man von Frankreichs Algierkrise (1960/61) ab.

Die europäische Einigung verlangt über wirtschaftliche Zusammenarbeit und offene Grenzen hinaus die politische Union. In seiner Rede zur Eröffnung der Außenministerkonferenz der KSZE im Reichstag zu Berlin am 20.6.1991 erklärte Bundeskanzler Kohl, daß Sicherheit künftig immer weniger auf militärischer Macht ruhen werde, vielmehr auf wirtschaftlichem Austausch, ökologischen Bemühungen über die Grenzen hinweg, Kulturaustausch und zunehmender Integration der Staaten. Er sprach auch von der Notwendigkeit einer neuen europäischen Sicherheitsstruktur, ohne näher darauf einzugehen. Es bleibt offen, ob die WEU die geeignete Grundlage bildet. Das Land der europäischen Mitte aber, Deutschland, wird einen angemessenen militärischen Beitrag leisten, wenn anders es politikfähig, bündiswürdig und souverän sein will, in einer Staatenwelt, deren Bürger und Soldaten von Skrupeln zur militanten Friedenssicherung weniger heimgesucht sind, als wir Deutschen. Einst wegen ihrer militärischen Tüchtigkeit und Bravour gefürchtet, aber auch bewundert, werden deutsche Soldaten in der Phase das sich als Staatenbund oder Bundestaat einigenden Europa ihre gebührende Rolle an der Seite ihrer verbündeten Kameraden finden; die gemeinschaftsbildenden Kräfte des Soldatentums können auch zur europäischen Integration beitragen. Das Modell der deutsch-französischen Brigade ist bei aller Problematik ein Anfang, der entwicklungsfähig ist.

Entscheidend dürfte der Auftrag der Vereinten Nationen werden; er liegt in der Logik der Geschichte. Keine Weltregierung, aber ein Staatengremium, das Befriedung und Abrüstung in einer kleiner werdenden Erde am besten steuern könnte. Umweltzerstörung, Bevölkerungsexplosion, Armutsmigration, endemische Seuchen, Drogenwelle, international vernetzter Terror und Waffenhandel sind nur übernational erfolgreich zu bekämpfen. Das "postnukleare Zeitalter" ist in Sicht; aber als "last ressort" sind Atomwaffen noch eine zeitlang unentbehrlich. Soldaten hingegen sind in einer instabilen, sich rasch ändernden Welt noch nie so nötig gewesen wie zur Zeit. Das gilt vor allem für die Bundeswehr in einem wie auch immer sich einigenden Europa als Brücke zwischen Ost und West. Videant Consules! Die Politiker sind mehr denn je an den "Primat der Politik" erinnert. Blaise Pascals berühmte Aussage in "Pensees sur la religion" von 1669 ist zeitlos gültig: "Das Recht ohne Macht ist machtlos, die Macht ohne das Recht ist tyrannisch. Also muß man dafür sorgen, das das, was Recht ist, mächtig und das, was mächtig ist, gerecht sei."

Wittigo von Rabenau

Politische Entscheidungsprozesse bei der Errichtung der Bundeswehr-Hochschulen

Voraussetzungen wehrpolitischen Handelns

Wehr- und verteidigungspolitische Entscheidungsprozesse in der Bundesrepublik Deutschland haben, wie in jeder parlamentarischen Demokratie, notwendigerweise ihren Ausgangspunkt in dem historisch abgeleiteten sowie auch rechtlich fixierten Grundsatz vom "Primat der Politik", wie ihn Carl von Clausewitz nach der materiellen und formalen Logik Kants als politisch-militärisches Führungs- und Subordinationsverhältnis in philosophischer Tiefe ergründet und an Hand der Relation von Zweck, Ziel und Mittel formuliert hat.[1]

Dieses Verständnis ist zwar durchaus nicht unumstritten, findet jedoch dort die verdiente Beachtung, wo in der zwischenstaatlichen Politik der Instrumentalcharakter der Streitkräfte, auch zum Zwecke der Friedenssicherung, nicht verdrängt wird.

Es enthält als zentralen Bezugspunkt die politische Zweckorientierung. Sie gibt die rationale Rechtfertigung und funktionale Notwendigkeit ab, den Primat der Politik gegenüber den Streitkräften zu postulieren. Gleichzeitig bindet dies den politischen Primat an eine hierarchische Relation von Zweck, Ziel und Mittel, wobei die schlüssige Zuordnung dieser drei Dimensionen, sowohl eine Unterordnung von Zweck und Ziel unter das Mittel, als auch eine Mißachtung der "Natur des Mittels" bei der Bestimmung der zweckdienlichen Ziele verbietet.

Hieraus erwächst demnach als prozedurale Kategorie die Forderung nach grundsätzlicher Partizipation der militärischen Führung an wehrpolitischen Entscheidungsprozessen. Die militärische Führung nimmt hierbei die Aufgabe wahr, die politische Ressortleitung zu beraten und militärische Belange und Notwendigkeiten zu Gehör zu bringen. Die allgemein bekannte, weitgehende Teilhabe wesentlicher Bereiche der militärischen Führung am Entscheidungsprozeß zur Bildungsreform in der Bundeswehr, hatte jedoch bei weitem nicht diese Wirkung. Sie war in ihrer Funktion mehr legitimatorischer Natur, da die politisch vorgegebenen Ziele nur zu bestätigen, nicht aber zu verändern waren.

215

Daß die Refom der Offizierausbildung und die Einführung eines obligaten Offizierstudiums dennoch kein politisches Oktroir darstellte, ist mit der verbreiteten Bereitschaft der militärischen Führung zu Veränderungen zu begründen. Diese grundsätzliche Bereitschaft zur Modernisierung zielte zwar nicht auf eine generelle Reform, so doch auf eine Revision des Offizierbildes und der Offizierausbildung in Richtung auf eine größere Vergleichbarkeit mit dem zivilen Berufsumfeld. Sie fand ihren Niederschlag zum einen in der Verarbeitung sozialdemokratischer Reformansätze in den Amtsstuben ministerieller Referate, zum anderen in der sukzessiven Verabschiedung von den Zielen und Intentionen der bisherigen Offizierausbildung und letztlich in der Formulierung eigener Konzepte, die die später von politischer Seite durchgesetzte Verknüpfung der zu schaffenden militärischen Hochschuleinrichtungen mit den Zielen der Hochschul- und Studienreform, wie sie die sozialliberale Bundesregierung beabsichtigte, bereits vorwegnahmen.

Seine mehr inhaltlich-motivatorische Kategorie erhält der Primat der Politik durch die besagte Berücksichtigung der "Natur des Mittels" bei der Zieldefinition militärpolitischer Entscheidungen. Verteidigungspolitische Entscheidungsprozesse unterliegen, wenn sie auf diesem Verständnis vom Primat der Politik basieren, der Notwendigkeit, die Streitkräfte aus der politischen Lage heraus zu führen und alle militärpolitischen Entscheidungen in Blick auf den übergeordneten politischen Zweck zu treffen. Die Natur des Mittels verlangt gleichzeitig die Beachtung substanzieller Eigengesetzlichkeiten, die in Bezug auf Bildung und Ausbildung ebenfalls eine geistige Erfassung politischer Zusammenhänge, die Kenntnis psychologischer Kräfte und politischer Systembedingungen verlangen. Seine bildungs- und ausbildungsrelevante Konsequenz erfährt der Primat der Politik somit in der Förderung dessen, was als soldatisches Handeln aus "politischer Intelligenz" bezeichnet wird. Die möglichst optimale Ausgestaltung des Zweck-Ziel-Mittel-Verhältnisses im Sinne einer prospektiven effizienzoptimierten Politikumsetzung, verlangt demnach als geistige Konsequenz sowohl vom Politiker, als auch vom Soldaten eine Schulung der Urteilskraft und die Hebung des Urteilsvermögens.

Das dem Bundeswehraufbau zugrunde gelegte Konzept der Inneren Führung mit seinem Leitbild vom "Staatsbürger in Uniform" implizierte nicht nur die Neueinführung und Verschärfung parlamentarisch-politischer Kontroll- und Überwachungsinstrumentarien, etwa in Folge der GG-Änderunag des Art 65a, die eine erneute Abkapselung des Militärs als Staat im Staate auch organisatorisch und rechtlich verhindern sollten. Vielmehr beabsichtigte man mit dem Konzept der "Inneren Führung" auch eine möglichst weitgehende Integration des Soldaten in die Gesellschaft, aber dadurch auch eine möglichst weitgehende Identifikation des Staatsbürgers in Uniform mit den normativen Grundlagen des Staates, weshalb "Integration von Anfang an als eine Voraussetzung für das Konzept der 'Inneren Führung' gegolten hat und ... der Grad der Integration zum Maßstab für den Erfolg der 'Inneren Führung' herangezogen worden ist".[2] Dieses Konzept sollte daher mögliche Reibungs- und Inkompatibilitätsmomente zwischen Militär und Gesellschaft von vornherein verhindern, indem es eine möglichst naht- und konturlose Anpassung des Soldaten an seine gesellschaftliche, notwendigerweise zivil-industriegesellschaftliche und demokratisch-pluralistische Umwelt ermöglichte.

Immerhin implizierte das Leitbild vom Staatsbürger in Uniform jedoch auch eindeutige Führungsanforderungen, ohne die seine Realisierung nicht möglich war und nicht möglich ist. So stellte die zeitgerechte Menschenführung von Anfang an eine Grundlage der Inneren Führung dar, die gleichzeitig die weitestgehende Anwendung bürgerlicher Grundwerte garantieren und die staatsbürgerliche Vorbildfunktion der militärischen Führungskräfte betonen sollte. Wesentlicher Bestandteil der Inneren Führung, dieses "Markenzeichens für die Bundeswehr", war daher immer auch die Sinnstiftung für das militärische Tun und die Förderung der Motivation, sich für die Sicherung des Gemeinwesens in Form des soldatischen Dienstes einzusetzen, indem die Verteidigungswürdigkeit der staatlichen Werteordnung durch eigenes Erfahren, aber auch durch rationale Erklärungsmuster plausibel gemacht wurde.

Im Rahmen der vielfältigen Bemühungen, diese Gedanken in die Praxis umzusetzen, wurden militärische Notwendigkeiten und Eigengesetzlichkeiten prinzipiell in ihrer Legitimation daran bemessen, ob sie gesellschaftsverträglich waren. Falls sie aber doch mit dem politischen Auftrag der Streitkräfte zu rechtfertigen waren, etwa als Voraussetzung der Fähigkeit zur Landesverteidigung und zur Aufrechterhaltung von Kampfkraft und Einsatzbereitschaft, resp. -willigkeit, kam man freilich um eine Uminterpretation des politischen Auftrages nicht herum: Das heißt, die "Natur des Mittels" wurde von der Seite der politischen Zwecksetzung militärischer Instrumente her gesellschaftskonform umzugestalten versucht. Das Ergebnis bildete ein politischer Primat der intensiven Integration und das hieraus resultierende Postulat des Soldatenberufes "wie jeder andere", das als Kampfparole gegen die angeblich atavistische These eines Soldatenberufes "sui generis" instrumentalisiert wurde.

Dieser Spannungsbogen bildete in der über 30-jährigen Geschichte der Bundeswehr stets die Rahmenbedingung für die Exekution des politischen Primates, gerade auch für die Reform des nichtmateriellen militärischen Bereiches, wie sie in der Neuordnung der Ausbildung und Bildung, bes. des Offizierkorps, seit 1970 zum Ausdruck kam.

Ziele der militärischen Bildungsreform

Wie die Bundesregierung bereits in ihrem Weißbuch 1970 eindeutig festgelegt hatte, sollte die Bildungsreform in der Bundeswehr sicherstellen, daß die Streitkräfte mit der gesellschaftlichen Entwicklung Schritt halten, daß sie zukünftig "ihre Berufsbilder, ihre Bildungs- und Ausbildungsgänge so gestalten, daß die Soldaten daraus für ihren beruflichen Werdegang innerhalb der Bundeswehr und ebenso später im zivilen Leben den größtmöglichen Nutzen ziehen", und daß auf diese Weise sowohl der Effektivität der Bundeswehr, als auch der Attraktivität der soldatischen Laufbahnen gedient werde.[3] Die Aussagen des Weißbuches über die Ziele der Bildungsreform in der Bundeswehr durchziehen die einzelnen Arbeitsphasen der von September 1970 bis Mai 1971 unter Vorsitz von Prof. Dr. Thomas Ellwein arbeitenden Bildungskommission wie ein roter Faden. Das unnachgiebige Korsett, welches die konzeptionellen Bemühungen der Bildungsreformer von Beginn an einengte und sie daher weit von wirklicher Gutachtertätigkeit oder wissenschaftlicher Planungs- und Beratungsarbeit entfernte, preßte auch das 1971 fertiggestellte Endgutachten in politisch bereits vorgefertigte Formen.[4] So ist es nicht weiter verwunderlich, daß die von der Bildungskommission dort formulierten Ziele weitgehend der Vorlage zur Kommissionsarbeit und dem Weißbuch von 1970 entsprachen.

Die Neuordnung von Ausbildung und Bildung in der Bundeswehr sollte die Einsatzbereitschaft der Streitkräfte, wie sie der politische Auftrag vorsah, erhöhen, indem die Quantität und Qualität des Personals in der hierfür notwendigen Form gesichert wurde.[5] Die Effektivitätssteigerung sollte sich nach Auffassung der Bildungskommission daraus ergeben, daß zukünftig die voraussehbaren gesellschaftlichen und technischen Entwicklungen, ebenso wie Veränderungen in der Personalstruktur, in den Führungsmethoden und in der Organisation für den Offizier durch seine Ausbildung der Soldaten erkennbar waren und verarbeitet werden konnten. Diese Qualität der Ausbildung sei nur erreichbar, wenn eine genügende Anzahl von Bewerbern zur Verfügung stünde, denn dann erst sei die qualitative Auswahl gesichert, die ihrerseits wieder zu einer höherwertigen Ausbildung führen könne. Besser, d.h. qualitativer ausgebildete Ausbilder, trugen dann nach Meinung der Kommission nicht nur zur Sicherstellung der Einsatzbereitschaft bei, sondern garantierten auch die Attraktivität der Streitkräfte bei Berufsanfängern. Somit lag der Schlüssel zur Effektivität für die Bildungskommission zunächst bei der Attraktivität der Bundeswehr gegenüber potentiellem Nachwuchs. Diese Attraktivität resultiere wiederum für die Soldaten im Übergang vom Schulabschluß zur zivilberuflichen Karriere, bei unterschiedlicher zeitlicher Dimension dieses Übergangs, in erster Linie aus der sicheren Gewißheit, mit ihrer in der Bundeswehr erhaltenen Ausbildung eine zivilberufliche Tätigkeit aufnehmen zu können. Daher richtete die Bildungskommission das Offizierstudium primär nach diesen Attraktivitätsaspekten hin aus und postulierte die vollständige Kopplung dieser Ausbildung an das öffentliche Bildungs- und Hochschulwesen. Da die Bereitschaft für den Dienst in den Streitkräften nach dieser Auffassung primär dadurch zu fördern war, daß die Ausbildung und Tätigkeit der Soldaten dessen eigene Interessen und Berufsorientierung "so weit wie möglich" berücksichtigte, stand für sie fest, daß "die Attraktivität des Dienstes in den Streitkräften ... durch eine verbesserte Ausbildung allgemein und durch die auf einen künftigen Zivilberuf vorbereitenden Maßnahmen im besonderen gesteigert" werde.[6] Die Ausbildung des Soldaten im Sinne seiner militärfachlichen und gleichzeitig zivilen Verwendbarkeit setzte nicht nur ein neues Berufsbild voraus, sondern hatte gleichfalls die Gestaltung des Ausbildungssystems der Streitkräfte "als Teil des allgemeinen Ausbildungssystems" zur Voraussetzung.

Diese Angleichung der Ausbildungsgänge und -systeme sollte darüberhinaus die Integration der Bundeswehr in die Gesellschaft stärken und das innere Gefüge der Streitkräfte verbessern. Hier lag die Annahme zugrunde, "daß eine bessere Ausbildung nicht nur die Beherrschung der Waffen vervollkommnen, sondern auch das innere Gefüge der Truppe festigen und dadurch ihren moralischen, politischen und militärischen Wert erhöhen wird".[7] Die effektivitätssteigernde Wirkung der akademischen Offiziersausbildung erkannte man darüberhinaus in der Sicherstellung und Anwendung moderner Führungsmethoden.[8]

Auf militärischer Seite hatte ganz eindeutig die Erhöhung der Attraktivität des Offizierberufes Vorrang, um dem zunächst drängendsten Problem der Nachwuchsrekrutierung Herr zu werden. Gleichzeitig machten die militärischen Entscheidungspartizipatoren ihre Zustimmung zum Ellwein-Konzept aber auch von der Zusicherung steigender Effektivität in der Ausübung des Offizierberufes abhängig, wobei man jedoch in der Verfolgung dieser Ansprüche aus einer zweckpragmatischen, d.h. personal-problemlösenden Wirkungserwartung gegenüber dem Reformvorhaben heraus, grundsätzlich kompromißbereit war.[9]

Insgesamt wurde bis Anfang 1972 im Rahmen einer Realisierbarkeitsuntersuchung die Bewertung einer Reihe von unterschiedlichen Modellen zur Realisierung des Offizierstudiums – wovon der Vorschlag der Bildungskommission nur eine Alternative unter anderen war – auf ihre Verträglichkeit mit den Zielen der militärischen Bildungsreform hin vorgenommen.[13] Hierbei zeichnete sich für die Beteiligten sehr schnell ab, daß das von der Bildungskommission vorgeschlagene Studium der Offizieranwärter an eigenen Hochschulen der Bundeswehr "von allen Teilstreitkräften als optimale Lösung angesehen" wurde.[10]

Als die wichtigsten Voraussetzungen zur Realisierung dieses Modells erblickte man jedoch die Anerkennung der Bundeswehr-Hochschulen durch die Kultusminister der Länder und ihre Akzeptanz der im Gutachten vorgesehenen Fachbereiche, Fachrichtungen, Curricula und Studienabschlüsse. Das Ergebnis lautete daher: "Ziel des neuen Bildungskonzeptes ist, die Effektivität der Bundeswehr zu steigern. Dieses Ziel ist erreichbar durch höhere Leistungsfähigkeit des einzelnen infolge besserer Ausbildung und Bildung sowie durch eine größere Zahl von Berufs- und Zeitsoldaten, die durch die Attraktivität der neuen Ausbildungslehrgänge gewonnen werden soll" und weiter "unter der Voraussetzung, daß die landesrechtliche Anerkennung erreicht wird, verspricht das Studium an Bundeswehr-Hochschulen im Sinne der Reformvorschläge der Kommission für die Neuordnung der Ausbildung und Bildung, die größtmögliche Effektivität für die Bundeswehr zu erreichen. Durch die Kooperation der Bundeswehr-Hochschulen auf allen Gebieten im Sinne des Entwurfes des Hochschulrahmengesetzes wird auch die notwendige Integration mit der Wissenschaft und damit auch der Gesellschaft sichergestellt".[11]

Die Frage, inwieweit auch die Entwicklung der Curricula der konkreten Verfolgung der genannten Ziele diente, bzw. in welcher Form das Offizierstudium tatsächlich an diesen drei Zielen ausgerichtet wurde, ließ sich freilich erst zu dem Zeitpunkt definitiv beantworten, als die einzelnen Studieninhalte und Studienschwerpunkte festgelegt waren. Dies war aber abhängig von der Zustimmung sowohl der Kultusministerien der Länder, als auch der Universitäten und öffentlichen Hochschulen, die das Offizierstudium an den Hochschulen der Bundeswehr inklusive der Curricula und der Prüfungsordnungen als zivil vergleichbar anerkennen mußten. Immerhin lagen aber bereits Rahmenvorstellungen über die Ausgestaltung und Zielsetzungen der

Curricula vor, die die Grundlage abgeben sollten für eine endgültige Konkretisierung. So standen für das mit diesen Problemen befasste Wissenschaftliche Institut für Erziehung und Bildung in den Streitkräften folgende Fragen im Vordergrund: "Welche Kenntnisse, Fähigkeiten und Verhaltensweisen soll sich der Lernende aneignen? Anhand welchen Inhalts sollen diese Kenntnisse, Fähigkeiten und Verhaltensweisen erworben werden?"[12]

Zur Beantwortung war eine vorbereitende Analyse sowohl der gesellschaftlichen Situation, als auch der sich hieraus ergebenden Berufsstrukturen und der Wissenschaftsentwicklung notwendig, die die Ziele, zu denen die Lernprozesse führen sollten, vorbehaltlich des Einflusses der zustimmungsberechtigten Organisationen formulieren und festlegen half.[13] Sie hatte global zu identifizieren, "in welchen Tätigkeitsfeldern Absolventen eines bestimmten Studienganges in der Bundeswehr sowie in den Bereichen der privaten Wirtschaft und öffentlichen Verwaltung eingesetzt werden können".[14] In den Fällen, die keine oder wenige Gemeinsamkeiten in den Tätigkeiten oder Qualifikationen zwischen militärischem und zivilem Berufsfeld zuließen, sollte diesem Sachverhalt durch eine möglichst breite Qualifikationsgrundlage entsprochen werden. Nach Vorlage der Ergebnissen zog das Institut die Schlußfolgerung, daß ein Curriculum, welches "auf ein Tätigkeitsfeld in einer sozialen Umwelt vorbereitet, die dem einzelnen in hohem Maße Rollendifferenzierung und Mobilität abverlangt", nicht nur fachspezifische, sondern vielmehr fachübergreifende Ziele vermitteln mußte, die dem Betreffenden die Handlungskompetenz im Sinne des grundgesetzlich verankerten sozialen Rechtsstaates sicherten und die Teilhabe am politischen Entscheidungsprozeß erlaubten. Für die Offizierausbildung bedeutete dies unter der angenommenen Grundvoraussetzung, daß die gesellschaftlichen Entwicklungen unmittelbare Konsequenzen für das Berufsfeld des Offiziers hatten, daß die fachübergreifenden Lernziele und "die ihnen korrespondierenden Verhaltensweisen" an den sich ständig wechselnden Verhaltensmustern und Erwartungshaltungen der demokratischen Gesellschaft ausgerichtet sein mußten.[15] Die Spannungen und Inkompatibilitäten gegenüber den besonderen Strukturen militärischer Organisation galt es für den Offizier durch ein hohes Maß an Reflexionsvermögen und Verantwortungsbewußtsein auszugleichen.

Das Effektivitätsverständnis, das diesen Überlegungen zugrunde lag, war festgemacht an einem "neuen Rollen- und Selbstverständnis" des Offiziers, dem es außer durch die fachwissenschaftliche Ausbildung auch durch eine reflektierende, kritische Urteilsbildung und durch eine verfassungskonforme Engagierung des Offiziers nicht mehr alleine im Sinne überkommener Systemspezifika und Sachzwänge, sondern gemäß zivilgesellschaftlichen Verhaltens zu entsprechen galt. Allerdings hob das Münchener Institut in seinem Rahmencurriculum auch hervor, daß die sich in der Gesellschaft und in allen ihren Subsystemen stellende Frage nach den übergeordneten Zweck- und Sinnzusammenhängen gerade in den Streitkräften eine Beantwortung verlange. Die Einsatzbereitschaft der Bundeswehr machte man unmißverständlich "abhängig von der Ausbildung und Bereitschaft des Soldaten zum Kampf". Die Fähigkeit der militärischen Vorgesetzten, den Soldaten durch Beispiel und Überzeugung dabei zu helfen, ihre paradoxe Situation der bewaffneten Friedenssicherung zu begreifen, für sie einzutreten und dabei ihre soldatische Pflicht zu erfüllen, hielt man für unverzichtbar. Deshalb stand fest: "Im Rahmen der erziehungs- und gesellschaftswissenschaftlichen Anleitung der wissenschaftlichen Fachstudien haben gerade auch solche Ausbildungserfordernisse thematisiert und reflektiert zu werden".[16] Aber auch dies war eine reine Absichtserklärung, die noch nichts wirklich determinierte, eine Absichtserklärung aber immerhin, der das Bemühen um Beachtung und Berücksichtigung militärischer Belange nicht abgesprochen werden konnte. So war es nach Aussagen des Leiters des Wissenschaftlichen Institutes für Erziehung und Bildung in den Streitkräften, Professor Thomas Ellwein, die Aufgabe der dort installierten Arbeitsgruppen zur Curriculaentwicklung, im Gespräch mit den Vertretern der Teilstreitkräfte, die ihren jeweiligen fachmilitärischen Standpunkt einbringen sollten, zu klären, inwieweit militärfachliche Bestandteile in die Curricula eingearbeitet werden konnten. Eingeschränkt wurde die Integration dieser Elemente in das Anleit-Curriculum jedoch von vornherein durch die strikte Vermeidung additiver Tendenzen, die das Begleitstudium nicht mehr in das gesamte zivile Hochschulstudium integrierbar machten und ein gegenseitiges Durchdringen von Fach- und Anleitstudium verhinderten.[17]

Um den Vorschlag der Bildungskommission in unveränderter Form zu realisieren, wurden die Ziele "Attraktivität", "Effektivität" und "Integration" auch gegenüber den übrigen am Entscheidungsprozeß und am Primat der Politik partizipierenden Verfassungsorgane als Rechtfertigung in den Vordergrund gerückt.

Innerhalb dieser Reformziel-Trias der Bundeswehr-Hochschul-Konzeption bestand eine gegenseitige Interdependenz, die von Anfang an den gesamten Entscheidungsprozeß als Begründungsgerüst bestimmt und die Bemühungen "von Bundesregierung, Bundesverteidigungsministerium und den für wissenschaftliche Hochschulen Zuständigen bzw. Behörden" gekennzeichnet hat.[18] Eine innere Präferenzstruktur in dieser Triade ist bei aller vordergründigen Gleichwertigkeit jedoch unschwer erkennbar, da zum einen die Attraktivität der Offizierausbildung zwar eindeutig den Anlaß bildete und den besonderen Handlungs- und Entscheidungsbedarf verursachte, aber nicht den eigentlichen Angelpunkt darstellte, an dem die Konzeption inhaltlich und organisatorisch mit ihrem Kausalitätsschwerpunkt aufgehängt war. Dies hatten die Bildungsreformer selber immer wieder betont.[19] Andererseits ist jedoch der Gesichtspunkt der Integration als notwendige Voraussetzung für Effektivität und Attraktivität verstanden worden, so daß diesem Ziel eine eindeutig höhere Wertigkeit zugesprochen werden muß.

Bei der Beurteilung des Zieles "Attraktivität" in seiner Bedeutung für den gesamten Entscheidungsprozeß und die Plausibilität seiner Begründungen ist es zutreffend, daß es für eine Attraktivitätssteigerung des Offizierberufes durch das Mittel der Ausbildung genügt hätte, das Offizierstudium fakultativ anzubieten und es nicht obligatorisch für die Laufbahn des Berufs- und Zeitoffiziers zu machen.[20] Diese obligatorische Einbindung läßt in der Tat erkennen, "daß die auf Quantität der Bewerber gerichtete Attraktivitätsmotivation genau an dem Punkt nur noch eine sekundäre Rolle spielte, wo sie im Sinne der Bildungsreformer in eine Zielantinomie zum ebenfalls propagierten Faktor der Effektivität geriet. Es kann nämlich nur der Faktor Effektivität sein, der den Bundeswehr-Bildungsplanern signalisierte, daß der Offizier heute studieren *muß* und dies nicht nur *kann*".[21]

Wenn es aber zutrifft, daß die Effektivität Präferenz gegenüber der Attraktivität genoß, so ist danach zu fragen, was die Bildungsreformer der Bundeswehr hiermit tatsächlich bezweckten, zumal die häufige Wiederholung dieser Zielsetzung den Verdacht eines Lippenbekenntnisses provozierte,[22] und die häufige Betonung der Effektivität einen "nicht zuletzt auch legitimatorischen Charakter" vermuten ließ, der eher traditionalistisch eingestellte Militärs überzeugen sollte.[23]

Für die Bildungskommission bestand zunächst unabhängig von diesen Gesichtspunkten die Effektivitätssteigerung und -sicherung wie beschrieben in der qualitativen Verbesserung der Ausbildung, die dann als Anreiz für Berufseinsteiger, den Offizierberuf zu ergreifen, Grundlage der personellen Präsensgarantie war und somit ebenfalls die Einsatzbereitschaft der Streitkräfte sichern sollte. Die leistungssteigernde Wirkung gerade einer akademischen Ausbildung erhofften sich die Bildungsreformer darüberhinaus nicht nur in der recht undeutlichen Rückwirkung auf die Weiterentwicklung und Modernisierung der Führungsmethoden, sondern generell in der taktisch besseren Beherrschung der Rüstungstechnik.[24] Aus der von ihnen dem Konzept zugrunde gelegten Analogie zwischen dem auf Abschreckungsproduktion spezialisierten Dienstleistungsbetrieb Bundeswehr und jedem anderen

Produktionsbetrieb resultierte im wesentlichen die Schlußfolgerung, daß der technische Fortschritt in der Bundeswehr ebenso wie in der Industrie eine höhere Qualifikation des Führungspersonals verlangte, weil mit formaler Autorität fachliche Inkompetenz nicht mehr zu kompensieren war. Aus diesem sicherlich graduell zutreffenden Sachverhalt heraus, der zudem seine Bestätigung durch soziographische Untersuchungen innerhalb des Bundeswehr-Offizierkorps erfuhr,[25] leiteten die Bildungsreformer zum einen die Notwendigkeit ab, in der Definition des Offizierbildes Abschied zu nehmen vom universal einsetzbaren, allgemeingebildeten Einheitsoffizier und stärker den geistig mobilen Fachspezialisten zu fördern, und zum anderen durch die Steigerung der vornehmlich technischen Fachkompetenz und durch die Vermittlung fachwissenschaftlicher Spezialkenntnisse aus primär technischen Wissenschaftszweigen, die eigentlich "geistigen Grundlagen" zu erzeugen, die den Offizier zu tatkräftigem und verantwortungsvollem Handeln befähigen sollten.

Darüber hinaus war beabsichtigt, den inneren Ablauf des Dienstes und des Truppenalltags reibungsloser und konfliktfreier zu gestalten. Gerade die Legitimationsdefizite der Streitkräfte als Auswirkung der entspannungspolitischen Bemühungen und als Resultat der "Paradoxie" des soldatischen Dienstes sollten rational überwunden und argumentatorisch verarbeitet werden können, zumal das pure Beharren auf formaler Disziplin und Pflichterfüllung als unglaubwürdig und die Effizienz zerstörend galt. Neben der grundsätzlich qualifikatorischen Prämisse einer wissenschaftlichen Ausbildung, nämlich "sich selbständig, systematisch und kritisch einen Kenntnisstand an Theorien und Methoden zu erarbeiten",[26] war es unter anderem der Sinn des erziehungs- und gesellschaftswissenschaftlichen Anleitstudiums, das innere Gefüge der Bundeswehr, "durch die Vermittlung rationaler Argumentationsmuster und Motivationshilfen" zu stabilisieren und die besagten Legitimationsdefizite wirkungsvoll auszugleichen.[27] Die Absicht zur Effizienzsteigerung der militärischen Berufsausübung auch für den Offizier in technischer, organisatorischer und kommunikativ-pädagogischer Hinsicht hatte eindeutig das Verständnis militärischer Effizienz im Sinne purer Abschreckungsproduktion zur Grundlage und war somit allein auf die Sicherstellung einer reibungs- und problemlosen Existenz des Militärs hin angelegt. Das Ziel ist daher mehr in der Sicherstellung der technischen Betriebsfähigkeit, in der organisatorischen und logistischen Betriebsverwaltung und in der pädagogisch-kommunikativen Sicherung des Betriebsfriedens zu sehen gewesen. Der sinnstiftende Bezug wertevermittelnder Grundlagen sollte sich von alleine als Konsequenz eines vollakademischen Fachstudiums sowie aus der kritisch-reflektierenden Beschäftigung mit der pädagogischen und sozialen Dimension des Offizierberufes ergeben.

Der vielfach postulierte Wirkungs- und Begründungszusammenhang zwischen der Einführung des Offizierstudiums an den Hochschulen der Bundeswehr und dem der Streitkräfte zugrunde gelegten Konzept der Inneren Führung, welcher sich in der Tat durch die stark integratorische und demokratisierende Zielabsicht des Bundeswehr-Hochschul-Konzeptes auch aufdrängt, fand jedoch gerade in der Definition militärischer Effektivität und in dem Verständnis effektivitätssteigernder Wirkungen durch das Offizierstudium seine Einschränkung. Der wichtigste Unterschied bestand in der "Werteorientierung" beider Konzepte. Während Aufbau und Entwicklung der Bundeswehr mit den Zielen und Ansprüchen verknüpft war, einen "Geist des Offizierkorps" zu pflegen, dem Offizier zu ermöglichen, seinen "geistigen Standort" zu erkennen und die "weltpolitische Lage" zu begreifen sowie ihn zur Verteidigung der Demokratie zu erziehen und ihn von diesen Grundwerten zu überzeugen, ließ die Bildungskommission die Frage nach der Werteorientierung links liegen, weil es ihrer Meinung nach nicht nur in den Streitkräften, sondern überall in der Gesellschaft unmöglich geworden war, auf diese Frage allgemeingültige Antworten zu geben.[28] Die Bildungsreformer der Bundeswehr gingen eher davon aus, daß das von ihnen vorgeschlagene Optimierungsverfahren der Führungs-, Ausbildungs- und Rekrutierungsprobleme demokratisch gesonnene Nachwuchskräfte fördern und von daher schon dem Anspruch auf Werteorientierung genügen würde. In Wirklichkeit war es jedoch in erster Linie die "technokratische Bestlösung" der Probleme in der Personalstruktur, der Nachwuchsrekrutierung und der Technologiebeherrschung.[29] Die Rückwirkung des Offizierstudiums an den Bundeswehr-Hochschulen auf das Innere Gefüge der Streitkräfte wurde demnach dem Selbststeuerungsmechanismus der Demokratie, ihrem Wertepluralismus und der zivilen Qualifikation überlassen. Demgegenüber war selbst das Effektivitätsverständnis der Reformer der Bundeswehr und ihres Konzeptes von der Inneren Führung noch weit stärker an der "Natur des Mittels" orientiert. Für sie hatte sich der Offizier der Bundeswehr als staatsbürgerliches Vorbild in Uniform in der inneren und äußeren Krise demokratisch zu bewähren, denn eine noch so gut ausgerüstete und ausgebildete Armee hielt man für "zwecklos", wenn sie im Moment der Krise und der Bewährung versagte und politisch unzuverlässig wurde. Aus diesem Grunde hatte die geistige, werteorientierte und sinnstiftende Bildung stets Vorrang vor der militärtechnischen Effektivierung, wie sie in der primär technokratischen Reformbegründung der Bildungskommission deutlich im Vordergrund stand.

Auch die Konstruktion des erziehungs- und gesellschaftswissenschaftlichen Anleitstudiums machte die Verwirklichung eines derartigen Anspruches davon abhängig, daß diese wissenschaftliche Offizierausbildung im Milieu "zivil"-akademischer Sozialisationsbedingungen erfolgte, die sich auszeichneten durch Wertepluralismus und zivil vergleichbare Rahmenbedingungen, wie z.B. Prüfungsordnungen und Lehrkörper. "Wagenburgmentalitäten", wie auf den Militärakademien unterstellt, vertrugen sich mit diesen integrativen Sozialisationsabsichten freilich nicht.[30]

Wie Ellwein selber bestätigte, lag für ihn die Bedeutung der akademischen Offizierausbildung an bundeswehreigenen Hochschulen auch darin, durch "deren Einbindung in das allgemeine Hochschulwesen und deren Unterordnung unter die allgemeinen Gesetze von Wissenschaft und Forschung eine Veränderung der militärischen Tradition, innerhalb derer die alleinige Zuständigkeit der Bundeswehr für die Konzeption und Durchführung der Ausbildung des eigenen Nachwuchses bislang immer gehütet worden ist", zu erreichen.[31]

Die Integration der Bundeswehr und ihres Führungskorps erschien der sozialliberalen Bundesregierung vor dem vermeintlichen und als solchen empfundenen restaurativen und reaktionären, in jedem Falle aber antidemokratischen und antigesellschaftlichen Geist im Offizierkorps als absolutes Gebot der Stunde. Eine Möglichkeit neben anderen,[32] um das zukünftige Offizierkorps auf die geistige Richtung der neuen Politik hin auszurichten, das heißt mit ihrem Verständnis vom Offizierbild zu prägen, erkannte sie in der Neuordnung von Ausbildung und Bildung. Sie versuchte daher "das Militär via Bildungsreform zu demokratisieren und durch eine möglichst weitgehende Übertragung ziviler Werte und Normen auf den militärischen Bildungsbereich einer drohenden 'ideologischen Selbstisolierung' der Bundeswehr vorzubeugen".[33] Das Ziel bestand darin, durch das inhaltliche und organisatorische Angleichen der beiden Bildungssysteme "das Militär zu verzivilisieren".[34]

Soziale und politische Integration des Militärs zielt entgegen dieser damaligen Intention auf die strukturelle Verarbeitung gesellschaftlicher und politischer Vorgaben und fordert die geistig-moralische Ankopplung an die Wertegrundlagen des verfassungsmäßig vorgegebenen militärischen Zweckes. Ist das Quantum der Verarbeitung gesellschaftlicher Strukturvorgaben und Werthaltungen zu bestimmen, ist es freilich nicht damit getan, grundsätzlich das Subsystem Bundeswehr in exekutiv-instrumentaler Verfügbarkeit politischer Macht einem maximalen Anpassungsdruck auszusetzen und sich hierbei leichtfertig über die "Natur des Mittels" hinwegzusetzen, weil alles andere vermeintlich auf einen "sui generis"-Standpunkt hinausliefe und in einer Entwicklung zum "Staat im Staate" enden würde. Vielmehr verlangt die Entscheidungsvollmacht über dieses Mittel der Politik auch die Beachtung der sicher unbequemen, weil unpopulären Fragen: "Kann die Gesellschaft einen Weg gehen, auf dem ihr die Armee auch beim besten Willen nicht folgen kann? Kann die Gesellschaft strukturelle Vorgaben machen, die die Armee nicht umzusetzen vermag, ohne sich selbst als Zweckorganisation ad absurdum zu führen?"[35]

Bei der Konzipierung und Realisierung der Offizierausbildungsreform unter dem Primat der sozialliberalen Regierung wirkte ein Integrationsverständnis initiierend, welches in seinem primär pragmatisch-technokratischen Charakter nicht nur das Bezugsfeld der Inneren Führung überschattete, sondern bedingt durch die Verkörperung des pragmatisch-technokratischen Politiker-Typus in der Person Helmut Schmidts, bis in die detaillierte Praktizierung des politischen Primats durchschlug.[36]

Die "Vergötzung der Technik" im Rahmen der sozialdemokratischen Wehrreformen ließ die Führungs-, Erziehungs- und Ausbildungsfragen zu kurz kommen und machte "dem Soldaten ohne ein eigenes und persönliches Verhältnis zu seinem freiheitlich verfaßten Staat" zu einem "Landsknecht und Söldner mit moderner Technologie".[37] Wenn Innere Führung als "militärisches Handeln, das von demokratischer Gesinnung im Geiste des freiheitlich-demokratischen Rechtsstaates geleitet wird", definiert werden muß,[38] dann ergibt sich hieraus in der Tat ein auffälliger, vor allem bildungs- und ausbildungsrelevanter Widerspruch. Denn bei aller Problematik, die die Verpflichtung einer Armee auf eine bestimmte Gesinnung sicherlich in sich birgt, was zudem stets besonders zu legitimieren ist, bedeutet andererseits der Verzicht darauf, "daß man die Entwicklung der sozialen (gemeint ist in erster Linie die "geistige", d.Verf.) Struktur der Streitkräfte sowohl den Imponderabilien wechselnder gesellschaftlicher Dynamik als auch der Gefahr, daß bloße Sachzwänge der militärischen Aufgabenstellung normativ überhöht werden",[39] aussetzte. Die Aussage der damaligen Bundesregierung in ihrem Weißbuch 1971/72, daß die Innere Führung keiner stets neuen Interpretation bedarf, weil ohnehin bereits im Weißbuch 1970 festgehalten worden sei, daß das Leitbild vom Staatsbürger in Uniform Staat, Gesellschaft und Bundeswehr integratorisch miteinander verbindet, machte allerdings die Weigerung deutlich, sich auch mit der geistig-moralischen Integration auseinanderzusetzen.[40]

Die Notwendigkeit einer von "Überzeugung, Gesinnung, Solidarität und ausdrücklicher Identifizierung mit den Grundwerten der freiheitlichen Demokratie getragenen Militärpädagogik" ergab sich nicht zuletzt aus dem bereits von Clausewitz entwickelten und angesichts der Totalität neuzeitlicher Kriege hochaktuellen Ganzheitsdenkens mit besonderer Berücksichtigung des "Potentials".[41] Es wäre daher auch für die Reformer der deutschen Offizierausbildung zu Beginn der Siebziger Jahre zwingend zu erkennen gewesen, daß die Beherrschung der Technik, die Sicherung der personellen Stärke und des truppen- und waffenspezifischen Ausbildungsstandes nur eine Komponente dieses Potentials bildete. Sie war zu ergänzen durch moralische Kräfte, d.h. durch den geistigen Zustand der Armee, welcher sich zwar unzweifelhaft in der Höhe von Ausbildung und Bildung, also gerade auch im akademischen Niveau ausdrückte, aber primär in der Einsicht in die Notwendigkeit, Freiheit, Frieden und Recht militärisch zu sichern, repräsentiert sein mußte. Für den Offizier, der ja als Vorgesetzter und Erzieher eine hohe Verantwortung für den geistigen Zustand der Truppe trägt, hat ein solches "Denken im Potential" die Konsequenz, daß er ständig an dieser Komponente der militärischen Schlagkraft arbeiten muß, und daß diese Pflege der Truppenmoral trotz aller Paradoxie seiner beruflichen Existenz den Vergleich "mit der Misere eines Schauspielers, der von Probe zu Probe hastet und nie zur 'Aufführung' kommt",[42] nicht zuläßt.

Anmerkungen

1 Wittigo von Rabenau: Primat der Politik und Militär in der Bundesrepublik Deutschland. Eine Analyse des Verhältnisses von politischer Führung und Streitkräften am Beispiel des Entscheidungsprozesses für die Bundeswehrhochschul-Konzeption. – Inaugural-Dissertation, Mannheim 1989

2 Hunold Frhr. v. Nordeck: Einführung zu: Ulrich Simon: Die Integration der Bundeswehr in die Gesellschaft. Das Ringen um die Innere Führung. – Hamburg 1980, S. 9

3 Weißbuch 1970 "Zur Sicherheit der Bundesrepublik Deutschland und zur Lage der Bundeswehr". – Bonn 1970, S. 130, Ziffer 173

4 Neuordnung der Ausbildung und Bildung in der Bundeswehr. Gutachten der Bildungskommission an den Bundesminister der Verteidigung. – Hrsg. Bildungskommission beim BMVg, 1971

5 ebenda, S. 24

6 ebenda, S. 25

7 ebenda, S. 4, Vorwort des Ministers

8 ebenda
"Das Studium der Organisationswissenschaften, der Betriebswirtschaft und der technologischen Wissenschaften trägt schon heute wesentlich zur Weiterentwicklung der militärischen Führungslehre bei; es ist Voraussetzung auch für wirksame militärische Planung. Ähnliches gilt für das Studium der Pädagogik in seiner Auswir-

kung auf die militärische Ausbildung und Führung. Die Umwandlung und Zusammenfassung bisheriger Schulen und Akademien der Bundeswehr zu Hochschulen wird den Leistungsstandard der zukünftigen Offiziere verbessern".

9 Hier divergierten die Standpunkte innerhalb dieser Interessensgruppen dahingehend, daß die Effektivitätssteigerung der akademischen Offizierausbildung auf der einen Seite, so im Falle der Luftwaffe in der fachakademischen Technologiebeherrschung bei strikter Ablehnung breiter theoretischer Bildungsgrundlagen anvisiert wurde, während gleichzeitig die Vertreter der Gesamtstreitkraftinteressen in einem vollakademischen Studium mit Hochschulniveau die Effektivierungswirkung auf die Offizierausbildung erkannten. Dieses "Studium an sich" wurde daher auch als Ziel unabhängig von seiner fachlichen Ausgestaltung verfolgt.

10 Wittigo von Rabenau: a.a.O., S. 256. Lediglich die Alternative, die bestehenden Fachhochschulen in Darmstadt und München unter Errichtung neuer Fachbereiche für alle Berufs- und Zeitoffizieranwärter auszubauen, fand als Notlösung die Zustimmung von Heer und Luftwaffe, während die Marine dies ablehnte.

11 ebenda, S. 257, Anm. 13

12 ebenda

13 Als eine solche zustimmungsberechtigte Organisation galt selbstverständlich auch die Bundeswehr selber.

14 siehe Anm. 11

15 ebenda

16 ebenda

17 ebenda, S. 258, Anm. 24

18 Helmut Fröchling: Erziehungs- und gesellschaftswissenschaftliche Anteile des Studiums an Hochschulen der Bundeswehr – Ein Beitrag zur "Inneren Führung", in: 10 Jahre Hochschule der Bundeswehr Hamburg. Aufgaben, Entwicklungen, Perspektiven, Hrsg. Wolfgang Gessenharter, Harro Piander, Lutz-Kainer Reuter, München 1985, S. 75 u. S. 80

19 Thomas Ellwein: Die Zukunft des Soldaten und seine Ausbildung, in: Neues Hochland, Heft 1, Januar/Februar 1972, S. 86

20 H. Fred Krause: Das Konzept der Inneren Führung und die Hochschulen der Bundeswehr. Realisierung einer Prämisse, konsistente Weiterentwicklung oder Diskontinuität, Bochum 1979, S. 305

21 ebenda

22 Peter Hornung: Akademische Bildung für Offiziere. Zum Gutachten Professor Ellweins, in: Allgemeine Sonntagszeitung vom 27.06.1971

23 Mathias Jopp: Militär und Gesellschaft in der Bundesrepublik Deutschland. Das Beispiel der Bildungsreform in der Bundeswehr, Frankfurt/M. 1983, S. 51

24 ebenda, S. 52

25 Wittigo von Rabenau: a.a.O., S. 278, Anm. 38

26 Helmut Fröchling: a.a.O., S. 83

27 ebenda, S. 82

28 Martin Kutz: Reform und Restauration der Offizierausbildung der Bundeswehr. Strukturen und Konzeptionen der Offizierausbildung im Widerstreit militärischer und

politischer Interessen, Baden-Baden 1982, S. 1091. Siehe aber auch: Neuordnung der Ausbildung und Bildung in der Bundeswehr, a.a.O.

29 ebenda

30 Helmut Fröchling: a.a.O., S. 82

31 Hochschulen der Bundeswehr zwischen Ausbildungs- und Hochschulreform, Hrsg. Thomas Ellwein/Achatz von Müller/Harro Plander, Opladen 1974, S. 51

32 Diese anderen Möglichkeiten, das Offizierkorps zum einen auf das neue Berufsverständnis der Bundesregierung einzuschwören und zum anderen stärker zu sozialisieren und zu verzivilisieren, bestanden in einer personellen "Säuberungsaktion" der Bundeswehrführung und in einer veränderten Rekrutierungspraxis. Beide Wege wurden beschritten. Siehe Wittigo von Rabenau: a.a.O., S. 279, Anm. 53

33 Mathias Jopp: a.a.O., S. 57

34 ebenda, S. 58

35 Ulrich Simon: Die Integration der Bundeswehr in die Gesellschaft. Das Ringen um die Innere Führung, Heidelberg-Hamburg 1980, S. 120

36 ebenda, S. 153

37 ebenda, S. 132

38 ebenda, S. 145

39 ebenda

40 Weißbuch 1971/72 "Zur Sicherheit der Bundesrepublik Deutschland und zur Entwicklung der Bundeswehr", Bonn, S. 79

41 Ernst Nittner: Der Bildungsauftrag des Offiziers im Wandel von Staat und Gesellschaft, in: Soldaten der Demokratie, Hrsg. Franz Pöggeler/Otto Wien, Frankfurt/M. 1973, S. 199

42 ebenda, S. 201

Deutschland in Europa und der Welt

Hans Filbinger

Die geistige Auseinandersetzung um das neue Europa

Unter den tiefgehenden Verheerungen, die das marxistische System über die Völker des Ostens gebracht hat, steht die Schädigung der materiellen Lebensgrundlage meist im Vordergrund. Nicht so krass in Erscheinung treten die geistigen Schäden, die den betroffenen Menschen zugefügt worden sind; sie sind indes nicht minder groß und ihre Beseitigung erfordert wahrscheinlich eine länger dauernde Anstrengung als der Aufbau einer leistungsfähigen Volkswirtschaft.

Der Marxismus als ein aggressives ideologisches System hat alles getan, um den Menschen in seiner Ganzheit in Anspruch zu nehmen und jedes andere Denken auszuschalten. Er hat auf die Vernichtung der Kirche und die Aufhebung des religiösen Bewußtseins im Volk mit allen Mitteln hingearbeitet. Und doch ist ihm nicht gelungen, die Wurzeln auszureißen, die eine zweitausendjährige Geschichte, Kultur und Religion haben wachsen lassen.

Es ist eine der am häufigsten gestellten Fragen unserer Zeit, wie das geistige Vakuum zu füllen sei, das nach dem Scheitern der marxistischen Ideologie zurück geblieben ist. Man darf diese Frage nicht so verstehen, als gelte es, an die Stelle der untergegangenen Ideologie eine andere, umfassende Ideologie zu setzen. Keine menschliche Institution wäre dazu in der Lage. Wir leben in der Zeit der Pluralität der Weltanschauungen und das bedeutet ein nebeneinander Existieren bei bestehender Toleranz.

Unser Grundgesetz, das in der "Verantwortung vor Gott" gegeben wurde, beruht auf den geistigen Grundlagen, die das Christentum und der Humanismus geschaffen haben und sie bestimmen auch die geltenden ethischen Maßstäbe. Sind diese Grundlagen auch noch im Bewußtsein der Menschen verankert? Ein wichtiger Kirchenmann, Kardinal Ratzinger, verbirgt nicht seine Skepsis: Das "gesellschaftliche Bewußtsein" habe sich von diesen Grundlagen gelöst; sie seien von einer schleichenden Auszehrung betroffen. Der fortgesetzte Auszug der Gläubigen aus den Kirchen ist dafür ein Anhaltspunkt und nicht einmal der einzige. Es gibt die bekannten Bestrebungen, das Grundgesetz zu ändern und gerade diese Bezugnahme auf 'Gott' zu streichen.

Das ist aber nur die eine Seite der Wirklichkeit. Es gibt auch noch die andere, nämlich die in unserer Zeit erfolgte Widerlegung der seit zweihundert

Jahren verkündeten Prophetie vom Ende oder vom Absterben der Religion. Die Fortschrittsidee ist gescheitert; der Glaube an die Notwendigkeit des Fortschritts ist erschüttert. Die marxistische These von der Zwangsläufigkeit der historischen Entwicklung und von der vollkommenen Emanzipation des Menschen ist entkräftet. Die größte aller Hoffnungen, die jemals Menschen in die Verwissenschaftlichung und die Technisierung gesetzt haben, ist in tiefster Resignation und Depression erloschen (Hermann Lübbe).

Sollte dieser epochale Einschnitt im abendländischen Denken nicht auch für die Zukunft der Religion eine neue Chance eröffnen? Man muß sich davor hüten, in dieser Richtung zu große Erwartungen zu hegen. Es gibt die optimistische Sicht, die von charismatischen Persönlichkeiten, wie etwa dem Kardinal von Paris, Lustiger, vertreten wird. Er bejaht die selbstgestellte Frage mit Entschiedenheit, ob der Glaube der Christen heute noch einen Platz habe: "Am Ende des Jahrhunderts, inmitten dessen, was Nietzsche als Nihilismus behandelt hat, beginnt unsere Zivilisation die kulturelle Tragweite der Mysterien von Menschwerdung und Auferstehung Christi wieder wahrzunehmen." Dagegen steht die Auffassung des polnischen Nobelpreisträgers Czeslar Milosz, der die Erosion des Religiösen als Grundzug im Denken des 20. Jahrhunderts ansieht, welcher auch durch den Zusammenbruch der totalitären Bewegungen keine Änderung erfahren werde.

Doch gegenüber solchen Prognosen ist Vorsicht am Platze. Gerade die Umbrüche der letzten Jahre belehren uns darüber, daß alles ganz anders kommen kann, als es der landläufigen Erwartung entspricht. Die meisten Intellektuellen der westlichen Welt gingen von der Stabilität des sowjetischen Systems aus, das dann wie ein Kartenhaus auseinanderbrach.

Das geistige, ethische und religiöse Erbe Europas ist nicht tot. Es hat die Menschenrechte hervorgebracht, die zur Grundlage der KSZE geworden sind und neuerdings von 34 Nationen unterzeichnet wurden. Es gibt Erneuerungszeichen, die gerade auch bei der Jugend zu beobachten sind. Sie bilden den Kontrast zu den vielen negativen Erscheinungen unserer Zeit, die vor allem in der Medienwelt spektakulär in Erscheinung treten: die Konsumorientiertheit, das Sektenwesen, der Hedonismus, die Drogenszene, der Trend zum Nihilismus ...

Das Christentum und der Humanismus stellen eine "Gesinnungsgemeinschaft" dar, die Ost und West umspannen kann. Erasmus und Thomas Morus sind Gestalten, die diese Botschaft verkörpern. Ihnen entsprechen die großen Namen von Solschenizyn und Sacharow, die trotz ihrer gegensätzlichen Auffassungen große Leitbilder für den geistigen Aufbruch im Osten geworden sind.

Das westliche und mittlere Europa ist der Träger der großen abendländischen Geschichte und Tradition. Es hat die moderne Wissenschaft und Technik entwickelt, die ihren Siegeszug durch die ganze Welt angetreten hat. Das westliche Europa ist aber auch die Wiege jener Ideologien, die unheilvolle Folgen für die Menschen in den totalitären Staaten nach sich gezogen haben. Daraus erwächst uns eine Verantwortung, die wir ernst nehmen sollten. Allerdings bietet dieses Europa in seiner heutigen geistigen und moralischen Verfassung nicht das Bild, das für die um ihre Zukunft ringenden Völker des Ostens nachahmenswert sein könnte. Solschenizyn hat die westliche Dekadenz in seinem amerikanischen Exil mehrfach und schärfstens angeprangert. Er hat dem amerikanischen Senat in einer berühmten Rede bereits im Jahre 1975 die Mahnung zukommen lassen, daß die in ihren Wertsetzungen irregeleitete und ermattete Menschheit die kommende politische Weltkrise nicht zu meistern imstande sein werde. Solschenizyn steht kurz vor der Rückkehr in seine russische Heimat, und wenn er dort seine Stimme erhebt, woran kein Zweifel besteht, dann wird er ein außerordentlich starkes Echo finden.

Wir Deutsche sollten nicht nachlassen, den notleidenden Völkern des Ostens unsere helfende Hand zu reichen. Wir sollten aber andererseits auch bereit sein, die Botschaft zu hören, die aus dem Osten zu uns dringen wird.

Die Empfänger unserer materiellen Hilfe stehen nicht mit leeren Händen da. Sie können den Wohlstandsbürgern des Westens zu Einsichten verhelfen, die wir dringend nötig haben.

Gerd Habermann

Europa zwischen Staatenbund und Bundesstaat

Bemerkungen zur europäischen Integration

1. Zögernd kommt eine zuletzt in den fünfziger Jahren geführte Debatte auch in Deutschland wieder in Gang. Es geht darum, nach welchen Grundsätzen das Europa der Zukunft strukturiert sein soll. Auch nach der Konferenz der Regierungschefs in Maastricht (Dezember 1991) ist eine endgültige Entscheidung hierüber nicht gefallen – ein Umstand, der die weitere Bürokratisierung Europas begünstigt, so wie immer, wenn Kompetenzzuordnungen nicht geklärt sind, weil es an klaren Leitbildern fehlt.

Prinzipiell gibt es zwei mögliche Ordnungsmodelle für die europäische Integration: Das evolutionistische und das institutionelle. Das institutionelle Modell wird besonders von der gegenwärtigen deutschen Regierung und (naturgegebenermaßen) seit jeher von der EG-Kommission vertreten. Für das evolutionistische Modell stehen Namen wie Margret Thatcher, de Gaulle oder Ludwig Erhard.

2. *Der evolutionistische Ordnungsansatz* setzt wenig Vertrauen in den Weg zentralistisch-mechanischer Integration, dies besonders im vorliegenden Fall von seit Jahrhunderten an Selbständigkeit gewöhnten Völkern. Er bevorzugt die spontane Ordnungskraft des Marktes, des Wettbewerbs und des freien Verkehrs von Gütern, Ideen und Menschen vor dem Hintergrund eines Minimums an verbindlichen allgemeinen Regeln. Diesem Europa-Modell entspricht am ehesten ein Staatenbund – eine Art konföderativer Minimalstaat, der seine Legitimität aus dem Willen der beteiligten Staaten herleitet. Ein legales Sezessionsrecht für seine Mitglieder bleibt bestehen – denn es ist schwer vorstellbar, daß eine Volkspersönlichkeit gegen ihren Willen in einem europäischen Überstaat festgehalten werden kann. Vereinheitlicht werden nur gewisse Wettbewerbsregeln, die Sicherheitspolitik, Teilbereiche des Umweltschutzes, nicht notwendigerweise auch die Währung. Die vorwiegende politische Technik ist die freie Koordination über Regierungsabkommen. Im übrigen herrscht – auf Basis der gegenseitigen Anerkennung – ein Wettbewerb der nationalen Steuer-, Sozial-, Bildungs-, Rechtssysteme usw. Die "Integration", Vereinheitlichung oder "Harmonisierung" ergibt sich hier langfristig durch freie Nachahmung des jeweils erfolgreichsten Systems und

ist niemals ein abgeschlossener Prozeß. Eine Umverteilung auf europäischer Ebene (polemisch ausgedrückt: europäische Armenhilfe) findet grundsätzlich nicht statt. Die Ausgleichung der Einkommen und Lebensverhältnisse zwischen den Völkern ist dem Marktspiel überlassen.

Der Wert dieses Modells liegt offenbar vor allem darin, daß es den europäischen Gegebenheiten Rechnung trägt. Es bewahrt die Tradition eines kulturellen und ökonomischen Pluralismus und weitgehend auch der Dezentralisation politischer Entscheidungsbefugnisse. Der Wettbewerb wird durch einen gemeineuropäischen freien Markt noch gesteigert, gleichzeitig bleibt auch die Offenheit zum Welthandelssystem bestehen. Schädigungs- und Behinderungswettbewerb (vor allem in Gestalt eines politisch-militärischen Konflikts), sind jedoch ausgeschlossen.

Der *institutionelle Ordnungsansatz* sieht einen größeren Vereinheitlichungsbedarf. Die Zentrale erhält eine Zwangsgewalt mit selbständiger demokratischer Legitimität, die derjenigen der nationalen Staaten grundsätzlich übergeordnet ist. Ein Sezessionsrecht wird nicht zugestanden. Bei Sezession droht die Bundesexekution. Die vorherrschende politische Technik ist hier die des Gesetzesbefehls der europäischen Exekutive an die Mitgliedstaaten, also das Verhältnis der Subordination. Es handelt sich hier um das Modell der "Vereinigten Staaten von Europa" in einem Bundesstaat.

Auch mit einer Entscheidung für das institutionelle Modell bleibt noch die zentrale Frage offen, wie die Kompetenzverteilung zwischen der europäischen Exekutive, den Mitgliedstaaten und untergeordneten Gebietskörperschaften aussehen soll. Wie ist der Staatszweck für ein solches Gebilde zu umschreiben? Grundsätzlich sind hier wiederum zwei Lager zu unterscheiden.

Die Anhänger des "Subsidiaritätsprinzips" stehen den Unitaristen gegenüber. Die Unitaristen sehen in einem europäischen Bundesstaat nur den Nationalstaat auf höherer Ebene und mit einer analogen Kompetenzausstattung. Praktisch heißt dies vor allem: Es gibt nicht nur eine einheitliche Währung, sondern auch ein einheitliches Sozialsystem (beginnend mit verbindlichen Mindestnormen), einen euronationalen Finanzausgleich, ein weitgehend vereinheitlichtes Steuer-, Bildungs-, Verkehrssystem usw. Die Exekutive lebt nicht von Kontributionen der Mitgliedstaaten, sondern von eigenen Mitteln (europäische Steuerhoheit).

Die Anhänger des Subsidiaritätsprinzips hingegen wollen – wie die Evolutionisten – nur einige elementare Politikbereiche (Sicherheit, Wettbewerbsregeln usw.) in dieser Weise zentralisiert sehen. Dazu gehört auch in diesem Modell nicht notwendigerweise die Währung. Der "Wettbewerb" der nationalen Systeme auf Basis gegenseitiger Anerkennung bleibt also weitgehend bestehen.

Der grundsätzliche Streitpunkt zwischen den beiden großen Lagern ist: Wie weit die zwangsmäßige Egalisierung/Kartellierung eines integrierten Europa getrieben werden und auf welcher Legitimationsgrundlage eine europäische Regierung beruhen soll – auf der eines "europäischen Volkes" oder der einer Gemeinschaft von Staaten?

3. Vergleicht man diese idealtypischen Modelle mit der gegenwärtigen europäischen Verfassungsrealität, zeigt sich ein noch nicht definitiv ausgetragener Konflikt. Die verschiedenen Ordnungsmuster stehen unverbunden nebeneinander – oder gegeneinander. Man könnte die *Europäische Gemeinschaft gegenwärtig als inkonsequenten Staatenbund charakterisieren.* Ein wichtiges Merkmal der Konföderation fehlt indessen: Für die Mitgliedstaaten ist kein ausdrücklich formuliertes legales Sezessionsrecht vorgesehen, wahrscheinlich, weil es sich von selber versteht, daß sie es in einer bloßen Staatengemeinschaft besitzen. So kann auch gegen ein widerspenstiges Einzelmitglied nicht vorgegangen werden, da die Zwangsapparate in nationaler Hand liegen. Als einzige Sanktionsmöglichkeit gibt es gegenwärtig nur den Appell an das gemeinsame Interesse. Staatenbundliche Elemente sind die Ministerräte und die "Europäische Politische Zusammenarbeit", die Konferenz der Regierungschefs. Auch die Kommission leitet ihre Legitimität von den Einzelstaaten her. Das Europäische Parlament ist gegenwärtig eine Vertretung gleichberechtigter europäischer Völker – nicht eines (fiktiven) europäischen Volkes. Dies zeigt sich in der fehlenden Gleichgewichtigkeit des europäischen Stimmrechts, je nachdem ob es sich um den Bürger eines kleinen oder eines großen Staates handelt. Die Stimme eines Luxemburger Bürgers wiegt zur Zeit mehr als die eines Deutschen; ebenso in der Tatsache, daß ein EG-Ausländer nur in seinem Heimatland zum europäischen Parlament kandidieren kann, also ein Franzose zum Beispiel nicht in Deutschland. Die Direktwahl der europäischen Parlamentarier seit 1979 ändert an dieser Tatsache nichts.

Die EG-Kommission mit ihrem erstaunlichen Initiativrecht ist ein starkes institutionelles Element. Sie ist der Motor für ein zentralistisches Europa – schon aus dem einfachen Grund, weil sie nur auf diesem Weg ihre Stellung politisch und ökonomisch ausbauen kann. Zwischen mit verbindlichen Euro-Verordnungen und Richtlinien zurückgedrängten nationalen Parlamenten, einem bisher nur mit wenigen Kompetenzen ausgestatteten, euro-demokratisch nicht voll legitimiertem Europaparlament und einem Ministerrat, der von ihrer Initiative abhängt, hat sie eine recht komfortable Stellung, die von Männern wie Hallstein und Delors wirkungsvoll ausgenutzt wurde.

Wer gegenwärtig die Entscheidungen des Ministerrates (mit der Vorarbeit der EG-Kommission) als "demokratisch nicht legitimiert" betrachtet, geht von einem bundesstaatlich-institutionellen Modell aus, das gegenwärtig nicht gegeben ist. Für den Vertreter des evolutionistisch-föderativen Modells besteht dieser Mangel nicht. Für ihn liegt der Defekt eher darin, daß das Europäische Parlament nicht mehr klar als Gesandtenparlament der Nationen aufgefaßt wird.

Hier liegt das stärkste Argument gegen eine im üblichen Sinne bundesstaatliche Verfassung für unseren Kontinent: *Es fehlt das einheitliche Bundesvolk als Grundlage, jene Mindesthomogenität, die eine Demokratie voraussetzt.* Die europäische Direktwahl des Parlamentes produziert darum in der Tat nur, wie Salvador de Madariaga es einmal ausgedrückt hat, "artifizielle Summen unvergleichbarer und inkohärenter Größen". Vielleicht wird in einer fernen Zukunft dieses europäische Volk einmal vorhanden sein – gewiß aber nicht bis 1996 oder drei Jahre danach, wenn eine Währungsunion spätestens einsetzen soll.

4. Der Vertragsentwurf von Maastricht (Dezember 1991) drückt das Widersprüchliche gegenwärtiger Europapolitik in krasser Weise aus. Er ist, wie es Samuel Pufendorf einmal vom alten Deutschen Reich gesagt hat, "monstro simile". Nicht einmal die Zielsetzungen sind "harmonisiert". Man spricht unklar von einer "Europäischen Union". Die Interessenlagen der beteiligten Staaten sind eben je nach Größe, Wohlstand, Struktur und Tradition dermaßen verschieden, daß man sich auf einen Bundesstaat nicht einmal als Fernziel einigen konnte, obwohl die Deutschen darauf drängten.

Die Inkonsistenzen dieses Vertragswerkes sind groß. So wird zwar im Artikel 3 b des Vertragstextes das Subsidiaritätsprinzip im deutschen Sinnverständnis definiert. Gleichzeitig wagt man sich jedoch an das Projekt einer Europäischen Währungsunion (über das gegenwärtige EWS-Kartell hinaus), ohne daß hierfür gegenwärtig oder in absehbarer Zukunft die politischen, wirtschaftlichen oder sozialen Voraussetzungen vorliegen (sofern man auf stabile Geldverhältnisse Wert legt). Um über diese Schwierigkeit hinwegzukommen, haben sich – auf Drängen der Deutschen – die Regierungschefs in einer Art Trotzreaktion darauf verständigt, diese Union mit zeitlicher Automatik (wenn auch mit einer letzten Notbremse im Augenblick, wo es um die definitive Festlegung der Kursverhältnisse innerhalb des ECU geht) herbeizuführen. Weil man nun andererseits zu Recht ein "Europa der Inflation" fürchtet, ist das Eintreten dieser Automatik jedoch an Voraussetzungen gebunden, die sogenannten Konvergenzkriterien. Diese Eintrittskriterien sind (die deutsche Regierung behauptet zwar das Gegenteil) recht lax formuliert.

So wird Preisstabilität nicht zahlenmäßig definiert (die Deutsche Bundesbank spricht von Stabilität bei einer Inflationsrate von weniger als 2 %). Man relativiert diese Stabilität, indem man sie aus der Inflationsrate der *relativ* stabilsten Länder berechnet. Der zulässige Grad der Staatsverschuldung und des öffentlichen Haushaltsdefizits wäre noch vor wenigen Jahren als sicherer Weg in den Staatsbankrott erklärt worden. Gleichzeitig zeichnet sich ab, daß nicht einmal Deutschland in absehbarer Zukunft diesen recht weichen Kriterien entsprechen kann. Ein Schuldenstand von weit über 2 Billionen DM im Jahre 1995 und damit mehr als 60 % des Bruttosozialprodukts ist wahrscheinlich. Dabei ist diese Währungsunion (in erster Linie von Frankreich) namentlich aus dem Grund forciert worden, um die Dominanz der Deutschen Bundesbank innerhalb des gegenwärtigen EWS-Kartells (dessen innere Kursverhältnisse man nicht ändern möchte) loszuwerden. Der Druck, der von einer (relativ) stabilen DM bisher ausging, war ein wesentlicher Grund für eine auch in Nachbarländern erreichte (relative) Stabilität.

Zwar ist die Stellung der Europäischen Zentralbank nach Absicht des Vertragstextes unabhängiger als die der Deutschen Bundesbank (deren Unabhängigkeit freilich auch nur relativ, aber doch größer als beispielsweise die der französischen oder englischen Zentralbank ist). Aber unter welchen Voraussetzungen z.B. hinsichtlich der Staatsverschuldung wird man voraussichtlich (wenn es dazu kommt) in die Europäische Währungsunion eintreten? Vor allem aber: Werden die Direktoren dieser "elitären, demokratisch nicht legitimierten" Bank die Nerven haben, sich in ökonomischen Krisenlagen gegen den Druck der Straße und der nationalen Regierungen zu behaupten? Die Wahrscheinlichkeit hierfür ist nach aller historischen Erfahrung und wenn man an die Gegebenheit unterschiedlicher "Stabilitätskultur" in den einzelnen Ländern denkt, recht gering. Hinzu kommen grundsätzliche Bedenken gegen eine solche Konzentration der Macht über so viele Völker. Jeder Fehler der leitenden Geldbehörden träfe jetzt ein Kontinent, nicht nur eine Nation. Im Unterschied zum gemeinsamen Goldstandard vor 1914 handelt es sich hier ja um personalisierte Macht, nicht um die Macht eines anonym wirkenden und darum fast perfekten Mechanismus.

5. Das Projekt dieser Währungsunion wird nun weiterhin dadurch gefährdet, daß man sie mit einem europäischen Sozialkartell und einem innereuropäischen Finanzausgleich kombinieren will. Es ist ein weiterer wesentlicher Mangel dieses Vertrages, daß der EG die konkurrierende Generalkompetenz in der Sozialpolitik zugestanden wurde.

Zunächst ist dies eine krasse Verletzung des Subsidiaritätsprinzips. Außerdem fehlt für die geplante soziale Planierung Europas wiederum die Grundlage eines einheitlichen Volkes mit entsprechenden europäischen Solidaritätsgefühlen. Werden die wohlhabenden Niederländer bei knapper werdenden Mitteln sich mit den Griechen noch solidarisch fühlen, wenn es zum Beispiel – nicht fingiert! – um den Bau einer U-Bahn in Athen geht? Die Politisierung der Ressourcenverteilung, die Fiktion eines sozusagen gemeineuropäischen Sozialproduktes, das es nun nach Kriterien der "sozialen Gerechtigkeit" aufzuteilen gelte, wird voraussehbar zur Quelle eines Konfliktes werden, der zu Verstimmungen führt und die europäische Integration auf Dauer ernsthaft gefährden könnte. Da fast alle anderen Politikbereiche in Zukunft ebenfalls in die konkurrierende Kompetenz der Europäischen Gemeinschaft fallen sollen (von der Verkehrs- über die Energie- und Industrie-, zur Verbraucherschutz-, Frauen-, Jugend- und sogar Tourismus-Politik) ist das Subsidiaritätsprinzip zur Farce gemacht. Ein Europa des Kompetenzenwirrwarrs, der unübersichtlichen Umverteilungsprogramme und damit der Bürokratisierung wird mehr noch als bisher unvermeidlich. Das Leitbild des vielgeschäftigen nationalen Wohlfahrtsstaates wurde auf die europäische Ebene übertragen – dies ist ein gravierender ordnungspolitischer Fehler. Der Maastrichter Vertrag erweist der europäischen Idee einen Bärendienst.

6. Realistischer dagegen wäre ein konföderiertes Europa mit eigenen Streitkräften und einem Binnenmarkt der "vier Freiheiten" (von Gütern, Dienstleistungen, Kapital und Personen) auf der Basis gegenseitiger Anerkennung der nationalen Normen und Institutionen. Dieses wäre ein Weg, der "organisch" aus der europäischen Tradition herauswachsen würde. Wozu das bürokratische Europa? Hat ein "Euronationalismus" höhere moralische Dignität als der überlieferte Patriotismus europäischer Nationalstaaten? Ist er nicht im Gegenteil weit gefährlicher, da ihm bedeutend größere Mittel zur Verfügung stehen? Was ist gewonnen, wenn die politischen Partizipationsmöglichkeiten der Bürger zugunsten ferner Euro-Behörden oder politischer Vertretungskörperschaften weiter reduziert werden? Wie schwierig wird es sein, sich mit diesem Imperium zu identifizieren oder gar eine Änderung von Normen oder Strukturen zu bewirken? Unsere lautstarken Euro-Nationalisten werden ein *Europa der bürokratischen Versteinerung* heraufführen oder – wie Gerhard Prosi es einmal ausdrückte – ein europäisches "Harmonisierungskartell der Stagnation". Eine Sicherung gegen äußere Gefahren läßt sich auch durch freie Absprachen der Regierungen in konföderativem Rahmen herbeiführen. Und imperiale Weltmachtpolitik wird man sowieso

nicht mit Völkern treiben können, die sich in erster Linie friedlichem Markttausch oder dem Ausbau des Wohlfahrtsstaates widmen möchten.

7. Manche stellen den amerikanischen Bundesstaat als Vorbild für die Europäische Union der Zukunft hin. Sie sind sich offenbar nicht bewußt, daß sie damit von den europäischen Völkern verlangen, ihre in Jahrhunderten gewachsene kollektive Personalität einem "Schmelztiegel" preiszugeben. Die amerikanischen Einzelstaaten sind (besonders seit dem New Deal) immer mehr zu Verwaltungsbezirken des Zentralstaates heruntergesunken. Sie sind nur künstliche, auf dem politischen Reißbrett entworfene Gebilde. Über den Wohlfahrtsartikel der amerikanischen Verfassung, die Rechtssprechung des Bundesgerichts und besonders durch die Subventionierung der Bundesstaaten seitens des Zentralstaats ("Grants-in-aid") brach sich auch in Amerika der wohlfahrtsstaatliche Zentralismus Bahn. Der frühere amerikanische Präsident Reagan kämpfte – im Ganzen vergeblich – gegen diese Entwicklung an. Im übrigen: North Dakota ist nicht Frankreich, South Carolina ist nicht Deutschland oder Italien.

Auch die schweizerische Bundesverfassung taugt nicht als Vorbild für eine Europäische Union. Zwar spricht sie in Artikel 1 von den "durch den gegenwärtigen Bund vereinigten Völkerschaften der 23 *souveränen* Kantone"; in Wirklichkeit wurde jedoch immer klarer, daß diese "Souveränität" nur eine freundliche Reminiszenz an die alte konföderative Verfassung der Schweiz zwischen 1815 und 1848 ist. Seither ist der Föderalismus in der Schweiz auf einem Rückzug in Etappen. Man spricht mit Zaccharia Giacometti, dem bekannten Staatsrechtslehrer, heute von der Schweiz besser als von einem "dezentralisierten Einheitsstaat". Wie in den USA brach auch in der Schweiz der nivellierende Wohlfahrtsstaat über die Bundesebene durch, wenngleich später und maßvoller als in Deutschland; verzögert auch durch den Willen eines Volkes, das die Waffe der direkten Demokratie gegen wohlfahrtsstaatliche Zentralisierung einsetzen konnte. Die Zusätze zum Artikel 31 der Bundesverfassung geben dem Schweizer Zentralstaat inzwischen praktisch eine Blankovollmacht zur Intervention und zur Einschränkung der Handels- und Gewerbefreiheit. Erst recht nicht taugt die Verfassung der Bundesrepublik Deutschland mit ihrem ausgehöhlten Föderalismus im Zeichen von Gemeinschaftsaufgaben, Finanzausgleich und "kooperativem" Kartellverhalten der Landesminister als Vorbild für eine künftige europäische Verfassung. Es ist eine lächerliche Vision geschichtsloser Technokraten, Großbritannien etwa auf den Status von Nordrhein-Westfalen, Frankreich auf den von Rheinland-Pfalz herunterdrücken zu wollen. Und was wird dann aus den Restbeständen des deutschen Föderalismus?

8. Man mache sich auch klar, daß die "Glorie des Abendlandes" (Kenneth Clark), die einzige reale Identität Europas eben gerade in seinem Pluralismus liegt; Pluralismus aber heißt Wettbewerb. Dieser Wettbewerb – im bisher siegreichen Kampf gegen alle politischen und kulturellen Monopolisierungsversuche seitens Karl dem Großen, Karl V., Napoleon, Hitler – war die wesentlichste Voraussetzung des europäischen Aufstiegs, wie erst in jüngster Zeit wieder nachgewiesen wurde (Erik L. Jones). Wie die Größe des antiken Griechenlands oder Italiens zur Zeit der Renaissance aus dem Wettbewerb souveräner Stadtstaaten hervorging, so die Größe des Abendlandes insgesamt aus der Dezentralisation der politischen Befehlsgewalten, aus dem Pluralismus seiner Sitten und Kulturen, aus dem Wettbewerb um Gleichgewicht und Hegemonie zwischen Staaten, Unternehmen, Kulturformen oder Währungen. Es war diese pluralistische Wettbewerbsverfassung, die den unvergleichlichen geistigen und materiellen Reichtum Europas geschaffen hat und die wichtigste Quelle vielfältiger Innovation und Inspiration bis heute geblieben ist. Und dieser Wettbewerb, diese Dezentralisation der Macht, war es auch, der den Aufstieg der Freiheit und das "europäische Wunder" ermöglicht hat. Erich Weede schreibt: "Das europäische Staatensystem hat die Macht der Regierungen über die Völker sogar im Zeitalter des Absolutismus beschränkt. Europäer wie Asiaten litten zeitweise unter willkürlicher, abergläubischer und inkompetenter Herrschaft. Aber die Rivalität und Feindseligkeit unter den europäischen Fürsten und Regierungen, die oft nur kleine Teile Europas beherrschten, und die oft relativ nahen Grenzen zu Nachbarstaaten machten es einfach unmöglich, Innovation von oben zu unterbinden ... Die Rivalität zwischen den europäischen Staaten hat zu Kriegen und in deren Gefolge zu Verwüstungen und Verelendung in Teilen Europas geführt. Aber der fast permanente Kriegszustand in Europa, d.h. die dauernde Sorge um die Sicherheit des Territoriums und die Finanzierung der Streitkräfte hat die europäischen Herrscher auch gezwungen, sich mehr als die Herrscher indischer oder chinesischer Reiche für die wirtschaftliche Entwicklung ihres Landes, die Wohlfahrt und sogar Loyalität der Untertanen zu interessieren. Ein reicheres Land bedeutet mehr Steuerkraft und kann eine größere Armee unterhalten. Eine loyale Bevölkerung ist in Kriegszeiten vorteilhaft."[1] So wurde durch die dauernde Kriegsgefahr zwischen den Staaten das Machtgleichgewicht innerhalb der europäischen Gesellschaften zugunsten der unteren Volksschichten verändert.

Der Wettbewerb der Staaten ist ein Teil des Standortwettbewerbs. Staaten konkurrierten in der Vergangenheit um die Sitze der Unternehmen, um das mobile Investitionskapital und um die guten Unternehmer, Wissenschaftler,

Techniker und Fachkräfte. Die Schaffung eines Bundesstaates Europa wäre ein Konzentrationsprozeß, der vor keiner Wettbewerbsbehörde Chance auf Genehmigung hätte. Der Wettbewerb der Schweiz, Luxemburgs, diverser off-Shore-Finanzplätze oder Monacos setzt heute zum Beispiel der Steuerpolitik in den übrigen Ländern Grenzen.

Was die geistige Freiheit betrifft, ist auch sie mit der Vielfalt europäischer Staatlichkeit verbunden. Voltaires Existenz als aufklärerischer Geist zum Beispiel hing entscheidend davon ab, daß es in Europa nicht nur einen einzigen Staat gab, und daß es möglich war, zwischen diesen Staaten zu wechseln.

Man vergesse auch nicht, daß das moderne Europa aus dem fehlgeschlagenen Integrationsversuch der Superbürokratie des Römischen Reiches hervorgegangen ist. Der Despotismus dieser Bürokratie hatte zum Niedergang des Wohlstandes, zum Verfall der Kapitalvermögen, zur Rückbildung der Arbeitsteilung, zum kulturellen Niedergang, zur sozialen Desintegration und mit all dem auch zum biologischen Schwund der Bevölkerung geführt, abgesehen von der kulturellen Monotonie von Gibraltar bis zum Euphrat – allerdings auf dem anziehenden Niveau hellenischer Zivilisation –, welche dieses Imperium gebracht hat. Dies war ein Gesichtspunkt der Kritik Johann Gottfried Herders. Die heutigen Nationen sind die legitimen Erben dieses Imperiums.

9. Mit dem Vertragsentwurf von Maastricht wird ein entscheidender Schritt zur Bürokratisierung Europas getan. Die soziale Planifikation Europas ist bereits im vollen Gang. Die EG-Kommission – von Delors schwungvoll im Geiste des französischen Etatismus geführt – zeigt in immer neuen Richtlinien und Verordnungen, wes Geistes Kind sie ist. Der Nivellierungs-, also Herrschaftswille geht bis zur Regulierung von Marmeladenglasetiketten, Murmeln, Neigungswinkeln beim Traktorsitz; oder bis zur Dekretierung von europaweiten Höchstarbeitszeiten, Mindesteinkommen und sogar von Normen für die richtige Verwendung von Fuchs-Ködern mit Impfstoffen. Die Verbraucherschutzinitiativen der EG führen allmählich zu einer Verbraucherbevormundung (oder -verdummung), wie sie in Europa noch nicht dagewesen ist. Ähnlich stark ist der Harmonisierungswille im Sozialbereich und im Wirtschaftsrecht. Wozu diese künstliche Monotonie? Wozu überhaupt "Einheit"? Kann das Kostenargument hier tatsächlich durchschlagend sein? Ein vollharmonisiertes Europa könnte sich in jeder Hinsicht leicht als "allzu billig" herausstellen.

Wird diesem Regime im Sinne der Subsidiarität und der gegenseitigen Anerkennung und des Wettbewerbs von Normen und Institutionen nicht

Einhalt geboten, so läßt sich vorhersehen, daß eines Tages Benjamin Constants düstere Vision zur Wahrheit werden könnte: "Die Menschen, in widernatürlicher Vereinzelung verloren, dem Ort ihrer Geburt entfremdet, ohne Zusammenhang mit der Vergangenheit, nur einer flüchtigen Gegenwart lebend, und, Atomen gleich, auf eine endlose und flach gewalzte Ebene geschleudert, lösen sich von ihrem Heimatland, das sie nirgends sehen, und das ihnen als Ganzes gleichgültig wird, weil ihre Liebe auf keinem seiner Teile ruht."

10. So sind die "guten Europäer" nicht jene, die den Weg der bürokratischen Domestizierung der Völker oder die europäische Monokultur empfehlen. Für das "gute Europa" stehen eher Persönlichkeiten wie Charles de Gaulle oder Margret Thatcher, deren berechtigte Anliegen so seltsam diffamiert wurden. "Welch tiefer Illusion und Voreingenommenheit muß man verfallen", schrieb de Gaulle in seinen "Memoiren der Hoffnung", "um glauben zu können, europäische Nationen, die der Hammer ungezählter Mühen und zahlloser Leiden auf dem Amboss der Jahrhunderte schmiedete, deren jede ihre eigene Geographie, ihre Geschichte, ihre Sprache, ihre besonderen Traditionen und Institutionen hat, könnte ihr Eigenleben ablegen und nur ein einziges Volk bilden?" In diesem Sinne bemerkte auch Margret Thatcher in ihrer berühmten Rede in Brügge (am 20. September 1988): "Europa wird gerade deswegen stärker sein, weil Frankreich als Frankreich, Spanien als Spanien und Großbritannien als Großbritannien dabei sind – jedes Land mit seinen eigenen Sitten und Gebräuchen, seinen charakteristischen Eigenarten. Es wäre töricht, sie alle nach einer europäischen Persönlichkeit formen zu wollen."

Seine zahlreichen staatsphilosophischen und publizistischen Arbeiten weisen Klaus Hornung als einen "guten Europäer" in diesem Sinne aus. "Europa" wird nur als "Nation von Nationen", als Kontinent des Pluralismus und des Wettbewerbs bestehen – oder es wird nicht bestehen.

Anmerkungen

1 Erich Weede: Vom europäischen Wunder zum schleichenden Sozialismus, in: Gerard Radnitzky, Hardy Bouillon (Hrsg.): Odnungstheorie und Ordnungspolitik, Berlin Heidelberg 1991, S. 17/18.

Gregor Manousakis

Der Islam – eine Herausforderung für Europa

Hält sich die Fünfte Republik Frankreichs? Es handelt sich um eine Frage, die zunehmend nicht nur die Franzosen beschäftigt. Fest steht, daß das politische System des Landes, wieder einmal, in eine tiefe Krisis geraten ist. Die Übermacht der Gewerkschaften, die Krisis der Parteien, die Verkrustung alter Strukturen trotz aller Modernisierungsversuche, werden als Ursachen genannt. Dazu gehört aber auch der schwindende Konsens zwischen den Parteien. Die herkömmliche Parteistruktur erfährt vom Wahlkörper eine zunehmende Ablehnung, die durch die Abwanderung zu Protestparteien in Erscheinung tritt. Politischer Nutznießer dieser Entwicklung sind die Ökologen und, in erster Linie, die "Front National" (FN) Jean Marie Le Pens. Ein wesentlicher Teil der Wählerschaft der FN sind Franzosen, die gegen die starke Einwanderung arabischer Flüchtlinge aus Nordafrika protestieren. Die Zahl der Moslems in Frankreich beträgt bereits ca. drei Millionen, und im Süden des Landes prägen sie inzwischen das Bild der Städte mit.

Zum erstenmal wird damit der Islam in Europa zum Faktor einer politischen Krisis. Nicht zuletzt deshalb ist inzwischen in Europa von einer Herausforderung des Islam die Rede.

Zur Eingrenzung des Themas sei hier darauf hingewiesen, daß muslimische Gruppen, die den Islam als religiöses Bekenntnis und ihn nicht zusätzlich als politischen Auftrag verstehen, integrationswillig sind und die Rechtsordnung der Staaten, in welchen sie leben, als die alleingültige akzeptieren, keine Herausforderung darstellen. Von solchen muslimischen Gruppen ist hier nicht die Rede.

Dem Terminus "islamische Herausforderung" sind inzwischen viele Inhalte gegeben worden: die feindliche Ablehnung westlichen Ideengutes und Einflüsse, der Machtanspruch oder die Bevölkerungsexplosion islamischer Länder gehören zu ihnen. Eine Herausforderung ist auch das Streben islamischer Minderheiten in Südosteuropa, sich politisch auf der Basis islamischer Prinzipien und außereuropäischer Ideen zu verselbständigen. Bei ca. zwölf Millionen Muslimen in Europa gewinnt diese Herausforderung eine besondere Brisanz, denn sie schaffen eine tragfähige politische Grundlage für allerlei Interventionen von außen. Eine in Westeuropa weitgehend unbekannte Ursache der jugoslawischen Wirrnisse ist, daß unter Tito der Islam die meistbegünstigte Religion war. Der Grund lag darin, daß er sich gerne als Führer der Blockfreien sah und infolgedessen den Muslimen in seinem Lande immer mehr Konzessionen machen mußte, um sich so die Gunst der islamischen Welt zu sichern. Noch nie sind so viele Moscheen in Jugoslawien, vor allem in Serbien, gebaut worden wie während seiner Zeit. Niemand kann daher heute voraussagen, welche Folgen für Europa z.B. eine neue Ölkrise haben könnte. Bedrängte demokratische Regierungen können sehr wohl gezwungen werden, Öllieferungen aus dem Mittleren Osten und Nordafrika durch Konzessionen gegenüber ihren, nach politischer Selbständigkeit strebenden, moslemischen Minderheiten zu erkaufen ...

Der Islam ist nicht nur Religion, sondern auch Staat und politischer Auftrag. Das hat eine schwerwiegende Folge. Menschenrechte für muslimische Minderheiten in christlichen Staaten bedeutet keineswegs das, was der Christ für eine religiöse Minorität darunter versteht, also freie Ausübung der religiösen Pflichten. Der gläubige Moslem lebt nach dem Koran und dieser enthält ebenso religiöse als auch politische Gebote. Bezeichnenderweise hat Saudi Arabien keine Verfassung außer dem Koran selbst. Aus diesem Grunde fühlt sich der gläubige Moslem in einem christlichen, jedenfalls in einem säkulären Staat, mit Recht als unterdrückt, denn dessen Verfassung steht im Gegensatz zum Koran – das ist das Problem. Immer wieder können daher muslimische Minderheiten in einem christlichen Staat die Einschränkung ihrer Menschenrechte beklagen und den Eindruck erwecken, sie würden im herkömmlichen Sinne unterdrückt. Demnach wird in der vorliegenden Arbeit die islamische Herausforderung in Europa sowohl innenpolitisch – als Folge des Strebens nach politischer Selbständigkeit islamischer Minderheiten – als auch außenpolitisch – als bereits vorhandene Versuche, auf diesen Minderheiten außereuropäische Interessen zu begründen – verstanden.

In Albanien, Bulgarien, Griechenland, dem ehemaligen Jugoslawien und in Rumänien gibt es vermutlich um die sieben Millionen Moslems. Ihr Anteil in Albanien reicht an die 60 v.H., bei einer Gesamtbevölkerung von 3,2 Millionen. Die Albaner Südserbiens (Amselfeld) und der slawischen Republik Makedonien, etwa weitere zwei Millionen, sind Moslems.

Die vielfältigen Diskrimierungen der "Rajas" während der osmanischen Herrschaft (Knabenauslese, Steuersystem u.ä.m.), hatte die Konversion von Christen zum Islam zur Folge.[1] Von einiger Bedeutung für das Verständnis des heutigen Problems des Islam in Südosteuropa ist, daß die Konvertierten, ob auf Kreta oder in Belgrad, automatisch ihre Identität änderten; sie wurden nicht etwa griechische oder serbische Muslime, sondern Angehörige des Staatvolkes des Osmanischen Reiches. In diesem Sachverhalt spiegelt sich

248

die politische Dimension des Islam wider. Der gläubige Moslem ist letzten Endes nur dem islamischen Staat gegenüber loyal, der sich selbst nur religiös, nicht national definiert. Die Loyalität des Muslim gegenüber einem nicht-muslimischen Staat ist sehr problematisch und nur unter einer Art "reformistischem" Verständnis des Islam möglich. Auch deshalb folgte der Gros der Muslime in Südosteuropa dem sich zurückziehenden Osmanischen Reich.[2] Dieser Zug zur neugegründeten Türkei hielt auch nach dem Ersten Weltkrieg an, zumal Ankara eine verhaltene Heranziehungspolitik betrieb, um die vom Krieg und der Vertreibung der Griechen aus Anatolien[3] verursachten Populationslücken aufzufüllen.

Ansonsten mischte sich die Türkei in die Angelegenheiten der muslimischen Minderheiten in Südosteuropa nicht ein. Das gegenseitige Verhältnis war ohnehin problematisch. *Der Begriff der Nation ist dem Islam fremd.* Für den Koran gibt es die Gemeinschaft der gläubigen Muslime (die Umma), in der Juden und Christen nur als Untertanen leben können. Außerhalb dieser Gemeinschaft lebt die gottlose Welt, die nötigenfalls mit Gewalt (Dzihat) zum Islam bekehrt werden muß. Die Gründung des Nationalstaates Türkei blieb daher für die Muslime unverständlich. Außerdem hatten die scharfen religiösen Verfolgungen Atatürks die muslimischen Minderheiten überall abgeschreckt. Im Gegensatz zu ihren Glaubensbrüdern in der Türkei konnten sie in den christlichen Staaten Südosteuropas ihren religiösen Pflichten ungestört nachgehen. Entsprechend gering war ihre Neigung, von der Türkei beeinflußt zu werden.[4] Die schlechte Behandlung der christlichen Minderheiten war stets die wichtigste Anklage der europäischen Mächte gegen das Osmanische Reich gewesen.[5] Die diesbezüglichen Vorwürfe erreichten im Ersten Weltkrieg einen Höhepunkt und kamen mehrfach in den Proklamationen der Entente und auch in dem 14-Punke-Programm Präsident Wilsons zum Ausdruck. Deshalb und wegen des Genozids gegen die Armenier (1914/15) und der Vertreibung der Griechen aus Anatolien (1923/24), hatte die kemalistische Türkei nach dem Krieg jedes Interesse, die Frage der Minderheiten aus der aktuellen Politik verschwinden zu lassen. Aus diesem Grunde stellte der Islam bis zum Zweiten Weltkrieg kein Problem in Südosteuropa dar.

Eine erste Änderung der Haltung der Türkei gegenüber den Minderheiten trat während des Zweiten Weltkrieges ein. Umworben von beiden Kriegsparteien und sicher, daß ihre Haltung gegenüber ihren nicht-muslimischen Minderheiten kein Thema weder für den einen noch für den anderen sein konnte, vernichtete sie durch ein Vermögenssteuergesetz materiell und physisch, durch Zwangsarbeit, deren wohlhabende Mitglieder.[6]

Die an den Zweiten Weltkrieg anschließende Ost-West-Auseinandersetzung und die Einbeziehung der Türkei in die NATO haben diese Mißhandlung der christlichen und jüdischen Minderheiten indirekt sanktioniert; außer in einigen wissenschafltichen Schriften ist sie nie zur Sprache gekommen. In diesem Gesetz und in dieser Erfahrung, die die Türkei mit den Westmächten während des Zweiten Weltkriegs gemacht hat, liegen die Wurzeln des heutigen Problems der muslimischen Minderheiten in Südosteuropa. Denn solange die Türkei Rücksicht auf die europäischen Regierungen nehmen mußte, wie es zwischen den beiden Weltkriegen der Fall war, gab es kein Problem, weder mit den christlichen und jüdischer Minderheiten in der Türkei, noch mit den muslimischen Minderheiten in Südosteuropa. Sie hatten lange dort mit den Christen zusammengelebt. Die panturkische Idee, die gegen Ende des 18. Jh. erst in Ungarn und dann in der Türkei, mit panislamischen Inhalten bereichert, virulent wurde,[7] wurde von Kemal Atatürk bereits 1920 als "großes Phantasiegebilde" verworfen[8] und konnte somit nicht von der Türkei begünstigt werden.

Eine grundsätzliche Wende trat ein, nachdem die "Demokratische Partei" (DP) bei den Wahlen vom 14.5.1950 die "Republikanische Volkspartei" (CHP) vernichtend geschlagen hat. Die DP steuerte ab sofort einen proislamischen Kurs an und löste damit die Re-Islamisierung des Landes aus.[9] Dadurch wurden panislamische und panturkische Ideen wieder virulent, getragen von verschiedenen Vereinen mit eigenen Publikationen.[10] Als Antrieb dieser nationalistischen Tendenzen wirkte die Forderung der Griechen nach dem Selbstbestimmungsrecht und der Enosis (Anschluß) Cyperns an Griechenland.

Mit der NATO als Schild gegen die europäische Öffentlichkeit, konnte nun die Regierung der DP wieder die osmanische Minderheitenpolitik im Inneren anwenden. So wurde am 5./6.9.1955 die griechische Minderheit in Istanbul durch schwere, von der Regierung selbst organisierte Pogrome, so gut wie liqiuidiert.[11] Auf Geheiß Washingtons und insbesondere des damaligen Außenministers John F. Dulles, mußte Griechenland das alles protestlos hinnehmen. Das einvernehmliche Bild des Westens sollte nicht getrübt werden ... So wurde aber die griechische Minderheit von Istanbul, die Ende der 20-er Jahre des 20. Jh. etwa 120.000 Seelen zählte, gründlich dezimiert. Heute leben dort kaum noch 2.500 Türken griechischer Abstammung. So entstand in der Türkei eine schwer zu durchschauende Lage. Die DP-Regierung hat sich zumindest offiziell an das kemalistische Gebot der Ablehnung der panturkistischen und panislamischen Ideen gehalten. Zugleich aber ließ sie den Panturkisten freien Lauf auf Cypern und auch in Bulgarien.[12] Noch schwerwiegender war aber, daß die Reislamisierungspolitik der Demokraten die Verherrlichung des Osmanischen Reiches implizierten,[13] womit einer Reichsidelogie und panturkistischen und panislamischen Ideen Vorschub geleistet wurde.

Für die Verbreitung panturkistischer und panislamischer Ideen aus der Türkei bei den Türken der Diaspora wurde auf einer breiten Klaviatur gespielt: Presse, Rundfunk, Fernsehen, Druckerzeugnisse, Austausch von Besuchen, Gründung kultureller Vereine und nicht zuletzt die Aktivitäten der örtlichen türkischen Konsulate wurden dafür eingesetzt. Unter dem Einfluß dieser Propaganda hat der größte Teil der Muslime seine polititsche Verselbständigung als "türkische Minderheit" angestrebt oder über die Stärkung seines religiösen Bewußtsein das Gleiche verlangt, mit entsprechender Verlagerung der Loyalität zu Gunsten des Korans und zu Lasten des nationalen Konsens und der Verfassung der jeweiligen Länder.[14] Der bisherige modus vivendi des Zusammenlebens zwischen Christen und Moslems auf dem Balkan ging so zu Bruch. Die Reislamisierungspolitik Ankaras und die Agitation radikaler panislamischer und panturkischer Organisationen und Parteien in der Türkei hatten zur Folge, daß letztlich der Panturkismus zur "dominierenden Tendenz türkischer Politik" wurde, wie Landau bemerkt.[15] Es ist unklar, wer die Hauptverantwortung für diesen schweren Bruch der kemalistischen Tradition trägt, die pantürkischen und panislamischen Parteien und Organisationen oder die türkischen Regierungen selbst. Außer verbalen Bekundungen können den türkischen Regierungen keine offenen Aktivitäten zur Förderung des Panturkismus angelastet werden. Was jedoch im Geheimen geschah, entzieht sich der Berechnung. Bezeichnend dafür ist die Haltung der Regierung Ismet Inönü, des Nachfolgers Atatürks. Nach dem Militärputsch von 1960 wurde er als Regierungschef eingesetzt, um den von der DP unterhöhlten Kemalismus wiederherzustellen. Trotzdem hat seine Regierung, infolge einer erneuten Krise auf Cypern, innerhalb weniger Monate mehr als 30.000 Griechen aus Istanbul ausgewiesen. Noch schwerwiegender ist aber, daß am 2.11.1964 das Kabinett Inönü den gemeinen Erlaß 6/3801 gefaßt hat, der die türkischen Gerichte anwies, die durch Erbschaft, Verkauf etc. zustandekommende Übertragung von griechischem Besitz zu unterbinden. So ging das elterliche Haus nicht an die Erben des Verstorbenen, sondern an den türkischen Staat. Zudem mußte das Einkommen aus Grundbesitz der ausgewiesenen Griechen zinslos auf türkischen Banken eingezahlt werden. Trotz der lautstarken Proteste Griechenlands sowohl bei der türkischen Regierung als auch bei der EG, nachdem die Türkei ihren Beitritt beantragt hatte, urteilten noch 1987 türkische Gerichte aufgrund des genannten Erlasses und konfiszierten griechisches Vermögen.[16] Solche Praktiken hatten früher die Interventionen der europäischen Mächte im Osmanischen Reich zu Gunsten der Minderheiten ausgelöst. Es ist daher unzweifelhaft, daß die Türkei ab 1964 nicht auf solche Praktiken ohne den indirekten Schutz der Vereinigten Staaten und der NATO zurückgreifen konnte. Damit ist freilich nicht gemeint, daß der eine oder der andere sie gebilligt hat; wohl aber, daß die Türkei als "Eckpfeiler der NATO" keinen ernsthaften Widerspruch von Europa zu befürchten hatte. Ebenso unzweifelhat ist es aber auch, daß solche Praktiken den panturkischen und panislamischen Tendenzen in der Türkei Auftrieb gab. Die "schroffe Verurteilung" des Panturkismus durch das türkische Staatsoberhaupt 1976[17] ist daher kaum glaubwürdig. Dies gilt umso mehr, als in den 70-er Jahren die islamische "Nationale Heilspartei" (MSP) und die panturkische "Nationalistische Aktionspartei" (MHP) Koalitionspartner bei verschiedenen Regierungen waren.

Das war die Situation in der Türkei zu Beginn der 80-er Jahre, als der Militärputsch (12.9.1980) stattfand. Die Machtübernahme durch die Armee hatte eine gewisse Isolierung des Landes im Westen zur Folge, obwohl es keine andere Alternative gab, um die eingetretenen chaotischen Zustände im Inneren zu beenden. Ein alter Grundsatz der Türkei ist aber: "zu keiner Zeit eine nur auf eine Alternative ausgerichtete Politik zu verfolgen".[18] Angesichts der Isolierung im Westen wurde dieser Grundsatz nach 1980 in Form der Intensivierung der Beziehungen der Türkei zu allen islamischen Staaten durch Austausch offizieller Besuche auf höchster Ebene wirksam. Zugleich wurde die Türkei Vollmitglied der Islamischen Konferenz. Diese Entwicklung hatte aber gravierende Folgen im Inneren gehabt. Die Militärs hatten geputscht, um den Kemalismus zu retten. Dennoch mußte die Militärregierung außenpolitisch den Weg beschreiten, den seit den 60-er Jahren die islamische und panturkische Opposition gefordert hatte – eben die Hinwendung zur islamischen Welt.[19]

Jede Militärregierung ist innenpolitisch weitaus schwächer als man gemeinhin annimmt; einerseits kann sie nicht alles unterbinden, andererseits muß sie, auf welch schmaler Spur auch immer, den Konsens der Bevölkerung suchen. Bis zu der Militärregierung von 1980 wurden, wie bereits gesagt, offiziell panturkische und panislamische Ideen zumindest nicht offen und direkt gefördert. Auf der Suche nach Zustimmung seitens der Bevölkerung machte danach die Militärregierung sich solche Ziele offiziell zu eigen. So hieß es mit Blick auf die muslimische Minderheit in Westthrakien, die sich aus Türken, Pomaken und Roma zusammensetzt:[20] "Die Bemühungen, die Aufmerksamkeit der türkischen Öffentlichkeit auf die Probleme dieser

Türken zu lenken, gewannen erst in den letzten Jahren Aktualität. Diejenigen, die die türkische Öffentlichkeit repräsentierten, zeigten viele Jahre lang kein Interesse für diese Volksgruppe und ihre Probleme, die physisch und seelisch der Türkei sehr nahe stehen. Dagegen, daß manchen westthrakischen Türken grundlegende Menschenrechte vorenthalten wurden, zeigte sich ein Teil der türkischen Intellektuellen in der Vergangenheit interesselos, vielleicht auch nur, weil sie zögerten, sich auf die Seite einer "Expansionspolitik" zu stellen."[21]

So begann die türkische Regierung, sich offiziell für die moslemischen Minderheiten in Südosteuropa zu "interessieren". Für die Militärregierung war das ein durchaus dankbares Thema; einmal kam sie den im Volke weiterverbreiteten panturkischen und panislamischen Ideen entgegen und zum anderen konnte sie so die weltweiten Vorwürfe über Mißachtung der Menschenrechte im eigenen Land kompensieren – auch das EG-Land Griechenland und das kommunistische Bulgarien verletzten die Menschenrechte. Seit Anfang der 80-er Jahre wurde daher in der zensierten türkischen Presse eine intensive Kampagne gegen Griechenland und Bulgarien und für die dort lebenden muslimischen Minderheiten ausgelöst. Dabei verfolgte sie eindeutig auch das Ziel, das türkische und islamische Bewußtsein dieser Minderheiten zu stärken.[22] Zu der Methode der Internationalisierung dieser Frage gehört auch das Beklagen der Situation der genannten Minderheiten sowohl bei offiziellen Besuchen türkischer Regierungsmitgleider in islamischen Ländern[23] als auch vor westlichen Foren.[24]

Die Folge dieser Politik war die von der Türkei gewünschte. Die moslemischen Minderheiten von Griechenland bis Bosnien spielten nämlich die "Schutzrolle" der Türkei aus und verlangten in panislamischem und panturkischen Sinne immer mehr Sonderrechte als Muslime. Als Beispiel dafür sei hier das Verlangen der türkischen Minorität (nicht die gesamte muslimische Minderheit) in Griechenland, ihren Mufti (höchste religiös-rechtliche Autorität der islamischen Gemeinschaft), selbst zu wählen. Diese Forderung ist weder harmlos noch historisch begründet. Der Mufti ist stets ein moralisch unbescholtener und sehr gebildeter Mann. Seine Aufgabe ist, in Rechtsgutachten (Fetwa) "Fragen religiös-rechtlicher Natur"[25] zu beantworten. Insofern ist seine Funktion von größter Wichtigkeit. Aus diesem Grunde werden seit dem 8. Jh. die Muftis von der Staatsführung ernannt, nirgendwo in einem islamischen Land werden sie vom Volke gewählt; denn ein wie auch immer demokratisch legitimierter Mufti kann wegen der "absoluten Wahrheit" seiner auf geheiligte Rechtsquellen fußenden Rechtsgutachten sehr leicht zu einer mächtigen Nebenregierung werden. Die Forderung der türkischen

Minderheit Griechenlands, den Mufti direkt zu wählen, ist also nicht religiöser Natur, sie hat mit der islamischen Tradition und Praxis nichts zu tun; sie ist panturkistisch mit einem religiösen Mantel gekleidet. Die türkische Minderheit in Griechenland will also keinen Mufti, sondern einen durch Wahl legitimierten politischen Führer. Angesichts des vielfach problematischen griechisch-türkischen Verhältnisses gibt es wohl kaum Zweifel darüber, zu was für Problemen eine solche Institution führen könnte.

Auch solche und ähnliche Forderungen der türkischen Minderheiten in Bulgarien und im ehemaligen Jugoslawien haben die aus vielen Gründen fragwürdige administrative Druckausübung gegen sie ausgelöst.[26] Dies trifft insbesondere für das damals noch kommunistische Bulgarien zu, das durch in der Tat brutale Methoden versucht hat, seine starke muslimische Minorität zu unterdrücken. Das Ganze endete in dem Massenexodus vom Sommer 1989, in dessen Verlauf vermutlich 600.000 Muslime in die Türkei flüchteten.

Washington hatte die Frage der Menschenrechte stets als Mittel seiner Politik gegen den Ostblock eingesetzt. Umso bereitwilliger war es, die Politik Ankaras gegen Bulgarien zu unterstützen. So spielte sich Ankara, trotz seiner Haltung gegenüber den Kurden, zum Verfechter der Menschenrechte auf. Auch zwischen Athen und Washington hat es immer wieder diesbezügliche Probleme gegeben. Dabei ist unverkennbar, daß die Ursache dafür der Wunsch Washingtons war, die türkischen Vorwürfe gegen Griechenland zu unterstützen. Diese Haltung Washingtons verläuft generell wie ein roter Faden durch den gesamten griechisch-türkischen Konflikt. Mit Recht spricht daher Meinardus, auch mit Blick auf die muslimische Minorität in Griechenland, von der "türkei-politischen Determinierung" der griechisch-amerikanischen Beziehungen.[27] Sicherlich ohne es zu wollen, leistete aber damit Washington der Türkei entscheidende Hilfe für den politischen Aufbau der muslimischen Minderheit auf dem Balkan. In der Zeit des Kalten Krieges mag dies unvermeidlich gewesen sein.

Der Kalte Krieg wurde aber von dem Nahostkrieg abgelöst und dieser von dem Zusammenbruch der Sowjetunion. Letzteres impliziert die Möglichkeit, daß deren mehrheitlich von Muslime bewohnte zentralasiatische Republiken in islamische Strenggläubigkeit verfallen. Persien und Saudi-Arabien bemühen sich darum und werben mit großzügiger Wirtschaftshilfe.[28] Sowohl Amerika als auch Europa haben jedes Interesse, eine solche Entwicklung zu verhindern.[29] Zu diesem Zweck will Washington den genannten muslimischen Republiken die laizistische Türkei als Entwicklungsmodell anbieten.[30] Ihre erneute geopolitische Aufwertung hat jedoch die Türkei sofort dazu ausgenutzt, um das Kurdenproblem durch den Einsatz von schwerem Kriegsgerät wie Panzer und Kampfflugzeuge gegen die elenden kurdischen Flüchtlingslager im Nordirak zu "lösen". Was in diesem Zusammenhang jeden Europäer aufhorchen lassen muß, ist eine diesbezügliche Offizielle Mitteilung des State Department: "Diese Angriffe werden als Antwort auf die fortgesetzten (terroristischen) Aktivitäten der Arbeiter-Partei Kurdistans (PKK) in der südöstlichen Türkei geführt. Wir haben die Verurteilung von Terrorbanden wie die PKK fest zum Ausdruck gebracht."[31] Um mit Meinardus zu sprechen, ist auch das Kurdenproblem für Washington eben "türkeipolitisch determiniert".

Angesichts dieser Erfahrungen sollte in Europa eingesehen werden, daß Amerika entschlossen ist, seine einzigartige Machtstellung in der Welt zu erhalten und es sich dafür lediglich von realpolitischen Grundsätzen leiten lassen muß. Die europäischen Interessen dürfen und brauchen auch nicht deshalb mit jenen der Vereinigten Staaten zu kollidieren. Aber Europa darf sich nicht allein auf die zweifellos vorhandenen ethischen Aspekte amerikanischer Politik verlassen; vielmehr muß es stets bereit sein, seine eigenen Interesen auch gegenüber den Weltmachtinteressen der Vereinigten Staaten zur Geltung zu bringen. Sollten jemals die europäisch-amerikanischen Beziehungen "asien-, "pazifik"- oder gar "islamisch-politisch" determiniert werden, so wird es weniger auf eine direkte Absicht der Amerikaner als auf die Unterlassung der Europäer zurückzuführen sein, ihre langfristigen Interessen gegenüber den Vereinigten Staaten deutlich und rechtzeitig zur Geltung zu bringen.

Die Erfahrungen mit Bulgarien machen deutlich, daß Europa seine Pflicht zu leicht vernachlässigt. Im Sommer 1991 hat Washington durch massiven Druck die bulgarische Regierung daran gehindert, im Wahlgesetz eine Sperrklausel von 10 v.H. vorzusehen.[32] Natürlich war diese Absicht gegen die Entstehung einer selbständigen "türkischen" Partei gerichtet. Die Wahl von muslimischen Abgeordneten im Rahmen der bulgarischen Parteien wäre dagegen von dem beabsichtigten Gesetz in keiner Weise behindert worden. Vielmehr hätte jede bulgarische Partei Interesse, muslimische Kandidaten in ihre Wahllisten aufzunehmen. Dies wäre auch das Richtige; denn weh der Demokratie in Osteuropa, wenn der Streit nationaler Minderheiten in ihre Parlamente hineingetragen wird!

Die türkische "Bewegung für Rechte und Freiheiten" (DPS) errang bei den bulgarischen Wahlen vom 13.10.1991 6,9 v.H. der Stimmen und 24 von 250 Abgeordnetensitzen, womit sie zum "Zünglein an der Waage" wurde. Die neue bulgarische Regierung wurde dann von der "Union der Demokratischen

Kräfte" (SDS) und eben der DPS gebildet, was eine sofortige Umorientie-
rung der bulgarischen Politik zur Türkei zur Folge hatte. Während vor den
Wahlen das griechisch-bulgarische Verhältnis herzlich war, änderte sich die
Haltung Bulgariens sofort danach.[33] Noch viel wichtiger ist es jedoch, daß
die "Bulgarische Sozialistische Partei" (BSP), die ehemalige KP Bulgariens,
sich seitdem als Beschützer der bulgarischen Nation empfiehlt und die Regierung als eine solche mit "türkischem Fes" beschimpft. Die BSP findet
damit in Bulgarien Widerhall; eine der Forderungen des "türkischen" Koaliti-
onspartners der DSP ist, die türkische Sprache als Pflichtfach in allen Schulen der Regionen des Landes einzuführen, in welchen die moslemische Minderheit lebt.[34] Nicht zuletzt deshalb entwickelt sich weder das bulgarisch-
türkische Verhältnis gut, noch gilt die jetzige bulgarische Regierung als
besonders stabil; der Unmut der Bevölkerung gegen den Einfluß der Türkei
in Bulgarien ist im Wachsen begriffen. Letzteres geht nicht zuletzt auf die
Unvorsichtigkeit Ankaras selbst zurück, die offensichtlich, von Bulgarien
ähnlich wie von Griechenland in der Ägäis, eine Revision der maritimen
Grenzen zwischen beiden Ländern im Schwarzen Meer verlangt.[35]

Ähnliche Vorgänge wie in Bulgarien sind auch in Albanien, in der slawischen Republik Makedonien und in Bosnien-Herzegowina im Gange. In
allen diesen Ländern bietet sich die Türkei wenn nicht als Schutz- so doch
mindestens als Anlehnungsmacht an. Offensichtliche Ziele Ankaras sind
dabei: a) die "europäische" Identität des Islam zu beweisen, um das innerhalb
der EG geltende Argument, sie sei der europäischen Kultur fremd, zu entkräften und b) gestützt auf Staaten wie Albanien und Bosnien-Herzegowina
und die muslimischen Minderheiten, sich als Ordnungs- und Anlehnungsmacht auf dem Balkan zu präsentieren. Staatspräsident Turgut Özal drückte
dies Anfang Dezember 1991 in Istanbul so aus: "Die heutige historische
Konjunktur gibt der Türkei die Möglichkeit, den Schrumpfungsprozeß umzukehren, der vor den Mauern Wiens begonnen hat. Während der Ausbrei-
tung der türkischen Nation unter dem osmanischen Banner ist es uns gelungen, religiöse und rassische Brückenköpfe im Balkanraum, in Jugoslawien,
in Bulgarien, in Albanien und in Griechenland zu bilden ... Unsere Ausbrei-
tung ist vor Wien gestoppt worden. Nun taucht wieder die bedeutende Rolle
auf, die wir spielen können".[36] Washington kann offensichtlich nicht einsehen, daß dieser türkische Wunschtraum in Südosteuropa nicht zum Tragen
kommen kann. Die historische Vorbelastung, die die 500-jährige osmanische
Herrschaft dort hinterlassen hat, sowie die Härte des Bekenntnisses der
Völker Südosteuropas zu ihrer Nation und zur Orthodoxie lassen keinen
Raum dafür. Dennoch läßt sich Washington von den vielfach irrigen Ein-

schätzungen leiten, das Modell der laizistischen Türkei könne bei seiner Durchsetzung mäßigend auf die Muslime sowohl in Europa als auch in den ehemaligen zentralasiatischen Republiken wirken.[37] Bei dieser amerikanischen Sicht der Dinge werden jedoch einige europa-politische Aspekte übersehen, die gleich heute zur Geltung kommen müssen. Anderenfalls ist zu befürchten, daß das europäisch-amerikanische Verhältnis mit Hypotheken belastet wird, die nicht abgetragen werden können, wenn künftig die Politik Washingtons gegenüber der Türkei und dem Islam in Europa nicht folgende Punkte berücksichtigt.

a) Es gibt eine gewisse Parallele im Verhältnis zwischen Demokratie und Nationalismus einerseits und zwischen Demokratie und islamischer Strenggläubigkeit andererseits. Der islamische Fundamentalismus geht mit der Einführung demokratischer Verhältnisse in den moslemischen Ländern ebenso wie früher in Europa der Nationalismus mit der demokratischen Idee einher; die Türkei ist das erste, Algerien das letzte Beispiel dafür. Für die ehemaligen kommunistischen Staaten Südosteuropas bedeutet dies, daß ihre muslimischen Minderheiten die Gewinnung ihrer bürgerlichen Freiheiten kaum dafür verwenden werden, um sich auf der Grundlage der Rechtsordnung ihrer Staaten und den demokratischen Prinzipien den nationalen Konsens zu suchen. Sie stehen bereits unter panislamischen und pantürkischen, sowie fundamentalistischen Einflüssen aus der Türkei, bzw. aus Persien und Saudi-Arabien. Bezeichnend dafür sind die Auslassungen Bachtijar Karimows von der Usbekischen Akademie der Wissenschaften in Taschkent während einer Konferenz in Oslo. Karimow beharrt auf dem Standpunkt, daß er "Panturkismus als Menschenrecht der zentralasiatischen Turkvölker" verstehe. Ein ähnliches Recht spricht er den in Usbekistan lebenden Slawen (Russen, 8 v.H.) ab: "Usbekistan ist ein islamisches, von einem Turkvolk bewohntes Land, dessen Sprache usbekisch ist. Die Slawen können Usbeken werden oder auswandern".[38] Die Annahme, die südosteuropäischen Völker würden sich mit einer ähnlichen Entwicklung bei sich abfinden, wäre ein verhängnisvoller Irrtum. Der Zusammenbruch des Kommunismus hat in Osteuropa eine konservative Revolution ausgelöst – alle greifen auf ihre verschütteten Traditionen zurück.[39] Nichts wäre schlimmer, als wenn bei diesem Prozeß der Nationalismus die Oberhand gewinnen würde. Solche Tendenzen können aber durch eine herausfordernde radikalislamische oder pantürkische politische Verselbständigung der muslimischen Bevölkerungsteile der südosteuropäischen Staaten provoziert werden. "Eine türkei-politische Determinierung" der amerikanischen oder der EG-Politik gegenüber den Balkanstaaten wird zu einer europäischen Katastrophe führen.

b) Das "laizistische Modell" Türkei ist eher eine Fiktion als Realität. Dreimal hat bisher die türkische Armee geputscht (1960, 1972 und 1980), um den Kemalismus in der Türkei zu retten. Hier ist die Folge: Bei den Wahlen vom 20.10.1991 hat die Sozialdemokratische Partei (SHP) Erdal Inönüs, die Nachfolgerin der "Republikanischen Volkspartei" (CHP) und die Demokratische Sozialistische Partei (DSP) Bülent Ecevits, zusammen 31,4 v.H. der Stimmen (20,5 bzw. 10,9 v.H.) erhalten. Allein diese Parteien vertreten heute den streng laizistischen kemalistischen Standpunkt in der Türkei; alle anderen, von der "Mutterlandspartei" (ANAP) Turgut Özals, der Partei des Richtigen Weges (DAP) Süleyman Demirels bis hin zu der islamisch-pantürkischen Partei der Wohlfahrt Necmettin Erbakans und Albaslan Turkeschs sind, in unterschiedlichem Grad, proislamisch oder gar pantürkisch orientiert. Die sich ständig marginalisierende kemalistische Basis wird heute durch das Drängen der Türkei in die Rolle einer regionalen Vormacht weiter geschmälert. *So wird eine Art Reichsideologie in der Türkei begünstigt, also das, wovon Fundamentalisten und Panturkisten träumen.* Nicht zu vergessen in diesem Zusammenhang ist die schwierige Lage der türkischen Regierung. Wegen des Kurdenproblems, der schweren sozialen Mißstände und nicht zuletzt wegen des scharfen Gegensatzes zwischen Kemalisten und Antikemalisten ist der demokratische Konsens im Lande schwach; der wieder um sich greifende Terrorismus – nicht nur die Kurden – erhellt grell die Situation des Landes. Wie soll die Türkei die Bürde einer Anlehnungs- oder gar Ordnungsmacht in Zentralasien tragen?

c) In den zentralasiatischen Republiken hat noch kein echtes Führungsrevirement stattgefunden. Vielmehr präsentiert sich die alte Nomenklatur unter einem neuen "demokratischen" Mantel. In den Augen der muslimischen Völker personifiziert diese Führung, von Aserbaidschan bis Tadschikistan, die lange kommunistische Unterdrückung. Auf lange Sicht kann daher die alte Nomenklatur ihre Machtposition nicht halten. Je stärker dort demokratische Verhältnisse einziehen, desto strenger wird der islamische Fundamentalismus und damit umso schärfer die alte kommunistische Führung abgelehnt. Auf dieser Führung soll aber die Türkei nach den Vorstellungen Washingtons, ihr laizistisches Modell aufbauen, das, es sei hier unterstrichen, ohnehin keine Zukunft hat. Dazu verkennt Washington, daß das "türkische Modell" für die zentralasiatischen Republiken und für die muslimischen Minderheiten auf dem Balkan in zweifacher Weise auf die Rehabilitierung des Kommunismus hinausläuft. Entweder verschafft es den kommunistischen Parteien die Möglichkeit, sich als Hort der nationalen Idee zu präsentieren, wie es heute in Bulgarien und bei den Serben in Bosnien-Herzegowina der Fall ist, oder es zwingt den gesamten Westen, sich an die Seite der Kommunistischen Nomenklatur zu stellen (zentralasiatische Republiken).

d) Insbesondere mit Blick auf die muslimischen Republiken Zentralasiens sollten die langfristigen Folgen des Geschehens in Algerien richtig erkannt werden. Die gewaltsame Verhinderung des Aufstieges der Islamischen Heilsfront (FIS) an die Macht hat den gesamten Westen in den Augen der islamischen, vielleicht sogar der gesamten Dritten Welt, diskreditiert. Fortan wird die bisherige konstante Forderung des Westens nach Einführung und Achtung demokratischer Grundsätze von diesen Ländern als opportunistisch empfunden werden. Das "West-Modell" hat in Algerien Schiffbruch erlitten, der Westen wird künftig der islamischen Welt noch viel weniger zu sagen haben als bisher. Umso vorsichtiger sollte man beim Angebot irgendwelcher westlicher Modelle in den zentralasiatischen Republiken sein. Unter diesen Umständen ist, zumindest aus europäischer Sicht, nicht einzusehen, warum die zentralasiatischen Republiken aus dem Einfluß Rußlands losgelöst werden sollen. Moskau hat die besten Erfahrungen mit diesen Republiken. Mit entsprechender Unterstützung aus dem Westen kann Rußland diesen Einluß festigen. Dabei ist nicht an die Sicht von Jordis von Lohhausen gedacht, wonach Rußland als Damoklesschwert über allen islamischen Ländern hängt.[40] Solche Denkkategorien sind heute wohl nicht mehr zeitgemäß. Dennoch ist Rußland eine euro-asiatische Macht, die ihre langfristigen Interessen in Europa sucht. Das "europäische Haus" Gorbatschows und der Wunsch Rußlands, Mitglied der NATO zu werden, dokumentieren zur Genüge diese russische Sicht, die einen stabilen Einfluß Europas in Zentralasien impliziert. Das Abenteuer "Türkei-Modell für Zentralasien" hat dagegen nur eine reale Perspektive: Die vielfältige Protektion Ankaras durch die Vereinigten Staaten zur Verwirklichung seines Modells in Zentralasien, wird dort zu nichts führen. Was davon übrig bleiben wird, ist nur ein politisch verselbständigter Islam als letztendliche Hinterlassenschaft des Zweiten Weltkrieges und des Kalten Krieges in Europa.

Mit Blick auf den Beitrittsantrag der Türkei hat in der EG eine "Arbeitsteilung" stattgefunden. Athen sagt rigoros Nein und die übrigen Elf erklären sich außerstande, die griechischen Vorbehalte zu überwinden. Diese "Arbeitsteilung" hat bisher funktioniert. Es wäre aber ein Irrtum, wenn Europa sich auf Griechenland und eventuell auch Bulgarien als Sperriegel gegen eine Verbreitung des Islam auf unserem Kontinent verlassen würde. Athen wird seit Jahren von einer beispiellosen Führungskrise heimgesucht und Sofia wird von den Problemen des kommunistischen Erbes erdrückt. Zur Lösung von Problemen europäischer Tragweite sind sie daher, zumindestens zur Zeit, ungeeignet. Die hier dargestellte europäische Herausforderung des Islam kann, nach Lage der Dinge, nur von der EG und Deutschland pariert werden. Mit Blick auf die Wiedervereinigung Deutschlands haben Bundeskanzler Helmut Kohl und Außenminister Hans Dietrich Genscher alle jene Eigenschaften gezeigt, die große Staatsmänner auszeichnen. Damit haben sie eine europäische Bürde übernommen. Mit Blick auf die Aufgabe der Verhinderung der Verbreitung des Islam in Europa gilt sie umso mehr, als beide wohl wissen, daß nicht nur die französische, sondern auch die deutsche Demokratie nicht grenzenlos belastbar ist ...

Anmerkungen

1 Viktor Meier: Bosnien und seine Muslime. – in: Südosteuropa Mitteilungen, Nr.1/1986, S. 13. Über die Gründe der Konversion von Christen zum Islam s. eingehender Paul Coles: Die Osmanen in Europa, Athen 1972, S. 318 ff, (griechische Übersetzung des englischen Originals The ottoman impact in Europe, London 1968), s. über die gleiche Frage auch Gunnar Hering, Die Osmanenzeit im Selbstverständnis der Völker Südosteuropas, in: Hans Georg Majer (Hrsg.), Die Staaten Südosteuropas und die Osmanen, Südosteuropa Jahrbuch 19, München 1989, S. 366 ff.

2 Siehe dazu auch Wolfgang Höpken: Türkische Minderheiten in Südosteuropa. – in: H.G. Majer, wie Anm. 1, S. 272 ff.

3 Der Bevölkerungsaustausch zwischen der Türkei und Griechenland erfolgte nach der Niederlage der Griechen in Anatolien (1922) auf Wunsch Ankaras und wurde im Lausanner Vertrag (23.7.1923) vereinbart; er betraf 1,3 Mill. Griechen in der Türkei und 0,35 Mill. Türken in Griechenland.

4 Siehe hierzu Höpken, wie Anm. 2, S. 235-236.

5 Eine völkerrechtliche Form erreichten diese Vorwürfe in den Friedens-Verträgen von Karlowitz (26.1.1699) und Kiutsuk-Kainartzi (21.7.1774). Durch diese Verträge wurden Österreich (1699) und Rußland (1774) als Schutzmächte katholischer bzw. orthodoxer Minderheiten im Osmanischen Reich anerkannt.

6 "Durch die vorgesehene Zwangsarbeit als Abzahlungsmittel mit allen körperlichen Folgen konnte ein Teil der führenden Köpfe ausgeschaltet werden. Der tiefere Sinn aber war schließlich der, Türken Platz zu schaffen und einen weiten Teil des Istanbuler Wirtschaftlebens zu türkisieren. Der Vorteil dabei war, daß während des Krieges kein ernstlicher Einspruch zu erwarten war, zumal nicht von angelsächsischer Seite, die sich sonst immer vor allem der Juden und Armenier annahm", s. Johann Strauß: Die nichtmuslimischen Minderheiten in Istanbul, in: H.G. Majer, wie Anm. 1, S. 259.

7 Eingehend über die Entstehung des Panturkismus s. Jacob M. Landau: Panturkismus, (gr.), Athen 1985, S. 24 ff., (Übers. des engl. Originals Pan-Turkism in Turkey. A Study in Irredentism, London 1981).

8 S. Atatürk, hersg. von der Türkischen Nationalen Kommission der UNESCO, Istanbul 1963, S. 270-271.

9 Ausführlich über diese Entwicklung in der Türkei s. Gregor M. Manousakis: Die Rückkehr des Propheten, Berg am See 1979, S. 92 ff.

10 S. J. Landau, wie Anm. 7, S. 149 ff.

11 Die "Kristallnacht am Bosporus" ist in vielerlei Hinsicht bezeichnend. Sie wurde angeblich ausgelöst durch die Explosion einer Bombe im Geburtshaus Atatürks in Thessaloniki. In der Tat fand die Explosion im Garten des Hauses statt und richtete keinerlei Schaden an. Die Bombe wurde von dem Boten des dortigen Konsulats und den (griechischen) moslemischen Studenten in Thessaloniki, Oktay Engin, auf Veranlassung des türkischen Konsuls gelegt. Im Verlauf der Ausschreitungen wurden 16 Griechen getötet, 32 schwer verletzt und ca. 200 Griechinnen vergewaltigt. Nach offiziellen türkischen Statistiken wurden 1.004 Wohnungen, 4.348 Läden, 21 Fabriken, 110 Hotels und Restaurants, 73 Kirchen, 2 Klöster, 26 Schulen und 5 Sportvereine verwüstet. Außerdem wurden Gräber von Patriarchen geplündert. Der Weltkirchenrat hat die materiellen Schäden auf 150 Mill. Dollar geschätzt; s. dazu die Archive des Foreign Office unter Aktenzeichen FO R 10110/1, die 1986 freigegeben wurden; Alexis Alexandris, Die Minderheitenfrage 1954-1987, in: Alexis Alexandris u.a., Griechisch-türkische Beziehungen 1923-1987, Athen 1988 (gr.), S. 499 ff., auch Peter Härtlin, Die Zypernfrage, Stuttgart 1956, S. 12. Beispielhaft für den "Flankenschutz", den die westliche Wissenschaft dem NATO-Mitglied Türkei leistete, ist diese Beschreibung der Ausschreitungen: "Bei den progromartigen Ausbrüchen des 5. und 6. September, die einen in den Zeitungen gemeldeten Bombenanschlag auf das Geburtshaus Atatürks in Saloniki zum Anlaß nahmen, wurden Hunderte von Geschäften in den griechischen Vierteln, vor allem in Beyoglu (Pera) geplündert und griechische Kirchen verwüstet. Menschen kamen allerdings nur wenige zu Schaden. Bei dem Prozeß gegen Adnan Menderes 1960, in dem auch der Ökumenische Patriarch Athenagoras als Zeuge gehört wurde, konnte nachgewiesen werden, daß die damalige türkische Regierung selbst diese Demonstrationen mitorganisiert und der Polizei den Befehl gegeben hatte, sich während der Ausschreitungen passiv zu verhalten". So J. Strauß, wie Anm. 1, S. 259. Über die gleichen Vorfälle s. auch die Artikelserie der Zeitung Sabah, Istanbul, vom 1. bis 5.10.1986.

12 Siehe hierzu J. Landau, wie Anm. 7, S. 158-159.

13 Ministerpräsident Adnan Menderes stellte selbst innerhalb des türkischen Parlaments seinen Abgeordneten frei, "die Restauration des Kalifats vorzunehmen". Siehe G.M. Manousakis, wie Anm. 9, S. 100 und die dort angegebene weiterführende Literatur.

14 Bezeichnend für die eingetretene Situation ist, daß Bulgarien bis 1965 in seinen Statistiken die muslimische Minderheit als "Türken" geführt hatte. Um der türkischen Propaganda entgegenzuwirken, war danach, naiverweise, nur von Muslimen die Rede. S. Symeon Soltaridis: Westthrakien und die Muslime (gr.), Athen 1990, S. 22.

15 Siehe ausführlich bei J. Landau, wie Anm. 7, S. 223; bezeichnend für die Einstellung der offiziellen Türkei zum Panturkismus ist, daß der Scherge Oktay Engin (s. Anm. 11), später Chef der Planungs- und Koordinationsabteilung des türkischen Geheimdienstes (MIT) wurde, siehe A. Alexandris, wie Anm. 11, S. 543.

16 Ausführlich darüber bei A. Alexandris, wie Anm. 11, S. 511-512. Bei den Gesprächen zwischen den Ministerpräsidenten Andreas Papandreou und Turgut Özal am 30./31.1.1988, versprach die türkische Seite den fraglichen Erlaß zurückzunehmen;

261

dies geschah auch formell, jedoch ohne tatsächliche Wirkung, s. dazu Heinz-Jürgen Axt/Heinz Kramer: Entspannung im Ägäiskonflikt?, Baden-Baden 1990, S. 54-55, S. 71 ff.

17 J. Landau, wie Anm. 10, S. 223-224.

18 So Ilter Türkmen in einem Interview an die türkische Zeitung Cumhuriyet, wiedergegeben in NewSpot, (deutsche Ausgabe), Ankara vom 19.3.1982.

19 Eingehend darüber bei G.M. Manousakis, wie Anm. 9, S. 116.

20 Ronald Meinardus: Die Türkei-Politik Griechenlands, Frankfurt/M. S. 498-499.

21 So Rona Aybay, Menschenrechte in Westthrakien und die türkische Minderheit, in: Cumhuriyet/NewSpot, vom 26.3.1982.

22 Als Beispiel dazu sei hier auf die seitenlange Artikelserie über die muslimische Minderheit in Bulgarien in NewSpot (engl. Ausgabe) Ankara vom 17.2.1989 und 3.3.1989 und 17.3.1989 hingewiesen.

23 Siehe z.B. die Erklärungen Außenministers Mesut Yilmaz während seines offiziellen Besuches in Ägypten zwischen dem 7. und 10.2.1989, in NewSpot (engl. Ausgabe), vom 17.2.1989.

24 Siehe die Resolution der 18. Konferenz der Außenminister der islamischen Länder in Riad, Saudi-Arabien vom 13. bis 16.3.1989 sowie die diesbezüglichen Anklagen der Türkei gegen Bulgarien während eines Treffens des KSZE-Informationsforums in London, NewSpot (engl.), vom 20.4.1989.

25 Lexikon der Islamischen Welt, hrsg. von Klaus Kreiser, Werner Diem und Hans Georg Majer, 2. Bd., Stuttgart u.a. 1974, S. 188-189.

26 Unter anderem wurde z.B. am 7.6.1989 von der griechischen Polizei der PKW des muslimischen Kandidaten Ahmet Sadik über eine Stunde lang aufgehalten, damit er verspätet an einer Wahlversammlung teilnahm. Derselbe Kandidat sagte in einem Interview, die griechischen Behörden stellen für die Muslime Westthrakiens nur zögernd Führerscheine für Traktoren aus, obwohl die Bewerber z.T. PKW-Führerscheine besitzen, siehe hierzu Symeon Soltaridis: West-Thrakien und die Muslime (gr.), Athen 1990, S. 69 und 97.

27 R. Meinardus, wie Anm. 20, S. 426, s. auch im gleichen Zusammenhang S. 188. Auch H.J. Axt und H. Kramer, wie Anm. 16, S. 247, auch sie kommen zum gleichen Schluß, wenn sie schreiben, daß bei ihren verschiedenen Streitpunkten mit Griechenland die Türkei sich bemüht "als der USA liebstes Kind zu erscheinen". Zuletzt kam es zwischen Athen und Washington zu einem diesbezüglichen Streit, nachdem am 1.2.1991 das State Department in seinem Bericht an den Kongreß über die Menschenrechte mit Blick auf die muslimischen Minderheiten in Griechenland den türkischen Standpunkt übernommen hat. Siehe dazu Zeitung Apogevmatine, Athen, vom 4.2.1991 und HESTIA, vom 5.2.1991.

28 Nach westlichen Quellen setzt allein Persien 500 Mill. Dollar für die "kulturelle und religiöse Renaissance" dieser Republiken ein, siehe Zeitung To Bema, Athen, vom 8.3.1992; zugleich sind bereits in Usbekistan und Kasachstan saudische Unternehmen aktiv, siehe FAZ, vom 18.2.1992.

29 Ihr Interesse an der Region haben die USA durch den Besuch James Bakers aller zentralasiatischen Republiken Mitte Februar 1992 bekundet. (Die Welt, vom 18.2.1992)

30 Während des Besuches Demirals in Washington (5.-10.2.1992), wurde dort mitgeteilt, die Vereinigten Staaten zögen den Einfluß der Türkei in den zentralasiatischen Republiken denen Irans vor. Die Türkei kann für diese Länder zum Modell werden und Washington will Ankara dazu ermuntern, s. Zeitung Kathemerine, Athen, vom 12.2.1992. Nach nicht bestätigten Informationen hat Washington zu diesem Zweck Demiral 600 Mill. Dollar in Aussicht gestellt, s. Zeitung To Bema, Athen, vom 8.3.1992.

31 Zeitung HESTIA, Athen, vom 11.3.1992.

32 Zeitung Kathemerine, Athen, vom 29.8.1991.

33 Der erste Auslandsbesuch des bulgarischen Vize-Ministerpräsidenten und Außenministers Stoyan Ganew galt Ankara (5.12.), s. NewSpot, Ankara, vom 12.12.1991, von wo er nach Athen reiste, um den Griechen mitzuteilen, daß die neue bulgarische Regierung bei verschiedenen Fragen stärker als bisher den türkischen Standpunkt berücksichtigen wolle, siehe ausführlicher Zeitung HESTIA, Athen, vom 7.12.1991.

34 FAZ, vom 25.10.1991.

35 Zeitung HESTIA, Athen, vom 7.12.1991.

36 Am 16.3.1992 hat ein türkisches Fischerboot, das in bulgarischen Gewässern fischte, ein Boot der bulgarischen Wasserschutzpolizei gerammt und einen Matrosen getötet. Der Protest der bulgarischen Regierung über den Vorfall wurde vom türkischen Botschafter in Ankara nicht nur abgelehnt; obendrein verlangte er die Ziehung "von beiderseits anerkannten Grenzen" der Territorialgewässer, siehe Zeitung HESTIA, Athen, vom 18.3.1992.

37 Zeitung HESTIA, Athen, vom 7.12.1991.

38 Diese Absicht ist in den letzten Monaten mehrfach von der amerikanischen Regierung und von amerikanischen Medien geäußert worden, siehe dazu Zeitung Kathemerine, Athen, vom 5.1.1992, Wolfgang Günter Lerch, Eine neue Rolle für Ankara, in FAZ, vom 18.2.1992 und Die Welt, vom 18.2.1992.

39 Die These von der konservativen Revolution als Folge des Zusammenbruches des Kommunismus in Osteuropa vertritt Johannes Ch. Papalekas; so in einem Vortrag im Rahmen des Symposiums "West-Modelle für den Ost-Export", im Haus der Industrie, Wien am 22.-23.10.1990.

40 Jordis von Lohhausen: Mut zur Macht. Denken in Kontinenten. – Berg am See 1979, (Vowinckel Verlag), S. 134.

Johann Baptist Müller

Außenpolitik in konservativer Perspektive

Wenn es ein Leitmotiv gibt, das einer politischen Ordnungsvorstellung ihre unverwechselbaren Konturen verleiht, dann ist es ohne Zweifel ihr spezifisches Menschenbild. In dieser Perspektive muß sowohl der Liberalismus als auch der Konservatismus gesehen werden[1]. Was sich in diesen beiden politischen Doktrinen ausdruckt, rückt eine fest umrissene Anthropologie ans Licht. Während das Menschenbild des Liberalen von einem eher optimistischen Grundzug geprägt wird, gründet der Konservative seine Sicht des Homo sapiens auf einen tief eingewurzelten Pessimismus. Die beiden unterschiedlichen anthropologischen Sichtweisen prägen nicht zuletzt auch die liberale und die konservative Staatsauffassung. Der Liberale legt eher eine staatsfeindliche Einstellung an den Tag und vertraut auf die Fähigkeit des "Systems der Bedürfnisse", sich selber organisieren zu können. Dagegen muß das Individuum konservativer Auffassung[2] zufolge daran gehindert werden, seine gemeinschaftszerstörenden und antietatistischen Impulse ausleben zu können.[3]

Zur Physiognomie der konservativen Politiklehre gehört nicht zuletzt auch die Einsicht, daß der Staat in der Lage sein muß, sich sowohl gegen innere als auch äußere Feinde erfolgreich zu verteidigen. Es gehört Georg Quabbe zufolge zu den konservativen Grundüberzeugungen, daß "das Ganze sich wie ein Mensch aufrechterhalten und wehren"[4] zu können imstande ist.

Aus diesen beiden in Rede stehenden unterschiedlichen anthropologischen Blickwinkeln heraus ergeben sich auch voneinander abweichende Beurteilungen des Problems, welche Haltung gegenüber der Frage von Krieg und Frieden einzunehmen ist.

Während trotz gegenläufiger Ansätze[5] der Liberale einer Blickrichtung verpflichtet bleibt, die eine friedliche außenpolitische Welt in den Bereich des Möglichen rückt, hält der Konservative dafür, daß es wie in der Vergangenheit so auch in der Zukunft immer wieder zu kriegerischen Verwicklungen kommen wird. Der friedensorientierten Sehnsucht des Liberalen setzt er seine Auffassung entgegen, derzufolge der ewige Frieden auf dieser Welt kaum zu erreichen ist.

Aus diesem Grunde weist der Konservative die Prognose Herbert Spencers[6] zurück, daß das militärische Zeitalter durch das pazifistische abgelöst wird. Er vermag sich auch nicht mit der Hoffnung Immanuel Kants[7] anfreunden, derzufolge der Handelsmann eines Tages den Soldaten verdrängt.

Die Konservativen Reflexionen über den Krieg resultieren aus einer Sichtweise, die diesen als ein kaum zu überwindendes Übel ansieht. Der Ehrgeiz der Liberalen, eine friedliche Welt schaffen zu können, zielt konservativer Auffassung zufolge ins Utopische. Dieser Auffassung hat schon Carl Ludwig von Haller Sukkurs gegeben. "Die Leidenschaften von anderen kann man nicht immer bändigen, Unrecht und Irrtum nicht allemal hindern," Streitigkeiten ... lassen sich schlechterdings nicht immer vermeiden"[8]. Aus diesem Grunde seien "Kriege ... auch so alt als die Welt, und werden fortdauern so lange als Menschen neben Menschen wohnen"[9].

Nur ein irregeleiteter Idealismus kann konservativer Auffassung zufolge davon absehen, daß der Mensch ein ethisches Mängelwesen ist. Jeglicher Versuch, das Verhältnis zwischen den einzelnen Staaten am friedensorientierten Maßstab des Liberalen zu messen, muß an der Fähigkeit des Menschen scheitern, amoralische Entscheidungen treffen zu können. Die allein auf ein friedliches Zusammenleben ausgerichtete Perspektive der liberalen Ideologie kranke an einem Menschenbild, das die Schattenseiten des menschlichen Charakters geflissentlich übersieht. Es war nicht zuletzt Radowitz, der auf den Zusammenhang zwischen der ethischen Defizienz des Menschen und ihrer polemogenen Qualität aufmerksam machte.

Die Anstrengung der Konservativen, die Seinsgesetze der internationalen Ordnung zu enthüllen, fördert auch die Erkenntnis zutage, daß es keine gesellschaftliche Schicht gibt, die den Frieden unter allen Umständen dem Krieg vorzieht. Sie verweigern sich dem antielitären Interpretationsmuster, demzufolge das Volk im Gegensatz zu den Machthabern grundsätzlich den internationalen Frieden herbeisehnt. Die Frage nach den Ursachen der internationalen Spannungen ist im konservativen politischen Denken untrennbar mit der Einsicht verknüpft, daß auch das Volk dem bellizistischen Geiste erliegen kann. Aus diesem Grunde lehnt es auch die Auffassung Christoph Martin Wielands ab, derzufolge "das Volk Friede haben ... und Friede machen"[10] will.

Obgleich der Krieg im konservativen Politikentwurf als ein kaum auszurottendes Phänomen angesehen wird, kann keine Rede davon sein, daß in diesem Ideenkreis einer Einstellung das Wort geredet wird, die man als militaristisch und bellizistisch zu bezeichnen pflegt. Diese jede Kriegsverherrlichung ablehnende Einstellung gewinnt ihre Beweiskraft aus der Überlegung heraus, jeder Waffengang berge kaum übersehbare Risiken in sich. Das konservative Politikdenken, das in so starkem Maße dem Prinzip der Stabilität verpflichtet ist, kann kaum einer Haltung des Wort reden, die das außenpolitische Abenteuer der internationalen Ordnung vorzieht. Der Bellizismus ist also keineswegs als das Produkt einer genuin konservativen Haltung anzusehen, sondern bezeichnet im Gegenteil eine Einstellung, die dem konservativen Geiste an der Wurzel fremd ist.

In wie starkem Maße die konservative Konzeption der Außenpolitik die uneingeschränkte Kriegsverherrlichung zu vermeiden sucht, hat schon Friedrich Schlegel unter augenfälligen Beweis gestellt. Weit davon entfernt, den Krieg ganz aus der Welt schaffen zu wollen, spricht er sich eindeutig gegen jede bellizistische Haltung aus. "Es liegt etwas Ansteckendes in der Kriegslust, die sich an den Flammen der Ruhmbegierde entzündet, und die Habsucht als Bodensatz zurückläßt"[11]. Eine auf einer derartigen Prämisse basierende Sichtweise läßt den Krieg recht eigentlich nur als Verteidigungsmaßnahme zu. Schlegel zufolge sind im Falle einer von einem kriegswütigen Nation ausgehenden Bedrohung "alle gutgesinnten Staaten und Nationen"[12] verpflichtet, "gegen sie als einen allgemeinen Feind"[13] zusammenzutreten. Die Projektion der kriegerischen Fakten der Geschichte vor dem Hintergrund einer durchaus friedensbejahenden Einstellung läßt Schlegel den Staat als "bewaffnete Friedenskorporation" definieren.[14]

Im Konservatismus wird die Kriegsverherrlichung nicht zuletzt auch als eine Einstellung begriffen, die aus der sittlichen Tradition des Abendlandes gerückt ist. Einflußreiche und repräsentative Vertreter dieser Ordnungsvorstellung haben darauf aufmerksam gemacht, daß die Kardinaltugenden auch für den Bereich der Außenpolitik zu respektieren sind. So haben Ernst Ludwig von Gerlach zufolge kriegerische Verwicklungen zwischen den Staaten ihren letzten Grund in ihrer mangelnden Bereitschaft, sich dem überlieferten Tugendkanon verpflichtet zu fühlen. "Wo Macht und mit Gerechtigkeit, Mäßigung, Weisheit und Mut gebraucht wird, da entfaltet sie sich ihrer Natur nach"[15].

Diese an den Kardinaltugenden orientierte außenpolitische Haltung schließt es notwenigerweise aus, daß die außenpolitischen Entscheidungen eines Staates in einem ausschließlich kratologischen Horizont interpretiert werden. Aus diesem Grunde verfällt die radikal machtorientierte außenpolitische Perspektive dem Verdikt des Konservativen. In diesem Zusammenhang schreibt Quintin Hogg: "conservatives reject ... the doctrine that might is right"[16]. Er geht sogar so weit, eine allein unter dem Machtaspekt exekutierte Außenpolitik als politische Häresie zu bezeichnen[17].

So sehr der Konservative die bellizistische Haltung in seine kritische Perspektive rückt, so sehr gibt er sich allerdings auch als Feind des Pazifismus zu erkennen. Er ist ihm zufolge auf einen zutiefst amoralischen Ton gestimmt. Der Pazifismus verkenne, daß dem Bösen auch in der Außenpolitik widerstanden werden müsse. Der Zenit einer amoralischen Einstellung werde an dem Punkte erreicht, wo vom pazifistische Gewissen das Schicksal einer von einem angriffswütigen Staat bedrohten Bevölkerung leichtfertig in den Wind geschlagen wird. Diese Auffassung hat nicht zuletzt Robert Ingrim nachhaltig vertreten. "Der Pazifismus ist ... unsittlich, weil seine Wirkung ärger ist als die des krassesten Egoismus: Wer machtlos ist, muß wegschauen, wenn dem Nächsten Unrecht geschieht"[18]. Dem Staat obliege die unabdingbare Pflicht, den Eroberungsgelüsten seiner Nachbarn zu widerstehen und seine Bürger auf diese Weise in seine Obhut zu nehmen. "Ein Staat, der nicht sein Möglichstes tut, um seine Grenzen und das friedliche Wirtschaften seiner Bürger zu schützen, ist ein Unstaat"[19].

In wie starkem Maße eine pazifische Einstellung die Lebensinteressen der Völker zu beeinträchtigen in der Lage ist, haben nicht zuletzt die Engländer und Franzosen erfahren. In der Auseinandersetzung mit Hitler stand der Gedanke der Kriegsverhinderung so sehr im Mittelpunkt ihres außenpolitischen Denkens, daß im Laufe der Zeit die kriegerische Auseinandersetzung mit dem nationalsozialistischen Deutschland unausweichlich wurde. Diese kaum zu widerlegende Ansicht vertritt Quintin Hogg. "Britain and France have paid a high price of weakness and internal division, for concessions to an enemy who considered policy but a continuation of war"[20].

Konservativer Auffassung zufolge erscheinen also sowohl die uneingeschränkte Kriegsadoration als auch die voraussetzungslose Friedensbejahung in einem illegitimen Licht. Aus diesem Grunde hat Quintin Hogg allen Konservativen aus dem Herzen gesprochen, als er feststellte: "Conservatives are neither militarists nor pacifists"[21].

Der außenpolitische Systementwurf des Konservatismus, in dem die Gegenwelten von Krieg und Frieden zur Annäherung, wenn nicht zur Integration gelangen, wird nicht zuletzt auch vom Ideal des Gleichgewichts bestimmt. Eine Staatenordnung, die weder dem Diktat des Bellizismus gehorcht, noch in einer utopischen Friedensillusion aufgeht, hat sich durch eine ausgewogene Machtverteilung auszuzeichnen. Eine klassische Definition dieser Zielvorstellung findet sich schon bei Friedrich Gentz. "Das, was man gewöhnlich politisches Gleichgewicht (balance du pouvoir) nennt, ist diejenige Verfassung neben einander ... verbundner Staaten, vermöge deren keiner unter ihnen die Unabhängigkeit oder die wesentlichen Rechte eines anderen, ohne wirksamen Widerstand von irgend einer Seite, und folglich ohne Gefahr für sich selbst, beschädigen kann"[22].

Auf der Suche nach den Voraussetzungen einer internationalen Gleichgewichtsordnung war es nicht zuletzt Metternich darum zu tun, den Gedanken des Ausgleichs zwischen den Staaten ins Zentrum seines Interesses zu rücken. In einem dieser Maxime verpflichteten System habe sich jeder Staat an das Gebot zu halten, neben seinem ureigenen Interesse auch das der anderen Gemeinwesen zu berücksichtigen. Metternich bezieht das Maß seiner außenpolitischen Ordnungsvorstellung aus der Bibel. "Thue dem Andern nicht, was Du nicht willst, daß Dir gethan werde"[23]. Dies schließt ihm zufolge "gegenseitige Zuvorkommenheit und ehrliches Vorgehen"[24] ein. Metternich ruft die Staatsmänner seiner Zeit auf, "die Herstellung internationaler Beziehungen auf der Grundlage der Reciprocität unter der Bürgschaft der Achtung vor den erworbenen Rechten"[25] anzustreben.

Konservativer Auffassung zufolge folgt das Scheitern eines derartigen Systems aus der mangelnden Bereitschaft seiner mächtigen Mitglieder, auch den weniger einflußreichen zu ihrem Recht zu verhelfen. So schreibt Robert Ingrim: "Das Gleichgewicht kann sich nur bewähren, wenn die Ordnung, die es aufrechterhalten will, keinem Beteiligten so unerträglich ist, daß er ihr das Wagnis eines neuen Krieges vorzieht"[26].

Zum Grundmerkmal des konservativen Gleichgewichtsdenkens gehört es auch, daß dem Geist des Chauvinismus eine eindeutige Absage erteilt wird. Im übersteigerten Nationalismus kristallisiert sich für den Konservativen das Negativbild einer gleichgewichtsgefährdenden außenpolitischen Orientierung. Ganz auf einen antinationalistischen Ton gestimmt, macht Ernst Ludwig von Gerlach darauf aufmerksam, daß die Begriffe der Nation und des Volkes stets der Gefahr unterliegen, sich "unter den Händen in Natursubstanzen oder Götzen, auf welche göttliches und menschliches Recht sich nicht anwenden läßt"[27], zu verwandeln. In einer ähnlichen Weise hat auch Metternich seine Abneigung gegenüber einer nationalistischen Außenpolitik zum Ausdruck gebracht. Er war zeit seines Lebens bestrebt, "dem Übergewichte der Nationalität einen Damm entgegenzustellen"[28]. Auch im Konservatismus des 20. Jahrhunderts findet sich die Warnung vor einer ausschließlich unter nationalem Vorzeichen exekutierten Außenpolitik. So spricht Hugh Cecil von der stets drohenden Gefahr eines "Grave national wrongdoing"[29].

Allerdings war die konservative Staatslehre nur vordergründig durchgehend dem nationalistischen Geiste abhold; in Wirklichkeit war sie sehr oft auch der Ausdruck einer Denkhaltung, die von einem durchaus chauvinistischen Denken bestimmt war. Der Kulminationspunkt einer derartigen Denkhaltung wurde vor allem im 19. Jahrhundert erreicht. Hans Mühlenfeld zufolge "gelang es dem Nationalismus, seinen konservativen Widersacher zu

durchdringen"[30]. Dabei habe der Konservatismus sein eigenes Wesen preis-
gegeben[31]. Die allein auf den nationalen Egoismus eingeengte Perspektive
des Nationalismus deszendiere beim Lichte besehen aus einer liberalen
Denkhaltung. "Die liberale Geschichtslegende ... steht dem modernen Nationalismus im Grunde deshalb so hilflos gegenüber, weil er das eigene Kind
ihrer Ideologie ist, das sich schließlich gegen seinen Erzeuger empört hat"[32].
Die Konturen der Ordnungsvorstellungen von Fichte, Hegel und Treitschke
seien nicht konservativ, sondern liberal bestimmt[33].

Als besonders abschreckende Beispiele für eine aus einem nationalistischen Geiste heraus geborenen Außenpolitik gelten in der konservativen
Literatur die Französische Revolution, der Nationalsozialismus und der So-
wjetkommunismus.

Was die Französische Revolution anlangt, so sei in ihren außenpolitischen
Entscheidungen nur das akzeptiert worden, was auf ein chauvinistisch-ex-
pansionistisches Modell zu bringen war. Daß ein derartiges Verhalten die
von den Konservativen postulierte Ordnung des Gleichgewichts gefährdete,
darauf hatte schon Edmund Burke hingewiesen. "The balance of power is a
matter of great moment; but who has destroyed it? That very monster by
whose aid, it seems, we are to resore it. They have treated the very idea as a
mischievous chimera"[34].

Nicht nur für den Engländer Burke, sondern auch für den Franzosen Hippolyte Taine stellt sich die Außenpolitik des revolutionären Frankreich als
ein Handlungsgefüge dar, das vom Geiste des Annexionismus durch und
durch bestimmt ist. In ihr sei der Geist des Militarismus dominant geworden,
jeglicher Sinn für eine Gleichgewichtsordnung der europäischen Staatenwelt
geschwunden. Kein Nachbarland sei vor seinem revolutionären Furor sicher
gewesen. "Sie wollten sich durchaus der Schweiz bemächtigen, dachten an
die Erstürmung Hamburgs und die Erniedrigung Englands"[35]. Letzten Endes
handelte es sich bei den Protagonisten der Französischen Revolution um eine
"Piratenbande, die, nachdem sie die heimische Küste abgegrast, ihre Tätigkeit auf größere Entfernungen überträgt und allenthalben alles nimmt, wes-
sen sie habhaft werden kann: Menschen und Dinge, Personen und Sachen"[36].
Auch zeitgenössische konservative Autoren weisen auf den expansionistischen Charakter der in Rede stehenden Revolution hin. So schreibt Robert
Nisbet: "With the Revolutionary armies on the march, war became the cru-
sade for freedom, equality and fraternity"[37].

Will man den ganzen Abstand ermessen, den die auf einem funktionierenden Gleichgewicht zwischen den Nationen basierenden konservativen Außenpolitik vom hypernationalistischen Bellizismus trennt, so muß auch das

Abenteurertum Hitlers in den Blick genommen werden. Von der Basis einer genuin konservativen Weltanschauung aus hat sich Reck-Malleczewen[38] gegen die aggressive Außenpolitik Hitlers und seiner Anhänger gewandt. Voller Abscheu schreibt er: "Man erfindet, während man längst bei dem Zustand des spätrömischen Großstadtmobs angelangt ist, diesen Anspruch, als 'junges Volk' zu gelten, man erhebt ein caracallisches Gebrüll; man fordert damit die ganze Mitwelt heraus und man beansprucht unter der Beteuerung, dies alles sei nun einmal so bei jungen Völkern, die Nachsicht der Nachbarschaft"[39]. Diese expansionistische Stimmung habe leider auch weite Teile des deutschen Volkes erfaßt. Reck-Malleczewen zufolge unterstützt "ein ganzes, vom Erfolg der politischen Einbruchdiebstähle trunkenes Volk"[40] den außenpolitischen Kurs Hitlers. In ihrer expansionistischen Blickverengung würden bierduftende Tarockbrüder ... am Stammtisch halbe Kontinente verteilen"[41].

Hitlers aggressive Außenpolitik wird der Auffassung vieler konservativen Autoren zufolge besonders dann augenfällig in den Blick gerückt, wenn man sie mit derjenigen Bismarcks vergleicht. Hitler habe seine außenpolitische Doktrin eindeutig im Widerspiel zu der auf Ausgleich bedachten Ordnungsvorstellung Bismarcks entwickelt. Nach Robert Ingrim stellt "Hitlers Politik ... die stärkste Abweichung von Bismarcks Lehren" dar[42]. Bismarcks Größe habe "nicht im Gewinnen von Kriegen, sondern in seiner Mäßigung im Sieg"[43] bestanden. Es habe niemandem erlaubt, "ihn über das Ziel hinauszutreiben, das er sich selber gesteckt hatte"[44].

Konservative Autoren haben nicht nur das Dritte Reich, sondern auch die Sowjetunion als eine ihren innen- und außenpolitischen Grundsätzen widersprechendes Staatswesen aufgefaßt. Vor allem der Neokonservatismus gab sich als ihr entschiedenster Gegner zu erkennen. Norman Podhoretz, einer seiner bedeutendsten Wortführer schreibt: "Die Sowjetunion ... ist ein revolutionärer Staat, genauso wie Hitlerdeutschland es war – in dem Sinne, daß sie eine neue internationale Ordnung schaffen will, in der sie die vorherrschende Macht wäre und deren Charakter durch ihre nationalen Wünsche und ihre ideologischen Diktate bestimmt würde"[45].

Die Besinnung darauf, wie eine genuin konservative Außenpolitik zu gestalten sei, hat nicht wenige Vertreter dieser Ordnungsvorstellung zu einer geharnischten Kritik an denjenigen Politikern veranlaßt, die wohl im konservativen Parteibereich agieren, gleichwohl aber sich ideologischer Abweichung schuldig gemacht haben. Sie nehmen vor allem die aus ökonomischen Rücksichten betriebene Appeasement-Politik ihrer Gesinnungsfreunde in ihr kritisches Visier. Robert Ingrim greift in diesem Zusammenhang den englischen Politiker Baldwin an. "Stanley Baldwin, viele Jahre der unumschränkte Herr der Konservativen Partei, war ein Geschäftsmann, der Rüstungskosten vor allem als Bedrohung des Haushalts empfand, und dem das Gleichgewicht der Statsrechnung viel wichtiger war als diejenige Europas"[46].

Als krasses Beispiel für das Skandalon einer pragmatisch-gewinnorientierten außenpolitischen Haltung erscheint vielen konservativen Autoren auch das Verhalten amerikanischer Industrieller. Podhoretz zufolge "gab es in der amerikanischen Geschäftswelt ... eine lange Tradition, den sowjetischen Markt zu versorgen"[47]. Der Zenit einer ausschließlich am eigenen Profit orientierten Denkweise sei erreicht worden, als viele amerikanische Industrielle die Eindämmungspolitik der USA gegenüber der Sowjetunion kritisierten. Das Motiv für ihre ablehnende Haltung sei in der Sorge begründet gewesen, daß das Containment "dem Dollar schade"[48] und die amerikanische "Wettbewerbsposition im internationalen Handel schwäche"[49].

Jegliche Besinnung auf die aggressive Außenpolitik der totalitären Staaten muß sich auch der Tatsache vergewissern, daß diese sich auf eine breite Volksbasis zu stützen suchte. In der Vehemenz, in der die expansionistische Außenpolitik des Dritten Reiches und der Sowjetunion sich um eine demokratische Scheinlegitimität bemühte, offenbart sich das Problem, welcher Zusammenhang überhaupt zwischen Außenpolitik und Volksmeinung bestehen sollte. Diesem Fragenkomplex haben sich nicht zuletzt auch diejenigen zu widmen, die sich einer konservativen Politiksicht verschrieben haben.

Dabei können nur illiberal gesinnte Konservative dem Zeitalter Metternichs nachtrauern, in dem bei der Gestaltung der Außenpolitik auf den Willen des Volkes keinerlei Rücksicht genommen werden mußte. Im Zeitalter der Volldemokratisierung muß dagegen jeder Versuch, bei außenpolitischen Entscheidungen die Vox populi zu negieren, in die politische Irre führen. Auch der konservativ gesinnte Politiker hat den Volkswillen zu akzeptieren. Dabei bewegt er sich notwendigerweise zwischen der Szylla einer auf Stetigkeit und Berechenbarkeit angelegten Außenpolitik und der Charybdis einer ständig sich wandelnden Volksmeinung. Jean-Baptiste Duroselle hat dieser Problematik folgendermaßen Ausdruck verliehen: "Die Haltung der Regierungen gegenüber den Anschauungen der Massen über die Außenpolitik bewegt sich ... zwischen zwei extremen Hypothesen, nämlich der einer Außenpolitik, die der öffentlichen Meinung überhaupt nicht Rechnung trägt, und einer solchen, die der öffentlichen Meinung auf dem Fuße zu folgen sucht, nötigenfalls unter Anwendung der modernsten Mittel der Meinungsforschung"[50]. Dabei gilt es Duroselle zufolge die heuristischen Defizienzen der Volksmeinung im Auge zu behalten, wenn man als konservativer Politiker im demokratischen Umfeld agiert. Will man sich nicht jeglichen Verständisses für eine unter genuin konservativen Akzenten geführte Außenpolitik begeben, sei man zu der Erkenntnis gezwungen, daß das Volk auf diesem Gebiet sehr oft eine zweigeteilt-plakative Sichtweise an den Tag lege. "Die öffentliche Meinung ... heißt den Krieg gut, oder sie lehnt ihn ab. Wenn sie ihn gutheißt, so tut sie im allgemeinen nichts anderes als sich mit einer offenbaren Notwendigkeit abfinden oder sie berauscht sich an der Idee, das Vaterland zu verteidigen, oder sie träumt sogar von Eroberungen"[51].

Richtet man sein Interesse auf die Aufgabe, konservative Außenpolitik in einer liberal-demokratischen Politik zu gestalten, so wird man zu der unabwendbaren Einsicht kommen, daß das Volk umfänglich über die Voraussetzungen und Notwendigkeit einer derartigen Zielvorgabe aufgeklärt werden muß. Duroselle zufolge muß "die demokratische Regierung in Verfolgung und Ausführung ihrer Politik alle erdenklichen Mittel in Anwendung bringen, um sich dafür die Zustimmung der Massen zu sichern und ihnen zu beweisen, daß sie sich an die von ihnen gewiesene allgemeine Linie hält"[52]. Diese Auffassung schließt notwendigerweise auch die Forderung ein, daß der einer konservativen Außenpolitik verpflichtete Politiker bestrebt sein muß, "die Massen zu erziehen"[53]. Dabei verbirgt sich hinter dieser Problemsicht eine Einstellung, die sowohl dem illiberalen Konservatismus als auch dem radikalen Demokratismus radikal widerspricht. Was einer aus einem konservativen Geiste heraus konzipierten Außenpolitik ihr Signum gibt, ist offensichtlich mit diesen beiden ideologischen Ortsbestimmungen nicht aufzuschließen. Hiermit ist auch die Ursache für die heikle und verwickelte Aufgabe bezeichnet, in der heutigen Zeit einer konservativen Gestaltung der auswärtigen Beziehungen den Weg zu weisen.

Anmerkungen

1 Was den Sozialismus anlangt, so kann von einer eigenständigen politischen Theorie kaum die Rede sein. Der Bogen seiner Ordnungsvorstellungen spannt sich vom Anarchismus über den Liberalismus bis zum Autoritarismus.
2 Das gilt auch für den Liberalkonservatismus. Auch wenn dieser die Rechte des Individuums stärker betont als der illiberale Konservatismus, so wird man dennoch kaum behaupten können, daß er einer staatsfeindlichen Einstellung verfällt. Vgl. dazu Benjamin Disraeli: Whigs and Whiggism. Political Writings. Port Washington N. Y. and London 1971.
3 So schreibt Robert Ingrim: "Die Völker der Erde sind viel ähnlicher als verschieden ... Jedes von ihnen beherbergt eine Unterwelt, die niedergehalten werden muß; denn

wehe, wenn sie emporkommt – in jedem Land, in jedem Volk" (Hitlers glücklichster Tag. London, am 18. Juni 1935. Stuttgart 1962, S. 285)

4 Georg Quabbe: Tar a Ri. Variationen über ein konservatives Thema. – Berlin 1927, S. 135

5 Es gibt allerdings auch einen ausgesprochen bellizistischen Liberalismus. Vgl. dazu Johann Baptist Müller: Konservatismus und Außenpolitik. Berlin 1988, S. 12 f.

6 Herbert Spencer: Die Principien der Soziologie. Aus dem Englischen. Stuttgart 1889, S. 710 ff. Spencer zufolge wird in der industriellen Gesellschaft "der äußere Schutz nicht mehr gefordert" (Ebd. S. 715). Er spricht vom "Aufhören des kriegerischen Kampfes ums Dasein" (Ebd. S. 718)

7 Immanuel Kant: Zum ewigen Frieden. Ein philosophischer Entwurf. Königsberg 1795, S. 64. Vgl. dazu auch "Es ist der Handelsgeist, der mit dem Kriege nicht zusammen bestehen kann" (Ebd.)

8 Carl Ludwig von Haller: Restauration der Staatswissenschaft. Dritter Band. Zweite Auflage. Winterthur 1821, S. 100 (Neudruck Scientia Verlag Aalen)

9 Ebd.

10 Christoph Martin Wieland: Wiederholter Aufruf an die Deutsche Nation. In: Ewiger Friede? Dokumente einer deutschen Diskussion um 1800. Herausgegeben von Anita und Walter Dietze. Leipzig und Weimar 1989, S. 78

11 Friedrich Schlegel: Signatur des Zeitalters. In: Friedrich Schlegel. Studien zur Geschichte und Politik. Herausgegeben von Ernst Behler. München, Paderborn und Wien 1966, S. 550 (Kritische Friedrich Schlegel-Ausgabe Band VII). Auf die negativen Folgen eines Krieges weist auch August Wilhelm Schlegel hin. "Der Krieg entreißt Hände der Arbeit, während er zugleich eine Menge von Erzeugnissen verbraucht: er macht daher gewöhnlich die beiden kriegführenden Staaten, immer wenigsten einen derselben, arm" (Über das Continentalsystem. Ohne Ort 1813, S. 73)

12 Ebd.

13 Ebd.

14 Ebd. S. 546 und 548

15 Ernst Ludwig von Gerlach: Krieg und Bundesreform. In: Neue preußische Zeitung (Kreuzzeitung). 8. Mai 1866. Carl Ludwig von Haller forderte, daß bei der Führung eines Krieges "die Regeln der Menschheit zu beachten" sind. (Restauration der Staatswissenschaft. Band III S. 101)

16 Quintin Hogg: The Case for Conservatism. West Drayton Middlesex 1947, S. 42

17 Ebd.

18 Robert Ingrim: Hitlers glücklichster Tag S. 45

19 Ebd. S. 23

20 Quintin Hogg: The Left was never right. London 1945, S. 215

21 Quintin Hogg: The Case for Conservatism. West Drayton. Middlesex 1947, S. 42

22 Friedrich von Gentz: Staatsschriften und Briefe. Band I. Herausgegeben von Hans von Eckardt. München 1921, S. 117

23 Aus Metternichs nachgelassenen Papieren. Herausgegeben von Richard Metternich-Winneburg. Erster Band. Wien 1880, S. 34

24 Ebd.

25 Ebd. S. 34 f.

26 Robert Ingrim: Hitlers glücklichster Tag S. 16
27 Ernst Ludwig von Gerlach: Aufzeichnungen aus seinem Leben und Wirken 1795-1877. Herausgegeben von Jakob von Gerlach. Zweiter Band. 1848-1877. Schwerin in Mecklenburg 1903, S. 297
28 Aus Metternichs nachgelassenen Papieren. Herausgegeben von dem Sohne des Staatskanzlers Fürsten Richard Metternich-Winneburg. Siebter Band. Wien 1883, S. 640. Heinrich Ritter von Srbik schreibt über Metternich: "Für diesen bedeutendsten aller Hochkonservativen existierten die nationale und die freiheitliche Tendenz schlechterdings nur als zerstörende Kräfte" (Metternich. Der Staatsmann und der Mensch. Band II. München 1957, S. 312)
29 Lord Hugh Cecil: Conservatism. London o.J. S. 202
30 Hans Kühlenfeld: Politik ohne Wunschbilder. Die konservative Aufgabe unserer Zeit. München 1952. S. 271
31 Ebd.
32 Ebd. S. 273
33 Ebd. Von der klassischen Gleichgewichtsnotion des Konservatismus sind in der Tat nicht wenige Autoren dieses Ideenkreises abgewichen. Vgl. dazu Julius Langbehn: Rembrandt als Erzieher. Zwanzigste Auflage. Leipzig 1990, S. 228 ff.; Hermann Ullmann: Das werdende Volk. Gegen Liberalismus und Reaktion. Hamburg, Berlin und Leipzig 1929. Einer ausgesprochen expansionistischen Außenpolitik hat nicht zuletzt Thomas Carlyle das Wort geredet. Vgl. dazu Else Kemper: Carlyle als Imperialist. In: Zeitschrift für Politik 11(1919), S. 115 ff.
34 The Works and Correspondence of Edmund Burke. A new Edition. Vgl. II. London 1852, S. 107
35 Hippolyte Taine: Die Entstehung des modernen Frankreich. Aus dem Französischen. Band II. Meersburg am Bodensee o.J. S. 575
36 Ebd.
37 Robert Nisbet: Conservatism. Milton Keynes 1986, S. 44
38 Reck-Malleczewen wurde am 24. Februar 1945 in Dachau durch einen Genickschuß ermordet.
39 Friedrich Percyval Reck-Malleczewen: Tagebuch eines Verzweifelten. Lorch. Württ. 1947, S. 91
40 Ebd. S. 102
41 Ebd.
42 Robert Ingrim: Von Talleyrand zu Molotow. Die Auflösung Europas. Aus dem Amerikanischen. Stuttgart 1951, S. 41
43 Ebd.
44 Ebd. Wie wenig bellizistisch Bismarck gesinnt war, geht auch aus seinen Schriften hervor. Er schreibt: "Ich halte selbst einen siegreichen Krieg für ein Mittel, welches zur Erreichung von Zwecken, die sich auch ohne einen solchen zweifellos erfüllen werden, von gewissenhaften Regierungen nicht angewendet werden sollte" (Politische Schriften 1869-1871. Bearbeitet von Friedrich Thimme. In: Die gesammelten Werke. Erste Auflage. Band 6. Berlin 1931, S. 264)
45 Norman Podhoretz: Der Riese taumelt. Amerika in der Bewährung. Aus dem Amerikanischen. Stuttgart 1981, S. 117

46 Robert Ingrim: Hitlers glücklichster Tag S. 45
47 Norman Podhoretz: Der Riese taumelt S. 85
48 Ebd. S. 84
49 Ebd.
50 Jean-Baptiste Duroselle: Der Einfluß der Massen auf die Außenpolitik. In: Masse und Demokratie. Geleitwort von Albert Hunold. Erlenbach-Zürich und Stuttgart 1977, S. 62
51 Ebd. S. 61. Duroselle zufolge versteht die breite Masse des Volkes "die Einzelheiten der Außenpolitik und ihre Feindheiten" nicht (Ebd.)
52 Ebd. S. 70
53 Ebd.

Carl Gustaf Ströhm

Die neuen Nachbarn im Osten – oder: die überforderte Republik am Rhein.

"Die meisten Wünsche würden dem Menschen im Leben erfüllt – aber leider immer eine Nummer kleiner, als er es sich erhofft habe." Dieser Ausspruch eines deutschen Literaten kommt einem unwillkürlich in den Sinn, wenn man die politische Szenerie Mittel-, Ost- und Südosteuropas nach dem Zusammenbruch des kommunistischen Systems betrachtet. Zwar sind mit dem Kommunismus auch die meisten westlichen Gleichgewichts- und Entspannungstheorien zusammengebrochen. Die Wiedervereinigung Deutschlands, an die in der Bundesrepublik selbst die (scheinbar) bestinformierten Politiker samt ihren wissenschaftlichen Beratern und publizistischem Troß niemand mehr glauben wollte, vollzog sich – jedenfalls, was die "technische" Durchführung und die Öffnung der Grenzen betrifft – im Handumdrehen. Alle Theorien, wonach es – wie damals von Michael Stürmer formuliert wurde – nie wieder einen einheitlichen deutschen Staat "zwischen Schwarzwald und Seelower Höhen" (einer Landschaft nordöstlich von Berlin) geben werde (und dürfe), erwiesen sich ebenso als Makalatur wie die meisten, oft von Staats wegen hochsubventionierten Forschungsprogramme zur Exegese des Marxismus-Leninismus und der kommunistischen Ideologie. Nachträglich ist es geradezu erschütternd, festzustellen, wie augenblicksbezogen, a-historisch (im Sinne des Nicht-Erkennen-wollens geschichtlicher Veränderungen) und kleinmütig weite Teile der deutschen Politik und Öffentlichkeit bis in die letzten Augenblicke reagiert haben, als gegen Ende des Jahres 1989 das Ende des KP-Systems bereits besiegelt war.

Auch nach dem Fall der Mauer hat die Bundesrepublik (in dieser Beziehung nicht viel anders als der übrige Westen) sich mit den neu entstandenen – oder vielmehr, mit den wieder auftauchenden alten Tatsachen lange Zeit nicht abfinden wollen. Es mußte erst der Moskauer August-Putsch 1991 scheitern, um der deutschen Politik und Öffentlichkeit halbwegs klar zu machen, daß einer der Eckpfeiler der bisherigen "Ostpolitik" zerborsten war: Die im Positiven wie im Negativen einseitige Orientierung auf den Moskauer Zentralstaat, auf das sowjetische oder auch russische Imperium. Noch nach dem Ende der DDR ging man vielerorts in Deutschland davon aus, daß das sogenannte Ostproblem im Grunde ein deutsch-sowjetisches Problem sei.

Folglich genüge es, mit den inzwischen "reformierten" Trägern der Sowjet-
macht in einen guten Dialog einzutreten, um alles, was sich da im Osten tat,
"in den Griff zu bekommen".

Diese Auffassung – man könnte auch sagen, diese Illusion – wurde be-
wußt oder unbewußt von Michail Gorbatschow genährt, der bis zuletzt das
Imperium samt einer reformierten, aber durchaus kommunistischen Struktur
erhalten wollte. Die geradezu panegyrische Verehrung, die Gorbatschow in
Deutschland entgegengebracht wird, während er in seiner russischen Heimat
ebenso skeptisch und ablehnend betrachtet wird, wie in den meisten anderen
Staaten Osteuropas, mag ihre psychologischen, irrationalen Gründe haben.
Sie fügt sich aber in die bei vielen Deutschen – und natürlich auch bei den
Politikern – verbreitete Mystifizierung des zentralen russischen Staates:
Rußland hat im deutschen Denken stets eine besondere Rolle gespielt:
manchmal dämonisiert, manchmal (kritiklos) verherrlicht. "Der" Russe war
seit Dostojewskijs Zeiten für die einen Hoffnungsträger einer besseren, weil
"in der Seele" angeblich unverdorbenen Welt – für die anderen ein Vorbote
Asiens. Eine der durchgreifenden Folgen siebzigjähriger kommunistischer
Herrschaft ist die Auflösung solcher Heils- und Unheilserwartungen. Auch
bei der deutschen Linken, die die russische Heilserwartung auf die Ideologie
des Marxismus transponierte, herrscht jetzt nichts als Katzenjammer. Wer
etwa die jüngsten Auftritte des seinerzeitigen ostpolitischen Vordenkers der
SPD, Egon Bahr, im Fernsehen beobachten konnte, sah hier, wie einer ganzen politischen Richtung gewissermaßen das bisherige Instrumentarium
abhanden gekommen ist. Selbst in der zweifellos auch bei Bahr und seinen
politischen Freunden zu bemerkenden Ablehnung des sowjetischen Regimes
lag doch die Hoffnung, dieses Regime reformieren, transponieren, humani-
sieren zu können. Daß der Schiffbruch so fürchterlich war, konnte man sich
nicht vorstellen, weil es sich bei der östlichen Ideologie doch um einen
"progressiven" Ansatz handelte, der nur durch Stalin und andere üble Figu-
ren verdorben wurde.

Problematisch ist allerdings auch die Eile, mit der nun von westlicher Seite
versucht wird, in den Weiten des Ostens die amerikanisch-westeuropäische
parlamentarische Demokratie samt Marktwirtschaft und Privateigentum
anstelle des Kommunismus zu etablieren. In der bisherigen DDR mag das
noch funktionieren, obwohl auch hier die Schwierigkeiten sich als weitaus
größer erweisen als bisher angenommen. In einigen kleineren mittel- und
osteuropäischen Staaten – vom Baltikum bis nach Ungarn – besteht auch
noch die Möglichkeit, an vergangene Wirtschaftsgesinnung anzuknüpfen und
die jahrhundertelang "westliche" Mentalität der Bevölkerung zu nutzen. In

278

der Tiefe des östlichen Raumes aber werden noch immense Schwierigkeiten auftreten, weil für eine Übernahme des westlichen Systems alle Voraussetzungen fehlen; vor allem die westlichen Kategorien von Leistung und Verantwortung.

Es bedarf eigentlich keiner besonderen Phantasie, um sich etwa in Rußland das künftige Funktionieren oder auch Nicht-Funktionieren eines westlich-demokratischen politischen und wirtschaftlichen Systems vorzustellen. Auch in einem großen Land wie Indien haben wir zweifellos parlamentarische Demokratie und Marktwirtschaft – und doch lassen sich Wirtschaft und Gesellschaft Indiens nicht mit Westeuropa vergleichen. Marktwirtschaft gibt es auch in Pakistan und Bangladesch, in fast allen Ländern Afrikas – aber eine "Initialzündung" findet hier nicht statt. Und was die politische Demokratie betrifft; die Deutschen haben an ihrer eigenen Geschichte – man denke an das Ende der Weimarer Republik – gelernt, daß ihr Funktionieren von einem gewissen sozialökonomischen Rahmen abhängt. Mit Millionen von verzweifelten Arbeitslosen läßt sich keine Demokratie aufbauen.

Die manchmal naive Begeisterung, mit der gerade in Rußland die "neuen" Führungsgeschichten Demokratie und Kapitalismus anpreisen – wobei zwischen Theorie und Praxis oft Abgründe klaffen – kann nicht darüber hinwegtäuschen, daß das Land von allgemeiner Ratlosigkeit, Apathie, wenn nicht Verzweiflung erfaßt ist. Boris Jelzin steht vor einer Sisyphus-Aufgabe – und noch ist überhaupt nicht klar, wohin die Reise gehen soll.

An den Südgrenzen des einstigen sowjetischen Imperiums greift der Islam um sich. Zentralasien blickt über die Grenze nach Iran, in die arabische Welt, günstigstenfalls noch in die Türkei. Aber auch hier ist nicht klar, ob das bisher so zuverlässige und berechenbare NATO-Land Türkei unter dem Ansturm der blutsverwandten Turkvölker aus der bisherigen Sowjetunion nicht sein Gesicht und seine Ausrichtung verändern muß. Der Gürtel zwischen der kaukasischen Schwarzmeerküste, dem Kaspischen Meer und der chinesischen Grenze wird aller Wahrscheinlichkeit eine Zone lang anhaltender Unruhe sein.

Zwischen der Ukraine und Rußland bahnen sich ebenfalls Konflikte an. Die Ukraine mit 52 Mill. Einwohnern potentiell eine mittlere europäische Großmacht wird sich von den "älteren russischen Brüdern" nicht kommandieren lassen – und ob die russischen Brüder die Kraft aufbringen, auf imperiale Pläne zu verzichten und sich mit dem Ende des Russischen Reiches zufriedenzugeben, muß sich erst weisen. Sogar Solschenizyn, der sich bereit erklärte, das Baltikum, den Kaukasus und Zentralasien aus dem russischen Staatsverband zu entlassen, beharrte auf der alten groß-russischen These, wonach Rußland, Bjelo-Rußland (Weißrußland) und die Ukraine so eng miteinander verwandt seien, daß sie beisammenbleiben müßten. Nur – die Ukrainer und Weißrussen wollen das keinesfalls. Mehr noch. Da ja auch das eigentliche Rußland, die "Russische Föderation" ein Nationalitätenstaat mit vielen nicht-russischen Völkern ist, erhebt sich die Frage nach der Separation der nicht-russischen Teile Rußlands. Ein Vorgeschmack davon wird in der autonomen Republik Tatarstan spürbar – dem Gebiet um die Stadt Kasan. Hier wollen die Tataren, Nachfolger jenes Volkes, das einst ganz Rußland unterjocht hatte, die Unabhängigkeit von Moskau, weil sie sich ausgerechnet haben, sie könnten ohne Rußland dank eigener Erdölvorkommen so reich sein wie Kuweit. Aber auch andere Gebiete des großen Rußland liebäugeln mit der Befreiung von Moskauer Bevormundung.

Die Frage bleibt: Wie wird Rußland darauf reagieren? An welchem Punkt wird die einstige "Führungsmacht" ihre Geduld verlieren? Rußland könne sich nicht endlos die eigenen Kleider vom Leibe reißen und alles hergeben, was es besitze, grollte neulich ein russischer Diplomat. Das aber heißt: Sobald sich Rußland stark genug fühlen sollte, wird es so oder so versuchen, den Zerfallsprozeß zu bremsen. War nicht die ganze bisherige russische Geschichte ein Wechsel zwischen Dekomposition, Bürgerkriegswirren, Bauernaufständen, Anarchie – und dem "Sammeln der russischen Erde" sowie einer beharrlichen Expansion?

Wie immer sich die Deutschen in dieser Situation entscheiden – ob sie, in Fortsetzung der alten preußisch-deutschen Politik mehr auf Moskau setzen oder ob sie sich die Wiener Diplomatie des 19. Jahrhunderts zu eigen machen und mehr auf eine Verselbständigung und Lockerung einzelnen Nationen aus sind (die Ukraine gilt hier als Beispiel) -- der Platz in der Nähe des russischen Nachbarn wird ungemütlich sein. Man muß sich daher von allen Illusionen frei machen, wenn man den deutsch-russischen Dialog sucht, vor allem von der Illusion, es gäbe eine billige Lösung des Problems. Weder humanitäre noch intellektuelle Hilfe können kurzfristig die Verwüstungen ungeschehen machen, die 70 Jahre Kommunismus und die Vernichtung der Mittel- und Oberschichten in Rußland hinterlassen haben. Solche Verwüstungen sind schon in den kleineren und daher leichter zu handhabenden mitteleuropäischen Ländern (die überdies "nur" vier Jahrzehnte Kommunismus hinter sich haben) schlimm genug. In Rußland grenzt das alles an eine Katastrophe, weit über das materielle hinaus.

Was also können die Deutschen tun? Zunächst einmal müssen sie ihre eigenen Interessen definieren. Das große Rußland sanieren und wieder auf die Beine zu stellen geht selbst über die deutschen, westeuropäischen und vermutlich amerikanischen Kräfte. Es bleibt die beklemmende Einsicht, daß wir uns mit Notbehelfen aus der Situation retten müssen. Patentlösungen gibt es nicht. Ein russischer Intellektueller meinte neulich in Moskau zu seinem deutschen Besucher: "Ihr glaubt, ihr könnt es zustandebringen, daß die Russen in einigen Jahren oder Jahrzehnten so leben werden wie ihr. Ich aber prophezeie: ihr im Westen werdet eines Tages so leben wie wir Russen."

In einer Welt, in der die Supermächte nur noch bedingt Supermächte sind und sein können – auch in den USA zeigen sich, wenn auch auf ganz andere Weise (Los Angeles) Zerfallserscheinungen – wird es keine Stabilität mehr geben, wie etwa in den Jahrzehnten der Breschnew-Ära (wobei wir heute wissen, daß es damals eine Schein-Stabilität war). Wir gehen auch nicht in das "Ende der Geschichte", sondern vielmehr in einen neuen Anfang mit vielen Unsicherheiten, Kämpfen, irrationalen Konflikten.

Wenn wir Glück haben, wird es Europa gelingen, einen Gürtel unabhängiger Staaten an seiner Ostgrenze zu stabilisieren: Estland, Lettland, Litauen, die Ukraine, Weißrußland, Polen, Ungarn, Tschechei und Slowakei, Kroatien, Slowenien, Bulgarien. Aber das wäre bereits ein Optimum. Leider müssen wir damit rechnen, daß auch in anderen Bereichen Osteuropas, also außerhalb der einstigen sowjetischen Grenzen, instabile Zustände vorherrschen werden. Die Dramatik im ehemaligen Jugoslawien ist hier nur das hervorragendste Beispiel, und möglicherweise nicht das einzige.

Vielleicht führen uns alle diese Ereignisse und Entwicklungen auch zu einem anderen Geschichtsverständnis und, was ja dazugehört, zu einem anderen Verständnis des Politischen. Die Geschichte der Menschen und Nationen ist in den bisherigen Jahrtausenden oftmals tragisch verlaufen; Augenblicke des Glückes, der Erfüllung, gar der "Stabilität" waren selten und dauerten kaum länger als einige Jahrzehnte. So schön es wäre, jetzt mit ungehemmtem Optimismus in die Zukunft zu schauen; manches spricht dafür, daß auch im künftigen Verhältnis Deutschlands zu seinen östlichen Nachbarn ein Hauch von Tragik nicht fern sein wird.

Wolfgang Strauss

Von der Niederlage der Dämonen

Schuld und Sühne der Intelligenzija

Wer ist der Urvater des Bolschewismus? Wer stand an der Wiege des nach Jurij Orlow "tragischsten Experiments der Menschheitsgeschichte mit 65 Millionen Opfern"? Von wem stammen die Gesetze, Regeln, Konstruktionen für eine fast verwirklichte Apokalypse auf einem Sechstel der Erde? Nein, Wladimir Iljitsch Uljanow, den die Welt unter dem Namen Lenin kennt, war es nicht. Der Disput der Historiker darüber wird nie aufhören. Nur soviel steht fest. Die folgenden Verhaltensanweisungen und Untatgebote atmen bolschewistischen Geist, verfaßt im Jahre der Geburt Lenins:

"Der Revolutionär ... darf keine Privatinteressen, keine Gefühle, keine Bindungen, keinen Besitz kennen, nicht einmal den Besitz des eigenen Namens. Sein ganzes Sein muß von einem Ziel, einem Gedanken, einer Leidenschaft beherrscht sein: Die Revolution ... Mit Leib und Seele, mit Wort und Tat muß er jede Beziehung zu der bestehenden Ordnung, ja zu der ganzen zivilisierten Welt mit ihren Gesetzen, ihren Konventionen und ihrer Moral abbrechen. Er ist ihr erbarmungsloser Feind und lebt in ihr nur zu dem einzigen Zweck: Sie zu zerstören. Er haßt und verachtet die gesellschaftliche Moral seiner Epoche. Alles, was die Revolution fördert, ist sittlich, alles, was sie verhindert, unsittlich ... Die Wesensart des wahren Revolutionärs verbietet ihm jede Romantik, jede Zärtlichkeit, jede Liebe ... Alles für die Revolution – der Zweck heiligt die Mittel."

Sergej *Netschajew* war der Verfasser des "Katechismus des Revolutionärs". Der Archetypus des bolschewistischen Vernichtungswahns wurde lediglich 43 Jahre alt. Nach nur vier Jahren revolutionärer Tätigkeit, von denen er drei Jahre im Ausland verbrachte, vegetierte er die restlichen zehn Jahre seines Lebens in der berüchtigten Peter-und-Paul-Festung zu St. Petersburg, wo er seelisch ungebrochen die Kerkerhölle ertrug, verurteilt zu 20 Jahren Zwangsarbeit in Ketten. Als er 1883 in der Kasematte an den Qualen seiner Haft starb, hatte er mindestens zwanzig seiner Kerkerschließer davon überzeugt, daß die Revolution unmittelbar bevorstehe, daß er sehr bald im Gefängnis auferstehen, Wärter und Gefangene triumphierend in den sozialistischen Morgen führen werde. Dieser Prediger der Zerstörung besaß Charisma, aber es war ein Charisma zum Bösen hin.

Netschajew stammte aus ärmlichen Verhältnissen, er war der Sohn eines orthodoxen Priesters. Als Anhänger Michail Bakunins ging er in seinem Fanatismus viel weiter als der Schöpfer des russischen Anarchismus. Er log, stahl, verleumdete, verriet, betrog. Um Mitläufer zu werben, schreckte er vor nichts zurück, griff zu Terror und zum Mord. Dieser schreckliche junge Mann, in dem sich auch Lenin wiederentdeckte, mordete, aber nicht zum Schaden des Zarismus, sondern zum Schaden seiner eigenen Genossen, Bakunin eingeschlossen.

"Er ist ein Fanatiker, seine Methoden sind grauenhaft", schrieb Bakunin einem Freund. "Seiner Überzeugung nach kann man eine starke Organisation nur auf dem Grundsatz der Philosophie Machiavellis aufbauen, wobei diese Organisation sich den Wahlspruch der Jesuiten zu eigen machen muß: 'Dem Leib Gewalt, der Seele Lügen.' ... Alle Mitglieder sollen blinde Werkzeuge in der Hand der Führer sein. Man darf die Mitglieder betrügen, sie in jeder Weise kompromittieren, sie berauben und, wenn es zweckmäßig, sogar ermorden. Sie sind lediglich Kanonenfutter für Verschwörungen. Im Interesse der Sache soll man sich einer Person, selbst gegen ihren Willen, völlig bemächtigen dürfen."

Das waren Rohskizzen für das Psychogramm des Leninismus und schließlich des Stalinismus. Die Große Tschistka der dreißiger Jahre, der frühbolschewistische Nihilist Sergej Netschajew lieferte hierfür das Drehbuch. Siebzig Jahre vor den Genickschüssen in den Lubjankagewölben überredete Netschajew seine Genossen, einen Studenten namens Iwanow zu ermorden unter dem Vorwand, dieser sei ein Spitzel der Geheimpolizei. Der wahre Grund für die Liquidierung war, daß der junge Iwanow ein selbständiger, moralisch integrer Charakter war und somit dem kollektivistischen Kadavergehorsam der Verschwörer gefährlich werden konnte. Dostojewskij nahm Netschajew als Vorbild für den satanischen Pjotr Werchowenskij im Roman "Die Dämonen".

Der christliche Prophet Dostojewskij starb 1881, der luziferische Netschajew 1883. Am Vorabend des Ersten Weltkrieges schien die diabolische Legende aus der Peter-und-Paul-Festung gesiegt zu haben – nicht im russischen Bauernvolk, wohl aber in der Intelligenzija, der tonangebenden Geistesschicht.

Der persönliche Magnetismus Netschajews, gepaart mit skrupelloser Zielstrebigkeit, amoralischer Tatkraft, dunklem Heroismus, zog nicht nur hochbegabte Studenten aus Bürgertum und Aristokratie an. Auch Schriftsteller, Künstler, Publizisten gerieten in den Bann einer negativen Befreiung. Alle waren gegen den Zaren und alle für die Ausmerzung des "Feindes". Ihr

Feindbild ließ keine Kompromisse, keine Differenzierung, keine Toleranz zu, keine Gnade.

Netschajews Theorie über die Rolle einer "auserwählten Führergruppe", einer Verschwörerelite, überdauerte seinen Tod und tauchte in Lenins Bolschewismus wieder auf. So kam es, daß die Vernichtungstheorie Netschajews weiterlebte und Untergrundterroristen wie liberale Intellektuelle inspirierte, obwohl alle damals wußten, daß ihr Idol ein Lügner und Schwindler und auch ein gemeiner Mörder gewesen war. Die Legende verdrängte die Wirklichkeit. Noch bevor der erste Schuß im ersten Weltenbrand fiel, befand sich die Intelligenzija auf dem Marsch in die Selbsttäuschung und Selbstvernichtung, exekutiert von den zur Macht gelangten Netschajewisten, den Bolschewiki.

Ein letzter Versuch zur Umkehr fand 1909 statt, auf dem Höhepunkt des "silbernen Zeitalters" der russischen Kultur, und er ging nicht von Apologeten der Monarchie aus, sondern von einem Kreis ehemaliger Marxisten, die schon kurz nach der Jahrhundertwende den Weg zum philosophischen Idealismus gefunden hatten. Ein scharfer, russisch radikaler, geistig tief begründeter Angriff gegen die Revolutionsvergötzung der Intelligenzija, eine philosophische Offensive, die, so Günther Stökl, die russische Elite vor dem Vorwurf rechtfertige, sie habe das Unheil nicht kommen gesehen und sei blind in ihr Verderben gerannt. Die Warnung vor dem Irrweg offenbarte sich auf 210 Seiten eines Sammelbandes unter dem Titel "Wechij" (Wegmarken), im Untertitel: "Aufsätze über die russische Intelligenz". Der Band erreichte in kurzer Zeit fünf Auflagen, bildete eine literarische wie politische Sensation, heftigst attackiert von den Linksliberalen (Miljukow) und den Sozialdemokraten (Lenin).

Warum? Die Verfasser, unter ihnen Berdjajew, Struve, Bulgakow, Frank, Kistjakowskij, entlarvten den Kulturnihilismus der Intelligenzija als Netschajew-Syndrom, verwarfen die marxistische Relativierung von Recht, Wahrheit und Ethik, protestierten gegen "die" Revolution als Höchstwert und die Verabsolutierung des "Gesellschaftlichen". Die "Wechij"-Autoren beließen es nicht bei Kritik und Protest, sie nannten die Alternativen für die Erneuerung Rußlands,

– Schöpferische Kultur
– Religiöser Humanismus
– Bejahung des Staates und der staatlichen Ordnungsaufgaben
– Unerschütterliches Rechtsbewußtsein,

Aufgaben, vor denen das heutige Rußland steht. Aber die Intelligenzija der Vorkriegszeit, unheilvoll verstrickt in Netschajewismus, Revolutionskult,

Staatsfeindschaft, Zarenhaß, Rechtsverhöhnung, dem nihilistischen Idol "Zerstörung" verfallen, ließ sich ihre gewaltverherrlichenden Perspektiven und terroristischen Methoden nicht rauben, sie lehnte es ab, sich durch eine geistig-religiöse Erneuerung im Geiste Dostojewskijs und Solowjews umerziehen zu lassen. Sie weigerte sich, blind geworden für die Feuerzeichen an der Kremlmauer, den Schritt von der Entortung der Humanitas zur Wiederverortung des Menschlichen zu tun. Der Bolschewismus triumphierte lange vor seiner Thronusurpation. "Die ganze Öffentlichkeit war links", urteilt Alexander Solschenizyn in seinem Weltkriegsroman "November sechzehn".

Angesichts von Sodom und Gomorrha erhob die "Wechij"-Gruppe im Jahre 1918 noch einmal ihre prophetische Stimme. "Aus der Tiefe" (Is glubinij – De Profundis) hieß der Titel eines neuen Sammelbandes, der im Siegesrausch der bolschewistischen Vernichtungsphilosophie die Kardinalthesen der "Wegmarken" von 1909 wiederholte, gedruckt in Moskau 1921, illegal. Das Echo bestand aus Hohn und Schweigen. Luziferisches Gelächter jener, die Netschajew aus dem Grabe geholt hatten unter der roten Fahne des Hasses.

Zu diesem Zeitpunkt hatte die sogenannte russische Avantgarde mit der Umerziehung des alten Menschen und mit der Erschaffung des "neuen Menschen" begonnen. Kasimir Malewitsch, Wladimir Tatlin, Warwara Stepanowa, Marc Chagall, Nikolaj Suetin, El Lissitzky, Wassilij Jermilow, Alexander Rodschenko, Karo Alabjan symbolisieren die Epoche der Umformung, Zermahlung, Zerknetung, Planierung.

Maler, Architekten, Karikaturisten, Dramatiker, Bühnenbildner, Dichter beteiligten sich am bolschewistischen Experiment der Entbindung und Entwurzelung, Protagonisten einer ethikfernen, naturverachtenden Technikeuphorie. An die Stelle mittelalterlicher Ikonen traten Ersatzikonen aus den Labors des Kubismus, Futurismus, Konstruktivismus, Suprematismus. "Es galt, das kleine Leben des einzelnen in ein großes Ganzes umzuformen. Der angestrebte Weg zur Vollkommenheit verlangte ein unmenschliches Opfer: Das Selbst sollte ausgelöscht werden" (Verena Auffermann). Bolschewistische DaDa-Jünger gründeten 1919 in Witebsk eine "Volks-Kunsthochschule", an der "kollektivistische" Aktivitäten ausprobiert und Menschen für ein "geometrisches Paradies" zusammengeschnitten wurden, Modellbasteln am lebenden Objekt ohne Narkose: Stunde null. Die Hölle des Gulagismus öffnete ihre Tore nicht erst in Workuta, sondern in Witebsk. "Es lebe die Weltrevolution" ließ Suetin auf Rußlands Straßenbahnen malen. Die Bahn schleuderte in den Blutschlamm der "großen Utopie", gelenkt von einer Netschajew-treuen Intelligenzija ohne Volk, ohne Gott, ohne Tradition.

Die Verirrung und Verwirrung dauerten siebzig Jahre, sieben Jahrzehnte, die im Glutofen der Großen Utopie das Leben von 65 Millionen Menschen zu Asche verbrannten. Nach dem Sieg der Russischen Augustrevolution von 1991 eröffnete das Neue Gebäude der Moskauer Tretjakow-Galerie die Ausstellungssaison mit Ikonen aus dem russischen Mittelalter. Millionen Menschen bewunderten, voll Andacht, Scham und Stolz, die berühmte "Dreieinigkeit" von Andrej Rubljow und die Werke von Daniil Tschornij, Dionisij und Theofan Grek. "Marc Chagall in Rußland", diese Ausstellung in der alten Tretjakowskaja zur gleichen Zeit entbehrte der staunenden, hoffenden, nach neuen sittlichen Ufern suchenden Massen. Rubljow oder Chagall – das Moskauer Kunstpublikum traf seine Wahl. Sie fiel eindeutig aus. Rußland tritt in das neue Jahrtausend mit dem Segen und dem Erbe Rubljows, Solowjews, Dostojewskijs, Berdjajews, Bulgakows.

Unvergeßlich bleiben dem Verfasser dieses Beitrages die Gespräche mit Professor Dr. Klaus Hornung über Wegmarken in unserem diabolischen Zeitalter. Dieser deutsche Denker war von der Niederlage der Dämonen felsenfest überzeugt, zu einer Zeit, da nicht wenige Intellektuelle diesseits und jenseits des geistigen Vorhanges von einem neuen Tausendjährigen Reich träumten, dem Imperium Netschajews, Marxens, Lenins.

Es gehörten nicht nur Faktenreichtum eines Wissenschaftlers, Prophetengabe und Gottesglaube eines Christen dazu, das Ende der Dämonenherrschaft vorauszusagen, in Lehre und Schrifttum einfließen zu lassen. Gefordert wurden in der Finsternis des Gedankennihilismus auch Tapferkeit und Bekennermut, Wahrheitsliebe und Lauterkeit, Gesinnungstreue, Überzeugungskraft. Dafür ist Klaus Hornung ein Beispiel. Von der Schuld zur Sühne – Klaus Hornung, ein deutscher Dostojewskijaner, predigt diesen Weg, lebt ihn. Schuld, auch die grauenvollste, kann gesühnt werden, wenn die Wiederauferstehung der religiösen Idee Bekenner wie Sinjawskij, Bukowskij, Brodskij, Sacharow, Schafarewitsch, Jakunin, Solschenizyn hervorbringt. Vorbildlichkeit ist die höchste Tugend eines Erziehers"; Klaus Hornung besitzt sie. Er weiß von der Kraft und der Mächtigkeit eines christlich und national inspirierten Duldercharismas, dessen Tiefe vor 120 Jahren der Dulder und Rebell Fjodor Dostojewskij beschrieben hat: "Das Glück besteht nicht im Komfort, das Glück muß mit Leiden erkauft werden ... Das ist eine unmittelbare Erkenntnis, nachempfunden im Prozeß des Lebens – es ist das eine große Freude, für die Jahre des Leidens bezahlt werden können. Der Mensch ist nicht für das Glück geboren. Der Mensch verdient sich sein Glück immer durch Leiden." Leningrad, eine Leidensstadt, ist wieder St.

Petersburg, die Stadt der Achmatowa, der Dekabristen, Puschkins, Alexander Bloks, eines Dostojewskij.

In der Finsternis eines mit der Vernunft nicht faßbaren Singulären duldeten und kämpften Dostojewskijs Jünger, Legionen von Dichtern, erschossen, verschollen, zum Schweigen verdammt in den Schreckensjahren des Netschajew-Jüngers Josif Wissarionowitsch Dschugaschwili Stalin. Poeten wie Jan Satunowskij und Nikolaj Kljujew, von denen einer der besten Deuter russischer Literatur, Wolfgang Kasack, sagt, ihr Schreiben sei fast ohne Leser gewesen, doch sei Dichten für sie Zwang und höchstes Glück gewesen, hätten sie doch im Gedicht das Grau des Lebens und das Grauen des Erlebens überwunden. Für Kljujew trifft dies, in tragischer Weise, gleich zweifach zu, bezogen auf Person und Werk. Ermordet wurde er im Terrorjahr 1937, und erst 1991 entdeckte man in KGB-Archiven das verloren geglaubte Versepos "Lied von der Großen Mutter". Der im Schoß der russischen Altgläubigen (Starowerzij) verwurzelte Bauernpoet hatte das Epos 1930/31 geschrieben. In über 4000 Versen besang Kljujew das Mutterland seiner Kindheit, schilderte seine Vernichtung im Höllenfeuer der bolschewistischen Umerziehung, deutete als Prophet den Untergang dieses Imperiums des Antichrist durch die sittlichen Kräfte des Russentums.

1937, im Todesjahr Kljujews, empfing Stalin einen deutschen Schriftsteller zu einem ungewöhnlich langen Gespräch; drei Stunden gewährte der Oberterrorist seinem Gast für ein Interview. Und so beschrieb der Deutsche später den Blutsäufer: "Dieser gescheite, überlegene Mann kann unmöglich die ungeheure Dummheit begangen haben, mit Hilfe zahlloser Mitwirkender eine so plumpe Komödie aufzuführen lediglich zu dem Zweck, ein Rachefest, die Demütigung der Gegner, bei bengalischer Beleuchtung zu feiern." Nachzulesen in "Moskau 1937. Ein Reisebericht für meine Freunde", verfaßt von Lion Feuchtwanger.

Zu Beginn der Perestrojka wurden Dostojewskijs "Dämonen" zu einem leidenschaftlich gelesenen Katechismus für eine schuldbewußte, nach Sühne und Erlösung sich verzehrende Intelligenzija. "Da fuhren die Dämonen aus dem Menschen und fuhren in die Schweine. Und die Herde stürzte sich den Abgrund hinunter in den See und ertrank." Dieses Wort aus dem Lukas-Evangelium stellte der Schriftsteller seinem Roman voran. "Die Kraft seiner Vorausschau war so mächtig", schreibt der in Rußland lebende rumänische Dichter Ion Drudze über dieses Werk, daß er "in einer Notiz der Kriminalchronik das erkannte, was in der Folge zur Pest unseres Jahrhunderts wurde". Die Notiz las Dostojewskij in russischen Zeitungen in Dresden, im November 1868. Berichtet wurde von einer Terroristengruppe, die auf Befehl ihres Führers, Sergej Netschajew, eines ihrer Mitglieder erschossen hatte, den Studenten Iwanow. In Randnotizen zu den "Dämonen" nannte Dostojewskij einen der Mörder "Netschajew", entsprechend der Wirklichkeit, doch wurde im Laufe der Niederschrift aus dieser realen Hauptfigur die Romangestalt des Pjotr Werchowenskij.

Alle Wege des Bolschewismus führen zurück zu Netschajew/ Werchowenskij. Auf einer Zusammenkunft der Terroristen fragt dieser mordgierige Utopist: "Was wollen Sie lieber? Den langsamen Weg, der im Verfassen von sozialen Romanen besteht, oder sind Sie für eine schnelle Entscheidung ..., die der Menschheit den Wiederaufbau auf sozialistischer Grundlage ermöglicht? ... Da schreien sie nun: Hundert Millionen Köpfe! ... aber warum schrickt man davor zurück? Denken Sie daran, daß ein unheilbar Kranker niemals gesund gemacht werden kann, wieviel Rezepte man ihm auch auf dem Papier verschreiben möge!" Und Werchowenskij fährt fort: "Ein solches Schaukeln wird das geben, wie es die Welt noch nie gesehen hat ... Wir werden die Zerstörung verkünden ... Warum, warum? Weil diese Ideechen so verlockend sind." Die "Ideechen" des Sozialismus, die "Ideechen" Lenins, der von Anfang an die "schnelle Entscheidung" wählte – die Zerstörung, nicht das papierene Rezept. Was krank ist, muß getötet werden. Hundertzwanzig Jahre nach der Prophetie Dostojewskijs bestätigt Ion Drudze: "Die Dämonen haben die Wirtschaft zerstört, sie haben die Traditionen und Lebensformen in alle Winde zerstreut, sie haben den Bauernstand beseitigt, sie haben den Glauben zerstört, aber das, was sie mit dem Wort gemacht haben, das spottet jeder Beschreibung. Sie haben das Wort kastriert, erniedrigt, ihm die Füße ausgerissen, zu einem leeren Klang gemacht, den Wörtern einen entgegengesetzten Sinn verliehen." Von den "Ideechen" blieben nur die Gebeine der 65 Millionen übrig, geopfert für den Wiederaufbau der Menschheit "auf sozialistischer Grundlage".

Aus der Sicht Dostojewskijs und Solschenizyns reichen die geistigen Grundlagen des Zerstörungsexperiments "Hundert Millionen Köpfe" weit zurück in die Geschichte Europas bis in den Vorabend der Französischen Revolution. Es hat seinen Ursprung in der materialistisch-atheistischen Aufklärung, in dem Potemkinschen Dorf der unbegrenzten Vervollkommnungsfähigkeit des emanzipierten Individuums, in der Nivellierungsidee von der Gleichheit der Menschen, in der, wie der polnische Philosoph Leszek Kolakowski feststellt, "Selbstvergötterung des Menschen".

Die neue Intelligenzija ist sich heute einer wahrhaft revolutionären Erkenntnis bewußt, vor der zu erzittern das Reich der westlichen Dekadenz allen Grund hat. Daß das größte Täuschungsmanöver der Geschichte, der

Kommunismus, mit seinem angeblichen weltanschaulichen Antipoden, dem Liberalismus, eine gemeinsame philosophische Wurzel hat im falschen Menschenbild. Von Anbeginn an trugen die Prinzipien einer zynisch-utopischen, zerstörerischen Aufklärung den Keim der Vergewaltigung des Menschen, der Tyrannis, in sich, hinleitend zum "perfektesten Totalitarismus der Menschheitsgeschichte", wie heute ein Repräsentant der sehend gewordenen Intelligenzija urteilt, der junge Politologe Andranik Migranjan.

Wenn es heute für diese Intelligenzija eine Leitfigur gibt, so heißt sie Fjodor Dostojewskij. In der Einleitung zu seiner Dramatisierung der "Dämonen" schrieb Albert Camus: "Lange Zeit hat man Marx für den Propheten des 20. Jahrhunderts gehalten ... Heute erkennen wir, daß Dostojewskij der wahre Prophet war. Er hat die Herrschaft der Großinquisitoren und den Triumph der Gewalt über die Gerechtigkeit vorausgesehen."

Das war 1959. Verschwunden ist das Reich der Dämonen, hinweggefegt vom Völkersturm und seiner intellektuellen Speerspitze, aber die Fratzen und die Geister der Dämonen wandeln, ruhelos und heimatlos wie Ahasver, unter uns. Der vermutlich meistgespielte Bühnenautor im wiedervereinigten Deutschland, der ehemalige DDR-Marxist Heiner Müller, spricht zynisch wie eh und je von der "altneuen Volksdroge Antikommunismus". Die Dämonen rechtfertigen sich selbst, spotten über ihre Opfer; gestürzte Götzen bauen an ihrem eigenen Denkmal. Schuld und Sühne kennen sie nicht.

"Progressive" Juristen dieser Bonner Republik fordern die Legalisierung des Konsums von Haschisch ("der Rausch gehört wie Essen, Trinken und Sex zu den fundamentalen Bedürfnissen des Menschen"), frei nach der Umkehrversion menschenverachtender Weltverbesserer: Macht kaputt, was euch hindert, euch selbst kaputtzumachen. Wo Leid nicht beseitigt werden kann, wird der Leidende beseitigt; das höchste Prinzip einer hedonistischen Gesellschaft, in der das absichtliche Töten, die gewaltsame Beendigung des Lebens – die sogenannte "aktive Sterbehilfe" – als "Menschenrecht" verteidigt wird. Die Dämonen, die Netschajews, sind unter uns, wenn die zweite deutsche Todesmauer, die gegen die Kinder, die geborenen und die ungeborenen, immer höher wächst. Die Werchowenskijs dürfen triumphieren, weil die Abtreibungslobby immer mächtiger wird in diesem Land: *Der Terror trägt heute aber ein demokratisches Mäntelchen.* Am "Charakter" der Dämonen hat sich indessen nichts geändert. Sie verkünden den Tod, Verwüstung der Herzen, moralische Versteppung. Ein Volk sitzt auf der "Titanic" und feiert seinen eigenen Untergang. ...

Wird das mythische Denken, wird das christliche Denken überleben? Wird das Leben siegen? Wird der Glaube an die Geschichtlichkeit der Auferstehung allen "tiefenpsychogischen" Anfechtungen widerstehen?

Rußlands Intelligenz hat sich – im Gegensatz zur deutschen – für den Nazarener entschieden, für das Kreuz von Golgatha. Der Beispiele sind viele. Es waren russische Dichter, Künstler, Publizisten, die 1991 zur Wiedererstehung der unter Stalin 1931 gesprengten Christ-Erlöser-Kathedrale im Herzen Moskaus aufriefen. Daß es im postkommunistischen Rußland an Baumaterial ebenso wie an architektonischem Können und an Erfahrung mangelt, das sakral-nationale Projekt zu verwirklichen, weiß die Intelligenzija. An einem fehlt es diesem wiederauferstandenen Volk aber nicht: am Willen, dieses Gotteshaus als Symbol des neu getauften christlichen Rußland wieder so aufzubauen, "wie es unsere Vorfahren sahen".

Auch darum mußten die Dämonen im "Dämonen"-Reich Dostojewskijs scheitern. Der Opfersinn für das Hohe, Ewige, Göttliche übersteigt alle Opfergipfel der Vergangenheit.

Anatolij Frenklin

Deutsche und Russen – wie geht es weiter?

Anfang und Mitte 80-er Jahren habe ich von konservativen westdeutschen Politikern und Intellektuellen oftmals gehört, daß die Zustimmung der Sowjetunion zur Wiedervereinigung Deutschlands eine radikale, außerordentliche Verbesserung der Beziehungen zwischen beiden Ländern nach sich ziehen würde. Meine Gesprächspartner gingen davon aus, daß damit große Hindernisse beseitigt werden. Die Situation hat sich seitdem viel grundsätzlicher verändert, als sich das jemand damals vorstellen konnte. Es gibt kein sowjetisches Imperium und keine staatliche Ideologie der Verbreitung des Sozialismus in der ganzen Welt mehr. Die außenpolitischen Voraussetzungen sind also größer und günstiger, als man erwartet hatte. Das neue Rußland und das neue Deutschland symbolisieren eine qualitative Veränderung der gesamten Situation. Wesentliche Fortschritte in der Abrüstung, die Milderung oder Verringerung des Ost-West-Gegensatzes, die Bildung der Demokratien in Osteuropa sind bekannte Tatsachen.

Jetzt wollen wir die Frage stellen, ob der Zustand der deutsch-russischen Beziehungen wirklich genauso qualitativ neu ist, wie die objektive Qualität der neuen Situation. Zweifellos sind unsere Beziehungen gut und sie sind besser als früher. Aber ich stelle eine ganz andere Frage: haben die beiden Seiten das Potential, die neue Chancen in vollem Maß genutzt? Es scheint mir, daß geistig und politisch das Niveau unserer Beziehungen ziemlich bescheiden ist im Vergleich zu dem Potential. Wirtschaftlich sind die Grenzen der Möglichkeiten gar nicht erreicht, obwohl Deutschland große Kredite und humanitäre Hilfe dem Volk Rußlands gibt.

Damit möchte ich nur den Zustand fixieren. Kein Wort darüber, wer nämlich könnte oder mußte mehr tun und was konkret – das ist ein besonderes Thema. Warum ist das Potential der weiteren Verbesserung der Beziehungen relativ wenig erschöpft? In Bezug auf diese Frage beruft man sich in Deutschland heute auf eine ganze Menge ziemlich wichtiger konkreter Umstände: die Überlastung mit den Problemen des wirtschaftlichen Aufbau in der östlichen Ländern der BRD, die Instabilität in Rußland und das Fehlen der Ordnung. Das sind wirklich höchst schwierige Sachen.

Es scheint mir aber, daß noch tiefere Ursachen darin bestehen, weil beide Seiten ihre neue Rolle in Europa und in der Welt noch nicht verstanden haben. Die Prioritäten für die Deutschen sind im Prinzip die gleichen wie vor 10 Jahren geblieben. Die militärische Präsenz der Russen in Ostdeutschland geht zu Ende, aber auch von der kulturellen Präsenz Rußlands in Deutschland bleibt fast nichts bestehen. Goethe-Institute sind in allen Ländern Osteuropas vertreten und führen mit Erfolg ihre Aktivitäten durch. Nur in Rußland gibt es – wie früher – keine, obwohl das Interesse an Deutschland und das Bedürfnis deutsch zu lernen enorm zugenommen hat. Das vor einigen Jahren geplante Kulturzentrum der ehemaligen Sowjetunion (oder Rußlands) in Stuttgart gibt es ebenfalls nicht. Ich wiederhole nochmals: die persönliche Beziehungen sind sehr freundlich. Kein anderes Land im Westen hat dem russischen Volk so massiv geholfen wie Deutschland. Dafür sind wir in Rußland natürlich dankbar. Es geht also nicht darum, jemandem etwas vorzuwerfen; ich frage nur, warum wir, Deutschen und Russen, doch sehr weit von einander "entfernt" bleiben.

Als die Sowjetunion ein Imperium von großer militärischen Stärke war und die Bundesrepublik Deutschland eine bestimmte Abhängigkeit in Bezug auf die DDR und West-Berlin spürte, gab es in Deutschland ein deutliches Interesse daran, wie man in Moskau über die Deutschen, die Bonner Politik dachte. Heute gibt es keine SS-20-Raketen mehr, das neue Rußland rüstet ab und ist schwächer geworden. Ich wundere mich, daß mit der Unabhängigkeit gegenüber Rußland die Frage fast von selbst verschwunden ist. Welches Bild hat Deutschland, hat der Deutsche von Rußland? Das Bild Deutschlands in Frankreich, England, Israel u.a. ist wie früher aktuell geblieben. Warum es so ist, weiß ich nicht. Aber die Situation ist kennzeichnend.

Die deutschen Massenmedien verfolgen mit großer Aufmerksamkeit die Vorgänge in der GUS, in Rußland. Deutschland ist gewissermaßen davon abhängig, daß in Rußland keine neue Diktatur mit der Bedrohung der neuen Rüstungswettlauf entsteht. Das ist klar und verständlich. Die Demokratisierung Rußlands, das Werden der Rechtstaatlichkeit und der politische Kultur sollte, es scheint mir, in Interesse Deutschlands liegen. Umso größer ist meine Verwunderung, warum es bisher z.B. keine politikwissenschaftliche Konferenzen von deutschen Stiftungen, Universitäten oder Gesellschaften zusammen mit Experten Rußlands über folgende Themen gibt: Liberalismus, Konservatismus, Sozialdemokratie, Demokratie, Rechtsstaat usw. Ich habe in der russischen und deutschen Presse nicht gelesen, daß eine solche Konferenz stattgefunden hätte, obwohl die politischen Erfahrungen der Deutschen für uns in Rußland bedeutender als jede andere wäre. Die Gründe dieser Zurückhaltung seitens der politischen Institutionen in Deutschland verstehe ich als ein schlichtes Warten. Man wartet hier, wie es weitergeht. Daß das politische Spektrum in Rußland unklar und noch nicht endgültig festgestellt, ist bekannt. Aber ich zweifle daran, ob das bloße Beobachten die beste Position für Deutschland ist.

Die Fragestellung: "Deutsche und Russen – Wie geht es weiter?" beantworte ich folgenderweise: Obwohl im Großen und Ganzen sich unsere Beziehungen ziemlich gut entwickeln, bin ich persönlich etwas enttäuscht, denn ich habe die Geschichte der letzten 10 Jahren miterlebt und habe mehr erwartet. Es geht nicht um Geld. Es wäre überhaupt falsch die Beziehungen zwischen der unseren beiden Völker mit Geld zu ermessen. In dem gesamten Umfang der auswärtigen Beziehungen Deutschlands, (alle Bereiche wie außenwirtschaftliche, kulturelle usw. einbezogen) hat neues Rußland einen relativ bescheidenenen Platz.

Ich meine nicht die politische Bedeutung, sie ist, hoffe ich, groß, sondern die Intensität und Volumen des Austausches. Wenn wir einen Spaziergang durch die Königstraße, die Fußgängerzone in Stuttgart unternehmen und aufpassen, wieviel Prozent der Ausländer Russen sind, so gibt es keine russischen Gesichter. Natürlich gibt es viele Gründe dafür, sie interessieren mich aber zur Zeit nicht. Für mich ist entscheidender die Tatsache, daß unter beinahe 5 Millionen ausländischen Arbeitern in Deutschland praktisch keine Russen zu finden sind. Ich möchte damit nur Anstöße zu Überlegungen bringen. Warum ist es so? Das Abkommen, 11000 Arbeiter aus Rußland für kurzfristige berufliche Ausbildung nach Deutschland zu schicken, wurde hier in Massenmedien als Sensation und außerordentliche Leistung dargestellt.

Es ist selbstverständlich die innere Angelegenheit Deutschlands, wen man einladen und mit wem man zusammenarbeiten möchte. Was mich wundert, ist die Inkonsequenz. Passen wir auf; überall in Deutschland redet man über das Ende des Marxismus. Ob der Marxismus wirklich gestorben ist, daran zweifle ich, aber das ist ganz andere Frage. Aber wenn er zu Ende sei, wie man in Deutschland vermutet, dann sollte die Frage entstehen, welche Philosophie es heute in Rußland anstelle des Marxismus gibt. Das Interesse für dieses Thema in Deutschland ist so gering, daß es eher als Gleichgültigkeit bezeichnet werden könnte. Diese Passivität der beiderseitigen Beziehungen kennzeichnet in noch größerem Maß aber Rußland. Die positive Stimmung gegenüber Deutschland und seinen bekannten Leistungen ist unbestritten, aber im Vergleich mit dem Potential sind das bescheidene Leistungen. Die Unfähigkeit der russischen Behörden das Problem der Autonomie für die Wolga-Deutschen konkret zu lösen, ist nur ein Beispiel. Entsprechende deutsche Bezirke im Altai u.a. sind übereinstimmend gebildet und funktionieren schon ziemlich effektiv. Großzügige Angebote hat auch die Ukraine gemacht. Es geht wirklich um die besten Gebiete im Süden des Landes. Es geht also um Wille und politische Aktivität.

Ich bin besorgt über das Fehlen von Ergebnissen. Die Beziehungen zwischen Rußland und Deutschland entwickeln sich (wie früher mit der ehemaligen Sowjetunion) fast ausschließlich auf dem offiziellen Niveau von Funktionären. So entsteht der Eindruck, als ob deutsche Behörden gegenüber der deutschen Öffentlichkeit demonstrieren wollten, wie gut und hochrangig die Beziehungen mit dem neuen Rußland sind. Selbstverständlich ist das politisch außerordentlich wichtig. Ich bedaure nur, daß die Beziehungen lediglich der Ebene der großen Außenpolitik bleiben, hingegen nur bescheidene Resulate auf der Ebene der "Basis", bringen. Einen ähnlichen Eindruck erwecken bei mir manche Massenmedien. Sie berichten täglich ausführlich und sachlich über die Geschehnisse in Rußland und in der GUS, welche humanitäre Hilfe die Deutschen bsp. dort leisten. Das ist auch sehr wichtig. Diese Hilfe geht von Volk zu Volk. Sie kommt vom Herzen und wir sind dankbar dafür. Diesbezüglich ist nichts vorzuwerfen.

Wenn ich über meine Besorgnisse rede, meine ich also etwas ganz anderes. Es gibt zu viele offizielle Veranstaltungen in Deutschland, die Anteilnahme demonstrieren sollen. Zu vieles ist aber nur zum Schein, rein äußerlich, bloße Schaustellung. Die Motivation der Behörden in Rußland ist eine ganz andere. Die hohe Funktionäre möchten gerne aus Interesse Deutschland besuchen. Aber danach ändert sich wenig. Diese Funktionäre brauchen zu Hause ihre Aktivitäten gegenüber Deutschland nicht zu beweisen oder demonstrieren. Alle sind dafür. Wo aber sind die spürbaren Folgen dieser Reisen? Was kriegt davon das einfache Volk zu spüren, so fragt man.

Ohne politische Kontakte, ohne zwischenstaatlichen Beziehungen geht es natürlich nicht. Unersetzlich sind aber die gesellschaflichen Institutionen, die *unmittelbare* Kontakte mit ihrem Partner im Ausland anknüpfen – Universitäten, Stiftungen usw. Gerade dieses mittlere Niveau bildet eine günstige Zusammensetzung der individuellen – und Gruppeninteressen. Was aber die Teilnehmer beiderseits unbedingt dafür brauchen, ist ein Konzept. Das fehlt leider ziemlich oft wegen der Ungewißheit der gesamten Situation. Trotzdem ist die Lage in Rußland nicht so aussichtslos, wie es scheint. Wenn wir die Reformen in Richtung auf Rechtsstaatlichkeit und Marktwirtschaft befestigen und vertiefen wollen, dann muß man handeln. Ich möchte das Stichwort "Verbindungen" anbieten und meinen Bekannten und Freunden in Deutschland folgende Frage stellen: haben Sie persönlich irgendwelche ständige Verbindungen mit Rußland, also ihren eigenen Partner und ein gemeinsames Programm? Gibt es bereits konkrete Aktivitäten, zum Beispiel gemeinsame

Bücher? Die politische Erfahrung, Kenntnisse, Bildung sind heute für Rußland von entscheidender Bedeutung, sowohl praktische politische als auch philosophische Erfahrung. Das Problem der nationalen Identität ist in Deutschland beispielsweise grundsätzlich erforscht, eine gemeinsame Diskussion würde sehr aktuell werden, weil Rußland einen Übergang von dem Totalitarismus zur Demokratie erlebt und die Beziehungen in einem multinationalen Staat erneut durchdenken muß.

Die Gründe, warum die Deutsche eine weitere Entwicklung der Beziehungen zu Rußland bremsen oder wie eingefroren halten, sind bekannt: sie warten, bis die Russen ihr Land in Ordnung bringen. Ungewißheit, Instabilität, Chaos schaffen Angst vor Rußland. Man kann die Position der Deutschen aus rationaler Sicht verstehen. Wie würden wir doch ganz andere Politik mancher anderen Länder interpretieren, wenn z.B. ein so großer japanische Autokonzern wie Toyota sein Eindringen in Rußland gewaltig intensiviert. Die Japaner brauchen den riesigen russischen Markt. Sie schulen russische Meister in der Bedienung der Toyota-Autos und bauen ein Kundendienst-Netz auf. Sind die Japaner unpragmatisch? Das ist kaum vorstellbar. Wenn sie ihre Autos in großem Maßstab verkaufen, so bedeutet das, daß sie wissen, was es in Rußland zu kaufen gibt. Die japanische Eroberung des russischen Marktes nimmt zu, obwohl die japanische Regierung die staatliche Zusammenarbeit mit Rußland wegen des Kurileninseln-Problems beinahe blockiert. Zwischen Deutschland und Rußland gibt es im Gegensatz dazu die größte Übereinstimmung der nationalen Interessen und Ziele, aber das praktische Engagement der Deutschen ist zurückhaltender als der Japaner, Südkoreaner, Amerikaner, obwohl das Vertrauen der Russen gegenüber den Deutschen unvergleichbar größer ist.

Ich plädiere damit keinesfalls für eine unpolitische, pragmatische Interpretation der deutsch-russischen Beziehungen. Solche meist rein wirtschaftlichen Beziehungen sind zwar im Prinzip möglich, aber kaum für unsere beide Länder typisch. Die Vorteile unserer Beziehungen bestehen gerade darin, daß sie mit der "großen Politik" verbunden sind. Es geht um gewisse Gemeinsamkeiten der politischen, nationalen, staatlichen, außenpolitischen und geistigen Interessen. Solche Gemeinsamkeiten hat Rußland mit keinem anderen Land im Westen. Der Einsatz, die Ausnutzung dieses geistig-politischen Kapitals ist aber ziemlich gering.

Beide Seiten, sowohl die Russen, als auch die Deutschen haben ihre völlig neue Lage und ihre neue nationale Identität noch nicht begriffen. Es wäre am besten das Thema gemeinsam zu besprechen. Die Schwierigkeiten gibt es selbstverständlich. Die Russen erleben den Druck der Notlage. Die Deutschen ihrerseits scheinen überanstregt zu sein, als ob es überall darum geht immer wieder zu bezahlen. Wichtiger ist doch, daß die geistige und politische Qualität der deutsch-russischen Beziehungen zuallererst vom Interesse und vom Wille abhängig ist. Die Rolle des Deutschen in Rußland würde ich besonders als Lehrer, Meister, Berater, Spezialist definieren. Man frage die Russen: "Welche Polizei möchtet ihr haben?" Antwort: "Wie in Deutschland." oder: "Welches Gericht?" Antwort: "Wie in Deutschland." Der Rechtstaat auch. Die Ursache besteht im aktuellsten Mangel der Sicherheit des Einzelnen, denn die Obrigkeiten kümmerten sich bisher hauptsächlich nur um die Sicherheit des Staates. Die oben genannte Neigungen der Bevölkerung, manche politische Erfahrung vom Ausland nachzuahmen, sind nicht pauschal, sondern sehr spezifisch. Aus höchst patriotischer Tradition denkt aber niemand daran, die russische Armee nach fremden Muster zu reformieren, obwohl man gewisse Ungerechtigkeiten in der Armee scharf kritisiert. Aber das ist innere Angelegenheit des eigenen Volkes ...

Insbesondere im Bereich der Kultur sind die Möglichkeiten des Austausches keineswegs ausgeschöpft. Erinnern wir uns daran, wie tief die Teilnahme der deutschen Intellektuellen, Beamten, Ingeneure, Ärzten u.a. Spezialisten am geistigen Leben Rußlands in der Zaren-Zeit war. Und wieviele Russen hatten ihre medizinische, technische, philosophische Hochschulbildung gerade in Deutschland bekommen. Alles dies ist nur in den Erinnerungen lebendig geblieben. Es ist also Geschichte, aber keine Gegenwart. Unglaublich, aber jemand in der deutschen Obrigkeit hat bis heute Angst, daß ein russischer Professor den deutschen Studenten über F. Dostojewskij, N. Berdjajew, V. Solowjew u.a. Vorlesungen halten würde. Welche "Bedrohung" darin bestünde, ist für mich unbegreiflich. Viele unsichtbare Sperren sind aus den alten Zeiten des kalten Krieges übriggeblieben. Diese Hindernisse sind psychologischer oder politischer Art. Ich schlage vor, solche Probleme nicht totzuschweigen, sondern offen und öffentlich zu diskutieren. Jeder sieht in Deutschland fern, wie das neue Rußland, die russische Regierung viele Städte, Militärgarnisonen, Raketenbasen, Atomkraftwerke u.a. radikal öffnet, die früher geschlossen waren; deutsche Korrespondenten führen Reportagen und Interwiews durch. Rußland wird eine "offene Gesellschaft" wie jedes zivilisiertes Land. Wenigstens zum Gespräch sind mit Deutschen bei uns heute alle offizielle Personen und alle Bürger bereit. Doch spürbare Veränderungen in Deutschland selber in dieser Hinsicht sind kaum zu bemerken. Rußland als einen neuen Partner zu entdecken ist für viele Deutsche zu schwierig. Die Beziehungen mit den Repräsentanten der Dritten

Welt sind einfacher, weil sie weniger verpflichtend sind, meistens nur sachlich, nur auf berufliche Kooperation bezogen.

Das andere Beispiel: die Beziehungen mit traditionellen Gastarbeitern sind für Deutsche auch einfacher: die Rollen sind festgestellt und ziemlich klar, trotz vieler Probleme. Mit dem Partner Rußland ist es komplizierter. Mit manch anderen Ausländern kann der Deutsche aber überhaupt nicht reden: sie sind bloß "die Ausländer", ein pauschaler Begriff. Der Russe ist in dieser Situation etwas anderes; wir haben zuviel gemeinsam erlebt, um alles das zu verschweigen. Für Beziehungen miteinander brauchen wir das Bedürfnis zum Gespräch und den Mut zur Partnerschaft. Ich habe einen Politikwissenschaftsprofessor hier in Deutschland gefragt, ob er sich vorstellen könnte, daß in einem deutschen Betrieb nicht türkische, sondern russische Arbeiter tätig sind. Dieser Intellektuelle hat zu meinem Erstaunen ganz negativ und sogar agressiv reagiert: die Russen in Deutschland? – unter keinen Umständen, aber die Türken, ja, bitte.

Für manche Deutsche ist die Präsenz von Russen hier also unerwünscht. Hinter der deutschen Euphorie und Begrüßung gegenüber dem seinerzeitigen sowjetischen Staatspräsidenten M. Gorbatschow ist eine ganz andere Haltung versteckt, wenn es nämlich um den langfristigen Aufenthalt eines russischen Ingenieurs geht. Die Frage stellt sich also, in welcher Rolle die Russen hier im Lande akzeptabel sein könnten.

Nach meiner Gesamteinschätzung sind Zustand und Perspektiven der Beziehungen zwischen Deutschland und Rußland trotzdem keinesfalls pessimistisch, sondern gerade im Gegenteil deutlich optimistisch. Die Deutschen und die Russen sollen sich nicht scheuen über unangenehme Dinge miteinander zu reden. Die jungen Generationen in beiden Ländern sind pragmatischer als ältere. Die Jugend, insbesondere in Rußland, sucht marktwirtschaftliche Orientierungen, aber gerade darin besteht, so scheint es mir, eine bestimmte Gefahr; für solche Leute ist die Wahl des Partners im Ausland fast nur eine Frage der Nützlichkeit. Ein junger Unternehmer in Rußland hat ganz schwache außenpolitische Prioritäten; ihm ist egal, mit wem er kooperiert. Seine Entscheidung richtet sich nach geschäftlichen Gründen. Der Deutsche bewahrt dabei natürlich einen gewissen Ruf als Produzent, Meister, aber amerikanische, japanische, englische Waren sind auch von bester Qualität. Wenn deutsche Unternehmer ihrerseits in den wirtschaftlichen Beziehungen mit Rußland hauptsächlich pragmatische Prioritäten haben, dann beurteile ich diese Perspektive zurückhaltend.

Die ältere Generation, sowohl in Rußland als auch in Deutschland, geht in größerem Maß von der geschichtlichen und kulturellen Gemeinsamkeit beider Völker aus. Deutschland gewinnt in dieser Situation bestimmte Vorteile und Prioritäten. Die geistige Substanz der Beziehungen zwischen Deutschen und Russen lebt vor allem in der mittleren und alten Generation. Diese wichtigste Grundlage bleibt leider fast ohne Einfluß seitens der Intellektuellen. Deutsche und Russen brauchen die ganze Vielfalt des politischen Spektrums; Liberale, Konservative, Sozialdemokraten, Grüne, selbstverständlich in Rahmen der Demokratie. Die Annäherung an Rußland bedeutet für Deutsche keinesfalls irgendwelche Entfernung von den USA. Für das westliche Bündnis gibt es keine Bedrohung. Das Problem ist überhaupt nicht politischer, sondern hauptsächlich kultureller Art. Deutschland ist während der ganzen Nachkriegszeit einem so starken Einfluß der USA ausgesetzt gewesen, daß man sogar über eine gewisse Amerikanisierung der deutschen Lebensweise und der Kultur spricht. Diese Entfremdung von sich selbst besteht für die Deutschen nicht nur in der Vernachlässigung der nationalen Kultur, sondern auch in mancher Entfernung von Rußland. Erinnern wir uns diesbezüglich wenigstens der Hollywood-Filme, in denen der sowjetische Mensch als Mißgeschöpf, als Ausbund der Häßlichkeit geschildert wird. Das Bild des häßlichen Russen ist bis heute vom deutschen Fernsehschirm nicht verschwunden. In der ehemaligen Sowjetunion hingegen gab es nach dem Krieg keine feindliche Filme über die Deutschen, über die Bundesrepublik Deutschland. Der sogenannte "häßliche Deutsche" ist eine Erfindung der westeuropäischen Länder, aber nicht der Russen.

Man spricht heute in Rußland über die Gefahr der "Verwestlichung". Mit wem können wir diese neuen Probleme am besten besprechen, ob das wahre oder erfundene Probleme sind? Mit den Deutschen, so scheint es mir. Und mit wem wäre am sachlichsten über die Bewältigung der Totalitarismus zu diskutieren? Wieder mit den Deutschen! Wir könnten sogar über eine gewisse Schicksalsgemeinschaft reden.

Hellmuth Günther Dahms

Nationale Wiedergeburt im Schatten großer Mächte

Ein Kapitel litauischer Geschichte

Der Zusammenbruch des Sowjetimperiums ist kein Ereignis, nach dem man zur Tagesordnung übergehen könnte. Das Ende der UdSSR erweist sich als eine neue tiefe Zäsur in der auffallend dichtgedrängten Katastrophenfolge unseres Jahrhunderts. Ihre Ursachen sind noch nicht genügend erforscht. Dies gilt auch für die Geschichte der nun wieder unabhängig gewordenen Staaten Ostmitteleuropas.

Sie begann, als die das europäische Gleichgewicht stützende Pentarchie zerfiel. Drei der fünf Großmächte brachen zusammen; das Zarenreich der Romanows, die Habsburger Monarchie und das wilhelmische Deutschland. Neun oder zehn entlassene Nationalitäten mußten über ihre Zukunft entscheiden. Einige traten zu bestehenden Gemeinschaften, andere bildeten Staaten, die es zuvor nicht gegeben hatte.

Auf Kosten Rußlands und des Deutschen Reiches entstand zwischen dem Nördlichen Eismeer und der Pannonischen Tiefebene eine Zone junger Republiken. Keine von ihnen besaß nennenswerte Ressourcen, exportierende Industrien, ein hinlängliches Steueraufkommen. Alle mußten zur inneren die äußere Form finden. Die Folge waren Konflikte, denen supranationale Organisationen nicht Einhalt gebieten konnten.

Wohl die meisten der nach dem Ersten Weltkrieg in Paris versammelten Staatsmänner sahen dies. Der italienische Ministerpräsident Francesco Nitti sagte voraus, daß Ostmitteleuropa wieder verschwinden werde, wenn ein wieder erstarkendes Deutschland und das neue Rußland die Region unter sich teilten. Demgegenüber hofften Vertreter der Westmächte auf eine Stabilisierung durch den noch zu gründenden Völkerbund.

Perigäum für diese Vorschau wurde das Geschehen in und um Litauen. Seine Bevölkerung ermangelte politischer Tradition. Die Erinnerung an das litauische Großfürstentum des Mittelalters war verblaßt, seine Eigenständigkeit in der Realunion mit Polen (1569-1795) zugrundegegangen, das Landesidiom von Dorfpfarrern und Bücherbringern gerade noch vor dem Absinken in eine schriftlose Bauernsprache bewahrt.

Gründer der Republik waren zumeist Intellektuelle, die in Moskau, Dorpat oder Königsberg studiert hatten und sich auf Offziere des ehemaligen Zaren-

301

heeres und der preußisch-litauischen Regimenter stützten. Sie mußten 2.02 Millionen Menschen (84% Bauern und 10% Juden), außerdem Polen und Ruthenen, Deutsche und Tataren mit sich ziehen, die vorerst nicht sehr zu Identitätsbekundungen neigten.

Ein mit Genehmigung der deutschen Besatzungsmacht in Vilnius/Wilna geschaffener Landesrat proklamierte am 16. Februar 1918 Litauens Unabhängigkeit und wählte vier Monate später Wilhelm von Urach zum König. Als revolutionäre Ereignisse gegen Ende des Jahres die Monarchie diskreditierten, erörterte die Versammlung (Taryba) republikanische Gedanken von unterschiedlichem Modellcharakter.

Drei Themen standen zur Debatte: die Neugründung der vor 120 Jahren untergegangenen polnisch-litauischen Union (Rzeczpospolita), ein Zusammenschluß Litauens mit dem sowjetisch beherrschten Weißrußland (Litbel) und die Konstituierung des Freistaates. Auf Vorschlag des Vorsitzenden Antanas Smetona widerrief die Taryba ihre Königswahl und verabschiedete das Plenum eine demokratische Verfassung.

Am 8. Dezember 1918 bemächtigten Bolschewiken sich der Hauptstadt. Die Taryba und das von ihr eingesetzte Kabinett des Ministerpräsidenten Augustinas Voldemaras flohen nach Kaunas/Kowno/Kauen. In Vilnius/ Wilna ergriff Vincas Kapsukas die Macht. Er dirigierte eine vereinigte Republik Litbel, bis ihn Mitte April 1919 polnische Legionäre vertrieben und zugleich die Rückkehr der Litauer blockierten.

Auch für Kaunas/Kowno bestand Gefahr. Ein polnisch gelenkter Putsch drohte Voldemaras zu stürzen. Die Stadt lag im Korridor der abziehenden deutschen Truppen, denen Bolschewiken auf dem Fuß folgten. Im Westen stand ein Korps russischer Weißgardisten. Der Aufbau des eigenen litauischen Heeres schritt nur langsam voran; von 320.000 Wehrpflichtigen, die man 1915 nach Rußland evakuiert hatte, waren erst wenige zurückgekehrt.

Voldemaras forderte von den Siegermächten des Ersten Weltkrieges in Versailles das "litauische Ostpreußen" und Teile von vier vormals russischen Gouvernements einschließlich des Wilnagebietes mit der Landeshauptstadt. Er wurde abgewiesen. Die Entente betrachtete nicht Litauen, sondern Polen als Alliierten in einem antibolschewistischen *cordon sanitaire*. Frankreich dirigierte eine Militärmission von Kaunas nach Warschau.

Die Ententestaaten hatten in Rußland interveniert und den polnischen Oberbefehlshaber, Marschall Józef Pilsudski, ermutigt, Galizien zu erobern. Vollends unterstützten sie eine Offensive, die sein Ostheer 1919 bis nach Kiew, Orscha und Dünamünde führte. Litauen blieb eine quantité négligeable, obwohl sein junges Heer mit deutscher Unterstützung die Rote Armee aus dem Lande drängte.

Pilsudski und sein Berater, der polnisch-litauische Fürst Eustachy Sapieha, verfochten die "Jagellonische Idee", den Plan einer Föderation. Das mit Frankreich verbündete, um Litauen, Weißrußland und die Ukraine erweiterte Polen sollte die Meeresküste erreichen. Am Konferenztisch war von Danzig und Memel die Rede. In Vilnius/Wilna sahen polnische Politiker einen Angelpunkt der Expansion.

Unterdessen bereitete die Rote Armee einen Gegenschlag vor. Um Litauen zu neutralisieren, ließ Lenin am 12. Juli 1920 in Kaunas/Kowno einen Friedensvertrag unterzeichnen, in dem die Russische Sozialistische Föderative Sowjetrepublik "für alle Zeiten" Litauens Unabhängigkeit und seinen Anspruch auf Vilnius/Wilna bestätigte. Dennoch besetzten Sowjettruppen zu Beginn ihrer Offensive die Stadt.

Dem dritten Besitzwechsel folgte der vierte. Die Russen – an der Weichsel entscheidend geschlagen – mußten Vilnius/Wilna räumen, worauf dort erstmals litauische Behörden einziehen konnten. Ein zwischen Polen und den Sowjets geschlossener Frieden lokalisierte den Streit um die Hauptstadt. Er schien beendet, als Warschau in einem "Arrangement" von Suwalki auf das Wilnagebiet verzichtete.

Pilsudski hatte jedoch insgeheim General Lucian Zeligowski angewiesen, dieses Land zu besetzen. Der Handstreich auf Vilnius/Wilna erfolgte am 9. Oktober 1920, zwei Tage nach Unterzeichnung des Vertrages von Suwalki. Eine Demarche des eben konstituierten Völkerbundes lief ins Leere. Warschau leugnete seine Verantwortung für den Coup; der Zugriff, hieß es, sei das Vorgehen eines unbotmäßigen Offiziers.

Bei Verhandlungen unter der Ägide des Völkerbundes präsentierte Sapieha eine neue Variante der Rzeczpospolita; Polen, "Kowno-Litauen" und das "Mittellitauen" genannte Wilnagebiet sollten eine Union von drei "Kantonen" bilden, letztere mit gemeinsamer Volksvertretung. Wegen des unabsehbaren Verhaltens der überwiegend polnisch-jüdischen Einwohnerschaft in Vilnius/Wilna ging Kaunas darauf nicht ein.

Als der Völkerbundsrat seine Vermittlertätigkeit für gescheitert erklärte, veranlaßte die Regierung Zeligowski im Wilnagebiet ein Plebizit. Das Ergebnis war umstritten. Die Wahlbeteiligung lag bei 64%; von den 101 Abgeordneten des neuen Wilnaer Landtages wünschten nur 68% die Annexion "Mittellitauens" durch Polen. Sie wurde jedoch am 24. März 1922 in einem feierlichen "Vereinigungsakt" vollzogen.

Pilsudski kritisierte ihn, denn als geborener Wilnaer wußte er, daß die Bevölkerung seines Heimatlandes nicht polnisch sprach. Dem von Sapieha nunmehr entworfenen Plan für eine "kleine Rzeczpospolita", die allein "Mittellitauen" und "Kowno-Litauen" umfassen sollte, verschlossen sich die beiden angesprochenen Regierungen. Warschau hielt an seinem "Vereinigungsakt" fest, Kaunas ignorierte den Vorschlag.

Litauens Unabhängigkeit hatten bisher nur das Deutsche Reich und die Sowjets anerkannt. Die Westmächte verlangten, daß Kaunas vorab dem Versailler Vertrag zustimmte, der die Internationalisierung der deutschen Wasserwege vorsah. Ihmzufolge waren die Memelmündung und ein Teil der Kurischen Nehrung (2.566 qkm mit etwa 140.000 Bewohnern) von Deutschland abgetrennt und französischer Aufsicht unterstellt worden.

Um dem Völkerbund beitreten zu können, akzeptierte Litauen die Vorbedingungen. Zugleich enteignete es den polnischen Gutsbesitz. Auch unterblieb die Aufnahme diplomatischer Beziehungen mit Warschau. Die von Kaunas als "Administrationslinie" bezeichnete Westgrenze des Wilnagebietes wurde für den Straßen- und Eisenbahnverkehr gesperrt. Postsendungen mußten den Umweg über Ostpreußen oder Lettland nehmen.

Neben der Wilnafrage wurde die Memelproblematik akut. Da Polen bereits über einen Korridor zur Danziger Bucht verfügte, schien sein Anspruch auf einen zweiten Ausgang obsolet. In Warschau hoffte man aber, mit ostensibler Interessenbekundung für Memel, die Sperre an der Administrationsgrenze überwinden, die Aufnahme diplomatischer Beziehungen erzwingen und schließlich entscheidenden Einfluß auf Kaunas nehmen zu können.

Der neue Streit entbrannte, als Litauen den Völkerbund um Klärung der Memelfrage ersuchte. Zum Befremden der Regierung in Kaunas übernahm diese Aufgabe nicht die Genfer Liga, sondern eine Botschafterkonferenz der Ententestaaten, deren Sympathie für Polen bekannt war. Frankreich und England spielten mit dem Gedanken, adäquat zu Danzig nun auch am Kurischen Haff einen Freistaat unter Aufsicht des Völkerbundes zu gründen.

Darauf hielten litauische Politiker und Militärs schnelles Handeln für geboten. Polen hatte ihnen in Vilnius/Wilna vorgeführt, wie man vollendete Tatsachen schafft und rechtfertigt, ohne den Zorn der Weltöffentlichkeit hervorzurufen. Geheiminformationen über einen bevorstehenden französisch-belgischen Überfall auf das Ruhrgebiet lieferten radikalen Litauern zusätzliche Argumente.

Am 10. Januar 1923, wenige Stunden vor dem alliierten Eindringen in das größte deutsche Industrierevier, besetzte Oberst Jonas Budrys mit seinen als Freischärlern verkleideten Soldaten das Memelgebiet. Die französische Garnison leistete keinen Widerstand. Einer Kommission der Botschafterkonferenz wurde in Kaunas versichert, daß Litauen der Bevölkerung des Küstenlandes weitgehende Autonomie zugestehen werde.

Die Konferenz, beschickt von Frankreich und Großbritannien, Italien und Japan, beriet viele Monate über eine Memelkonvention von halbstaatlichem Verfassungsrang, bis ihr Litauen zustimmte. Kommunalpolitik, Polizeigewalt, Personenstandswesen und Erziehung sollten Aufgaben der Landeseigenen Autoritäten bleiben, die Hafenverwaltung, Schiffahrt, Post und Eisenbahn fortan litauischen Organen unterstehen.

Gemäß Artikel 17 des Memelstatuts ernannte der litauische Gouverneur den Regierungschef des Gebietes und dieser mit Zustimnung der Volksvertreter sein Kabinett, das "Direktorium". Da die deutschen Abgeordneten eine unerschütterliche Landtagsmehrheit im Verhältnis 29:5 bildeten, kam es häufig zu scharfen Kontroversen. In den nächsten 13 Jahren folgten aufeinander nicht weniger als 15 Regierungen.

Zu einem tiefen Einschnitt führte der Staatsstreich von 1926. Nachdem Pilsudski Mitte Mai Warschau erobert hatte, besetzten – dadurch wohl auch inspiriert – litauische Offiziere das Parlamentsgebäude in Kaunas. Die Proklamation des Kriegszustandes verhalf den völkischen Tautininkai zur Macht. Unter Antanas Smetona und Augustinas Voldemaras begab sich Litauen auf den Weg zum Einparteienstaat.

Voldemaras, der neue Regierungschef, wies polnische Verständigungsvorschläge zurück und verlängerte den Kriegszustand im Memelgebiet, wo ein Militärbefehlshaber die deutsche Bevölkerung zu litauisieren suchte. Ein Staatsschutzgesetz diente als Handhabe des doppelseitigen Konfrontationskurses, der Spannungen mit Warschau und Berlin zur Folge hatte. Zum Ausgleich näherten sich die Tautininkai der Sowjetunion.

Daß vier Kommunisten des Landes wegen verräterischer Beziehungen mit einem unter Vincas Kapsukas arbeitenden Moskauer Agitationsbüro vom Obersten Kriegsgericht zum Tode verurteilt wurden und Smetona ihre Anträge auf Begnadigung verwarf, tat dem Arrangement keinen Abbruch. Fünf Wochen nach den vollstreckten Hinrichtungen unterzeichneten Vertreter des Kreml und Litauens einen Nichtangriffspakt.

Dieser Schritt, dem bald weitere folgen sollten, ließ vermuten, daß Litauen der geplanten Entente ostmitteleuropäischer Staaten den Rücken zukehren wollte. Voldemaras gedachte diesem Eindruck durch Abmachungen mit Deutschland über Memel und den beiderseitigen Handelsverkehr entgegentreten. Er wurde jedoch von Smetona gestürzt und 1929 aus der Untersuchungshaft nach Frankreich abgeschoben.

Das Wilna- und Memelsyndrom belastete die ursprünglich von Helsinki ausgegangenen Bestrebungen, sämtliche ostmitteleuropäische Republiken in einem Defensivbündnis zusammenzuführen. Finnland hatte sich bereits wegen der ungeregelten polnisch-litauischen Grenzprobleme (auch weil Schweden keinen Rückhalt bot) distanziert. Zustandegekommen war bisher lediglich ein estnisch-lettischer Verteidigungspakt.

Die Schwierigkeiten nahmen weiter zu, als das wieder erstarkende Deutschland 1934 mit Polen einen Nichtangriffs- und Freundschaftsvertrag unterzeichnete. Diese Option beschleunigte die Annäherung zwischen Frankreich und der UdSSR. Paris empfahl dem Kreml ein "Ost-Locarno", die Verständigung mit den Nachfolgestaaten des Zarenreichs über ein gemeinsames vom Völkerbund sanktioniertes Sicherheitssystem.

Das litauisch-sowjetische Arrangement und die seither zwischen der UdSSR und den meisten ostmitteleuropäischen Staaten vereinbarten Nichtangriffspakte mochten als Bauelemente des geplanten Vertragswerkes dienen. Besondere Perspektiven eröffnete die Aufnahme der Sowjetunion in den Völkerbund. Nach Artikel 16 seines Statutes konnte der Kreml unter Umständen ein begrenztes Interventionsrecht wahrnehmen.

Aleksej M. Ustinow, der sowjetische Gesandte in Reval/Tallinn, bezog sich darauf, als er einigen Diplomaten eröffnete, daß die Rote Armee einem deutschen Angreifer voraussichtlich nicht auf ihrem eigenen Territorium entgegentreten werde. Marschall Kliment J. Woroschilow und Armeekommissar Semjon P. Uritzkij bestätigten dies beim Empfang einer baltischen Militärdelegation im Moskauer Verteidigungskommissariat.

Gegenüber der von den Sowjets neu formulierten Sicherheitsdoktrin fiel ein am 12. September 1934 zwischen Estland und Lettland abgeschlossener Freundschafts- und Konsultationsvertrag – die Baltische Entente – nicht ins Gewicht. Das Abkommen erweiterte kaum die schon bestehenden Beistandsverpflichtungen. Der vorgesehene Außenministerrat beider Staaten sollte keine sicherheitspolitischen Fragen erörtern.

Litauen konnte sich der Baltischen Entente anschließen, sobald diese bei ihren Konsultationsverpflichtungen die leidige Wilna- und Memelfrage ausgeklammert hatte. Estland und Lettland wollten nicht in vorhersehbare Konflikte verwickelt werden. Andererseits legten die litauischen Tautininkai keinen Wert auf eine gemeinsame Verteidigung. Kaunas wähnte sich durch die UdSSR weniger bedroht als Reval/Tallinn und Riga.

Die Tautininkai hatten sich dem Zeitgeist angepaßt und ihre Stellung nach italienischem Vorbild von 1931-1933 ausgebaut. Das Land erhielt eine neue Verfassung (die fünfte). Die Oppositionsparteien wurden mattgesetzt. Der

306

Präsident erhielt als "Volksführer" (Tautos Vadas) außerordentliche Vollmachten. Mit ihnen sollte er die nationalen Kräfte der Republik zusammenfassen und steigern.

Im Jahr 1934 ließ Smetona die Immunität der memeldeutschen Landtagsabgeordneten aufheben und fast alle, dazu viele andere Persönlichkeiten des Küstenlandes wegen Vorbereitung zum Hochverrat vor das Oberste Kriegsgericht in Kaunas stellen. Am 26. März 1935 wurden 4 der 126 Angeklagten zum Tode verurteilt und von dem Tribunal darüber hinaus Zuchthausstrafen vor insgesamt 435,5 Jahren verhängt.

Hitler, der die "Beseitigung des Unrechts von Versailles" zur Maxime seiner Außenpolitik erklärt hatte, äußerte sich nicht über diese drakonischen Urteile. Offenbar waren sie als Rechtfertigung für deutsche Forderungen nach Rückgabe des Memellandes zur Unzeit ergangen. Auch Warschau wartete noch auf seine Stunde. Sie nahte mit dem Anschluß Österreichs an das Deutsche Reich.

Am 17. März 1938 stellte Polen der Tautininkai-Regierung ein Ultimatum. Unter diesem Druck mußte das gänzlich isolierte Litauen der Aufnahme diplomatischer Beziehungen zustimmen und den Verkehr über die Administrationsgrenze freigeben, was einem Verzicht auf Vilnius/Wilna gleichkam. Damit wurde auch die Memelfrage aktuell. Hatte Kaunas vor dem einen Nachbarn kapituliert, konnte es den anderen nicht mehr lange hinhalten.

Smetona schwenkte eilends in die von Voldemaras gewiesene Richtung. Der Präsident amnestierte die letzten memelländischen Strafgefangenen und hob das Kriegsrecht auf. Ende des Jahres erfuhr Peter Kleist, ein enger Mitarbeiter des Reichsaußenministers Joachim von Ribbentrop, daß sich Litauen mit Deutschland zu verständigen wünsche. Der Kauener Gesandte bestätigte diese Information.

Hitler hielt zunächst die "Zerschlagung der Tschechoslowakei" für vordringlich. Aber wenige Wochen nach dem Münchener Abkommen, am 21. Oktober 1938, befahl er der Deutschen Wehrmacht, sich auf die "Erledigung der Rest-Tschechei" und "Inbesitznahme des Memelgebiets" vorzubereiten. Umlaufende Gerüchte über diese Pläne der Reichsführung stürzten Litauen in eine tiefe politische Krise.

Bei der Rückkehr von seinem jüngsten Papstbesuch wurde Außenminister Juozas Urbsys in Berlin einbestellt. Ribbentrop forderte unmißverständlich die Herausgabe des Memelgebietes. Nach Entgegennahme der polnischen Begehrnote mußte Kaunas notgedrungen auch dieses Ultimatum befolgen. Am 22. März 1939 einigten sich die Unterhändler beider Staaten über die Retrozession.

Trotz der von Deutschland in Artikel 3 und Anlagen des Memelvertrages dem Nachbarland eingeräumten Freihandelszone war die Abtretung des Gebietes für die Tautininkai eine zweite schwere Niederlage innerhalb von 12 Monaten. Das Ansehen des "Volksführers" schwand. Unter dem Druck des Oberkommandos mußte er die verbotenen Parteien wieder zulassen. General Antanas Merkys bildete mit ihnen eine Koalitionsregierung.

Die geostrategischen Auswirkungen des Memelvertrages beunruhigten Polen. Warschau mobilisierte daher 6 Divisionen seiner Streitkräfte im Wilnagebiet und an der Grenze Ostpreußens, auch akzeptierte es eine von Großbritannien ausgesprochene Garantie. Bald darauf berieten England und Frankreich mit der Sowjetunion über geeignete Schritte zur Eindämmung des deutschen Expansionismus.

Gemäß seiner Militärdoktrin verlangte der Kreml für die Rote Armee das Interventionsrecht in Ostmitteleuropa. Als die Westmächte zögerten, diesen Preis zu zahlen, wurden sich Hitler und Stalin handelseinig. Ein geheimes Zusatzprotokoll ihres Paktes vom 23. August 1939 überließ Bessarabien und Ostpolen, Finnland, Estland und Lettland – aber noch nicht Litauen – der sowjetischen "Interessensphäre".

Nach diesem Übereinkommen gab Hitler seiner Wehrmacht den Befehl zum Angriff auf Polen. Der Vorschlag, mit Deutschland gemeinsam zu handeln, verwirrte das litauische Koalitionskabinett. Die Zusage scheiterte am Widerstand der christlichen Demokraten. Litauen mußte daher untätig mitansehen, wie die Rote Arme dem kämpfenden Polen in den Rücken fiel und en passant Vilnius/Wilna besetzte.

Nun stand auch die dritte der baltischen Republiken zur Disposition. Berlin und Moskau verständigten sich noch vor Abschluß des Polenfeldzuges über den nächsten Schritt zur Teilung Ostmitteleuropas. Das Zusatzprotokoll des Grenz- und Freundschaftsvertrages vom 28. September 1939 lautete: "Wenn die UdSSR auf litauischem Gebiet besondere Maßnahmen ergreift, soll Deutschland eine Zone um Mariampole erhalten".

Stalin ließ die "baltische Frage" in ihrer Gesamtheit aufrollen. Die Außenminister der drei Republiken wurden nach Moskau bestellt, zuerst der Este, dann sein litauischer Kollege, am 1. Oktober 1939 auch Juozas Urbsys. Wjatscheslaw Molotow, der sowjetische Außenkommissar, forderte den Abschluß bilateraler Beistandspakte mit 15jähriger Laufzeit und die Überlassung von Militärstützpunkten.

Dabei erlebte Urbsys eine besondere Überraschung. Molotow eröffnete ihm, daß Deutschland Mariampole begehre und hob demgegenüber die sowjetische Bereitschaft hervor, an Litauen das Wilnagebiet abzutreten. Kaunas konnte sich nicht lange besinnen. Die sehr bestimmten Moskauer Forderungen zwangen das Kabinett Merkys schon am 10. Oktober 1939 zur Unterzeichnung des sogenannten Beistandspaktes.

Zwei Tage nach dem Einrücken der Roten Armee in ihre vorgeschobenen Stützpunkte konnten litauische Truppen Vilnius/Wilna besetzen, allerdings nur die Stadt und 6.665 qkm des Umlandes. Beschwichtigend erklärte Molotow, daß nach einem deutsch-sowjetischen Waffengang wohl auch wieder die Rückgabe des Memelgebietes an Litauen möglich sein werde.

Dies alles waren freilich nur Teilaspekte der Winkelzüge, mit denen Stalin das zur Ohnmacht verurteilte Litauen wie die anderen Republiken im Mai/Juni 1940 zu Territorien der UdSSR umformen ließ. Daß sich die beiden Teilungsmächte kurz darauf verfeindeten und während des folgenden Krieges ihre Ländergewinne hin und her stießen, erinnert an manche früheren Geschehnisse in diesem Raum.

Die kolbenstoßartigen Bewegungen kamen 1945 nicht zum Stillstand. Soziale und wirtschaftliche Umwälzungen, Aufstände, Deportationen und Massenerschießungen, Überfremdungsdruck und Absperrung gruben sich tief ins Gedächtnis der baltischen Völker und ergaben viele neue schwerwiegende Probleme, nachdem die beiden Hegemonialmächte zusammengebrochen waren und eine nationalstaatliche Wiedergeburt möglich schien.

Thomas Molnar

Die mitteleuropäische Aufgabe der Deutschen

40 Jahre lang wurde uns immer wieder eingetrichtert, die "deutsche Frage" habe in Jalta ihre Lösung gefunden. In Leitartikeln, Meinungsumfragen und nicht zuletzt Flüsterkampagnen hinter vorgehaltener Hand hieß es, die Lösung liege ganz einfach im Status quo, auf den sich Washington, Moskau, London und Paris geeinigt hätten. Die Teilung Deutschlands (und Europas) sei schließlich gar keine so schlechte Sache. Da gab es die Sonnenfeld-Doktrin: Die Endgültigkeit der osteuropäischen Grenzen werde die Sowjetunion, die angeblich über die deutschen Revanchisten besorgt sei, beruhigen. Der bekannte britische Politiker Enoch Powell gestand mir in einer stillen Stunde, daß London die sowjetische Präsenz in Osteuropa begrüße, da durch sie die stets denkbare deutsche Gefahr unter Kontrolle gehalten werden könne. Wozu eigentlich das ganze Gerede über eine Wiedervereinigung, fragten Leitartikler und Einflüsterer, wo Moskau doch ohnehin niemals zustimmen werde und auch die europäischen Nachbarn in Prag, Paris, Den Haag, Budapest und Warschau sich für eine solche Aussicht schön bedanken würden. Die Weltöffentlichkeit war einhellig dagegen. Noch im Frühjahr 1989 wurde uns bedeutet, alle Nachbarn Deutschlands würden dieser Nation mißtrauen, sie verabscheuen, sie fürchten und verachten. Noch in letzter Minute versuchte Gregor Gysi die Wiedervereinigung mit der Hilfe eines amerikanischen Rabbiners zu hintertreiben. Als ich 1984 vor den "White House Fellows", einer Gruppe brillanter junger Amerikaner aus allen Lebensbereichen – Offiziere, Banker Lehrer, Geschäftsleute, Beamte – sprach, wurde mir höflich erklärt, daß meine Vorhersagen falsch seien. Ich hatte gesagt, daß sich in einigen Jahren die Karte Mittel- und Osteuropas ändern werde, weil Deutschland nicht länger wie Gulliver bei den Liliputanern an den Boden gefesselt und politisch geschwächt bleiben werde. Ganz falsch, entgegneten mir die brillanten jungen Ameribaner, die Nachkriegsordnung im Europa bliebe für alle Zeiten gültig. Fukuyama ließ aus der Ferne bereits schön grüßen.

Und nun nach all den Luftblasen und Wunschträumen zur Realität. Sogar die schon erwähnten Einflüsterer sind sich klar, daß der Zweite Weltkrieg Deutschlands Ruf, was Disziplin, Ausdauer und einige andere kollektive Eigenschaften betrifft, nur noch erhöht hat. Offizielle Sprachregelungen sind

311

eine, Macht und Prestige eine ganz andere Sache. Wo immer du hinreist, du triffst auf Bewunderung für Deutschland, stets präsente deutsche Geschäftsleute, Vertrauen auf deutsche Zusagen. Das will ganz gewiß nicht heißen, daß die Deutschen überall beliebt seien, doch welche Großmacht oder potentielle Macht wäre das schon? Als Advocatus diaboli verweise ich auf die deutsche Jugend, die eine Schwäche für Drogen, Friedensdemonstrationen und all den Flitter des Jeans-und-Hamburger-way-of-life zeigt. Die Antwort kommt dann schnell: Steck sie nur in eine Uniform und sie werden sich aufführen wie des Kaisers Soldaten. Die gegenwärtig so populäre Neuaufage der Weimarer Republik wäre schnell vergilbt und vergessen.

Noch ist es allerdings nicht so weit. Vor ein paar Wochen saß ich auf dem Podium eines amerikanischen Colleges bei einer Rundtisch-Diskussion. Wie üblich wollte das Publikum die Welt retten. Da das aber derzeit in das Ressort von George Bush fällt, sollten die Diskussionsteilnehmer bescheidener nur "eine Lösung" für die osteuropäischen Schwierigkeiten präsentieren. Neben mir saßen Tschechen, Polen, Kroaten, Engländer und ein junger Deutscher. Während die Osteuropäer angesichts der Komplexität der Lage und der sich stellenden gigantischen Aufgaben eher zurückhaltend reagierten, häufte der Deutsche, der eine führende Position in der "Jungen Union" bekleidet hatte, aus vollem Herzen Schmutz und Verachtung auf die Vergangenheit seiner Nation, stellte deren Leistungen in Abrede und erklärte sich emphatisch für ein "Vereintes Europa", wobei er seinen "Europäischen Paß" schwenkte, für eine vereinte Welt, ein vereintes Sonnensystem usw. Unter der Einheit und Liebe der ganzen Menschheit wollte er es partout nicht machen. Während der Beifall aufrauschte, nannte ich ihn einen gefährlichen Zeitgenossen, weil solche emphatischen Enthusiasten im Nu in eine neue Gestalt schlüpfen können. "Wann werden wir Sie in der SS-Uniform wiedersehen?", fragte ich ihn nicht eben höflich. Er hätte in seiner ganzen Suada ja nur ein paar Begriffe austauschen müssen.

Doch Spaß beiseite, Deutschlands Zukunft hat bereits weit klarere Konturen als die jedes anderen Teils von Europa. Entgegen den Träumen von Brüssel und Straßburg (in Wirklichkeit Alpträumen von Robotern) hat allein Deutschland den Willen, die Mittel und die Berufung Mittel- und Osteuropa aufzubauen. Sagen wir es gleich, das wird nicht eine "glückliche Gemeinschaft" oder eine "Neue Europäische Ordnung", die gibt es nur im Scenario eines Ideologen, sondern ein realer und ziemlich hegemonialer Lebensraum Mitteleuropa als Magnet und als Quelle für Wohlstand und Kultur des Kontinents. Unterstreichen wir, daß dieses neue, im Grunde aber alte Mitteleuropa nicht auf beliebige Weise, sondern nur mit Deutschland als Kern entstehen wird. Aber ist dies nicht Imperialismus, ja Kolonialismus? Nicht mehr als eine vom Gemeinsamen Markt über Osteuropa ausgeübte Herrschaft. Ist das nicht eine Wiederauflage des "Drangs nach Osten"? Aber gewiß doch, da sich Rußland ja in den neuen Verband integrieren wird und Rußland minus Kommunismus nicht notwendig besser organisiert und effizienter verwaltet sein wird als unter Breschnew-Gorbatschow-Jelzin. Würde Mitteleuropa unter deutscher Führung nicht imperialistisch sein? Ja, soweit eine Groß-macht, sagen wir Deutschland in zehn Jahren, stets dazu neigt, seine Muskeln spielen zu lassen und von den kleineren Mächten einen Preis fordert. Würde es nicht zu einer neuen Teilung Europas führen? Europa ist doch geteilt. Frankreich hat sich seit Franz I., Richelieu, Clémenceau von Mitteleuropa ausgeschlossen und ist, da ihm eine andere Wahl nicht bleibt, auf dem Wege – de Gaulle ist tot! –, der kontinentale Agent der Angelsachsen zu werden. Italien? Rom hat nicht die Macht, dem klugen Plan seines sozialistischen Außenministers zu folgen, der Südeuropa auf der Achse Barcelona – Mai-land- Belgrad – Budapest – Wien als Gegengewicht gegen die deutsche Macht organisieren will. Wenn Mitterrand je ein weises Wort gesprochen hat, dann war es sein Ausspruch: "Wir schreiten voran in das Neunzehnte Jahrhundert".

Nehmen wir Japan zum Vergleich. Vor einigen Jahren war das Mißtrauen gegenüber Japan nicht zu übersehen, von Thailand bis Indonesien, von Süd-korea bis Neuguinea waren die Spuren der Besatzung aus der Zeit des Zwei-ten Weltkriegs noch lebendig. Heute ist Japan der ungekrönte König der Re-gion (daß die Vereinigten Staaten formell die Krone tragen, stört es nicht), wer mit ihm kooperiert, der hat das große Los gezogen. Eine entsprechende Zusammenarbeit zwischen Deutschland und Osteuropa wäre weit natürlicher und geschichtlich besser begründet. Wer sollte denn sonst das heute darnie-derliegende Mitteleuropa konsolidieren und modernisieren? "Westliche Hil-fe" ist nur eine Propagandaformel, der anfängliche Enthusiasmus ist schon verflogen. Die westlichen Investoren fürchten nichts so sehr wie das Risiko – Rußland ist in Unruhe und die Bindung Osteuropas an die liberale Demo-kratie eine unsichere Sache. Da machen Entwicklungsbanken ihre Hilfe bereits von "demokratischen Reformen" und Menschenrechten abhängig. Und in der Tat, Osteuropa war nie in dem Sinne demokratisch, wie es in Washington und Paris verstanden wird und wird es auch nicht sein. Freiheit bedeutet am Unterlauf der Donau Unabhängigkeit von einer Besatzung und einer oktroyierten Ideologie. Es ist daher nicht so abwegig, daß allein Deutschland die europäische Wirklichkeit östlich der Neiße, an Moldau und Donau versteht. Während die westlichen Investoren nur an Gewinnen interessiert sind, handelt es sich um Deutschlands geopolitische Lebensader, die eine dauernde feste Bindung notwendig macht. József Antall, der Ministerpräsident Ungarns, sagte, bevor ihm von westlicher Seite bedeutet wurde, daß das nicht salonfähig ist: "Wir brauchen ein starkes Deutschland". Walesa und Havel mögen anderer Ansicht sein, doch welche Wahl haben sie? Sollen sie Beifall spenden, wenn Mitterrand den Polen erklärt, daß Modernität die Legalisierung der Abtreibung bedeutet, wenn er Bukarest pompös versichert: "Rumänien liegt in Europa." Mittlerweile ist die deutsche Industrie in Polen und der Tschechoslowakei präsent, Ungarn steht auf der Liste, und deutsche Gemeinschaftsunternehmen mit russischen Firmen übertreffen die aller anderen westlichen Länder zusammen. Frankreich und der Westen haben als Konzept für Mitteleuropa nur die Marktwirtschaft. Und das ist eine traurige Perspektive mit Blick auf den 1.1.1993, ein Datum, das kommen und wieder gehen wird. Deutschland ist irgendwann zwischen dem Fall der Berliner Mauer und der zwar schüchternen, aber doch entschiedenen Weigerung, Soldaten für Bushs Kreuzzug zu stellen, aus den Kinderschuhen gewachsen. Helmut Kohls Geste war vielsagend. Deutschland gehorcht nicht mehr Befehlen. Der Kontrast zu den anderen europäischen Ländern war auffallend, die wie eine zur Ordnung gerufene Schulklasse sich in Reih und Glied aufstellten und in einen Kreuzzug zogen, der europäischen Interessen zuwiderlief. (Selbst Ungarn entsandte einen Sanitätszug und beklagte sich dann, daß die kuwaitische Regierung diesen "Beitrag zu den Kriegsanstrengungen" in der Danksagung an die Allliierten nicht erwähnte). Die arabische Welt wird sich an die deutsche Enthaltung als an die erste unabhängige europäische Geste erinnern. De Gaulle pflegte solches zu proklamieren, Kohl hat gehandelt.

Abseits von den Leitartikeln in "Le Monde", "Die Zeit", "New York Times" erwartet man nicht von Deutschland, daß es ein gesichtsloses Etwas ist, ein Erinnerungsphoto der westlichen Demokratien, in das vergilbende Album von Jalta geklebt. Wurde schließlich Jalta nicht vor zwei Jahren an der Berliner Mauer herausgefordert? Jalta war ein zweiter Wiener Kongreß. Der erste konsolidierte und glorifizierte die Entscheidungen eines Quadrumvirats von Mächten und hielt etwas über eine Generation, was wohl das Zeitmaß von Weltordnungen ist. Die Heilige Allianz gab den Monarchien von Gottes Gnaden einen sakralen Anstrich, die Heilige Demokratie tat ein Gleiches mit der Volkssouveränität. Der Unterschied war, daß dieses Mal nicht das nachnapoleonische Frankreich, sondern das nachhitlerische Deutschland Gegenstand der Überwachung war. Nach 1815 wurde Frankreich in der Tat gezähmt, sein Expansionsdrang richtete sich nach Algerien und Tongking. Wie aber steht es heute mit den deutschen Ambitionen?

Damals besaß Frankreich in Europa kein Hinterland für expansionistische Bestrebungen. Deutschland besitzt in den 90er Jahren im Osten und Südosten ein gewaltiges Potential für seine Energien, ein Gebiet, das die Deutschen seit frühen Zeiten kannten, ein Gebiet, das sie bearbeitet, bevölkert, verteidigt, getauft haben – aber auch ausgebeutet, verwüstet und besetzt. Doch die Geschichte bietet nicht zweimal die gleichen Situationen, Chancen und Methoden. Was von Deutschland erwartet wird, ist, daß es seine legitimen imperialen Ambitionen erfinderisch verwandelt und erneuert. Ein Beispiel: Ich kann mich noch des Tages im April 1941 erinnern, als Pál Teleki, der ungarische Ministerpräsident, sich in den Kopf schoß – wegen seiner Machtlosigkeit, den Durchmarsch der Wehrmacht durch Ungarn nach Jugoslawien zu verhindern. Hinter diesem Selbstmord stand die Frustration des nachhabsburgischen Südosteuropas, das nach innen und außen unter den von Deutschland und Rußland gestellten Bedingungen leben mußte, von den Interessen, Ideologien und Rivalitäten dieser Länder abhängig war. Graf Teleki blickte genauso wie der König von Rumänien, der Oberst Beck, Eduard Benes sehnsüchtig nach Westen, von wo sie wider besseres Wissen trotz allem Hilfe erhofften. 1935 erhielt eine geheime rumänische Delegation, die sich über den wachsenden Einfluß Hitlers Sorgen machte, von London und Paris die beruhigende Versicherung, Hitler werde bald heiraten und ein bürgerliches Leben aufnehmen. Der springende Punkt ist, daß die Bevölkerungen nur langsam einsehen, daß auch heute keine Hilfe vom Westen kommen kann, daß eine "atlantische Orientierung" für Ost- und Mitteleuropa nicht in Frage kommt. London und Paris sind nicht interessiert, und Washington ist mit seinen Kreuzzügen im weichen Unterleib des Planeten voll beschäftigt (in den Philippinen, dem Mittleren Osten, Panama), aber wird sich kaum tief in das rätselhafte Rußland und das reaktionäre Osteuropa vorwagen. Walesa und Solschenizyn waren als Einzelpersönlichkeiten schon anstrengend genug, ganze Nationen von ihnen wären ungenießbar.

Man kann die Gelegenheit einfach nicht vorübergehen lassen. Deutschland sollte das Erbe des Habsburger Reiches antreten und um sich eine mittel- und osteuropäische Interessensgemeinschaft scharen. Widerstände gäbe es ganz sicher. Die unsichtbaren Geister – und Dämonen – der alten Nationen stehen bereit. Doch wenn man schon von Modellen spricht, warum dann nicht das Habsburger Modell? Natürlich ist unter diesem Modell nichts konkret Politisches zu verstehen, kein imperialer Rahmen. Doch ein Blick auf die Landkarte, läßt alt/neue Umrisse entstehen. Ein konvaleszentes Rußland stellt in den kommenden Jahrzehnten keine Gefahr dar. Selbst wenn eine Militärjunta die Macht übernehmen sollte, es würde sich nichts am russischen Interesse an freundlichen Beziehungen mit Deutschland ändern. Das ist im Fall der absplitternden Republiken, der Ukraine, Georgien, den baltischen Staaten noch mehr der Fall. Zwischen der Ostsee, der Ägäis und dem Don werden die erwachenden Nationen mit großer Wahrscheinlichkeit sich an Deutschland orientieren – der "Zentralmacht" von einst.

Ost- und Mitteleuropa erwarten von Deutschland, bei der Konsolidierung initiativ zu werden. Glücklicherweise kann dieses sich auf altgewohnte Erfahrungen und Gewohnheiten stützen, anders als die Modelle des "Vereinten Europas", das Norweger und Sizilianer zur Zusammenarbeit zwingt. Wenn irgendwo auf der Welt, dann gibt es hier im Herzen Europas ein Gefühl für wechselseitige Realitäten und ein Potential, das, wenn auch manchmal murrend, zur Zusammenarbeit fähig ist. Trotz aller Antipathien, schlechten Erfahrungen, Eifersüchten unter Nachbarn sind sich die Slawen, Germanen, Magyaren und Lateiner der Region der eigenartigen Harmonie bewußt, die sich in Jahrhunderten der Koexistenz gebildet hat, und das ist ein viel konkreterer Ausgangspunkt als all das wortreiche Geklingel über Völkerfreundschaft und weltweite Verständigung.

Der Leser wird mich vielleicht für einen Optimisten halten. Das würde von mir jedoch das erste Mal gesagt werden. Doch man muß einmal in Rechnung stellen, daß Optimismus über Mittel- und Osteuropa von gewissen Ideologen aufs Strikteste untersagt wird, die sich unentwegt gedrängt fühlen, über den Niedergang der Deutschen zu reden und ihn wenn möglich zu fördern. Die Deutschen wollen gar nicht die Einheit, sagten diese mit kaum verhülltem Triumph, sie sind Softies, Hedonisten, unklar und amerikanisiert. Das mag für den Touristen und den Meinungsforscher evident sein, nicht aber für den historischen Beobachter. Die Gefühle der Deutschen mußten sich immer um einen Mann, ein romantisches Ideal, eine große Aufgabe herum kristallisieren. Auch in der gegenwärtigen Situation wird die Größe der Aufgabe die Männer hervorbringen, die sie lösen werden.

All das ist keine Utopie und hat nichts mit den Predigten von Brüssel und Washington zu tun. Es ist nicht das unrealistische Projekt des Technokraten Jacques Delors, des Super-Bankers Attali oder der Gesetzgebung in vacuo von Straßburg. Es ist keine Utopie, weil die Elemente, die hier als "Habsburger Modell" zusammengetragen sind, konkrete, durch Erfahrung gehärtete historische Daten sind, die Psychologie der Völker, eine gemeinsame, aber nicht verschmolzene Kultur. Gerade weil es sich nicht um ein utopisches Projekt handelt, müssen wir einräumen, daß es, um es zu verwirklichen, der Macht bedarf, einer Macht, die mit Prestige verbunden ist. Deutschland verfügt über beides. Der zukünftige Graf Teleki muß sicher

316

gehen, daß die Geopolitik kein Fatum bedeutet, keine automatische Niederlage kleiner Nationen.

Das habsburgische Modell ist keine abstrakte Konstruktion und kein Anhängsel eines deutschen Marshallplanes. Es zeigt die Umrisse für die gegenwärtige Generation und für das sich bildende historische Bewußtsein, eine Erinnerung, eine Realität, ein Kulturideal. Es ist die robuste Basis, um eine Mentalität, eine Aspiration, einen Stil wiederzuerrichten. Ost- und Mitteleuropa hocken derzeit in einer Grube von Verzweiflung und Enttäuschung, Molièresche Quacksalber umstehen sie und wissen nichts von der relativen spirituellen Gesundheit von Ost- und Mitteleuropa. Andere Regionen des Westens sehnen sich nach einer Identität, nach einer Kultur jenseits des Multi-media-Betriebs, nach einer Reihe von Wahrheiten, die dem Leben die Zufriedenheit wiederschenken. Mitteleuropa ist noch immer der Platz, wo die Menschen Signale aussenden und empfangen können. Wenn man durch Budapest oder Prag geht, entdeckt man solche Signale im Verhalten der Menschen, in der Form der Bauten, in den Statuen auf den öffentlichen Plätzen und auf den Bänken.

Nation, Kultur, Symbole, ein gemeinsames Vokabular – das alles ist in Ost- und Mitteleuropa noch nicht verloren gegangen. Deutschland, das nach Hause findet, und das Dutzend Nationen, die es umgibt, werden diese Ideale diese Erinnerungen, diesen Sinn für das Heilige brauchen. Wir stehen vielleicht an der Schwelle einer mitteleuropäischen Symbiose, einem Gegengewicht zu den vielfachen und ephemeren Weltordnungen. Es wird viel von regionaler Zusammenarbeit und durchlässigen Grenzen geredet. Doch ist dies nur unter begrenzten Nationen mit klaren Identitäten, die sich in der Vergangenheit gebildet haben, möglich, sonst versteckt sich unter der Zusammenarbeit die brutale Oberherrschaft eines Partners – oder die Anarchie. Vielleicht sind nationale Identitäten nirgendwo anders so ausgesprochen wie in Ost- und Mitteleuropa, wo Jahrhunderte der Konflikte diese Identitäten durch Sprache, Musik, Dichtung, Religion und eine Fülle von Symbolen zugeschliffen haben. Westliche Denkfabriken sehen in diesen nicht-ökonomischen Realitäten Hindernisse für den Schmelztiegel, für den Welthandel, die Weltregierung. Aber die Mitteleuropäer wissen es besser. Nur deutlich unterschiedliche Personen – und Nationen – scheuen nicht davor zurück, eine gemeinsame Zukunft zu gestalten, da die Essenz bewahrt ist.

Mitteleuropa geht aus der Schmiede der Jahrhunderte und aus den jüngsten Konvulsionen als die einzige Region hervor, wo der Terminus "Gemeinschaft" nicht als Fassade für eine verschleierte Übernahme dient, oder als Etikett für eine entnationalisierte Superstruktur. Während dem atlantischen Westen die Ideale fehlen und nur ausgelutschte Schlagworte wiedergekäut werden, tritt Mitteleuropa in die Zukunft ein. Hatte Hegel unrecht, daß die Geschichte sich von Ost nach West bewegt?

Ludek Pachmann

Tschechen und Deutsche
Geschichtlicher Zwang zur Partnerschaft

In der Schule lernten wir vor dem Zweiten Weltkrieg viel von der gemeinsamen Geschichte der Deutschen und Tschechen im Herzen Europas. Vereinfacht geschildert wurde uns in der Volksschule und dann auf dem Gymnasium folgendes Bild der Geschichte Mitteleuropas eingeprägt:

"Zwischen dem Baltikum und der Donau lebten zwei grundverschiedene Völker: Ein
Volk von friedliebenden Tauben, das niemanden in der Welt haßte, niemanden unter-
drückte und Kriege nur dann führte, wenn es um seine bloße Existenz ging. Das waren wir
Tschechen. Das andere Volk war leider viel größer und neigte immer dazu, neue Gebiete
zu erobern, andere Völker zu unterdrücken. Das waren die Deutschen. Deshalb mußten
wir Tschechen uns gegen diesen Drang von West, Süd und Nord so oft heldenhaft verteidi-
digen. Die wunderbarste Zeit unserer Geschichte waren die Jahre zwischen 1420 und etwa
1435. Damals hatte die Wahrheit gesiegt. Die heldenhaften, zahlenmäßig völlig unterlegenen Heere unserer Hussiten sind bis zum Baltikum, vor die Tore Nürnbergs und in
andere Weltrichtungen weit vorgedrungen, haben die Kräfte der Finsternis besiegt und den
Kampf "Gegen alle" (so lautet der Titel eines Romans des national orientierten tschechischen Schriftsteller Alois Jirasek) ruhmreich gewonnen.
Da wir es jedoch nicht schafften, das Nachbarvolk endgültig zu zügeln, kam es zwei
Jahrhunderte später zu einer geschichtlichen Tragödie. Die tschechischen Truppen unterlagen dem päpstlichen Heer der Deutschen in der Schlacht am Weißen Berg bei Prag und
die "Finsternis" (der Titel eines anderen Buches desselben Autors) verbreitete sich über
unser schönes Land. Es herrschte der Friede des Grabes und erst im Jahre 1918 kam die
Welt wieder in Ordnung.

Der erste große Schock meines Lebens war dann nicht der Augenblick, als
mich im Alter von 17 Jahren die Gestapo inhaftierte (wegen einer ganz un-
schuldigen und dummen Demonstration!), sondern der Augenblick des
großen Sieges im Mai 1945, als mein so lange von Eltern und Schule vermit-
teltes Geschichtsbild erschüttert wurde, als nämlich in den Straßen Prags
Deutsche als lebende Fackeln brannten und Tausende von Zivilisten in Außig
und in anderen Städten ermordet wurden.

Die "Wahrheit siegt" war eine mir so liebe Parole des Präsidenten
T.G. Masaryk – und die nackte Wahrheit zeigte sich nun deutlich. Es gibt
eben keine Völker von Tauben und Falken; es gibt überall sündhafte Men-

319

schen,die oft dem Haß und dem Tötungstrieb verfallen, und die oft nicht begreifen, daß sie sich dessen schämen müssen und nicht bei anderen Schuld suchen dürfen.

Kurz danach habe ich mich öffentlich gegen die Vertreibung der Sudetendeutschen ausgesprochen (was wohl nur die Gnade Gottes war, da ich sonst in fast allen politischen Ansichten irrte!) und interessierte mich etwas später auch für die wahre Geschichte beider Völker. Es gibt auch tschechische Quellen, die dabei helfen, z.B. Werke des lange Zeit verdammten Historikers Prof. Josef Pekár.

Und es war wie ein spannender Krimi, z.B. zu erfahren, wie es mit der Schlacht am Weißen Berg wirklich war, daß dort keine Tschechen und Deutsche einander gegenüber standen, sondern deutsche Lutheraner aus dem Norden gegen deutsche Katholiken aus dem Süden. Auch die tausend heldenhaften "Mährer", die in dieser Schlacht bis zum Ende kämpften und damit angeblich die "Ehre der tschechischen Nation" gerettet haben, waren in Wirklichkeit deutsche Söldner aus Nordmähren und hielten aus zwei Gründen so lange stand. Erstens waren sie sehr gut bezahlt worden und außerdem hatte man ihnen eingeredet, daß die Verstärkung bald kommen würde.

In der Wirklichkeit hat die Niederlage am Weißen Berg den Fortbestand der tschechischen Nation gerettet, denn damals waren die Lutheraner viel militanter in nationalen (wenn auch man diesen Begriff bis das 19. Jahrhundert nur sehr bedingt verwenden kann!) Fragen, als die römisch gefärbten deutschen Katholiken. Und die so lange verleumdeten Jesuiten der damaligen Zeit retteten die tschechische Sprache.

"Noch heute sind solche Feststellungen für die Tschechen völlig neu und im ersten Augenblick fast unglaublich. Die mangelnden geschichtlichen Kenntnisse sind die Folge der letzten etwa 25 Jahre, in denen der Trend zur emotionellen Ablehnung des Nachbarvolkes bis zur grotesken Kampagne gegen die Deutschen ausgeufert ist.

"Deutsche Faschisten, Neonazis, Sudetendeutsche Revanchisten" – das waren die Feindbilder, mit denen das kommunistische Regime versuchte, seine Moskauhörigkeit zu begründen. Obwohl die kommunistische Propaganda für die breiten Schichten sehr wenig überzeugend klang, hatte sie gerade in diesem Bereich bestimmte Erfolge, die bis heute zu spüren sind.

Die Wende hat jedoch an einem historischen Tag begonnen: Am 21. August 1968 kam die Stunde der Wahrheit. Bei einer großen Demonstration der Prager Jugend beim Denkmal des Heiligen Wenzels (des gemeinsamen Heiligen der Tschechen und der Deutschen!) trugen die Demonstranten ein Transparent mit folgendem provozierenden Text: "Hoch lebe die Deutsche

Bundeswehr"! Aber es war keine bloße Provokation, sondern gleichzeitig ein Hauch der geschichtlichen Wahrheit. Bei einem meiner ersten Auftritte nach dem Einmarsch der Sowjettruppen habe ich damals – mit lauter Zustimmung meiner Zuhörer – folgendes gesagt:

"Zwanzig Jahre lang versuchten die Herren, uns davon zu überzeugen, daß wir von den Deutschen und ihrer Bundeswehr bedroht sind. Jetzt sind in unser Land asiatische Horden eingedrungen, und zusammen mit ihnen auch einige Deutsche. Es sind jedoch keine "westdeutsche Revanchisten" gewesen, sondern ist die von Moskau gelenkte Nationale Volksarmee der "DDR".

Übrigens hatte ich ein Jahr später über das Thema, Deutsche und Tschechen amüsante Polemiken mit den tschechischen Stasi-Leuten, die mich zum Widerruf meiner Äußerungen und zur Selbstkritik zwingen wollten. Leider blieb es nicht nur bei einer Überzeugungskampagne, aber ich habe auch viel härtere Methoden zwar nur knapp, aber doch überlebt. Und daß es wesentlich schlimmer war, als seinerzeit im Gestapo-Gefängnis, sei am Rande auch erwähnt, denn es ist vor allem in Deutschland der Eindruck sehr verbreitet, Folter, Konzentrationslager, Morden, sei nur Bestandteil der national-sozialistischen Ideologie. Die internationalistische kann es noch besser!

Als ich mich im November 1972, kurz vor unserer erzwungenen Auswanderung, in Prag von meinen damaligen politischen Freunden (zu denen auch hohe Persönlichkeiten der jetzigen Regierung gehörten) verabschiedete, habe ich ihnen eine Zukunftsvision vorgetragen, die erst jetzt, nach weiteren zwei Jahrzehnten in Prag "salonfähig" zu werden beginnt:

Die Hoffnung unseres Landes ist der Integrationsprozeß in Europa, in dem das wiedervereinigte Deutschland eine Rolle als "primus inter pares" übernehmen muß, weil kein anderes europäisches Land dazu genügend politische Stabilität, ökonomische Kraft und potentiell auch geistige Kraft hat. In diesem Integrationsprozeß muß ein stabiles Mitteleuropa das geistige Zentrum und ein Katalysator sein, wobei zwei Nationen den Weg zur echten und fruchtbaren Partnerschaft wiederfinden müssen, die sie in ihrer Geschichte etwa acht Jahrhunderte lang schon verband, wogegen nur etwa ein halbes Jahrhundert der Auseinandersetzungen, des Blutvergießens stand.

Die Deutschen und Tschechen, sagte ich damals, sind zwei außerordentlich fähige und fleißige Nationen und haben – gemeinsam fest verbunden – einst, in der Zeit Karl IV gemeinsam weiten Teilen Europas Frieden und Wohlfahrt gesichert. Und eine solche Zeit soll wiederkommen. Ich will nicht verschweigen, daß ich bei manchen meiner Freunde auf Widerspruch stieß. Einer von ihnen hat sogar ein wenig zornig aufgeschrien: "Mensch, das ist kaum auszuhalten. Wir warten jeden Tag, daß man uns genauso wie vorher Dich einsperrt, und Du quatschst von Karl IV!"

Aber Träume werden so oft zur Wirklichkeit und meine schon im August 1968 in Prag verbreitete Überzeugung "wer nicht an Wunder glaubt, ist kein Realist", hat sich doch bewährt: Obwohl es auch in Deutschland kaum jemand glauben wollte und obwohl ich mit meinen Vorhersagen, daß das kommunistische Machtsystem bis Ende der 80erJahre zusammenfallen und Deutschland wiedervereinigen würde, vor allem bei linken Meinungsmachern große Probleme hatte, ist es so weit: Auch unsere beiden Völker können nun einen neuen gemeinsamen Weg suchen.

Zugegeben: Die ersten Schritte sind keineswegs umwerfend ermutigend. In beiden Ländern gab es um den Freundschaftsvertrag zwischen Deutschland und der CSFR wenig erfreuliche, polemische Diskussionen. In Böhmen und Mähren (anders als in der Slowakei) wird jetzt, im Wahlkampf um dieses Thema eine krankhafte Hysterie produziert. Kommunisten und andere linke Kräfte versuchen mit aller Kraft, alte Vorurteile zu wecken, chauvinistische Astmosphäre der früheren Jahrzehnte wieder zum Leben zu rufen. Es ist eigentlich fast amüsant (wenn es gleichzeitig nicht traurig wäre!) etwas wie eine neue "Volksfront" bestehend aus Kommunisten, Sozialdemokraten und den alten "tschechischen Sozialisten" des einstigen Präsidenten Dr. E. Benés, wiedergeboren zu sehen, diesmal nicht mit "antifaschistischen", sondern mit offen nationalistischen Losungen.

Aber lassen wir uns davon nicht beirren. Die Mehrheit der normalen Bürger und vor allem junge, mit den Konflikten der Vergangenheit nicht belastete Menschen haben eine andere Meinung über unseren Nachbarn.

Anfang 1992 hatte ich, zusammen mit einem der Herausgeber der "Frankfurter Allgemeinen Zeitung" Dr. J.G. Reißmüller (übrigens stammt er aus Leitmeritz und versteht gut tschechisch!) eine interessante Begegnung mit 13-15-jährigen Schülern eines neuen Gymnasiums in Jungbunzlau – Zentrum der tschechischen Autoindustrie – organisiert. Es ist übrigens das erste Gymnasium für hochbegabte Schüler in der Tschechoslowakei.

"Wie findet Ihr die Deutschen?" Das war die Frage unseres Gastes und sein Gespräch mit Kindern (!) hatte dann eigentlich ein hohes Niveau. "Sie sind ordentlich, in Deutschland sind die Städte sauberer als anderswo. Schade nur, daß sie wenig Sinn für Humor haben", war eine der typischen Antworten.

Ein anderer Schüler fand die Deutschen etwas weniger fröhlich als die Franzosen. Meine Information, daß die Deutschen zwar etwas weniger Wein als ihre westlichen Nachbar aber umso mehr Bier trinken, war für den Schüler neu und hat ihn sichtlich beruhigt. Über die Frage, ob deutsche oder französische Autos besser sind, gab es eine Abstimmung, die zugunsten der deutschen Erzeugnisse ausfiel. Auch war die Mehrheit damit einverstanden, daß die Skoda-Werke nun der Volkswagen-Gruppe gehörten und die Firma Renault den Kürzeren in diesem Wettbewerb zog.

Eine Schülerin hat dann die Unterschiede zwischen den West- und den Ostdeutschen eingeleitet (Ausdrücke wie "Wessis" und "Ossis" sind dort natürlich unbekannt). Die "Ostdeutschen" (Mitteldeutschen) hätten sich schon immer großgetan und kommen jetzt mit der harten D-Mark und trumpfen noch mehr auf, lautete der Vorwurf. Etwas Neid war hier zu spüren. Die haben schon ihre harte Wähnung, wir nicht! Aber ich mußte mich an die Zeit nach August 1968 erinnern, als ich bei zahllosen Kundgebungen immer wieder auf die Äußerungen reagieren mußte, daß die Westdeutschen gut seien, und wir sie in ihrem sozial-ökonomischen Fortschritt nachahmen sollten, hingegen die Mitteldeutschen aus der DDR – nein, danke! Immer wieder mußte ich sagen, Leute, seid doch nicht verrückt, gerade die sind genauso arme Teufel wie wir, schon deshalb müssen wir zusammenhalten. Nein, sonst haben mir die Leute damals alles geglaubt, aber diese Argumente wollten sie mir doch nicht abnehmen. Und genauso argumentierte jetzt die etwa vierzehnjährige Schülerin. Dr. Reißmüller hat in seiner Reportage in der FAZ mit Recht geschrieben: "Wer will von tschechischen Kindern mehr Einfühlung in eine verzwickte Lage verlangen als von westdeutschen Erwachsenen!"

Aber die Schüler haben es schließlich doch verstanden, als ich ihnen erklärte, zwischen Sachsen und Bayern etwa gäbe es genauso Unterschiede, wie zwischen Tschechen aus Nordböhmen und Tschechen aus Südmähren. "Und wenn jemand in Südmähren über euch schimpft, kriegt er was von mir, da ich auch aus Nordböhmen stamme!" – da waren sie schon befriedigt.

Daß die Tschechen und die Deutschen zwei besonders fleißige Völker sind, hat allen außerordentlich gut gefallen. Sie behielten jedoch ihre Überzeugung, die tschechische Musik sei doch lieblicher als die deutsche, obwohl sie von Beethoven und Mozart genauso viel halten wie von Smetana und Dvorák. Apropos, den prominenten deutschen Journalisten haben die musikalischen und literarischen Kenntnisse der so jungen Schüler ganz besonders beeindruckt.

Es war eigentlich ein sehr optimistischer Eindruck, den wir nach dieser Begegnung hatten. Die tschechischen Kinder sind von der Vergangenheit weniger belastet als die deutschen. Das nationalsozialistische Regime ist für sie Geschichte und hat mit dem jetzigen Deutschland gar nichts zu tun. Sie hörten sich meine Erzählung darüber, wie ich gerade in ihrer Stadt im Gestapo-Gefängnis saß an, und waren mit mir völlig einig in der Auffassung, daß die Deutschen in ihrer ganz überwiegenden Mehrheit wahre Demokraten sind, mit denen man zusammenarbeiten soll.

Eigentlich hat die tschechische Jugend eine bessere Meinung über die Deutschen, über ihre Geschichte und ihre Gegenwart als die deutsche Jugend, war mein Eindruck. Auf diesem Gymnasium könnte kaum so was passieren, was ich auf dem Gymnasium der Jugenddorf-Christophorusschule in Altensteig erlebte:

Ein 15-jähriger Schüler kam zu mir und fragte mit zitternder Stimme: "Herr Pachmann, unser Religionslehrer hat uns gesagt, daß wir stolz darauf sein sollen, Deutsche zu sein. Ist es eigentlich nicht strafbar, was er sagte?" Ich stellte mich dumm, fragte ihn, warum es strafbar sein sollte. Seine Antwort "wegen Hitler" erwiderte ich mit der Frage, ob er zu den Sympathisanten dieses zweitgrößten Massenmörders der Geschichte gehört hatte. Das verwirrte ihn sichtlich und er hat gestottert, das konnte er doch gar nicht, weil er erst fünfzehn Jahre alt sei. Dann habe ich die Methode der Schocktherapie gewählt und ihn angeschrien, er solle freundlichst mit dem Blödsinn aufhören und wie jeder normale gesunde Mensch stolz auf seine Nation sein, vor allem an ihre positiven Leistungen denken und sich nicht durch bloße zwölf unselige Jahre ihrer Geschichte innerlich verkrüppeln lassen.

Auch das habe ich nun in Jungbunzlau den Schülern erzählt und sie haben sehr gut begriffen, daß die Deutschen überhaupt nicht überheblich sind, wie man es so oft behauptet, sondern daß sie seit einigen Jahrzehnten ganz im Gegenteil eher zu wenig gesundes nationales Selbstbewußtsein besitzen.

Nach so vielen öffentlichen Auftritten und Diskussionen in zwei vergangenen Jahren habe ich den Eindruck, daß es nicht nur die Kinder aus Jungbunzlau, sondern auch schon eine deutliche Mehrheit der erwachsenen Tschechen wohl versteht. Vielleicht sollte es auch unseren deutschen Freunden helfen, sich so lange nach dem Krieg nicht mehr anders zu verhalten, als übrige große europäische Nationen. Es ist doch schwer verständlich, daß in der Europäischen Gemeinschaft diejenige Sprache, die die größte Zahl der Europäer spricht, nicht gleichberechtigt sein soll mit Englisch und Französisch. Es ist kaum verständlich, daß Deutschland keinen festen Platz im Weltsicherheitsrat hat und daß es auch in verschiedenen internationalen Institutionen (z.B. im EG-Apparat) unterrepräsentiert ist.

Zu viel Bescheidenheit erweckt gerade bei großen Nationen nicht mehr Vertrauen, sondern eher den Verdacht, daß man mit seiner Geschichte nicht fertig wird und deshalb auch wenig über die Zukunft mitbestimmen kann.

Vielleicht wird es für die Deutschen leichter werden , wenn sie in Europa neue, verläßliche Partner finden und wenn nicht sie alleine, sondern ein regionaler Block für die Stabilität Mitteleuropas bürgt.

Eine notwendige Voraussetzung dafür ist jedoch, daß Deutschland eine bestimmte Einseitigkeit seiner Ostpolitik endlich überwindet, die man bis unlängst als "Gorbimanie" bezeichnen konnte; nämlich die fast ausschließlich auf das Gebiet der früheren Sowjetunion orientierte Ostpolitik, die im "Faß ohne Boden" sinnlos Abermilliarden verschwinden läßt und den mitteleuropäischen Raum vernachläßigt. Man sollte nicht vergessen, daß es einflußreiche Politiker im Westen gibt, die allzu gerne im Mitteleuropa nach dem unseligen Muster der Zeit von Weimar wieder etwas wie einen machtpolitischen Block gegen Deutschland bauen möchten. Der Name von G. Andreotti soll hier stellvertretend für andere genannt werden, der mit seiner kolosalen Idee einer "Pentagonale", später (nach Aufnahme Polens) sogar "Hexagonale" und noch später (nach dem Ausfall Jugoslawiens) wieder Pentagonale gerade solche Konzeption verfolgt. Oder vielleicht sollte man auch F. Mitterand erwähnen, der für seine total verückte Konzeption einer "Europäischen Konföderation" zeitweise auch tschechische Politiker gewonnen hat. Eine Konzeption, die nur einen Sinn haben soll: Die Amerikaner aus Europa zu verdrängen und die frühere Sowjetunion (die während der "Europäischen Konferenz in Prag im Frühjahr 1991 noch existierte!) auf ihren Platz durchzubringen.

Glücklicherweise fand diese Idee im tschechischen Volke keine Begeisterung und wie konnte sie auch. Alles, was mit Moskau zusammenhängt, ist für den durchschnittlichen Tschechen nach so bitteren Erfahrungen äußerst verdächtig.

Aber die tschechischen Politiker müssen ihrerseits zwei gewichtige Probleme lösen; zuerst das Problem der staatlichen Form unseres Staates. Es ist gegenwärtig ungefähr so, daß die Slowaken von den Tschechen zu viel verlangen und die Tschechen ihnen zu wenig geben wollen. So sind sie nicht bereit, sich vom "Tschechoslowakismus" endgültig zu trennen und die gleichberechtigte Existenz zweier souveränen Völker voll zur Kenntnis zu nehmen. Der erste und gleichzeitig wichtigste Schritt muß die Enthüllung der vollen Wahrheit über die Geschichte des nach 1918 entstandenen neuen Staates sein.

Es kann kein Tabu bleiben, daß beispielsweise die Hinrichtung des slowakischen Staatspräsidenten und Priesters Dr. Tiso kein Akt der Gerechtigkeit, sondern ein Akt der Rache, ein Justizmord gewesen ist. Es muß auch gestanden werden, daß nach 1918 die gegenüber den Slowaken übernommenen Verpflichtungen – zur Errichtung eines Vielvölkerstaates auf der Basis einer Föderation nicht erfüllt wurden und durch die Theorie einer staatstragenden "tschechoslowakischen Nation" im zentralistischen Staat ersetzt worden sind. Nur so kann man in Prag ein Entgegenkommen der Slowaken bei dem Aufbau einer funktionierenden Föderation, oder gar eines auf dem bürgerlichen (und nicht mehr nationalen) Prinzip aufgebauten Bundesstaates erwarten.

Gleiche Probleme, die mit den Daten 1918, 1938,1939-45 und der späteren Zeit zusammenhängen, belasten bis heute unser Verhältnis zu einem wesentlichen Teile des deutschen Volkes. Es ist ein Fehler, daß die mit der Vertreibung der Sudetendeutschen zusammenhängenden Probleme im Freundschaftsvertrag zwischen beiden Staaten nicht endgültig gelöst worden sind. Wenn sie noch länger offen bleiben, werden sie nicht nur den gegenwärtigen Wahlkampf in der CSFR, sondern auch künftige Politik beider Länder belasten.

Die ersten Schritte zur Versöhnung zwischen Tschechen und Sudetendeutschen waren erfolgreich. Denken wir an die Erklärungen der tschechischen, slowakischen und deutschen Bischöfe vom Frühjahr 1990, an die Entschuldigung des Präsidenten V. Havel an die Adresse der Sudetendeutschen und die Rede des deutschen Bundespräsidenten während seines Besuchs in Prag im März 1990. Aber Festreden reichen zur endgültigen Regelung dieses Problems nicht aus. Dafür muß man auch politische und rechtliche Voraussetzungen schaffen.

Manchmal kann ich abends nicht einschlafen, wenn ich daran denke, daß eine gerechte, ja fast selbstverständliche Lösung dieses Problems eigentlich ein "Ei des Columbus" ist und trotzdem Widerstand auf beiden Seiten erweckt.

Die tschechische (bei den Slowaken gibt es damit wohl so gut wie keine Probleme) Repräsentation muß eindeutig bestätigen, daß das Recht auf Heimat ein unabschaffbares, natürliches Menschenrecht ist und daß dieses Recht in den Jahren 1945-46 auf eine grobe Weise verletzt worden ist – von den damals begangenen schweren Verbrechen ganz zu schweigen. Die Konsequenz dieser Feststellung muß sein, daß jeder Sudetendeutsche, der es wünscht, das Recht haben muß, in die Tschechoslowakei zurückzukehren und die Staatsbürgerschaft der CSFR wiederzubekommen. Falls er es tut, wird er anderen Bürgern der CSFR auch bei der Rückgabe des Eigentums gleichgestellt. Eine Novelle des Restitutionsgesetzes müßte sichern, daß bereits das nach dem 8. Mai 1945 beschlagnahmte Eigentum der Vertriebenen (Kriegsverbrecher ausgenommen) entweder "physisch" zurück-erstattet, oder entsprechende finanzielle Entschädigung bezahlt wird. Leider findet eine solche Lösung vorerst auf keiner der beiden Seiten viel Sympathien. Ein Freund hat mir geschrieben, daß ich mir durch die Stellung-nahmen für die Sudetendeutschen "alle Chancen auf eine politische Karriere verdorben" hätte. Wozu ich nur bemerken kann, daß mir im ganzen Leben nichts mehr zuwider war, als der Gedanke, ich sollte mich irgendwie an der Machtausübung beteiligen. Ich habe schon bei zahlreichen sehr wertvollen Menschen erlebt, daß die Macht eine schreckliche Versuchung bedeuten kann, die den Charakter und persönliche Eigenschaften völlig verändert.

Aber auch einige sudetendeutsche Freunde brachen die Kontakte mit mir ab. Oft ist es in der Politik wie im Falle von streitenden Ehepartnern: man mischt sich in den Streit ein und bekommt unverzüglich Prügel von beiden Seiten.

Nur ein einziges Mitglied der Föderalregierung in Prag hatte genügend Mut, eine solche Regelung vorzuschlagen, er hatte natürlich keine Mehrheit auf seiner Seite. Und aus Äußerungen mehrerer sudetendeutscher Vertreter entnehme ich, daß eine solche Lösung für sie nicht weitgehend genug ist. Eine generelle Entschädigung aller und in der Sicht einiger sogar ein selbst-verwaltetes Gebiet für die zurückgekehrten Deutschen wird vorgeschlagen. Solche Forderungen zu akzeptieren, ist jedoch völlig unmöglich – aus öko-nomischen, politischen, aber auch rechtlichen Gründen. Auch die gebürtigen Tschechen und Slowaken, die seinerzeit die Tschechoslowakei verließen und im Ausland leben (manche von ihnen wurden dazu gezwungen und können als "Spätvertriebene" bezeichnet werden!), erhalten ihr konfisziertes Eigen-tum nur dann zurück, wenn sie zum dauernden Aufenthalt in die CSFR zu-rückkehren. Eine Sonderregelung für die Sudetendeutschen würde unter anderem gegen das Gleichheitsgebot der Verfassung verstoßen.

Und so ist es auch zwischen Tschechen und Sudetendeutschen ähnlich wie im Falle der Slowaken. Eine Seite bietet zu wenig an und die andere fordert zu viel. Und die Fronten verhärten sich dabei zunehmend, auf einer Seite treibt man mit diesem Problem eine unsaubere Politik des populistischen Wählerfangs, auf der anderen Seite verteidigen bestimmte Organisationen und ihre Funktionäre zu sehr ihre eigenen Interessen.

Aber ich bin auch in dieser Frage kein Pessimist. Auf zahlreichen öffentli-chen Veranstaltungen in Böhmen und Mähren, wo ich meine Meinung zu diesem Problem äußerte, ist es mir immer gelungen, den anfänglichen Wi-derstand vieler Zuhörer zu überwinden und eine überwältigende Mehrheit davon zu überzeugen, daß die Rückkehr einer bestimmten Zahl von Sudetendeutschen – viele würden (leider) nicht kommen! – keine Nachteile bedeuten würde, sondern ein Glück für die Tschechen wäre. Es würden Menschen aus Liebe zu ihrer ersten Heimat zurückkehren, denen es in keiner Weise um materielle Interessen ginge. Und Liebe brachte nie etwas negatives mit.

Die Geschichte hat ihre Gesetzmäßigkeiten und auch ihre Dynamik. Genauso wie der Sturz des despotischen, in allen Bereichen scheiternden kommunistischen Systems unausweichlich kommen mußte (trotz der so intensiven Bemühungen vieler westlicher Politiker, seine Existenz zu verlängern!), wird auch Mitteleuropa in einer geschichtlich sehr kurzen Zeit entsprechend seinen besten Traditionen eine einheitliche Region des Friedens und der Partnerschaft werden. Es werden im Böhmerwald, im Erz- und Riesengebirge und anderswo wieder echte "Böhmer" leben, die zwei Sprachen beherrschen, manche etwas besser die tschechische, andere etwas besser die deutsche. Und dann werden wir beim guten Bier darüber lachen, wie schwer sich es Politiker auf beiden Seiten mit solchen nebensächlichen Kleinigkeiten machten, bevor die geschichtliche Aussöhnung vollendet wurde.

Gerhard Müller-Schwefe

Bild oder Spiegel?

– Über das Deutschlandbild der Briten –

Die Entstehung eines Bildes von der Realität ist ein sehr komplexer Prozeß, in dem die Relation zwischen wahrnehmendem Subjekt und perzipiertem Objekt eine determinierende Rolle spielt. Die deutsche Sprache drückt dieses Produkt, in dem sich das Subjekt die Realität aneignet, mit dem sinnvollen Wort "Wirklichkeit" aus. Was für das wahrnehmende Individuum gilt, läßt sich auch für das "Bild" (*Image*) konstatieren, das eine Gruppe, ein Volk, eine Nation als wahrnehmendes Subjekt von einer anderen Gruppe, einem Volk usw. als perzipiertem Objekt hat. Historische und erlebte Wirklichkeit der Anderen verdichten sich zu einem Bild vom Fremden, dessen verschiedene Komponenten – Formen und Farben, Licht und Schatten – in einem Sinne gedeutet werden, der in dialektischer Relation zum Eigenbild des jeweilig Wahrnehmenden steht. Sobald politische, soziale und kulturelle Eigeninteressen mit ins Spiel kommen, regulieren diese weitgehend das Fremdbild. Mit anderen Worten: Es entsteht ein Bild, in dem der eigenen etablierten Werthaltung, dem gegebenen Bezugssystem und dem eigenen Erwartungshorizont entsprechend bestimmte Elemente selektiert werden, so daß das Fremdbild zum Gegenmodell des Eigenbilds werden kann.[1] Diese Reduktion der kognitiven Dissonanz resultiert in einer Reduktion der Realität zu einem simplifizierenden Stereotyp[2], dem die individualisierenden Charakteristika mangeln. Das gilt für den englischen John Bull ebenso wie für die französische Marianne, den Juan el Español, Uncle Sam und – last not least – den deutschen Michel. Solche Fixierung eines Bildes von der "Außenwelt" einer anderen Nation führt zu bestimmten daraus hervorgehenden Situationsbestimmungen, die dann vor allem im außen-politischen Bereich oft in praktische Entscheidungen umgesetzt werden können oder müssen. Es bedarf kaum einer detaillierten Begründung dafür, daß eine Analyse solcher "Fremdbilder" weder mit den Parametern der Historiographie, der Soziologie, der Psychologie oder Anthropologie allein zu bewerkstelligen ist. Ein vorsichtiger Versuch, am Exempel des Deutschlandbildes der Briten die Problematik eines solchen analytischen Verfahrens zu demonstrieren, muß sich in erster Linie der deskriptiven Methode bedienen, das heißt Fakten registrieren – immer in dem Bewußtsein, daß die Schlußkette von Ursachen

329

und Wirkungen an vielen Stellen brüchig ist, vor allem, wenn es darum geht, deutschlandpolitische Entscheidungen als Konsequenzen aus einem definierbaren Deutschlandbild zu deklarieren.

Drei weitere summarische Einschränkungen sind zu machen, ehe ich daran gehen kann, die farbenprächtige, sich in grellem Licht und düsteren Schatten darbietende Landschaft mit Worten anschaulich zu machen, die sich dem britischen Auge beim Blick über den englischen Kanal auf das unruhige kontinentale Deutschland bietet.

1. Zu keiner Zeit gab es im historischen Kaleidoskop in Großbritannien ein einheitliches Bild von Deutschland und den Deutschen. 2. Damit steht in engem Zusammenhang, daß es immer situationsbedingt mehr oder weniger stark voneinander abweichende Deutschlandbilder, zum Beispiel eines für den "inneren" und eines für den "äußeren" Gebrauch gab und gibt. 3. Zwar wird man – wie mir Freunde aus dem Vereinigten Königreich versichern – kaum ein englisches, schottisches und walisisches Deutschlandbild unterscheiden müssen; aber es wird sicher zwischen den Deutschlandbildern der – in Großbritanien immer noch relativ stark ausgeprägten – verschiedenen sozialen Schichten zu unterscheiden sein, wenngleich Presse (*Yellow Press* seit dem letzten Drittel des 19. Jahrhunderts), Film, Rundfunk und Fernsehen in wachsendem Maße egalisierend auf das britische Deutschlandbild aller Gesellschaftsschichten eingewirkt und immer mehr die natürliche Differenz zwischen öffentlicher Meinung und veröffentlichter Meinung eliminiert haben. – Als *Captatio benevolentiae* sei am Schluß dieser Hinführung zum Thema bewußt gemacht, daß ich mich nicht der unerfüllbaren Hoffnung hingebe, ein so komplexes und facettenreiches Phänomen, das zwar schon oft beschrieben, aber längst nicht ausreichend erforscht worden ist, auf dem mir zugemessenen begrenzten Raum hinreichend verdeutlichen zu können. Versuchen will ich nur, das Augenmerk auf einige besonders relevante Lichtoder Schattenpunkte des Gesamtbildes zu richten. Vieles muß dabei unerhellt bleiben.

I. Der deutsche Januskopf

"Das Bild einer bestimmten Nation ist niemals das Werk von ein paar Jahren, nicht einmal von einer oder zwei Generationen, sondern liegt in der Geschichte der letzten hundert oder hundertfünfzig Jahre oder sogar länger".[3] Diese richtige Beobachtung der irischen Germanistin Eda Sagarra muß durch die Feststellung ergänzt werden, daß das Bild der Briten von Deutschland und den Deutschen immer zwiespältig, widersprüchlich gewesen ist – bis auf den heutigen Tag. Die dichotome Unterscheidung bezieht sich einerseits auf den Deutschen als einzelnes Individuum im Gegensatz zu "den Deutschen" als Volk. Die Formulierung des langjährigen Staatssekretärs im Londoner *Foreign Office* Robert Vansittart in seinem 1941 in 14 Auflagen verbreiteten *Black Record. German Past and Present* kann dafür als symptomatisch gelten: "The German is often a moral creature; the Germans never, and it is the Germans who count. You will always think of the Germans in the plural if you are wise."[4] Auch wenn im Zweiten Weltkrieg linke Intellektuelle wie Victor Gollancz, Harold Laski, Kingsley Martin und andere diese Unterscheidung scharf zurückwiesen, drückt sie doch – nicht nur in der besonderen Situation des Krieges gegen Deutschland – eine als allgemein angesehene Erfahrung der Briten wohl aller sozialen Schichten aus. Umfassender und tiefgründiger ist die aus einem bestimmten Geschichtsverständnis abgeleitete Charakterisierung des deutschen Nationalcharakters in seiner Zwiespältigkeit: Die zwei Gesichter der Deutschen, die beiden Seiten der gleichen Medaille, sind auf der einen Seite Preußen-Deutschland (*Prussanism*) als Quintessenz eines auf Untertanengeist, Unfreiheit, Antiliberalismus und Bürokratie der Amtsstuben basierenden, von Junkern und Militärs dominierten Staates. Auf der anderen Seite erkennen die Briten der Mittel- und Oberschicht seit dem Beginn der Romantik und vor allem seit der Reichsgründung 1871 in Deutschland ein Gemeinwesen von Bürgern, die nicht nur eine hohe Kultur und ein effizientes Bildungswesen, sondern auch ein beispielhaftes Sozialwesen und fortschrittliche Leistungen in Naturwissenschaft (Chemie, Physik, Biologie) und Technik entwickelt haben. Vor allem auf Seiten der englischen Antiimperialisten wird die Trennung von deutschem Militarismus und deutscher Kultur deutlich ausgesprochen. So wies der Abgeordnete Seebohm-Rowntree bei Kriegsbeginn 1914 im Unterhaus auf die Leistungen der deutschen Literaten, der progressiven Denker und Philosophen hin und erklärte emphatisch: "These are not the men we want to fight".[5] Zu Beginn des Zweiten Weltkriegs lautete etwas zögerlicher, aber mit deutlicher Implikation, die Frage, die der Labour-Führer Aneurin Bevan am 20. September 1940 in der Zeitschrift *The Tribune* stellte: "... are we fighting the German people or the Nazis? ... Have these calamities been brought upon Europe by something which is intrinsic in the German people or is it the product of German political institutions and of the German Nazi Party?"[6] Der konservative Historiker George Macauley Trevelyan weist in seiner weitverbreiteten *British History in the 19th Century and After* (2. Auf. 1947, S. 363) aber darauf hin, daß nur Exzentriker und Intellektuelle wie [der Deutschlandkenner] Matthew Arnold und der Romanautor George Meredith 1870/71 gewarnt hätten, daß den deutschen Professoren und ihrem Geist zugleich etwas Bewundernswertes und etwas Gefährliches innewohne.[7] An der zwischen Bewunderung und Furcht geteilten Vermittlung dieses zwiespältigen Deutschlandbildes waren im 19. Jahrhundert englische Gelehrte, vor allem Historiker, wesentlich beteiligt. Während sich die "finstere und abstoßende" (*sinister and repellent*) Konnotation Deutschlands in dem Begriff *Prussianism* ausdrückt, wird das Wort *German* öfter mit neutraler bis positiver Assoziation verwendet. Bis zum Ersten Weltkrieg wird auch der Modellcharakter der deutschen Universität Humboldtscher Prägung, nach dem die Universität London 1826 als Gegenmodell zu den alten Universitäten Oxford und Cambridge gegründet wurde, anerkannt.[8] Studien- und Bildungsreisen nach Deutschland gehören für Kinder aus der *Upper Middle Class* und der Aristokratie zu den Selbstverständlichkeiten. Entfremdung und Ablehnung machen sich jedoch bereits im Vorfeld der ersten großen Kriegskatastrophe bemerkbar. Die Bedenken machen sich, wie Ulrich Schneiders Analyse "Die Deutschen Hochschulen in Westdeutschland nach 1945. Wandel und Kontinuität aus Britischer Sicht"[9] verdeutlicht hat, schon vor 1914 und dann in verstärktem Maße in der Zeit von 1918 bis 1945 bemerkbar. Sie richten sich gegen die enge Bindung der Universitäten und ihrer Professoren an den Staat, gegen nationalistische Einflüsse (Heinrich von Treitschke), gegen den männerbündischen Charakter (vor allem) der schlagenden Studentenverbindungen sowie die antiliberalen Wertorientierungen und den elitären Charakter des "akademischen Adels". Ein Teil dieser Kritik aus englischem Munde mag paradox erscheinen angesichts des englischen Systems der *Public Schools* und des elitären Charakters von *Oxbridge*, deren jahrhundertelange nationalistische Ausrichtung erst in jüngerer Zeit einem linken Liberalismus gewichen ist. Auf eine negative Seite des deutschen Universitätssystems hat der aus Deutschland stammende Soziologieprofessor Ralf Dahrendorf, inzwischen zum *Warden* des *St. Anthony's College* in Oxford avanciert und geadelt, aufmerksam gemacht. Deutsche Studenten verweilen während ihres zu langen Studiums in relativ abhängiger Position. (Dahrendorf hält übrigens die britischen Universitäten für die besten in Europa.)[10]

Hier drängt sich naturgemäß die Frage auf, aus welchen Quellen sich die realen oder vermeintlichen Kenntnisse speisen, die sich dann in einem mehr oder weniger deutlich erkennbaren Bild von Deutschland und den Deutschen konkretisieren. Niemand kann auf diese Frage eine kurze und zugleich erschöpfende Antwort geben; doch will ich versuchen, einige Teilbereiche abzustecken, in denen sich eine solche Bewußtseinsbildung abspielt. Dabei orientieren wir uns an der Entwicklung der verschiedenen Lebensalter eines britischen Bürgers.

Ein Forschungsprojekt, das 245 britische Kinderbücher aus der Zeit zwischen 1871 und heute auf die darin dargestellten Deutschen untersucht hat[11], kommt zu dem Ergebnis, daß auch hier der deutsche Januskopf sichtbar wird. Das Charakterbild der Deutschen hat zwei Hauptzüge: Die britischen Kinder begegnen in den Büchern einerseits dem gemütlichen Deutschen ("komplett mit Weihnachtsbaum"), religiös, sentimental, musikalisch und naturliebend. Allerdings spielen in weniger als 3% der Bücher Kunst und Kultur im Kontext mit Deutschen eine wichtige Rolle. Wenn übrigens – selten genug – deutsche Wissenschaftler vorkommen, dann sind sie meist Spione oder Bombenkonstrukteure. Einen Schrecken jagen den Kindern aber die "häßlichen Deutschen" ein, unter denen der militaristische Preuße in seiner Grausamkeit den Hunnen gleichkommt, wie sie in den Comics dargestellt werden. In 75% der Kinderbücher, deren Schauplatz der Erste Weltkrieg ist, heißt der Deutsche *Hun*; in Büchern, die im Zweiten Weltkrieg spielen, werden nur noch 2% der Deutschen so bezeichnet. Der Typus des Hacken zusammenschlagenden, fluchenden und betrunkenen Deutschen erscheint *nach* dem Ersten Weltkrieg. Trunksucht als Hauptlaster der Deutschen findet sich bereits in der englischen Elisabethanischen Literatur. William Shakespeare läßt die umworbene schöne Portia im *Kaufmann von Venedig* (I,2.79-86) auf die Frage, wie ihr der junge Deutsche, der Neffe des Herzogs von Sachsen, gefalle, antworten: "Sehr schlecht des Morgens, wenn er nüchtern ist und am schlechtesten am Nachmittag, wenn er betrunken ist."[12] Die äußere Erscheinung des Deutschen ist einheitlich. Er ist blond, blauäugig und von schwerem Körperbau. So beschreiben ihn alle Texte von der frühesten Zeit bis heute. Das deutsche Tennisidol Boris Becker hat zwar bei der britischen Jugend eine Lanze für die Deutschen gebrochen. Aber auch er bestätigt für sie in seinem Äußeren die immer noch typischen Kennzeichen: "He is blond, has blue eyes and an enormous bum". – Eine Umfrage bei 1453 britischen Oberschülern (in *Secondary Schools*) ergab, daß 62% der Befragten das gleiche Bild vom Deutschen als "well-built" haben, was synonym mit dick, fett, korpulent ist.[13] Stammt dieser uniforme Eindruck nun aus den Kinderbüchern, oder aus eigener Erfahrung? – Eine neue Wertung der Deutschen setzt den Untersuchungen zufolge in der Jugendliteratur seit 1967 ein. Die Stereotypen werden aufgebrochen, in zwei Drittel der Texte kommt das Thema Krieg vor; aber man findet neuerdings in den Büchern Deutsche, die unter dem Krieg leiden. Es dürfte schwierig sein, eine präzise Aussage über das *quid pro quo*, das heißt über das kausale Verhältnis zwischen den dargestellten Stereotypen und der ihnen entgegenkommenden Erwartungshaltung der jungen britischen Leser, die auch von anderen Einflüssen abhängig ist, zu machen. Auffällig, aber als Ergebnis einer unvermindert fortdauernden Propaganda in Film, Funk und Fernsehen nicht überraschend ist die auch bei jungen Briten anzutreffende Assoziation Deutscher gleich deutscher Soldat (meistens Offizier) gleich Nazi mit dem dazugehörigen Gesamtfeld negativer physischer, moralischer und inhumaner Qualitäten. Eine Tübinger Studentin, die 1986/87 als *Assistant Teacher* an einer englischen Schule Deutschunterricht gab, berichtete, sie sei "immer wieder von Knirpsen, die irgendwie mitbekommen haben, daß ich die deutsche Assistentin bin, auf dem Gang mit dem Hitlergruß 'gegrüßt' worden." Die Traditionskette, in der die Deutschen in der Symbolfigur des Soldaten-Offiziers in Knobelbechern, im Stechschritt einherstolzierend, laut, dumm und brutal verkörpert werden, beginnt im Ersten Weltkrieg und ist dann in der stereotypen Figur des Nazi-Offiziers während des Dritten Reiches und vor allem während des Zweiten Weltkrieges komplettiert worden.[14] Der Beitrag, den Spielfilme meist amerikanischer Produktion zu diesem Bild vom tölpelhaften, aber grausamen deutschen Nazi-Offizier geleistet haben, wie er wohl zum ersten Mal in den nach den Tarzan-Romanen von E.R. Burroughs gedrehten Filmen auftritt und bis heute im Massenmedium Fernsehen gepflegt wird, ist besonders nachhaltig wirksam. Angesichts dieses Sachverhalts fragt man sich, welche Rolle bei der Vermittlung eines sachbezogenen Bildes von Deutschland und den Deutschen die Schulen in ihrem Unterricht und die Universitäten in der Ausbildung von Deutschlehrern spielen. Hier können nur einige wenige Fakten zusammengestellt werden, die aber von einiger Aussagekraft sind – ohne dem Thema voll gerecht werden zu können. Zunächst ist von Interesse, daß nach einer Studie von 1988 nur 38% der 16-jährigen britischen Schüler überhaupt eine moderne Fremdsprache lernen, wie der Vorsitzende des *National Curriculum Council* Duncan Graham kürzlich mitteilte.[15] 1991 legten rund 70000 britische Schüler im *Advanced Level* für das *General Certificate of Education* die Prüfung in Deutsch ab (im Fach Französisch waren es dagegen doppelt so viele, rund 180000).[16] Als Standardtext für landeskundliche Deutschlandkenntnisse dient der im Auftrage des Presse- und Informationsamtes der Bundesregierung herausgegebene Band *Tatsachen über Deutschland. Facts about Germany*, das in der Aktualisierung des Materials vor allem im politischen Bereich und in der Vermittlung neuer Schlüsselbegriffe hinter der Entwicklung oft sehr zurückbleibt, wie ein Vergleich der Ausgaben von 1984 und 1986 erkennen läßt.[17] Als Textgrundlage für die Begegnung mit deutscher Lyrik diente das den Geschmack des letzten Viertels des 19. Jahrhunderts widerspiegelnde

Oxford Book of German Verse, das 1911 unter der Ägide von Gerhart Hauptmann durch den 1862 geborenen Hermann Fiedler besorgt wurde und die deutschen Versionen ohne Übersetzungen abdruckte. Diese Anthologie wurde erst 1957 von der *Harrap Anthology of German Poetry* abgelöst, die der Bristoler Germanist August Closs gemeinsam mit T. Pugh Williams herausgab. Nach Meinung des erfahrenen Germanistik-Professors Leonard Forster entsprach sie aber nicht mehr dem Zeitgeist, so daß dieser *The Penguin Book of German Verse* als eine Anthologie "von einem Engländer für ein englisches Publikum gemacht" besorgte.[18]

An britischen Universitäten blieb die deutsche Sprache lange unberücksichtigt, und erst in den achtziger Jahren des vorigen Jahrhunderts war sie bei der Erlangung eines akademischen Grades zugelassen. Allmählich wandelte man die *Lectureships* in Professuren um.[19] Am Bedford College der Londoner Universität wurde bereits 1853 ein germanistischer Lehrstuhl gegründet und mit dem Deutschen Gottfried Kinkel besetzt.[20] 1918 gab es an den 15 britischen Universitäten und Colleges 12 germanistische Professuren, deren Lehrpläne und Examenstexte sich (ähnlich wie übrigens in Deutschland auch) auf Mittelhochdeutsch und die Literaturen des 18. Jahrhunderts und der Klassik beschränkten. Die neuere Literatur war auch noch in der Mitte des 20. Jahrhunderts kaum Gegenstand der akademischen Lehre.[21] Geschätzt wurde (auch in anderen Fächern) die exakte positivistisch-philologische Methode, deren wissenschaftliche Ergebnisse weitgehend in deutschsprachigen Publikationen zugänglich waren; so erklärt es sich, daß viele britische Gelehrte um die Jahrhundertwende sich Deutschkenntnisse aneignen mußten. – Mit der Machtergreifung des Nationalsozialismus änderte sich die positive Einstellung britischer Gelehrter zur deutschen, bisher – wie man das sah – auf Objektivität und Wahrheit verpflichteten Forschung, weil sie nunmehr, wie beispielsweise der Londoner Germanist L.A. Willoughby in *The Year's Work in Modern Language Studies* vol. 4 (1933) schrieb, "Pamphlete der Kulturpropaganda und ein Glaubenbekenntnis zum Hitlerismus" seien. Eine Unterscheidung zwischen "Reichsgermanistik" und "akademisch-akzeptablen Arbeiten" setzt sich bei den britischen Germanisten nach 1933 aber erst langsam durch. So beschreibt Willoughby in einem Aufsatz "The Romantic Background of Hitlerism"[22] zu Beginn der Hitler-Diktatur das neue deutsche Nationalbewußtsein und die nationalistische Literatur als Ausläufer der auch in England nachhaltig wirksamen deutschen Romantik und des Idealismus Fichtescher Prägung. Er erklärt dies als verständliche Reaktion auf die Politisierung durch die Liberalen, ohne daß er den ideologischen Kern des Nationalsozialismus begriffen hätte. Andere britische Germanisten zeigten mehr

Sympathie für Vertreter der sogenannten Inneren Emigration in Deutschland als für die in Großbritannien gestrandeten deutschen Emigranten. Die Mehrheit blieb jedoch sowohl zu den Nationalsozialisten als auch zu den Emigranten auf Distanz. Zudem erklärt sich die wenig prononcierte Ablehnung des Nationalismus bei manchen britischen Wissenschaftlern daraus, daß sie viele der Schlüsselbegriffe der nationalsozialistischen Weltanschauung, wie "völkisches Bewußtsein", "Volksgemeinschaft", "Rassenreinheit", "Blut und Boden" u.a. schlichtweg nicht verstehen konnten, weil sie diese mit ihrem eigenen semantischen Sprach- und Normenverständnis und in dem eigenen Weltbild adäquat zu erfassen nicht in der Lage waren.[23] Die NS-Realität wurde hier einfach verfehlt.[24] Dem Autor Hans Grimm gelang es sogar noch nach 1933, zu seinen *Lippoldsberger Treffen*, die der englisch-deutschen Verständigung und Freundschaft dienen sollten, angesehene britische Germanistik-Professoren wie Bruford (Edinburgh), Bennett (Cambridge) und Willoughby (London) einzuladen, wo er sie zum Beispiel im Jahre 1936 mit R.G. Binding, Borries von Münchhausen, Rudolf Alexander Schröder, Paul Alverdes, Bruno Brehm, Edwin Erich Dwinger und anderen zusammenführte – nicht gerade einer Auswahl von eindeutigen Gegnern des Nationalsozialismus. Erst 1942 schreibt Gilbert Waterhouse, Germanistik-Professor in Belfast, im Vorwort zu seiner *Short History of German Literature*: "Ich komme nicht um die Schlußfolgerung herum, daß ein großer Teil unserer wissenschaftlichen Studien der deutschen Literatur der letzten vierzig Jahre von einer zu bereitwilligen Akzeptanz deutscher Werte gefärbt war."[25] –

Nach 1945 haben sich die Kontakte zur deutschen Wissenschaft erst langsam normalisiert, obwohl man noch viele Jahre nach der Rehabilitation der deutschen Universitäten von nicht wenigen britischen Kollegen eisige Distance zu spüren bekam. So wird den Kenner der Szene auch nicht überraschen, daß die Nachwehen von durch das III. Reich in Großbritannien besonders provozierter Abneigung gegen "die Deutschen" bei besonderen Anlässen sofort wieder in Erscheinung tritt, wie das zum Beispiel die deutlich negative bis empörte Reaktion britischer Massenblätter, der Medien und nicht weniger Parlamentamitglieder auf den deutschen Vorschlag zeigt, Deutsch neben Englisch und Französisch als dritte, da in der Europäischen Gemeinschaft nach der Herstellung der deutschen Einheit meistgesprochene Sprache auch in der EG-Verwaltung einzuführen. Die Assoziationen, die hier bewußt wachgerufen werden, sind klar erkennbar, wenn zum Beispiel das Massenblatt *Daily Star* (Auflage 850 000) am 5. Januar 1992 in einem Leitartikel schreibt: "Ihr Führ... sorry ... Kanzler Helmut Kohl, will jetzt, daß die scheußliche, kehllautige Sprache bei EG-Treffen gleichberechtigt neben

Englisch und Französisch benutzt wird." Der konservative *Backbencher* Jerry Wiggin kommentiert: "Andere EG-Länder werden diesen Aufstieg des deutschen Nationalismus echt übelnehmen. Er ist absolut unverständlich, und ich persönlich bin deshalb sehr unglücklich und skeptisch."[26] Welche Allgemeingültigkeit man positiven Aussagen wie denen des aus Deutschland stammenden Herausgebers des *Punch* William Davis in der (ganz der Bundesrepublik gewidmeten) Ausgabe vom Februar 1973 zumessen darf, ist schwer einzuschätzen. Davis schreibt: "Über Deutschland und die Deutschen gibt es zahllose Verallgemeinerungen, und die meisten sind entweder veraltet oder Unsinn. Die Deutschen sind nicht mehr militaristisch. Die Jugend hat eine Abneigung gegen den Militärdienst und die gegenwärtige Deutsche Bundeswehr kann man kaum als das Muster eines Kampfinstruments bezeichnen. Die Deutschen sind nicht in einem besonderen Sinne chauvinistisch. Das gaben sie nach dem letzten Krieg auf. Die Deutschen sind wahrscheinlich das am meisten international gesonnene Volk Europas. Die Deutschen trauern den Tagen nazistischen Ruhmes nicht nach. Die Partei der Neo-Nazis, unter der Führerschaft eines neuen Adolf [von Thadden], hat keine Fortschritte gemacht. Die Deutschen zeigen keinen blinden Gehorsam; ihr Autoritätsrespekt ist nicht größer als der unsere. Sie essen sogar nicht mehr Sauerkraut als jeder andere. In einer kürzlichen Meinungsumfrage haben nur drei Prozent der Befragten Sauerkraut als ihre Lieblingsspeise angegeben."[27]

Seit dieser Äußerung sind fast zwanzig Jahre vergangen. War William Davis nur die Stimme eines Rufers in der Wüste? Oder wandelt sich das Bild vom janusköpfigen Deutschen in Britannien allmählich? Ein (einigermaßen vorurteilsfreies), facettenreiches Kaleidoskop, das der bisher nur als Frankreichkenner ausgewiesene John Ardagh von *Germany and the Germans* (London, 1987) mit kenntnisreicher Unterstützung seiner deutschen Frau Katharina als "consultant and research assistant" entworfen hat, gibt dieser Auffassung neue Nahrung.

II. Leitlinien der britischen Deutschlandpolitik

Dem Historiker bietet sich bei einer Analyse des britisch-deutschen Verhältnisses während der vergangenen zweihundert Jahre ein durch seine scheinbare Einlinigkeit und unbeirrbare Konsequenz überraschendes Phänomen. Das Ziel der englisch-britischen Außenpolitik war jahrhundertelang und vor allem seit der Bildung und Festigung der Nationalstaaten auf dem europäischen Kontinent die Aufrechterhaltung der *Balance of Power*, d.h. des Gleichgewichts der kontinentalen Kräfte, bei dem sich niemals die Vorherrschaft einer Macht herausbilden sollte. Wenn dieser Fall einzutreten drohte, war England stets zum Eingreifen – meist mit Subsidien, in seltenen Fällen auch mit Truppen – bereit, wie vor allem die "Beziehungen" Englands zu Spanien und Frankreich als sich ablösenden Vormächten in Europa demonstrieren. Wenn sich so die Staaten auf dem Kontinent gegenseitig in Schach hielten, konnte sich das britische Weltreich – zunächst als *British Empire*, im 20. Jahrhundert mit dem zunehmenden Streben der einzelnen Teile (vor allem Kanadas, Australiens, Neuseelands und Indiens) nach Selbständigkeit das immer noch, vor allem in der Außen- und Wirtschaftspolitik von London aus gesteuerten *Commonwealth of Nations* – unter dem Schutz einer die Weltmeere beherrschenden britischen Flotte ungestört entfalten.

Solange die deutschen Kleinstaaten in einem vielgliedrigen losen Verbund existierten, drohte von Mitteleuropa aus keine Gefahr für dieses Gleichgewicht auf dem europäischen Kontinent. Die Lage änderte sich für England schlagartig mit der Gründung des Deutschen Reiches 1871. Die englische Reaktion auf Preußens Führung war zwiespältig, zeigt aber bereits deutlich die Charakteristika der britischen Deutschlandpolitik, die sich in ihren Leitlinien bis zum Ende des 20. Jahrhunderts nicht mehr ändern zu wollen scheint. Während die britischen Liberalen das neue Deutsche Reich als Gegengewicht gegen Rußland und Frankreich unter machtpolitischen Gesichtspunkten als für England günstig beurteilten, hatten die Konservativen gegen diese Gewichtsverlagerung erhebliche Bedenken. In seiner Unterhausrede vom 9. Februar 1871 sprach Benjamin Disraeli von der deutschen Einigung als "German revolution". Daß England von dieser Veränderung am meisten betroffen sei, darunter am meisten zu leiden habe, sprach er unter Verwendung des für die englische Kontinentalpolitik charakteristischen Vokabulars aus: "The balance of power has been entirely destroyed, and the country which suffers most, and feels the effects of this great change most, is England."[28] Die Folgen dieser, die britische Deutschlandpolitik immer mehr determinierenden, Lagebeurteilung zeigten sich erst allmählich, intensivierten sich aber gegen Ende des 19. Jahrhunderts, wobei deutsche Reaktionen und Aktionen (Marokko-Krise 1896 und die Sympathie der deutschen Öffentlichkeit für die Buren, gegen England; das deutsche Flottenrüstungsprogramm) den führenden englischen Politikern und der gegen Deutschland propagandistisch immer deutlicher agitierenden Presse des Lord Northcliff (*The Daily Mail*, später auch *The Times*) willkommene Anlässe lieferten. Der in der machtpolitischen Konstellation begründete Antagonismus erhält nun eine zusehends deutlicher betonte ideologische Rechtfertigung – etwas, das den Deutschen im Ersten Weltkrieg immer fehlte –: Deutschland-Preußen ist der Inbegrif von Militarismus und Unterdrückung, während England für Freiheit, Demokratie und Individualismus steht. Die nun an den Pranger der Weltpolitik gestellten antidemokratischen und militaristischen Grundströmungen der deutschen Geschichte weden nach bewährter Methode personalisiert: Die direkte Traditionslinie führt von Friedrich dem Großen über Bismarck und Kaiser Wilhelm II. zu Hitler und – seit der deutschen Wiedervereinigung 1990 – gar bis zu Helmut Kohl. Auffallend ist, das – schon im vorausgehenden Abschnitt unter anderer Perspektive dargestellte – Bestreben, sowohl im Ersten wie im Zweiten Weltkrieg zunächst bei der Bestimmung der Kriegsziele einen Unterschied zwischen dem deutschen Volk und der es regierenden, ja unterdrückenden Herrscherschicht zu machen, gegen die allein der Krieg sich richte. So erklärte der damalige Chancellor of the Exchequer (Schatzkanzler) David Lloyd George am 19. September 1914: "We are not fighting the German people. The German people are under the heel of this military caste, and it will be a day of rejoycing for the German peasant, artisan and trader, when the military caste ist broken." (*Through Terror to Triumph*, 1915)[29]. Ganz ähnliche Erklärungen sind für die britische Kriegszielsetzung im Zweiten Weltkrieg zu hören. Am 5. September 1939 proklamiert Premierminister Neville Chamberlain in einer in der *Times* abgedruckten persönlichen Botschaft an das deutsche Volk: "In this war we are not fighting against you, the German people, for whom we have no bitter feelings."[30] Aber im Verlaufe beider Weltkriege wurde die Unterscheidung zwischen dem Krieg gegen Militarismus, Preußentum und nazistischem Expansionismus einerseits und dem friedliebendem und von den Machthabern unterjochten deutschen Volk aufgegeben. Am Ende des Ersten Weltkriegs werden Regierung und deutsches Volk nicht mehr als getrennte und daher verschieden zu behandelnde Parteien angesehen, wie vor allem dann die Bestimmungen des Versailler Vertrages beweisen. Am Ende des Zweiten Weltkriegs, dessen Bombenterror sich bewußt gegen die Zivilbevölkerung richtete, stand es für die Briten fest, daß neben einer strukturellen Schwächung des Reiches das ganze deutsche Volk einem Prozeß der *Reeducation* unterzogen werden müsse, um sicherzustellen, daß Deutschland nicht zwanzig Jahre nach der Niederlage imstande sein würde, die Welt erneut mit Krieg zu überziehen.[31] Unbeschadet der heute von den Historikern kontrovers diskutierten Kriegsschuldfrage läßt sich feststellen, daß es in beiden Weltkriegen das vornehmliche Kriegsziel Großbritanniens war, das Machtpotential in Mitteleuropa zu zerstören, um das Gleichgewicht der

Kräfte auf dem europäischen Kontinent wiederherzustellen. So wird auch verständlich, mit welch gemischten Gefühlen in Großbritannien die deutsche Wiedervereinigung seit 1990 betrachtet wird. Schlaglichtartig wird die Situation erhellt, als nach den antideutschen-antieuropäischen Äußerungen des daraufhin entlassenen britischen Handels- und Industrieministers Nicholas Ridley im Magazin *The Spectator* vom 11. Juli 1990 das Geheimprotokoll einer Beratung bekannt wurde, zu der die damalige Premierministerin Margaret Thatcher am 24. März 1990 in ihrem Amtswohnsitz Chequers neben ihrem Außenminister Douglas Hurd drei britische und zwei amerikanische Historiker und Journalisten (u.a. Lord Dacre [Trevor Roper], Norman Stone, Fritz Stern, Gordon Craig und Garton Ash) als Deutschland-Experten eingeladen hatte. Durch eine Indiskretion war das von Thatchers persönlichem Sekretär Charles Powell erstellte Protokoll der Besprechung am Morgen nach Ridleys Rücktritt im *Independent on Sunday* zu lesen.[32] Man erkennt die verblüffenden Parallelen zum britischen Bild von Deutschland und den Deutschen, wie es seit mehr als hundert Jahren in kräftigen Farben gemalt wird. Es heißt in dem Protokoll, zwar hätten mehrere Anwesende mit Nachdruck die Meinung vertreten, "daß die heutigen Deutschen sich von ihren Vorgängern sehr deutlich unterscheiden. Trotzdem orientiere sich unsere grundsätzliche Meinung über die Deutschen noch immer an der deutschen Geschichte von Bismarck bis 1945. Das war die Zeit des Deutschen Reiches, das geprägt war durch den neurotischen Drang zur Selbstbehauptung, eine hohe Geburtenrate, ein geschlossenes Wirtschaftssystem, eine chauvinistische Kultur." Die Frage "Haben die Deutschen sich geändert?" wird mit einem "Jein" beantwortet. Während Deutschland nach der als ungerecht empfundenen Niederlage von 1918 unverändert "das Gefühl einer historischen Mission Deutschlands" gehabt habe, sei das nach 1945 "völlig anders" gewesen. "Da gab es kein Gefühl einer historischen Mission mehr, keine Lust auf Eroberungen, keinen Militarismus. Erziehung und Geschichtsschreibung hatten sich gewandelt." Doch hätten nicht alle hier versammelten Deutschland-Experten diese Meinung geteilt. Vorbehalte gegen Deutschland bezögen sich "auf die gesamte Ära nach Bismarck und hätte notwendigerweise zu einem tiefen Mißtrauen geführt. Die Art, wie die Deutschen gegenwärtig ihre Ellenbogen gebrauchten und ihr Gewicht in der Europäischen Gemeinschaft zum Tragen brächten, lasse vermuten, daß sich noch nicht allzuviel geändert habe", heißt es in dem Geheimprotokoll weiter. Dies stimmt mit der Interpretation des entlassenen Ministers Nicholas Ridley überein, wenn dieser in seinem *Spectator*-Interview feststellt, das deutsche Drängen auf eine europäische Währungsunion sei eine "deutsche Machenschaft mit dem Ziel, ganz Europa zu übernehmen, die vereitelt werden" müsse. ("This is all a German racket designed to take over the whole of Europe. It has to be thwarted.") Dem stimmt auch der Kolumnist John Williams zu, der in der *Financial Times* am 5. Januar 1992 Ridleys Befürchtung, in einem einigen Europa mit so starker deutscher Wirtschaftskraft werde es schwieriger sein, eine "balance of power between the main continental powers – the traditional aim of U.K. foreign policy" aufrecht zu erhalten, durchaus teilt. In dem Geheimpapier wird dann protokolliert, daß "selbst die Optimisten unter uns" gewisse Befürchtungen hinsichtlich der Auswirkungen der Vereinigung auf das Verhalten der Deutschen in Europa nicht unterdrücken konnten, zumal "historische Ängste vor Deutschlands Mission in Ost- und Mitteleuropa wiederbelebt worden seien". Hier werden offensichtlich die traditionellen Leitlinien der britischen Deutschlandpolitik und die Strategie des *Balance of Power* wieder klar erkennbar, wenn es heißt, Großbritannien müsse "vor allem anderen die Position Gorbatschows berücksichtigen ... in einem bestimmten Ausmaß seien sowjetische und osteuropäische Interessen mit denen Westeuropas identisch, ... weil auf lange Sicht (unter Voraussetzung ihrer fortgesetzten Demokratisierung) die Sowjetunion als einzige Macht in Europa in der Lage sei, ein Gegengewicht gegen Deutschland zu bilden."

III. Reflexe und Reflektionen

Aus den – hier notgedrungen selektiv präsentierten, aber für symptomatisch gehaltenen – historischen Abläufen und Fakten resultiert zwangsläufig die Frage, ob das britische Bild von Deutschland und den Deutschen als Resultat des ehrlichen Bemühens anzusehen ist, dem Phänomen als solchem gerecht zu werden, ob es also – wenn nicht ein Abbild der Realität, so doch – Spiegelungen oder vielmehr Reflexe auf bestimmte Reize sind, die vom Objekt (Deutschland und den Deutschen) ausgehen, also diesen auch in einem gewissen Sinne "zur Last gelegt werden" müssen. Wie bereits in der Einleitung erörtert, ist der Prozeß im ganzen komplizierter, weil er sich auf verschiedenen Ebenen abspielt und nur primär im Bereich der Politik ein direkter Bezug zwischen Ergebnis der Analyse (d.h. dem gewonnenen *Image* und der Umsetzung der gewonnenen Einsichten) und dem praktischen Agieren oder Reagieren besteht. Es ist also ganz "normal", daß auch die Briten ihrem gegebenen nationalen Bezugssystem, den etablierten Werthaltungen und der eigenen Interessenlage entsprechend bestimmte Elemente selektieren und so im Konfliktfall das Bild Deutschlands und der Deutschen zu einer Art Gegenmodell zum Eigenbild wird. Dieses scheint seit mehr als hundert Jahren – mit leichter Abschwächung während der Weimarer Republik und während der deutschen Teilung und Westanbindung der Bundesrepublik – zuzutreffen.

Zwei Tatsachen lassen sich, wenn ich recht sehe, dabei mit Bedauern, ja mit Bedrückung abschließend konstatieren. Erstens: Das britische Bild der Deutschen hat sich im Laufe der letzten mehr als hundert Jahre nur in Teilbereichen und durch im politisch-historischen Kontext begründetem Nuancen in einzelnen Farbtönen und in der Intensität der Schattierungen verändert. Sein Gesamteindruck ist bis heute fast unverändert geblieben. Zweitens: Das Deutschlandbild der Briten sollte auch die Deutschen selber zu Reaktionen darüber anregen, in welchen Details sie sich in diesem Bild als Spiegel wiedererkennen. Insofern kann das Deutschlandbild der Briten eine Art didaktischer, vielleicht sogar therapeutischer Funktion gewinnen, die in die Einsicht des Rilkeschen "du mußt dein Leben ändern" einmünden könnte. Versuchen wir abschließend, diese Dialektik zwischen Reflex und Reflektion, zwischen Bild und Spiegel durch ein paar Beobachtungen anzudeuten und zu deuten.

Nach dem Geheimprotokoll des Seminars der Deutschland-Experten vom 24. März 1990 fanden es die Teilnehmer "angemessen, an die weniger angenehmen Merkmale zu denken; an die mangelnde Sensibilität der Deutschen den Gefühlen anderer gegenüber (am deutlichsten in ihrem Verhalten in der Grenzfrage gegenüber Polen), ihre Selbstbezogenheit, einen starken Hang zum Selbstmitleid und das Verlangen, geliebt zu werden. Noch weniger schmeichelhafte Attribute wurden als typischer Teil des deutschen Charakters erwähnt: Angst, Aggressivität Überheblichkeit, Rücksichtslosigkeit, Selbstgefälligkeit, Minderwertigkeitskomplexe, Sentimentalität." In einem Kommentar zu Ridleys *Spectator*-Interview fügt John Williams in der *Financial Times* vom 5. Januar 1992 noch "Germany's bulldozertactics" in politischen und wirtschaftlichen Fragen innerhalb der Europäischen Gemeinschaft hinzu. Die englische Wirtschaftszeitung *The Economist* vom 18. Januar 1992 bringt alle diese negativen Eigenschaften auf den Punkt, wenn sie von "*Orientierungsverlust*" *(loss of orientation) der Deutschen* spricht. Ein schottischer Kollege, den ich bat, den Expertenkatalog zu kommentieren, sortierte "Selbstbezogenheit, Aggressivität, Überheblichkeit und Selbstgefälligkeit" aus als "keine typisch deutschen, sondern auch – wie er sich ausdrückte – anderswo anzutreffenden Eigenschaften". Ridley bestätigt jedenfalls Selbstgefälligkeit wenn nicht gar Überheblichkeit indirekt, wenn er in einem Fernsehinterview (BBC Panorama vom 9.12.1990) kategorisch konstatiert: "The Europeans have more to learn from Britain than Britain from the Europeans." In der gleichen Magazinsendung äußert er die Erwartung, daß man Großbritannien doch wohl zugestehen müsse, daß sein dezidierter Standpunkt ernsthafter respektiert werde als das gegenwärtig der Fall sei. Im Übrigen fällt in der Negativliste der Deutschland-Experten auf, daß hier Verhaltensweisen, die in persönlichen Beziehungen zwischen Briten und Deutschen eine Rolle spielen mögen, mit solchen vermischt werden, die von Relevanz im politischen Spiel der Kräfte sind, wie z.B. die den Briten angesichts der eigenen Wirtschaftsrezesssion so in's Auge stechende scheinbare wirtschaftliche Dominanz der Bundesrepublik in der Europäischen Gemeinschaft und zunehmend im europäischen Osten. Man mag darin einen Mangel an Differenzierung sehen, für den es vergleichbare Beispiele in der Geschichte der britisch-deutschen Beziehungen gibt.

Auffällig und vielleicht für "die Deutschen" symptomatisch ist, daß nicht wenige der von den Briten kritisierten deutschen Charakteristika und Eigenschaften Reflexe auf Erscheinungen sind, die von deutschen Intellektuellen und den deutschen elektronischen Medien im Widerspruch zu ihrem Stellenwert in der deutschen Realität so stark herausgestellt werden, daß sie von den britischen Massenmedien und auch von Politikern bereitwillig als Komponenten ihres Deutschlandbildes akzeptiert werden. Dafür nur vier Beispiele von vielen. Der in dem Geheimbericht erwähnte für die Deutschen typische Angstkomplex wird seit geraumer Zeit von einer bestimmten Richtung von deutschen Psychologen, Theologen, Pädagogen und Umweltpathologen mit unveränderter Intensität medienverstärkt suggeriert. Die angeblich von einem wiedervereinigten Deutschland ausgehende Gefahr für Europa wird in dem Geheimbericht der Deutschlandexperten ausdrücklich erwähnt unter Bezugnahme auf Günther Grass, der solche Befürchtungen vor allem bei seinen Auftritten in *Goethe-Instituten*, also den offiziellen deutschen Kulturinstituten im Ausland, äußert. Die von bestimmten Kreisen gesteuerte und von den deutschen Medien nachdrücklich unterstützte Kampagne gegen die undifferenziert so genannte angebliche Ausländerfeindlichkeit spiegelt sich in der britischen Presse als beunruhigende deutsche Xenophobie wider. Ähnlich verhält es sich mit den "neonazistischen" Umtrieben, deren Bedeutung für das innenpolitische Kräfteverhältnis in Deutschland – wie in den deutschen Medien, so auch in Großbritannien – unter Mißachtung der sich in den Wahlergebnissen spiegelnden tatsächlichen Gewichtsverteilung disproportional überschätzt wird. Man ist versucht, dagegen die Eruptionen eines britischen Nationalismus zu halten, wie er beispielhaft im Falklandkrieg in der ganzen Breite aller britischen politischen Richtungen zu beobachten war.

Auch wer den frenetischen Jubel der Tausende miterlebt hat, der alljährlich beim *Last Prom*, dem letzten Promenadenkonzert der Saison in der Londoner *Albert Hall* beim Absingen von *Rule Britannia* und der englischen Nationalhymne ausbricht, wird die Reflexe und Reflektionen diesseits und jenseits des Kanals gerechter einschätzen. Vielleicht ergeben sich auch im Zuge der fortschreitenden Regionalisierung Europas, die gerade auch in Deutschland in den um ihre Kompetenzen besorgten Bundesländern viele Anhänger hat, von anderen aber als "Dekomposition" Europas angesehen wird, neue Aspekte des ungeliebten Deutschlands. Danach, so sieht es ein amerikanischer Journalist im *U.S. News and World Report* vom 3. Februar 1992 aus seiner Perspektive jenseits des atlantischen Ozeans – (und kein Deutscher dürfte und sollte so etwas ungestraft äußern) "könnte das neue Deutschland das Modell für einen neuen Stil in den internationalen Beziehungen abgeben. Es ist gut möglich, daß seine Bereitschaft zur Zusammenarbeit in Sicherheitsfragen und zu friedlichen Lösungen von Konflikten unter den Industrieländern Schule macht, vielleicht sogar in der ganzen Welt." Sogar William Davis[33] findet, daß Deutschland vielleicht der Prototyp einer europäischen Nation sein könnte. Seine Voraussage: "In dreißig oder vierzig Jahren ist vielleicht alles überall gleich." Aber er müßte nicht Brite sein, wenn er nicht hinzufügte: "I can't say the thought appeals" – ich kann nicht behaupten, daß dieser Gedanke mir sympathisch wäre.

Anmerkungen

1 Vergl. dazu Bernd Jürgen Wendt, "Einleitung" zu dem von ihm herausgegebenen Band *Das britische Deutschlandbild im Wandel des 19. und 20. Jahrhunderts* (Bochum, 1984), S. 13.

2 Zur Entstehung von Klischees und Stereotypen siehe Günther Blaicher (hrsg.), *Erstarrtes Denken: Studien zu Klischee, Stereotyp und Vorurteil in englisch-sprachiger Literatur* (Tübingen, 1987).

3 Eda Sagarra, "Dreißig Jahre Bundesrepublik – aus irischer Sicht", in: *Im Urteil des Auslandes: 30 Jahre Bundesrepublik* (München, 1979), S. 101-116; S. 104.

4 Lothar Kettenacker, "Preußen-Deutschland als britisches Feindbild im Zweiten Weltkrieg", in: *Das britische Deutschlandbild* (s. Anm. 1), S. 156.

5 *House of Commons Debate 1914*, 5th series, Sp. 1548ff., zit. nach R. Meyers, in: *Das britische Deutschlandbild* (s. Anm. 1), S. 133.

6 Zit. nach Meyers (s. Anm. 5), S. 134.

7 Zit. bei Manfred Messerschmidt, *Deutschland in englischer Sicht*. Die Wandlungen des Deutschlandbildes in der englischen Geschichtsschreibung (Düsseldorf, 1955), S. 10.

8 Dazu Messerschmidt (s. Anm. 7).

9 Ullrich Schneider, "Die Hochschulen in Westdeutschland nach 1945. Wandel und Kontinuität aus britischer Sicht", in: *Das britische Deutschlandbild* (s. Anm. 1), S. 219-240.

10 Ralf Dahrendorf, "Education for a European Britain", in: *Journal of the Royal Society of Arts* vol. 140 (1992), S. 168-176; S. 177.

11 Emer O'Sullivan, *Fried and Foe. The Image of Germany and the Germans in British Children's Fiction from 1870 to the Present* (Tübingen, 1990).

12 Vergl. auch Ortwin Kuhn, "Das Deutschlandbild im englischen Roman um die Wende vom 17. zum 18. Jahrhundert", in: ders. (hrsg.), *Großbritannien und Deutschland* (München, 1974), S. 306-318.

13 S. Gottfried Keller, "Erkenntnisse der Sozialpsychologie als Grundlage kulturkundlicher Didaktik", in *Praxis des neusprachlichen Unterrichts 16* (1969), S. 261-281.

14 Joachim Kuropka, "Zur Entstehung eines Musters britischer Deutschlandinterpretation", in: *Das britische Deutschlandbild* (s. Anm. 1), S. 103-124. – Zur öffentlichen Meinung vergl. auch Dietrich Aigner, *Das Ringen um England* (München u. Eßlingen, 1969).

15 Duncan Graham, "National Curriculum – National Standards", in: *Journal of the Royal Society of Arts* vol. 140 (1992), S. 61-69; S. 62.

16 Freundl. Mitteilung von Professor Keith Spalding, *University College of North Wales* (Bangor).

17 Vergl. dazu W.J. Dodd, "The Changing Rhetoric of 'Deutschlandpolitik' in a New Edition of *Tatsachen über Deutschland*: Some Observations on the Facts", in: *German Life & Letters* 41 (1988), S. 293-311.

18 Leonard Forster, "A Response to the *Penguin Book of German Verse*", in: *German Life & Letters* 41 (1988), S. 513-527.

19 Dazu u.a. C.R. Hennings, *Deutsche in England* (Stuttgart, 1923).

20 Vergl. dazu und zum Folgenden: Wolfgang Brenn, "British 'Germanistik' and the Problem of National Socialism", in: *German Life & Letters* 42 (1989), S. 145-167.

21 Vergl. John Willet, "Die Künste in der Emigration", in Hirschfeld, *Exil in Großbritannien* (s. Anm. 23), S. 145f.

22 *The Contemporary Review* 144 (1933), S. 682.

23 Zur wichtigen Rolle der Vermittlung und Korrektur eines Deutschlandbildes durch die Emigranten, auf das aus Platzmangel hier leider nicht eingegangen werden kann, s. u.a. Rosemary Ashton, *Little Germany. Exile and Asylum in Victorian England* (Oxford, 1986); Gerhard Hirschfeld (hrsg.), *Exil in Großbritannien. Zur Emigration aus dem nationalsozialistischen Deutschland* (Stuttgart, 1983); Grete Fischer, *Dienstboten, Brecht und andere Zeitgenossen in Prag, Berlin, London* (Olden und Freiburg i.Br., 1966).

24 Dazu Wendt (s. Anm. 1), S. 20f. und Brenn (s. Anm. 20).

25 Zitat (vom Verf. übersetzt) nach Brenn (s. Anm. 20).

26 Zitat nach *Welt am Sonntag* vom 5. Januar 1992

27 Zitat (vom Verf. übersetzt) in: *Those Germans ... and how we see them*, ed. Rolf Breitenstein (London, 1973), S. 35.

28 Zitat nach Kuropka (s. Anm. 1), S. 118.

29 Zitat nach Kuropka (s. Anm. 1), S. 120.
30 Zitat nach Lothar Kettenacker (s. Anm. 4), S. 149.
31 Vergl. dazu die Belege bei Kettenacker (s. Anm. 4), S. 163.
32 Übersetzter Text nach der (leicht gekürzten) Fassung in *Der Spiegel* vom 16. Juli 1990, S. 109-112.
33 In *Those Germans* ... (s. Anm. 27), S. 38.

*Margaret Thatchers Rat an Mr. Ridley (rechts unten im Bild): "Sie sollten wirklich lieber
wieder Landschaftsaquarelle malen!"*
Aus dem DAILY EXPRESS (London), 14. Juli 1990

Aufrufe zum Boykott deutscher ("Nazi"-)Waren
London, Sommer 1937

Nikolaus Wenturis

Die politischen Systeme Griechenlands und Deutschlands im Vergleich

Als eine gesicherte Erkenntnis in den Sozialwissenschaften gilt heute die Tatsache, daß zwischen soziopolitischen Persönlichkeitsmustern und systempolitischen Strukturen ein Netz gegenseitiger Beziehungen besteht, so daß sich Apperzeptions-, Wert-, Präferenz- und Entscheidungsmuster gegenseitig beeinflussen. Sozialisationsprozesse können demzufolge nicht nur vom politischen System auf das Individuum, sondern auch als Summe individueller Aktivitäten und Einstellungen auf das politische System wirken. Unter dem Aspekt, daß systemisch tradierte Einstellungsdispositionen und normativ erlaubte Wertüberzeugungen die Rahmenbedingungen der Politik eines jeweiligen Gesellschaftssystems wesentlich beeinflussen, sollen jene historischen Prozesse kurz nachgezeichnet werden, die kontinuierlich wirksame Kulturmuster erzeugten und deshalb auch heute noch die zentralen determinierenden Randbedingungen der politischen Systeme sowohl in Deutschland als auch in Griechenland darstellen.

Das *erste Bündel* von determinierenden Variablen können wir in der geschichtlichen Entwicklung lokalisieren; im historischen Kontext der europäischen Nationalstaaten sind sowohl Griechenland als auch Deutschland "verspätete Nationen", so daß sich politische Traditionen kontinuierlich und autonom innerhalb eines nationalstaatlichen Gefüges kaum entwickeln konnten. Deshalb sind auch beide soziopolitischen Systeme durch historische Diskontinuitäten gekennzeichnet, die wiederum durch die Reduktion gesamtgesellschaftlich verbindlicher Werte und Normen zu einem systemischen Anomiezustand geführt haben.

Wie in Deutschland läßt sich auch in Griechenland ein soziokultureller Entropievorgang konstatieren, der es den jeweiligen politischen Entscheidungszentren erschwert, eine zentrale gesellschaftliche Verbindlichkeitsfunktion auszufüllen. Im kollektiven Gedächtnis der griechischen Population wurden also Identitätsbedürfnisse ausgelöst, die ein Geschichtsbewußtsein initiierten, dessen Leitbild permanent im klassischen Hellas gesucht wird. Der Vergegenwärtigung jener klassischen Vergangenheit durch die artifizielle Synthese zu einer 'helleno-christlichen' Kultur kommt in Griechenland die deutende Funktion zu, das soziopolitische Modernisierungsdefizit zu mythologisieren und somit aus dem Alltagsbewußtsein zu verdrängen. Dieser Traditionalismus – als sozialisierter, absolut gültiger Glaube an die überlieferten Werte – wird zum Syndrom für Nationalismus und Ethnozentrismus und verhindert innovativen Fortschritt durch die Rückanpassung an eine verklärte Vergangenheit. Als wichtigste Parameter dieses dysfunktionalen Zustandes können hier das Fehlen einer durchorganisierten Sozialpolitik, die mangelnde Organisation des Fachbeamtentums, der Nepotismus und der unzulängliche demokratische Konsens genannt werden. Entsprechend der neugriechischen Dialektik werden soziopolitische Innovationen durch die Traditionswächter in Partei, Kirche, Schule und in den Massenmedien als Xenophilie, d.h. als eine akute Gefährdung der Volkstradition stigmatisiert und zur ethnozentrischen Xenophobie apostrophiert.

Aus der Tatsache, daß Deutschland ebenfalls eine 'verspätete Nation' ist, kann die analytische Schlußfolgerung gezogen werden, daß die äußere Konstellation der nationalstaatlichen Existenz seit Bismarck stets den Versuch zum Aufholen dieser Verzögerung darstellt. Denn auch das deutsche Herkunftsbewußtsein war immer durch eine Geschichtsapperzeption markiert, die die Gegenwart ausblendete und die Vergangenheit überhöhte, so daß Zukunftsprojektionen entstehen konnten, die die integrative Kraft des soziopolitischen Systems bei weitem überforderten. Überdies bedingte das Vorherrschen dieses historischen Apperzeptionsmusters, daß Integration kaum auf einer nationalstaatlichen Wertbasis vollzogen werden konnte, sondern allein durch die antiquierten Ideen von 'Reich' oder 'Volk' erfolgte. Auch heute noch fällt es dem Bürger schwer zu beschreiben, was Deutschland bzw. was die Bundesrepublik ist, während die Klärung, was Bayern oder Württemberg ist, relativ leicht erfolgt. Deshalb stand die Bundesrepublik lange Zeit vor dem Dilemma, über keine Staatsidee zu verfügen und gleichzeitig – wegen der historischen Erfahrungen und den damit zusammenhängenden Lernprozessen – die Reichs- oder Volkskonzeptionen fallenlassen zu müssen. Solange die politischen Perspektiven einer Wiedervereinigung den Charakter eines Fernziels behielten, wurde aufgrund traumatisierter Geschichtserfahrungen auch die nationale Identität durch eine substitutive materialistische Identifikation als Orientierung auf die wohlfahrtsstaatlichen und ökonomischen Outputleistungen des politischen Systems in der alten Bundesrepublik Deutschland und durch die Hoffnung auf den Sprung in die Moderne in der ehemaligen Deutschen Demokratischen Republik ersetzt.

Das *zweite Bündel* von determinierenden Variablen in einem deutschgriechischen Vergleich kann innerhalb der kirchlichen Strukturen und der damit verbundenen Form der Religiosität lokalisiert werden. In Griechenland

350

konnte die orthodoxe Kirche sich bis heute ihre intermediäre Stellung sichern und somit das Individuum durch eine Gefühlsreligiosität prägen, die sich in der Form eines Gewohnheitschristentums äußert und der traditionellen Verbindung von Glaube und Nation verhaftet bleibt. Diese Bindung stellt gleichzeitig ein wesentliches Bestandteil des Funktionsgleichgewichtes des Individuums dar, indem es durch die Verbindung von Glaube und Nation eine seelische Heimat als Gegengewicht zu jenen Spannungen findet, die durch den allmählichen sozialen Wandel innerhalb des griechischen politischen Systems entstehen. Das daraus resultierende Spannungsverhältnis bringt allerdings ein rigides Denk- und Orientierungssystem hervor, das die Bipolarität von Glaube und Nation begrifflich unter die Werteinheit Vaterland setzt und dieses zugleich normativ verbindlich und geschlossen subsumiert.

Während die Idee des Vaterlandes sich in Griechenland auf eine intellektuell konstruierte historische Vergangenheit, d.h. auf die hellenische Vergangenheit und auf die orthodoxe Kirche bezieht, wird die Religion heute noch dazu instrumentarisiert, eine ethnozentrische neue Ordnung als Lebensgefühl und als Selbstbewußtsein des griechischen Bürgers zu konstruieren. Damit wird für die neugriechische Gesellschaft die Grundlage einer identifikativen Idee geschaffen, da die kollektive Identität und die notwendige gemeinwesenhafte Orientierung des Bürgers im Sinne einer integrierenden Herrschaft aufgrund der historischen Randbedingungen nicht gegeben ist. Dieses religiöse Bewußtsein konnte den Primat einer integrativen Funktion deshalb erhalten, weil es bereits vor der Gründung des neugriechischen Staates existierte und infolgedessen den Stellenwert eines zentralen Orientierungssystems innerhalb der neugriechischen Kultur einnehmen konnte. Um nach der Befreiung von der osmanischen Besatzung ihr soziopolitisches Machtpotential zu vergrößern, verharrte die orthodoxe Kirche nicht nur in einer reaktionär traditionalistischen Ideologieposition, sondern entwickelte zugleich ein durch die Kreuzzüge historisch legitimiertes Verfolgungssyndrom, das die Funktion hatte, die Nation mittels einer exogenen Gefahrenfiktion permanent zu desorientieren. Auf diese Weise konnte dieser künstlich geschaffene, permanente Krisenzustand die Konsistenz des Identifikationsprozesses der griechischen Population mit den nationalen Institutionen erhöhen.

Die Verurteilung der westlichen Kultur durch die Byzantiner als gottlos und amoralisch wurde nach der Gründung des neugriechischen Staates zur Herrschaftsstabilisierung instrumentarisiert und erreichte einen neuen pejorativen Höhepunkt, indem das 'Abendländische' zum subtilen kulturellen Feind des 'Griechentums' und der 'Griechenhaftigkeit' erhoben wurde. Die Folge daraus war die Entstehung eines neugriechischen nationalideologischen Kulturchauvinismus, der einen Antiokzidentalismus als Prädisposition zur Verhaltensnorm 'hellenischer Wahrhaftigkeit' erzeugte. Diese beharrliche und zugleich realitätsfremde Orientierung wurde sukzessiv als ein affektiv-emotionales Urteil in das individuelle Einstellungssystem integriert, so daß auch u.a. der Kirche das Verdienst zugesprochen werden konnte, sie sei jene Institution gewesen, die das Überleben des Hellenismus während der osmanischen Besatzung erst ermöglicht habe. Neben diesen kulturchauvinistischen Antiokzidentalismus gesellte sich nach 1821 auch ein antiwestlich orientiertes politisches Syndrom, das zwar seine Wurzeln in der Apperzeption der Gründung und Konstituierung des neugriechischen Staates als fremdbestimmt hat, die aktuell politische Funktionalität jedoch erst durch die traumatischen Erfahrungen des Zweiten Weltkrieges und des darauf folgenden Bürgerkrieges erhalten konnte. Das zeitgenössische, antiwestlich orientierte politische Syndrom zeichnet sich mit anderen Worten dadurch aus, daß es nicht nur ein emotionales Einstellungssystem, sondern auch ein durch die Eliten kognitiv verfügbares ist, so daß es als Ideologie auch soziokulturell und nicht nur parteipolitisch instrumentarisiert wird. Parallel zu dem hier grob skizzierten kulturell-politischen Einfluß, den die orthodoxe Kirche innerhalb des neugriechischen soziopolitischen Systems ausübt, gibt es auch ihre stark ausgeprägte gesellschaftliche Funktion, die dazu beiträgt, daß der Grad der Säkularisation innerhalb der griechischen Gesellschaft relativ niedrig bleibt und die sich im Individuum als gesteigerter Sinn für eine irrationale Welt, d.h. als außerweltliche Askese darbietet. Dies begünstigt in der Folge die Entstehung einer Erfolgsgesellschaft mit den Merkmalen des Abenteuerkapitalismus und der Marginalisierung von Pflichtauffassung. Im Gegensatz zum Individuum in Deutschland wird das Individuum in Griechenland auf mystische und kontemplative Wertorientierungen gelenkt, wodurch die soziale Umwelt an Bedeutung verliert. Unter der Sinnhaftigkeit einer außerweltlichen Askese konnte sich nie das Berufsethos einer Leistungsgesellschaft entwickeln, so daß soziales Handeln und Arbeit zur Last wird. Vor diesem Hintergrund betrachtet, kann sodann die Schlußfolgerung gezogen werden, daß sowohl die inhaltliche Sinnorientierung als auch die soziopolitische und kulturelle Funktion der orthodoxen Kirche die Hauptursache dafür ist, die den Unterschied zu einer eher innerweltlichen Askese in Deutschland ausmacht.

Im Unterschied zu Griechenland ist Deutschland von dem Dualismus zwischen Katholizismus und protestantischer Zwangsstaatskirche geprägt. Dabei sollte nicht übersehen werden, daß eine zwar stattfindende, durch die Koppelung von Staat und Kirche aber nicht festzuhaltende Säkularisation in

Deutschland keinesfalls zu jener Form der innerweltlichen Aufklärung führte, wie sie in anderen europäischen Nationen zu finden ist. In Deutschland hat vielmehr der Zwangscharakter der kohäsiven Funktion des Protestantismus eine innerweltliche Frömmigkeit bedingt, die die Ausformung eines privatistisch orientierten sozialen Körpers begünstigte, der sich zugleich des Politischen enthält, so daß der Gegensatz zwischen Staat und Gesellschaft durch die Obrigkeitsfunktion des Staates aufgelöst werden konnte. Außerdem sollte die Tatsache nicht unerwähnt bleiben, daß die Konsequenz jener innerweltlichen Frömmigkeit in der Anfangsphase der Bundesrepublik ersichtlich und durch die legitimatorische Orientierung des Bürgers auf den wohlfahrtsstaatlichen und ökonomischen Output des politischen Systems abgebildet wird. In diesem Zusammenhang sollte jedoch die einschränkende Bemerkung hinzugefügt werden, daß die systemische Outputorientierung in Verbindung mit der sozialen Privatisierung des Individuums nach der Phase der Restauration eine verstärkte Suche nach sozialer Identität induzierte, die dann in einem verklärt-mystischen, aber auch handlungsorientierten Germanentum gefunden werden konnte.

Das *dritte Bündel* von determinierenden Variablen in diesem deutsch-griechischen Vergleich stellen die politischen und ökonomischen Rahmenbedingungen und die von ihnen determinierten Strukturen dar. Denn es war die osmanische Herrschaft, die aufgrund ihrer inneren Ordnung präkapitalistische Strukturen nicht entstehen ließ, so daß weder das protestantische Berufs- und Wirtschaftsethos noch die innerweltliche Askese in Verbindung mit der Calvin'schen Prädestinationslehre auf ein Wertsystem des neugriechischen Bürgers traf, das sukzessiv die Wertmaximen der traditionalistischen Sozialisation hätte verändern können.

Zusätzlich erzeugte die Wirtschaftspolitik der Osmanen, die den Manufaktursektor fast vollständig vernachlässigt hatten, jene Determinanten sozioökonomischer Rahmenbedingungen, die in der griechischen Gesellschaft ein merkantil spekulierendes Bürgertum entstehen ließen, das fast ausschließlich auf Akkumulation von Vermögen ohne effiziente Produktivität gerichtet ist. Demnach beschränkt sich das griechische Bürgertum auf die Appropriation von Zirkulationsmitteln, die in den internationalen Handelszentren zu erzielen sind. Intensiviert wurde diese Entwicklung allerdings durch das Fehlen von Einstellungs- und Denkstrukturen, die eine Assoziation des neugriechischen Staates mit dem ehemals fremden Herrschaftsinstrument erlaubte und auf diese Weise die Kalkulierbarkeit als wesentliche Voraussetzung und Motivation jeglicher engagierten soziopolitischen und ökonomischen Tätigkeit verhindert hat. Die Apperzeption der Außengeleitetheit des griechischen

Gemeinwesens ließ sowohl die Feudalschicht und nach 1821 auch die polit-ökonomischen Eliten Zuflucht in einem betont hellenozentrischen Wertsystem suchen, und zwar in einem Wertsystem, das mit der Gründung des neugriechischen Staates eine kathartische Funktion im Sinne einer Befreiung von der Außengeleitetheit wahrnahm.

Durch die Adaption dieses Wertsystems präsentierte sich die politische Elite als Traditionshüter und konnte somit jene soziopolitische Rolle übernehmen, die es ihr erlaubte, auch staatliche Institutionen zu instrumentalisieren; auf diese Weise gelang es ihr, die Ordnungsfähigkeit des Systems zu sichern und die Befriedigung von Ansprüchen, Bedürfnissen und Machtpositionen der Eliten zu gewährleisten. Vor allem über die ökonomischen Strukturen, die als ordnende, lenkende und gestaltende Faktoren eingesetzt wurden, erfolgte die Transformation von einer feudalen in eine verbürgerlicht-plutokratische Gesellschaftsstruktur, ohne die Zweckfunktionalität der Eliten zu verändern, weil die städtischen Bürgerschichten mit ihren entstehenden autonomen Zielen, Verhaltensmustern und Interessenkonstellationen absorbiert und aggregiert wurden. Die Individualisierung des städtischen Bürgertums erfolgte über die Akkomodation durch die feudalen Eliten. Die diachrone Entwicklung des griechischen Bürgertums ist also vorwiegend auf die strukturell-funktionalen Auswirkungen der osmanischen Herrschaftsmuster zurückzuführen. Diese haben bürgerliche Strukturen hervorgebracht, die die Entwicklung jener sozialantagonistischen Muster verhinderten, die die Autonomie der Stadt begünstigen, so daß sich kaum jene Mobilität entwickeln konnte, mit der sich personale Freiheit und wachsende Möglichkeiten einer sozialen Dynamik entfalten können. Vielmehr konnte sich dadurch die jeweilige Apperzeption eines externen Feindes realisieren, so daß das griechische klassenanaloge Strukturierungsmuster eher ein Regionalismus bzw. die provinzielle Segmentierung des Gesamtsystems ist, das Interessengegensätze und Machtverteilung primär räumlich löst. Darüber hinaus haben sich die traditionellen Muster der gesellschaftlichen Elitenrekrutierung weiterhin verfestigt, deren Auswahlkriterien nach wie vor regional bezogen und nicht globalgesellschaftlich orientiert sind. Elitenwechsel wird somit mit lokalem Machtverlust bzw. Machtgewinn des Zentrums auf Kosten der Peripherie verbunden.

Der Prozeß des Modernisierungsdefizits wurde in Griechenland durch den Machtverlust der politischen und intellektuellen Eliten des Byzantinischen Reiches nach dessen Eroberung durch die Osmanen eingeleitet. Denn während der osmanischen Besatzung hatte sich eine griechische Feudalschicht herausgebildet, die nach der Staatsgründung im 19. Jahrhundert wesentliche strukturelle Veränderungen des Bürgertums in Griechenland insofern verhindert hat, als sie die politischen und sozialen Macht- und Entscheidungszentren des Landes wesentlich zu ihren Gunsten beeinflussen konnte. Deshalb vermochten auch die nach dem Zweiten Weltkrieg einsetzenden Verstädterungsprozesse weder eine Phase bürgerlicher Emanzipation noch den Beginn eines Konkurrenzkapitalismus zu initiieren, weil sowohl Verwandtschaftsbande als auch der Klientelismus und somit die Orientierung an traditionellen Werten und Verhaltensmustern stark ausgeprägt blieben.

Der Vergleich zu Griechenland kann wiederum mit der Feststellung beginnen, daß die deutsche Variante einer bürgerlichen Freiheits- und Fortschrittsbewegung mit der Revolution von 1848 und dem Verfassungswerk der Frankfurter Nationalversammlung gescheitert ist. Die kleindeutsche Einigung beruht ausschließlich auf der militärischen Schlagkraft des alten preußischen Obrigkeitsstaates und dem Bürger blieb somit keine Alternative als die Flucht in die machtgestützte Innerlichkeit. Die Erfahrung des Scheiterns der bürgerlichen Gesellschaft und das Angewiesensein auf übergeordnete Macht konstatiert den tiefen Abgrund zwischen dem deutschen Geist und den westeuropäischen Idealen, der jenen Prozeß auslöste, der zu einer pathologischen Form der Identitätsfindung, d.h. zu der totalen Negation des Wertes des anderen, führte.

Das Bismarck'sche Reich von 1871 ist nicht aus der Idee der Volkssouveränität entstanden. Es war eine kleindeutsche Befriedigung von Machtstreben, das mit überkommenen Mitteln von Krieg und Diplomatie realisiert werden konnte. Wenn es je eine deutsche Nation gab, so wurde sie hier staatlich geteilt und nicht erst nach dem Zweiten Weltkrieg. Da in die Reichsgründung eine nur schwach integrierte Region einbezogen wurde, waren die politischen Eliten gezwungen, die Geschichte als Ordnungsmacht zu bemühen, aus der die historisch nicht eingelösten Möglichkeiten als Legitimation staatlicher Forderungen umgedeutet wurden. Die offenkundige Traditionslosigkeit des Reiches als Mangel gemeinsamer sozialer Werte, Normen und Symbole wurde durch historisch legitimierte Aspirationen kompensiert, so daß der Integrationsverlust aus dem Traditionsdefizit durch die Forderung nach mehr Geltung und Macht ausgeglichen werden mußte. Deutsch-Sein hieß schließlich bis zum Nationalsozialismus, eine Sache um ihrer selbst willen zu tun, so daß deutscheNationalstaatlichkeit jeglicher soziopolitischen Funktion entledigt war. Die Vorstellungswelt der Nation als dem einzig wahren Prinzip gesellschaftlicher Ordnung wurde historisch derart überhöht, so daß sich – im Gegensatz zu Frankreich oder England – kaum eine Legitimation im Sinne einer geschichtspolitischen Einstellung bzw. einer Staatsidee entwickeln konnte. Der Mangel einer Staatsidee hat in Deutschland immer zwei Traditionen wachgehalten: zum einen die Reichsidee als Versuch der Rekonstruktion vergangener Macht und zum anderen die Volksidee. Indem die Nation als Gemeinschaft des Volkes aller Deutschen im Nationalstaat zwar seinen Ausdruck finden konnte, dieser aber nicht Ausdruck einer politisch-bürgerlichen Idee, sondern nur die aktualisierte Form einer immer schon bestehenden Schicksalsgemeinschaft ist, konnte der romantische Begriff des Volkes zur politischen Idee pervertiert werden.

Dieser soziopolitische und geistige Prozeß hatte allerdings zur Folge, daß die Idee der Nation zur Legitimation des nationalstaatlichen Modernisierungsdefizits instrumentalisiert bzw. zu einer Ideologie der sozialen und politischen Integration eines regional heterogenen Gebildes erhoben wurde. Die Ideologie der schicksalhaften Volksgemeinschaft konnte jenen Versuch der nationalsozialistischen Eliten vereinfachen, der darauf abzielte, eben diesen Begriff zu enthistorisieren, indem sie die Gemeinschaft biologistisch-rassistisch bestimmte. Da der Begriff des Bürgers im Sinne von 'civitas' untrennbar mit nationalstaatlicher Organisation verbunden ist und der deutsche Nationalstaat unter Bismarck eine rein machtpolitische Konstruktion war, ist nie eine bürgerliche, sondern – begrifflich übertreibend – eine kleinbürgerliche Kultur entstanden.Um die Kohärenz dieser kleinbürgerlichen Kultur zu maximieren, bedurfte es einer die Staatsidee substituierenden und die Gesellschaft durchdringenden Ideologie. So gesehen, mußte ein ideologischer Totalitätsanspruch realisiert werden, der sich in der Wiederherstellung des absoluten Obrigkeitsstaates findet. Als zu spät Gekommene und dadurch von vornherein auf den Gegensatz zu ihren Vorbildern geprägt, entfernten sich die Deutschen von westlich-lateinischer Kultur und verstanden sich im Vorrecht auf das Ursprüngliche und Urtümliche. Der historische Zwang, eine Vorstellung von Nation zu entwickeln, verwies die Deutschen auf das Leitbild der Germanen als das Urtümliche, das somit den unseligen Boden für die Koppelung von Germanismus mit dem durch die Säkularisation eingeleiteten Biologismus zum Rassismus schuf. Die Nation wurde gleichsam zum vorhistorischen Anlagesystem des Individuums.

Innerhalb dieses geistig-ideologischen Konstruktes wird Geschichte zum Organon nationaler Integration, so daß die Apperzeption des Heiligen Römischen Reiches Deutscher Nation als Substitut für die fehlende Kohärenz der Gesellschaft fungiert. Diese Rechtfertigung der eigenen Lebensform aus der Geschichte führt in der Konfrontation mit der wesensfremden industriellen Revolution zur Desintegration der bürgerlichen Schichten. Denn für sie stellt die Reichsgründung die machtpolitisch unterstützte Beschleunigung der industriellen Revolution dar, die sie zur endgültigen Abwendung von sozialen und zur Hinwendung zu ökonomischen Wertorientietungen drängt. Infolgedessen konnten die Säkularisationsauswirkungen in dem nur schwach sozialintegrierten Deutschland kaum aufgefangen werden. Säkularisation als die Entmystifizierung eines christlich geprägten Geschichtsverständnisses führte in Deutschland somit zu einem Antiromantizismus, der sich ausschließlich auf die materialen Lebensgrundlagen stützte, so daß die Kohärenz der Gesellschaft nur noch auf den ökonomischen und radikal machtpolitischen Säulen ruhte, die eine obrigkeitsstaatliche Orientierung des Bürgers wiederum voraussetzte bzw. verstärkte. Zwar hat der deutsche Nationalismus Wurzeln, die tiefer ins 18. Jahrhundert zurückreichen; er konnte sich aber nur antithetisch in einem durch die Romantik induzierten Anti-Napoleonismus entfalten. Es fand also eine Zeitverschiebung statt, die eine innereVerbindung zwischen den Mächten der Aufklärung und denen des Nationalstaates verhindert hat.

Parallel zu Griechenland liegt das Eigentümliche des deutschen Nationalbewußtseins ebenfalls in der Tatsache, daß es gegen die westeuropäischen politischen Ideen entwickelt und mit dem Selbstverständnis sittlicher Überlegenheit gekoppelt wurde, wobei die Rückbeziehung einer Staatsidee auf die Kulturnation jenes Apperzeptionsmuster etablierte, das jegliche positive, soziale oder politische Tätigkeit als einen Kampf gegen die Bedrohung deutscher Kultur erscheinen ließ und den Zusammenschluß des Reiches letztlich als eine negative Integration durch die "Feinde des Reiches" apperzeptiv erzwang. Im Zuge dieser Entwicklung wurde Deutschland nach dem verlorenen Ersten Weltkrieg zum Zentrum der Skepsis gegenüber dem westeuropäischen Wertsystem. Unter dem Aspekt, daß die so spät gewonnene nationalstaatliche Ordnung nun wieder bedroht werde, blieb auch die Weimarer Republik dem Kampf gegen die Ziele des politischen Humanismus verpflichtet; der Konflikt zwischen Nationalstaatlichkeit und Reichsidee brach erneut auf. Indem der Versailler Vertrag überhaupt jedes Ordnungsschema, über das die Deutschen verfügten, in Frage stellte, wurde das Versagen der nationalstaatlichen Kohärenz durch eine historische Orientierung unmißverständlich auf die Tagesordnung gebracht. Da die Nation durch die Brüche von 1918, 1933 und 1945 und dem damit zusammenhängenden Verlust sowohl ihrer spezifischen Regierungssysteme als auch der ihnen zugrundeliegenden Ordnungsprinzipien erneut auf sich selbst gestellt und der nationalen Einheit jegliche Basis entzogen worden war, konnten sich keine sozialkohäsiven Wertsysteme entwickeln. Dieser Entzug ließ die Eliten den paradoxen Versuch unternehmen, im Bruch mit der Tradition ein Selbstverständnis zu konstituieren, indem sie eben diese Traditionen beschworen.

Das *vierte Bündel* von determinierenden Variablen in diesem deutsch-griechischen Vergleich stellen schließlich die intellektuell-kulturideologischen Rahmenbedingungen und die von ihnen wesentlich beeinflußten Strukturen dar. Seit der Gründung des neugriechischen Nationalstaates änderten sich dessen strukturellen Merkmale und Zustände, die seine primären Gruppen und Institutionen erfassen, nur marginal. Der neugriechische Staat war, ähnlich wie bei der deutschen Reichsgründung, allein unter machtpolitischen Gesichtspunkten und ohne Staatsidee konstituiert worden. Die griechischen Eliten versuchten, die fehlende Staatsidee durch einen ethnozentrischen Nationalismus, eine helleno-christliche Ideologie und eine permanente Hellenofeindlichkeit zu ersetzen. Insbesondere das Substitut ethnozentrischer Nationalismus resultiert aus der Tatsache, daß die Eliten ihre Führungslegitimität und die gesellschaftliche Kohärenz wahren mußten. Die orthodoxe Kirche wies durch ihre Funktion während der osmanischen Besatzung eine prärogative Präsenz in der evaluativen Perzeption innerhalb der Bevölkerung auf, so daß der soziopolitisch affektiv-affirmative Begriff der Nation die gleiche Funktion als motivierende Handlungsmaxime wie Ideologie in soziopolitischen Revolutionsbewegungen erfüllen konnte. Denn die universale Wertfähigkeit dieses Begriffes wirkt stets integrativ und kann daher jedem Gemeinwesen Würde und Hoffnung verleihen.

Die legitimierende Funktion des Begriffs Nation konnte deshalb auch in den Dienst des Staates gestellt werden und führte dazu, daß die Herausbildung eines politischen Bewußtseins bzw. einer politischen Gemeinschaft nicht unabhängig von diesem Regulativ erdacht werden konnte. Unterstützt wurde diese Mystifizierung durch den griechischen Traditionalismus, der Nation allein auf die eigenen Verhältnisse applizierte und somit den Staat als bloßes Mittel zur Erfüllung höherer Zwecke, dem des Sendungsauftrags des Griechentums, betrachtete. Nicht der Staat bzw. seine Funktion für die Gesellschaft, sondern allein die Idee der Nation konnte für die griechische Elitenschicht die Identität des politischen Lebens (d.h. das Bewußtsein einer nationalen Geschichte) vermitteln, und dadurch den historisch bedingten Regionalismus sowie die gesellschaftliche Segmentierung überwinden helfen, um den Staats- und Herrschaftszentralismus zu legitimieren. Die Folgewirkung dieser Konstellation war ein aggressiver Ethnozentrismus auf der Basis eines durch geistig-kulturelle Inhaltlichkeit legitimierten Weltgeltungsanspruches, der durch seine faktische Nichtgegebenheit negative Integrationsprozesse erforderte, d.h. die diachrone Konstruktion einer Griechenfeindlichkeit, die bis heute die soziopolitischen Denkstrukturen und die vorherrschende politische Ideologie in Griechenland weitgehend bestimmt. Analytisch kann die Schlußfolgerung gezogen werden, daß die apperzeptiven Muster des Individuums durch den steten Versuch der griechischen soziopolitischen Eliten beeinfußt sind, mit Hilfe von Geschichte die fehlende historische Kontinuität zu verdecken und durch artifizielle Ergebnisse einen Sinn zu stiften mit dem Ziel, die Vergangenheit als Gegenwartssubstitut zu instrumentarisieren und damit der neugriechischen Gesellschaft zu einer konventionellen Identität zu verhelfen.

Die Heranziehung der These von der Gefährdung der Nation als soziale Legitimation hat ihren Ursprung vor allem in der jahrzehntelangen Monopolisierung der Macht durch die traditionell-konservative Führungsschicht. Diese Führungsschicht brachte eine geschlossene Elitengruppe hervor, die zur Gleichsetzung dieser Elite mit dem Staat bzw. der Nation selbst führte und eine Partizipation anderer Eliten an der staatlichen Macht als Bedrohung der Nation stigmatisierte. Hier handelt es sich eindeutig um eine politikideologische Haltung, die ihren prägnanten Ausdruck in der Aufnahme des 'Grundrechtsmißbrauchs' in die Verfassung von 1975 findet. Denn gerade diese Verfassungsnorm läßt die Errichtung einer gelenkten, vorbestimmten Demokratie zu, weil sie jeden politischen Akteur in jenen Rahmen einschränkt, durch die Exekutive festgelegt wurde und das normativ Erlaubte präformiert. Allerdings konnte auch auf diese Weise keine konsensuale Gesellschaft, in der Probleme durch Kompromisse der diversen soziopolitischen Strömungen gelöst werden können, hervorgebracht werden. Das Institut des 'Grundrechtsmißbrauchs' förderte vielmehr jene längst vorhandene Apperzeption, nach der Konfikte eine Gefährdung der Nation darstellen; jeder deviante Akteur ist somit gezwungen, als Mittel der Konfliktlösung oft Manipulation oder gar Gewalt einsetzen zu müssen. Die parlamentarische Funktion einer Opposition, die als Bedrohung des Staates apperzipiert wird, verliert auf diese Weise jegliche Substanz und verkümmert zu einem Rudiment parlamentarischer Dekoration.

Zu den zentralen Merkmalen des griechischen Systems gehört ebenfalls das Faktum, daß die Wertsetzung politischer Eliten auf das Regieren, d.h. auf Machtausübung und Machtkonzentration, gerichtet ist. Um Ansehen zu erlangen bzw. dieses zur autoritativen Geltung bringen zu können, versuchen die griechischen politischen Eliten, in der Apperzeption der Population als Bewahrer und Verwalter des hellenischen und somit des national-ideologischen Besitzes, als Hüter der Nation und der Nationalinteressen aufzutreten. Da ihre Herrschaftsgewalt jedoch unmittelbar durch das aufgebaute und diachron penetrierte traditionalistische Wertsystem legitimiert wird, darf dessen puristische Inhaltlichkeit keinesfalls durch exogene Einflüsse relativiert werden. Der griechische Bürger wird demzufolge unter dem Muster einer Weigerungsideologie sozialisiert, die sich bei genauerer Analyse als Xenophobie entpuppt. Bemerkenswert in diesemZusammenhang ist außerdem die Tatsache, daß die Wertmaximen der "National-Interessen-Ideologie" im neugriechischen System eine Ersatzfunktion zu leisten haben. Sie bilden ein Surrogat für den Mangel einer Gemeinwohlorientierung der soziopolitischen Akteure, deren Verbundenheit allein in einem durch den Nationalismus aufrechterhaltenen "Wir-Bewußtsein" steckenbleibt. Dies führt jedoch zu einem Zuwachs an Dysfunktionalität soziopolitischer Konflikte, weil der Minimalkonsens über die grundlegenden Prinzipien der staatlichen, wirtschaftlichen und sozialen Ordnung nur schwer interpretierbar ist. Die Elitenschicht kann Gemeinwohl nicht anhand realer Entscheidungsprozesse dokumentieren, sondern nur mit überzeitlich-transzendenten Werten nachweisen. Aus dem Gemeinwohl als einem nationalen Interesse wird die Ideologie einer klassen- und konfliktlosen Volksgemeinschaft abgeleitet, die den sozialen Wandel hemmt und damit den Weg der Gesellschaft in die Modernität verbaut.

Vor diesem Hintergrund stellt die Entwicklung einer parlamentarischen Regierungsform und eines Staatsverständnisses das wesentliche Merkmal des politischen Systems der dritten griechischen Republik dar, dessen grundlegenden Werte sich am monarchischen Prinzip orientieren. Sie können als formalistisch-demokratisch charakterisiert werden, da sie den Regeln einer Exekutivdemokratie folgen. Die nationalistische Legitimation der Staatsgewalt führt dazu, daß sie nichts anderes als ihr eigenes Bestehen voraussetzt, weil sie ursprünglich sein muß; ihre soziale Qualität erfordert mit anderen Worten keine Anerkennungsvoraussetzung. Parallel dazu und trotz der stereotyp wiederholten Beschwörung der altgriechischen Vergangenheit zieht das Demokratieverständnis der griechischen politischen Kultur den Monolog dem Dialog vor; Konflikte werden nicht ausgetragen, sondern autoritativ unterdrückt bzw. durch den Klientelismus erledigt. Außerdem führt ein die eigenen Thesen reproduzierendes und daher dysfunktionales Konfliktbewußtsein der Bürger zur absoluten Unterordnung der Gesellschaft unter den Staat, der sich selbst durch den Gesellschaftsleviathan ständig bedroht sieht. Die Folge ist, daß der Staat nicht mehr eine spezifische Form realer menschlicher Gesellschaft, sondern ein institutioneller Apparat ist, der als Herrschaftsinstrument eines politischen Gebildes eingesetzt wird. Politik wird als reines Geschäft von Regierung und Verwaltung verstanden, Parteipolitik mit Staatspolitik identifiziert, so daß die Ansicht, die Gesellschaft habe sich jeglicher politischer Tätigkeit zu enthalten, verstärkt wird.

Gemäß dieser semantischen Interpretation wird Politik als ephemeres Moment im unendlichen Prozeß regionaler Machtkämpfe verstanden, in denen die politischen Institutionen bzw. der Staat keine der Gesamtheit der Rechtssubjekte zugeordnete Funktion ausüben können. Der Staat reduziert sich zum bloßen Schaltzentrum partikulärer Interessenmächte, das ausschließlich Privilegien für das Klientel einzuräumen und diese dirigistisch gegen in- und ausländische Konkurrenten zu verteidigen hat. Innovativer sozialer Wandel wird damit zur Restrukturierung des systemisch relationalen Gefüges, indem beispielsweise eine Elite durch eine andere substituiert wird. Gewiß hat der griechische Klientelismus seine Wurzeln dort, wo die osmanische Zentralgewalt zugunsten von partikular-feudalen Gewalten immer mehr an Macht verlor und diese zum Erhalt des Reiches rechtlich-politisch geschützt und gefördert wurden. Indem diese Partikulargewalten sukzessiv die Schutz- und Ordnungsfunktion auch für die Bevölkerung erfüllten, führte dies zu einer Akeptanz durch das Individuum; ein klientelistisch strukturierter Feudalismus konnte sich entwickeln, dessen Funktion im neugriechischen Staat durch die regionalen politischen Eliten nur ersetzt, nicht aber abgelöst bzw. verändert wurde. Demzufolge formulieren die sozialen Gruppen innerhalb der griechischen Gesellschaft ihre Ansprüche nicht *gegenüber* den politischen Institutionen, sondern mit Hilfe des Klientelismus *in den* Institutionen. Recht wird somit zu einer Funktion partikulärer Macht mit der Option, nicht herrschende Interessengruppen zu vernachlässigen. Im Rahmen einer derart strukturierten politischen Kultur wird sodann der Stimmzettel zum Tauschäquivalent persönlicher oder familiärer Vorteile depraviert, so daß der Grad der Kohärenz innerhalb der Parteifraktion niedrig bzw. der Grad der Unabhängigkeit der Abgeordneten gegenüber der Partei hoch ist. Infolgedessen ist die Autorität eines charismatischen Parteiführers vonnöten, der die exogene Selbstdarstellung der Partei bezüglich ihrer Regierungskompetenz als mystische Assoziation der Wähler ermöglicht. Mit dieser Personifizierung der Parteipolitik wird allerdings die Kontinuität von Massenparteien und damit der Eintritt der Massen in die Politik als ein partizipatorischer Gesellschaftsprozeß verhindert und die Vorstellung des Obrigkeitsstaates verfestigt, dessen Willkür sich der Bürger allein durch die Zementierung klientelistischer Strukturen erwehren kann.

Im Gegensatz zu den Erwartungen der griechischen Bevölkerung nach der Entstehung des neugriechischen Staates haben die westdeutschen Bürger mit der Gründung der Bundesrepublik vorwiegend eine deutliche Verbesserung der individuellen Lebensbedingungen verbunden, so daß die Republik von 1949 letztlich ohne eine affektiv-integrative Bindung des Bürgers an eben diese Republik aufgebaut werden konnte. Die leidenschaftslose Anerkennung der Idee Demokratie sowie der Mangel an wertbezogener Bindung bedingt die oft konstatierte, pragmatisch-materiale Leistungsorientierung der Bevölkerung. Und in der Tat konnten durch die ökonomischen Anfangserfolge jene Einstellungen dieser Outputorientierung an das politische System tradiert werden, so daß die Bundesrepublik soziokulturell durch die kollektive Anstrengung des "Wiederaufbaus" und nicht des "Neuaufbaus" markiert ist. Indem sich der Bürger auf das Private konzentrierte und damit das Öffentliche abwertete, erschöpfte sich die gesellschaftliche Praxis allein in dem Versuch der Teilhabe am Wirtschaftswunder, die jedes politische Interesse mehr oder weniger nebensächlich werden ließ. Daß auch die Bundesrepublik immer noch ein Staat ohne Staatsidee ist, kann aus der Tatsache gefolgert werden, daß vor allem die politischen Eliten glauben, Staat ganz anders begründen zu können; nämlich mit steigenden Sozialleistungen und dem Versprechen des sozialen Aufstiegs durch formale Bildung. Deshalb ist die Substanz der Identität der Bundesbürger immer noch ein verspäteter Fortschrittsglaube und insofern auch leicht durch Krisenperzeptionen zu destabilisieren. Zwar wurde gerade in Deutschland früher als im europäischen Westen eine explizite Sozialpolitik betrieben, allerdings unter der Option, die Trennung zwischen der Nation und den ersten demokratischen Elementen zu legitimieren. Insofern kann es heute niemanden überraschen, daß in der Bundesrepublik die Sozialpolitik unter diesen Prinzipien apperzipiert und aus der "bundesdeutsch-liberalen" Perpektive als ein Expansionsversuch des Staates gegen die demokratische Institution des Bürgers betrachtet wird.

Ein bemerkenswerter Aspekt in der diachronen Entwicklung der deutschen Staatsidee ist mit dem Faktum verbunden, daß die Idee des Nationalstaates, ein Gemeinwesen auf Menschen- und Bürgerrechten zu gründen, in allen deutschen staatlichen Formationen durch die Abkoppelung des bürgerlichen Elements immer wieder instrumentarisiert wurde, um eine kulturelle Kohärenz der Bevölkerung (sei es durch Rassenbiologismus, sei es auch nur durch sozioökonomische Prosperität) vorzutäuschen. Demnach ist auch die Bundesrepublik heute noch durch die Trennung von Staat und Gesellschaft und somit von der Ideologie der Neutralität des Staates geprägt. Weil der Staat ausschließlich dem Gemeinwohl verpflichtet bleibt, hat als Kriterium eines guten Staates (und unter dem Aspekt der Identifizierung von Staat und Regierung auch dasjenige einer guten Regierung) nur die Erfüllung dieses Gemeinwohls Bestand.

Aus dieser rechtsphilosophischen Sicht ist der Staat also keine Schöpfung bürgerlicher Vernunft, sondern eine Substanz mit eigenem Recht und einer eigenen Tugend; sie bildet die Basis für jene politphilosophischen Wertvorstellungen, die bei dem Bürger die Entstehung jener Untertanenmentalität begünstigen, die die Individuen zur politischen Apathie verurteilt und sie erst dann wieder aktiv werden läßt, wenn der Staat seine Gemeinwohlfunktion verletzt. Aus der Tatsache, daß die Rekrutierung der politischen Eliten in der Bundesrepublik nicht Kriterien ökonomischer Macht, sondern ökonomischer Unabhängigkeit unterliegt, kann gefolgert werden, daß die ökonomische Machtexpansion des Bürgertums in Deutschland nicht mit einer Expansion politischer Macht einherging. Die apathische Haltung dem Politischen gegenüber wird allerdings u.a. durch die kulturell-traditionalistisch orientierten Sozialisationsprozesse unterstützt, deren Hauptinhalt als kleinbürgerlich-privatistisch charakterisiert werden kann und überdies auf eine Wertschätzung von Familie und Sicherheit ausgerichtet sind. Literarisch formuliert, könnte hier von einer Flucht in die Geborgenheit gesprochen werden, die ihre politische Dimension durch rein materielle Ansprüche zum Ausdruck bringt. Das Hauptmerkmal der bundesdeutschen Stabilität liegt deshalb nicht vornehmlich in der kognitiv-emotionalen Akzeptanz von Demokratie, sondern vielmehr in jener pragmatischen Einstellung, die die kleinbürgerlich-privatistischen Bedürfnisse bislang zu befriedigen vermochte.

Der Rückzug des Bürgers in die private Lebenswelt sowie seine daraus resultierende staatlich-politische Abstinenz haben zur Folge, daß sich die demokratischen Prinzipien überwiegend auf die staatliche Konstitution administrativer Funktionen beziehen, so daß in Deutschland Demokratie als Ordnungsimperativ noch nicht vergesellschaftet werden konnte. Zu ausgeprägter politischer Apathie führt die Identifikation von Regierung und Staat in der Bundesrepublik insofern, als Partizipationsmöglichkeiten weniger wahrgenommen werden und politische Unzufriedenheit sich eher durch Rückzug und Besinnung auf private Bereiche artikuliert. Der Unterschied zwischen Weimarer- und Bundesrepublik besteht also vorwiegend in der Differenz der Instrumentarisierung dieser Apathie. Während der Nationalsozialismus die Mobilisierung der politisch apathischen Bevölkerung zu einer sprunghaften, organisatorischen Änderung des Systems nutzte, fungiert die Apathie in der Bundesrepublik als stabilisierendes Element: Konflikte und Aspirationen werden entpolitisiert, indem sie in private Lebensbereiche verlegt und dort einer nicht-politischen Lösung zugeführt werden können.

Vor diesem analytischen Hintergrund gesehen, kann schließlich die Schlußfolgerung gezogen werden, daß die obrigkeitsstaatliche Orientierung des
Bürgers sich darin offenbart, daß nahezu die Hälfte der Bevölkerung in der
Bundesrepublik den Staat mit der Regierung gleichsetzt, diese also nicht als
ein durch staatliche Legitimationsverfahren eingesetztes 'government' betrachtet wird. Infolgedessen kann es auch nicht verwundern, daß Politik
häufig als ein schmutziges Geschäft dunkler, nicht kalkulierbarer oder be-
einflußbarer Mächte beschrieben wird. Der Mangel an werthafter Bindung an
die politische Dimension der Republik führt ferner dazu, daß dem Zustand
von "Ruhe und Ordnung" ein hoher Stellenwert innerhalb der Bevölkerung
zukommt, da nämlich unbewußt assoziiert wird, daß die Störung der Harmonie, und somit also der Konflikt, sich nicht auf einer wertbezogenen
konsensualen Basis aufbaut und deshalb eher zur Desintegration des Systems
führt. Folgerichtig korreliert der Grad der Konfliktmeidung nicht mit dem
Grad der Toleranz, denn soziopolitische Devianzen werden dort in hohem
Maße geduldet, wo sie eigene Orientierungen nicht in Frage stellen.

Soziopolitische Konfikte haben in Deutschland ebensowenig wie in Griechenland als dynamische Kraft des sozialen Wandels und der Modernisierung fungieren können, weil in Deutschland die harmonisierenden Ordnungsvorstellungen soziopolitische Konflikte als die Infragestellung des
Staates und seine alleinige Interpretation des Gemeinwohls verstanden werden. Denn es sollte in diesem Zusammenhang nicht übersehen werden, daß
immerhin 79% der Bundesbürger der Ansicht ist, daß die Rolle der Opposition nicht in der konfliktorientierten Kontrolle der Regierung, sondern in
deren harmonisierenden Unterstützung besteht. Die Tatsache also, daß soziopolitische Konflikte allein in einer staatsgefährdenden Dimension wahrgenommen werden, führt dazu, daß innerhalb der deutschen politischen Kultur
eine dezisionistische "Alles-oder-Nichts-Einstellung" entsteht, so daß der
Bundesbürger als Gesinnungsethiker zu charakterisieren ist, der Politik nicht
als die Kunst des Möglichen betrachtet und deshalb Kompromisse weitgehend ablehnt.

Verzeichnis der Literatur

Berg-Schlosser, D.: Entwicklung der politischen Kultur in der
Bundesrepublik. – in: Aus Politik und Zeitgeschichte, H. 7 (1990), S. 30-
46

Fromm, E.: Arbeiter und Angestellte am Vorabend des Dritten Reiches. Eine sozialpsychologische Untersuchung. – in: ders., Gesamtausgabe in 10 Bänden, Band 3, Stuttgart 1981

Greiffenhagen, M./Greiffenhagen, S.: Ein schwieriges Vaterland. – München 1979

Greiffenhagen, M./Greiffenhagen, S./Prätorius, R. (Hrsg.): Handwörterbuch zur politischen Kultur der Bundesrepublik Deutschland. – Opladen 1981

Lepsius, M.R.: Die unbestimmte Identität der Bundesrepublik. – in: Hochland 60 (1968), S. 562-569

Plessner, H.: Die verspätete Nation. – Frankfurt a.M. 1974

Reichel, P.: Politische Kultur der Bundesrepublik. – Opladen 1981

Schmidtchen, G.: Die befragte Nation. – Freiburg 1969

Weber, M.: Die protestantische Ethik, Bd. I. – Gütersloh 1979

Weidenfeld, W. (Hrsg.): Die Identität der Deutschen. – München 1983

Wenturis, N.: Das politische System Griechenlands. Eine soziopolitische Analyse. – Stuttgart 1984

Wenturis, N.: Griechenland und die EG. – Tübingen 1990

Sei-kee Kwon

Nationale Identität und staatliche Teilung: Der Fall Korea

Das Selbstverständnis der Nation in Korea

Bis in das 20. Jahrhundert hinein, war den Koreanern das Konzept der modernen Nation im europäischen Sinne nicht bekannt. Koreaner verstanden und verstehen sich noch in erster Linie als Volksnation, also als eine natürliche Gemeinschaft, die durch ihre Abstammung und den daraus resultierenden "Volkscharakter" verbunden ist und sich dadurch von anderen Nationen unterscheidet. Das zentrale, die innere Verflechtung und die äußere Abgrenzung herstellende Element ist hierbei die ethnische Abkunft, deren Wurzel in einem gesamtkoreanischen Ursprungsmythos, dem "Tangun-Mythos"[1] überliefert ist.

Aus diesem stammt der Ausdruck "Mindschok"[2] (von koreanisch Min = Volk und Dschok = Stamm), der von Alters her für ein Kollektiv mit gemeinsamer Abstammung und Sprache sowie mit einem einigenden politischen System verwendet wird. Der Begriff schließt also in sich sowohl "Volk" als auch "Nation"ein. Hierdurch wird das Selbstverständnis der koreanischen Nation kenntlich als Mischform von "Volksnation"[3] und "Kulturnation"[4], deren Eigenart unabhängig ist von bewußter Stellungnahme im Denken, Fühlen oder Wollen im Bezug auf Nation.[5]

Wenn man Nation dagegen im modernen, europäischen Sinne als eine geschichtlich gewachsene und durch politisches Handeln der Bevölkerung geformte Einheit definiert, kann koreanische Nation nicht gleichbedeutend sein mit der Summe aller koreanisch sprechenden Menschen. Vielmehr kann sie nur diejenigen umfassen, die ihr Leben als Koreaner auch politisch verstehen und sich durch eine bewußte Bejahung der real existierenden politischen Zusammenfassung auszeichnen.

Wenn Nation als neuzeitliche, europäische politische Erscheinung gesehen wird, ist Korea demnach keine "moderne" Nation und ist es vielleicht immer noch nicht. Denn erstens existierte das Land bereits seit dem 8. Jahrhundert als staatliches Gebilde, das annähernd das gleiche Areal einnahm wie heute. Zweitens waren die hier erfolgten Anstöße durch wirtschaftliche und soziale Umwälzungen nicht stark genug, um der Bevölkerung ausreichenden Anlaß zu geben, sich ihrer politischen Potenz bewußt zu werden und sich somit zu einer "modernen" Nation zu formen. Drittens ließ die 36-jährige japanische Kolonialherrschaft, die erst durch den Zweiten Weltkrieg beendet wurde, lediglich das Aufflammen eines antikolonial geprägten Nationalismus zu.

Da Korea unmittelbar nach seiner wieder gewonnenen Unabhängigkeit in zwei Teilstaaten getrennt wurde, blieb ihm bis heute ein ganzheitliches nationales Selbstverständnis zwangsläufig versagt. Die Teilstaaten könnte man jedoch mit Einschränkungen als werdende Nationen bezeichnen, da jeder von ihnen ein politisches System eingeführt hat, welches sich von den Vorläufern aus vor-kolonialer Zeit deutlich unterscheidet.

Die sozialen Systeme Nord- und Südkoreas haben sich sowohl voneinander als auch von ihrem gemeinsamen Ursprung entfernt. Die Weitergabe und Darstellung geschichtlichen Wissens erfolgt jetzt unter unterschiedlichem Blickwinkel und mit verschiedenen Schwerpunkten, so daß in der jungen Generation Koreas zwei nicht deckungsgleiche Geschichtsbilder geformt wurden. Hinzu kommen zum Teil gegensätzliche Auffassungen gegenüber Religion und bestimmten Elementen der ehemals verbindenden Kultur.

Die Teilung Koreas hat sich also bereits bis zu einer Tiefe vollzogen, die die Selbstverständlichkeit des herkömmlichen Nationalgefühls untergraben und die Solidarität der Menschen nicht nur mit denen des jeweils anderen Teilstaates, sondern wegen der gesellschaftlichen Umwälzungen auch innerhalb jedes der beiden Staatsgebilde geschwächt hat.

Korea bzw. seine beiden Teilstaaten brauchen also eine neue Basis für ihre nationale Identität, denn der einzige verbliebene Pfeiler, die ethnische Homogenität, ist allein nicht mehr in der Lage, die Belastungen durch die sich immer weiter entwickelnde kulturelle und vor allem soziale Heterogenität zu tragen. Erforderlich ist vielmehr ein Nationalbewußtsein im modernen Sinne, das trotz Heterogenität vieler Lebensbereiche eine stabile Binnenordnung zu gewährleisten vermag, die durch die Gleichheit der Bürger vor dem Gesetz und die demokratische Teilhabe an politischen Entscheidungen legitimiert wird. So könnte aus der Volksnation Korea die Staatsbürgernation Korea hervorgehen.

2. Nation und Teilung: Korea – total geteilt?

Unter den gegenwärtigen Umständen kann man in Bezug auf Gesamt-Korea folgende Fragen stellen: Wie lange mag die Teilung des Landes noch andauern? Ist es grundsätzlich möglich, daß sich ein Teil eines "Nationalstaates"[6] ablöst und sich als eine andere, neue "Staatsnation"[7] etabliert? Wie weit ist der Prozeß der Desintegration der beiden Teile Koreas schon fortgeschritten? Wie stark hat man sich auseinander gelebt? Gibt es einen Punkt, dessen Überschreitung keine Umkehr mehr erlaubt? Hat die Parole "Einheit" ohne reales Miteinander irgendeinen Wert? Was ist schwieriger zu überwinden: die Unterschiede im politischen oder im sozialen System? Folgt der Aufteilung in zwei Staaten auch die Teilung der "Volksnation"[8]? Oder werden in Zukunft von beiden Seiten Chancen zum Aufbau einer neuen politischen Identität ergriffen, die zur Bildung einer modernen gesamtkoreanischen Nation führt? Das sind die Fragen nach der politischen Existenz in der Wirklichkeit und nach dem Bewußtsein von dieser Wirklichkeit.[9]

a) Die "Ignorierten" von 1945

Teilung und Wiedervereinigung stellen grundlegende und universelle Phänomene der heutigen Welt dar; und die Teilung der Welt in Ost und West war oder ist noch eine der größten menschlichen Tragödien seit dem Zweiten Weltkrieg. Für Korea ist die Problematik der Teilung des Landes besonders aktuell geblieben. Wer die Folgen dieser willkürlichen Spaltung kennt, kann sich wohl kaum der Meinung von Henderson und Lebow anschließen, daß die Teilung Koreas mit Erfolg durchgeführt worden sei. "Like a worm cut into two parts, each of which can crawl away and grow, peoples as homogeneous as any in the world can be divided and survive as separate units." Ist es also schon als Erfolg zu betrachten zu "überleben"?

Weder in Korea noch in Deutschland gab es irgendwelche interne Ursachen für die Teilung der Nation. Der Schnitt durch diese ethnisch, sprachlich und kulturell homogenen Nationen wurde unnatürlicherweise willkürlich von außen herbeigeführt. Im Falle Koreas war sogar ein Land betroffen, dessen Volk am Kriegsgeschehen nie aktiv beteiligt war. Die gesamte Verwaltung des Landes, einschließlich der Leitung der industriellen, kaufmännischen und Verkehrsbetriebe, lag jedoch in japanischen Händen. Korea sollte daher durch Eliminierung des japanischen Einflusses schließlich "zu gegebener Zeit frei und unabhängig" werden.[10]

Ernst Fraenkel beschreibt die Spaltung Koreas als Zufallsprodukt: "(...) Und bis zu dieser Zeit werden amerikanische und russische Truppen das Land besetzen, um zunächst einmal die Kapitulation der japanischen Truppen entgegenzunehmen. Einige Generalstabsoffiziere ziehen auf der Karte mit dem Blaustift eine Demarkationslinie. Nördlich der Linie werden die Russen, südlich der Linie die Amerikaner stehen. Man wählte den

38. Breitengrad als Grenze. Ausschließlich von militärischen Zweckmäßigkeitserwägungen geleitet, ohne die politischen Aspekte des Problems in Rechnung zu stellen, entsteht beinahe zufällig, was nur allzubald sich als eine der politisch bedeutsamsten und gefährlichsten Grenzziehungen moderner Geschichte entpuppen soll"[11].

Diese Auffassung teilt im wesentlichen auch Lothar Gruchmann: "Die Amerikaner, von der unerwartet schnellen Kapitulation Japans überrascht, hatten im Moment weder Pläne noch Truppen für eine Besetzung Koreas verfügbar. Sie waren daher zufrieden, daß die Russen der Demarkationslinie am 38. Breitengrad zustimmten, jener schicksalsträchtigen Linie, die von amerikanischen Militärs vorgeschlagen worden war, ohne politische Zielsetzung und ohne Gedanken an eine Teilung des Landes"[12].

Diese Ironie der Teilungssituation wurde von dem Amerikaner Henderson wahrgenommen und folgendermaßen beschrieben: "No division of a Nation in the present world is so astonishing in its origin as the division of Korea; none is so unrelated to conditions or sentiment within the Nation itself at the time the division was effected; none is to this day so unexplained; in none does blunder and planning oversight appear to have played so large a role"[13].

Das Paradoxe an der Entwicklung Koreas ist, daß sich, obwohl Korea selbst mit seiner Aufteilung gar nichts zu tun hatte und sich in der einheitlichen Nation keine internen Ursachen als potentielle Legitimation dafür finden ließen, zwei Staaten bildeten, die einander zunehmend feindlicher gegenüberstanden. Henderson führt hierzu aus: "Korea provides one of human history's most interesting and astonishing examples of the process and strength of hostilization an arresting instance of the related process of identity formation (...). How could the strong, homogenizing work of thirteen centuries be reversed in so brief a time and chiefly by foreign influence? Even if language and basic culture survived, how could ideology and the aims and organization of politics be so quickly reshaped and loyalties shattered and reconstructed? How can brothers in a closely knit culture be so instantly recast into enemies?"[14].

Hier wird deutlich, wie wenig die "Wurm-Theorie" Hendersons mit der koreanischen Wirklichkeit gemein hat. Während die Teile eines zerschnittenen Wurms sich selbst überlassen und damit in sich selbst unverändert bleiben, folgte der Zerschneidung Koreas eine zielgerichtete Veränderung seiner Teilstaaten durch fremde Mächte, die tiefgreifende Bewußtseinsveränderungen in Nord- und Südkorea hervorrief. Der Wille und die diesem entsprechende Steuerung der Prozesse ging hierbei zweifellos nicht vom koreanischen Volk aus, das vielmehr ein Opfer der jeweils neuen Machthaber wurde, die die historische Plastizität und die kulturell-politische Manipulierbarkeit, die nach Lepsius[15] ein Wesenszug jeder Nation ist, ausnutzten. Damit ist der Kern der Situation der koreanischen Teilung angesprochen. Analog zu den Deutschen, die oftmals als die "Besiegten von 1945"[16] bezeichnet worden sind, könnte man die Koreaner die "Ignorierten von 1945" nennen.

b) Feindliche Koexistenz

Was sich nach 1945 in Korea vollzog, war nicht nur eine Teilung, sondern auch die Ablösung einer Fremdherrschaft durch eine bzw. zwei andere. Die neue Herrschaft sollte treuhänderisch übernommen werden und wurde offiziell damit begründet, daß das koreanische Volk allein nicht in der Lage wäre, auf geordnete Weise einen Weg in die Freiheit zu finden. Der 1944, 1945 immer wieder von einigen Vertretern der Alliierten formulierte Gedanke, eine einheitliche Administration für Korea zu errichten, verlor in jenem Augenblick seine Chance auf Verwirklichung, in dem auf dem Papier eine Demarkationslinie gezogen wurde.

Peter Lowe beschreibt die Fehleinschätzung der Teilungsfolgen durch die damals verantwortlichen amerikanischen Politiker folgendermaßen: "American bureaucrats did not comprehend the speed of change in Korea and that a potent sense of Nationalism with a corresponding ardent wish for the unification and independence of the country existed in August 1945. It was assumed that the Korean people would docilely accept trusteeship with decisions being taken for them by their American and Soviet masters.[17]

So hielt der stalinistisch geprägte Kommunismus Einzug im Norden, während der amerikanische Kapitalismus den Süden überzog. Die Entstehung dieser beiden systematisch und ideologisch entgegengesetzten politischen Ordnungen in unmittelbarer Nachbarschaft und die daraus resultierende jahrzehntelange schleichende Entfremdung zwischen den beiden Volksteilen waren die unvermeidbaren Folgen, die die Koreaner hinnehmen mußten. Die Kommunismus-Antikommunismus-Divergenz wurde verstärkt durch die während des "Kalten Krieges" entstandene und eskalierende Feindschaft der politischen Blöcke, die auch zur Verfolgung der jeweils gegensätzlich eingestellten Ideologieträger im eigenen Lande führte.

Da zwischen den beiden koreanischen Staaten keinerlei Fluktuation der Bevölkerung zugelassen wurde, die zu einer Durchmischung und damit zu einer Aufhebung der Entfremdung hätte führen können, entstand zwangsläu-

371

fig ein schwelender Krisenherd. Der Bruderkrieg von 1950 bis 1953 und zahlreiche kriegerische Zwischenfälle an der Demarkationslinie haben den Graben so vertieft, daß die Ergebnislosigkeit des immer wieder von Teilen der Bevölkerung beider Staaten begonnenen Nord-Süd-Dialogs nahezu programmiert war. Selbst das "joint communique" vom 4. Juli 1972, in dem Politiker beider Staaten ihren Willen zu einer zukünftigen Wiedervereinigung öffentlich bekundet hatten[18], hat bis heute nicht jenen Prozeß des Sich-Abfindens innerhalb der Bevölkerung aufhalten können, der sowohl die Situation der Teilung als auch die der Feindschaft betrifft.

Im Laufe der über vierzig Jahre seit der Spaltung des Landes haben sich also die beiden Teilstaaten in entgegengesetzte Richtungen entwickelt und stehen sich in einer "feindlichen Koexistenz"[19] direkt gegenüber, wobei nicht nur ein tiefes Gefühl der "Animosität der Systeme", sondern auch ein Gefühlskomplex der gegenseitigen Furcht und des Mißtrauens entstanden ist, der sich bis auf die persönliche Ebene auswirkt. Neben der Gegensätzlichkeit der politischen Ideologien spielen besonders die Unterschiede im sozialen System eine wesentliche Rolle. Ob die Menschen in Nord- und Südkorea es schaffen werden, den tiefen Graben zwischen ihren sozial-politischen Systemen zu überwinden, kann nur die Zukunft zeigen.

Im Vergleich zum geteilten Deutschland ist die Situation der Spaltung in Korea aus folgenden Gründen härter und schwerer; obwohl eher dörfliche Verwandtschaftskreise dominierten, gab es vor der Grenzziehung vielfältige verwandtschaftliche, freundschaftliche und geschäftliche Beziehungen zwischen den heute getrennten Bevölkerungsgruppen. Seit über 40 Jahren bestehen jedoch zwischen den Koreanern von diesseits und jenseits des Stacheldrahtes am 38. Breitengrad keinerlei Kontaktmöglichkeiten mehr, nicht einmal durch Briefe oder Telefonate.

Im Unterschied zu den Deutschen besaßen die Koreaner vor dem Zweiten Weltkrieg infolge der 36jährigen Besetzung durch die Japaner ein vergleichsweise weniger stark entwickeltes Selbstbewußtsein. Die neuen Besatzer wurden zuerst von weiten Teilen der Bevölkerung als Befreier angesehen. Daraus resultierte die Bereitschaft, sie als Vorbilder für die eigene Entwicklung zu akzeptieren und von ihnen zu lernen. Auch ihre politischen und sozialen Ideen wurden zum großen Teil zunächst bereitwillig übernommen. Dies ist verständlich, da den Koreanern dadurch, daß sie vor vollendete Tatsachen gestellt worden waren, keinerlei Zeit für eigene Überlegungen zur politischen Konstitution blieb und ihnen jegliche Demokratie-Erfahrung fehlte.

c) Teilung und Identität: Ein Nationalstaat oder zwei Staatsnationen?

Die geographische Begrenzung einer Nation wahrzunehmen, ist eine ganz elementare Form kollektiver Identifizierung, da nur innerhalb eines bestimmten territorialen Rahmens eine spezifische Bindung zwischen seinen Bewohnern hervorgebracht werden kann. Ohne ihn ist auch die Bildung und Erhaltung einer geschlossenen Kommunikationsgemeinschaft kaum vorstellbar. Die Menschen früherer Epochen gingen buchstäblich auf dem Boden ihres Territoriums aufeinander zu. In allen Definitionen des Patriotismus findet sich ein Ausdruck für die enge Bindung des Menschen an das Heimatland, also im weiteren Sinne an den Boden, der ihm das Leben ermöglicht. Psychologisch ist mit der Heimat nicht nur die grundlegende Vorstellung jedes Einzelnen von der Natur, sondern auch die Jugend verbunden, mit all ihren bewußten und unbewußten Erinnerungen. In diesen wiederum ist das Zusammengehörigkeitsgefühl zu Menschen der gleichen Umgebung, Sprache und Kultur tief verwurzelt.

Man kann sich eine Nation vorstellen, ohne dabei an einen eigenen Staat zu denken, aber kaum eine Nation ohne einen sie konstituierenden Raum, in dem sie verwurzelt ist, sowohl geistig als auch physisch"[20]. Die Identifizierung mit einem eindeutig festgelegten Territorium einerseits und einem bestimmten politischen System andererseits wird in allen modernen stabilen Gesellschaften als selbstverständlich untrennbar aufgefaßt. Wenn ein Volk jedoch seine territorial definierte Gemeinschaft verliert und sich nicht mehr seiner physischen und psychologischen Einheit sicher sein kann, gerät es in eine Identitätskrise[21]. Da jede nationale Identität alles umfaßt, was durch physische und psychische Anstrengungen zum Aufbau und zur Entwicklung des Landes beigetragen hat, dringt der Zweifel an der Identität, der durch die Teilung gesät wurde, selbst zu Werten vor, die dem gemeinsamen Erfahrungsschatz entstammen.

Seit etwa 13 Jahrhunderten hat sich der gesamte Verlauf der Geschichte Koreas immer auf das Gebiet der koreanischen Halbinsel bezogen. Mit der Existenz dieser geographischen Einheit, die seit der Gründung des Vereinigten Groß-Silla-Reiches (668 n.Chr.) bis in die jüngere Geschichte hinein bewahrt wurde, vermochte Korea seine ethnische wie kulturelle Identität herauszubilden und zu festigen. Daher ist es kaum möglich, daß einer der Teil-Staaten allein mit ethno-kultureller Begründung nationale Einzigartigkeit für sich reklamiert, weil die nationale Identität "nicht beliebig teilbar"[22] ist. Obwohl die Teilung Koreas primär die Teilung seines Territoriums impliziert, wurde durch diesen Vorgang bereits das Tor zum Verlust der Einheitlichkeit geöffnet, hinter dem die Spaltung des Landes in zwei unterschiedliche Systeme lag, die begannen, territorial voneinander unabhängig zu funktionieren.[23]

An dieser Stelle kann man die Frage aufwerfen, ob es sinnvoll ist, zwei funktionierende Staatsnationen zu zerstören, um etwas Neues aufzubauen. Bei der Gewichtung aller Argumente sollte bei Beachtung demokratischer Prinzipien die Meinung der Mehrheit innerhalb beider Staatsgebilde oberste Priorität genießen, also der Wille des nach wie vor bestehenden koreanischen Volkes. Nach diesem Willen sollte sich der Begriff "Nation" nicht primär auf den Staat Nord- bzw. Südkorea beziehen, sondern auf ein heute nicht mehr bzw. noch nicht bestehendes Gesamtkorea.

Der Kern des Problems besteht nach wie vor darin, daß sich zwei unvereinbare politische Systeme auf beiden Seiten der Waffenstillstandslinie gegenüberstehen und daß sie nicht imstande sind, die Stärke ihrer Feindseligkeiten zu vermindern[24]. Selbst wenn sich beide Teile nach wie vor zum Prinzip der Einheit der Nation bekennen, ist die Aussicht auf eine Wiedervereinigung kaum absehbar. Es ist daher an der Zeit zu erkennen, daß eine Wiedervereinigung Koreas zum gegenwärtigen Zeitpunkt nicht allein schon dann erreicht wäre, wenn man die Grenzen zwischen beiden Teilen beseitigen und eine gesamtkoreanische Regierung bilden würde. Die geschlossenen Territorien sind durch die in ihnen herrschenden Systeme für die eigenen Bewohner, besonders für die Nord-Koreaner, zu einem Gefängnis geworden, das selbst nach dem Niederreißen des Stacheldrahtzaunes nur schwer aus eigener Kraft zu verlassen sein wird.

Neben einer Umgestaltung durch eine friedliche Einigung der beiden koreanischen Staaten, die der gesamtkoreanischen Nation eine tragfähige Struktur oder Verhaltensorientierung verleiht, ist auch eine Änderung durch den inneren Zusammenbruch eines der beiden Systeme (wie z.B. 1989 in der DDR und in einigen anderen osteuropäischen Staaten) denkbar[25]. Bisher existiert jedoch lediglich die Vorstellung einer friedlichen Koexistenz. Ein kleiner Schritt in diese Richtung wurde von Roh Tae Woo, dem Staatspräsidenten der "Sechsten" Republik Korea, am 7. Juli 1988 getan. Er gab seine Bereitschaft bekannt, Nord-Korea nicht mehr als Feind, sondern als Teil der "nationalen Gemeinschaft" anzusehen. Hierdurch erklärte er den möglichen Verzicht Südkoreas sowohl auf den Anspruch, alleiniger legitimer Nachfolgerstaat des alten Koreas zu sein, als auch auf das Ziel, Nordkorea in weltpolitischer Isolierung zu halten.

Auf jeden Fall sollte das Erreichen der Freiheit aller Koreaner vor dem Wiederaufbau ihrer Einheit stehen. Dies setzt eine Annäherung zweier völlig verschieden gearteter politischer und sozialer Systeme voraus. Solche Annäherung kann nur durch eine Politik der "offensiven Entspannung"[26] und der Kontakte sich bisher feindselig gegenüberstehender Regimes erzielt werden. Zur Reintegration der gesamtkoreanischen Gesellschaft wäre zunächst eine Reduzierung der Ungewißheit über die gemeinsame Zukunft erforderlich, die dem Volk neue Zukunftsperspektiven eröffnen und sichern könnte. Hierfür erforderlich wäre eine gegenseitige Kooperation zwischen den beiden koreanischen Staaten, die mit langfristiger gemeinsamer institutioneller Planung den Weg zur Wiedervereinigung ebnen könnte[27].

Obwohl das Volk in beiden Teilen Koreas nach wie vor bereit ist, sich als einheitliches Volk zu betrachten, ist in der Haltung der Süd-Koreaner gegenüber den Nord-Koreanern eine Ambivalenz spürbar geworden[28], deren Grund in der radikalen Trennung und dem daraus resultierenden politischen, wirtschaftlichen und sozialen Gefälle zwischen den beiden Landesteilen liegt. An dieser Stelle erhebt sich die Frage, ob die Unterschiede im politischen, wirtschaftlichen oder sozialen Bereich am schwierigsten zu überwinden sind[29].

Aufgrund der jahrzehntelangen Kommunikationssperre zwischen den beiden Staaten leidet auch die sprachliche Homogenität[30]. Vor der Teilung gehörte nach einer von Rustow zusammengestellten Tabelle Korea zu den wenigen Ländern, deren Bevölkerung sprachlich nahezu 100%ig homogen war[31]. Die Kooperationsfähigkeit der beiden Bevölkerungsteile Koreas wird also durch den anhaltenden persönlichen Kommunikationsmangel vermindert. Durch das Fehlen grenzüberschreitender Massenmedien sind die Koreaner darüber hinaus nicht mehr in der Lage, ihre Vorstellungen zu synchronisieren. Schließt man sich der Sichtweise von Deutsch[32] zur zentralen Bedeutung "sozialer Kommunikation" für die nationale Identität an, so ist der Verlust dieser Kommunikationsebene letztlich als schwerwiegendste Folge der Spaltung anzusehen.

Aus dem von Deutsch entwickelten, prozeßhaften Modell der Nationalität, dessen Grundlage die dialektische Verknüpfung von Kultur als Wertsystem und sozialer Kommunikation als Integrationsfaktor ist, ergibt sich nicht nur die von ihm beschriebene Möglichkeit der Integration getrennter Klassen[33]. Vielmehr läßt sich das Prinzip, daß die Vermehrung der "sozialen Kommunikation" zu nationaler Assimilation geteilter Bevölkerungsgruppen führen kann, möglicherweise auch auf gespaltene Nationen übertragen.

Die Vermehrung "sozialer Kommunikation" ist jedoch wie die jeweils vorhergehende Minderung stets Folge einer wirtschaftlichen und sozialen Entwicklung, wobei letztere miteinander gekoppelt sind, ohne daß generell gesagt werden könnte, welcher Faktor im Einzelfall als auslösend zu betrachten ist. Deutsch veranschaulichte diesen Zusammenhang am Beispiel getrennter Klassen: "Where workers in industry are cut off the rest of the community, from better housing on the 'right side' of the railroad tracks, from conviviality and intercourse, from education and careers, from comforts and income, from security and prestige – there Disraeli's word of the 'two nations ... the rich and the poor' may express a real state of affairs. (...) Social reforms, as Bismarck knew, may knit a people more closely; high wages, as Lenin observed, may tend to assimilate the outlook of workers to that of their middle-class compatriots; and periods of democracy and social progress, as Otto Bauer predicted, may leave different peoples more unified internally, but more sharply marked off from each other[34].

Übertragen auf das Wiedervereinigungsproblem bedeutet dies, daß es sich als sinnvoll erweisen könnte, zunächst im Rahmen gemeinsamer institutioneller Planung eine gewisse Angleichung der wirtschaftlichen und sozialen Systeme herbeizuführen, um eine Steigerung der "sozialen Kommunikation" überhaupt zu ermöglichen. Hiermit wäre gleichzeitig ein Schritt auf dem Weg zur Freiheit und zur Bildung einer neuen nationalen Identität aller Koreaner getan.

Anmerkungen

1 Siehe Frits Vos: Die Religionen Koreas. – Stuttgart/ Berlin/ Köln/ Mainz 1977 S. 24-27.

2 In der koreanischen Sprache ist es besonders schwierig, einen inhaltlichen Unterschied bei den Verwendungen des Wortes "Mindschok" herauszufinden, weil "Mindschok" den Begriffen "Volk" und "Nation" entspricht, während sich das Wort "Nara" als "Staat" und/oder "Nation" benutzen läßt. Vgl. Young-Ho Lee, Hanguk Mindschokdschuûi – Gû Goadsche oa Dodschôn (Koreanischer Nationalismus – Seine Aufgabe und Herausforderung), in: Dschông Giông Iônggu, Januar 1978, S. 294.

3 M. Rainer Lepsius: Nation und Nationalismus in Deutschland. – in: H.A. Winkler (Hrsg.): Nationalismus in der Welt heute. – Göttingen 1982, S. 13.

4 In der deutschen Geschichte entwickelte sich die Vorstellung von einer "deutschen Kulturnation" zunächst als Substitut für das in selbständige Territorialstaaten zerfallende Deutsche Reich des 18. Jahrhunderts. Aufgrund der Nicht-Realisierbarkeit eines umfassenden deutschen Nationalstaates versuchte man, eine nationale Identität über kulturelle Gleichheit herzustellen. Vgl. Friedrich Meinecke, Weltbürgertum und Nationalstaat. Studien zur Genesis des deutschen Nationalstaates, 5. Aufl., München/ Berlin 1919, besonders S. 62-92; Dazu auch Lepsius, a.a.O., S. 19-21.

5 Vgl. Heinz Ziegler: Die moderne Nation. Ein Beitrag zur politischen Soziologie. – Tübingen 1931, S. 34f.

6 Edmund S. Glenn: The Two Faces of Nationalism. – in: Comparative Political Studies, 3 (1970), S. 352.

7 Ebd.

8 Lepsius, a.a.O., S. 15-19.

9 Vgl. Bernard Willms: Idealismus und Nation. Zur Rekonstruktion der politischen Selbstbewußtseins der Deutschen. – Paderborn/ München/ Wien/ Zürich 1986, S. 166; Sang-Woo Lee: Mindschok Tongil ûi Goadsche (Die Aufgabe der Wiedervereinigung der Nation) – in: Hong-Koo Lee u.a., Bundan goa Tongil gûrigo Mindschokdschuûi (Teilung, Wiedervereinigung und Nationalismus), Seoul 1984, S. 164.

10 Vgl. Ernst Fraenkel: Korea – Ein Wendepunkt im Völkerrecht?, Berlin 1951, S. 7.

11 Ebd.

12 Lothar Gruchmann: Das Korea-Problem. - in: Günther Franz (Hrsg.), Teilung und Wiedervereinigung. Eine weltgeschichtliche Übersicht. – Göttingen/ Berlin/ Frankfurt a.M./ Zürich 1963, S. 245.

13 Gregory Henderson/ Richard N. Lebow/ John G. Stoessinger: Divided Nations in a Divided World. – N.Y. 1974, S. 43.

14 Ebd., S. 72f.

15 Vgl. Lepsius, a.a.O., S. 13.

16 Hans-Joachim Arndt: Die Besiegten von 1945. Versuch einer Politologie für Deutsche samt Würdigung der Politikwissenschaft in der Bundesrepublik Deutschland. - Berlin 1978, S. 14.

17 Peter Lowe: The Originas of the Korean War. – London/ N.Y. 1986, S. 15.

18 Johan Galtung war der Auffassung, daß Korea der einzige günstige Fall sein könnte, da die beiden Koreas ihren klaren Wunsch zur Wiedervereinigung zum Ausdruck gebracht haben. Vgl. ders.: Divided Nations as a Process: One State, Two States, and Inbetween. The Case of Korea :in: Journal of Peace Research 9 (1972), S. 346. Es gibt auch eine positive Diagnose, daß es nur Korea gelänge, ohne Gewaltanwendung von außen wiedervereinigt zu werden. Siehe Eberhard Schulz: Die deutsche Nation in Europa. - Bonn 1982, S. 150. Im Blick auf Deutschland 1989/1990 scheinen beide Prognosen nunmehr überholt zu sein.

19 Gottfried-Karl Kindermann: Die Teilstaaten Koreas im Weltgeschehen des letzten Jahrzehnts. – in: Aus Politik und Zeitgeschichte B37/83 (17. Sept. 1983), S. 6.

20 Vgl. Frederick Hertz: Nationality in History and Politics. A Study of the Psychology and Sociology of National Sentiment and Character. - London 1945, S. 146.

21 Vgl. Lucian W. Pye: Identity and the Political Culture. – in: Leonard Binder u.a.: Crises and Sequences in Political Development. - Princeton. – N.J./ London 1971, S. 112-114.

22 Mayer, a.a.O., S. 195.

23 Vgl. Young-Ho Lee, a.a.O., S. 293.

24 Vgl. Chong-Sik Lee: Politischer Wandel, Revolution und Dialog in Korea. – in: Europa-Archiv 45 (1990), Folge 1, S. 20.

25 Vgl. Gottfried-Karl Kindermann: Die Teilstaaten Koreas im Weltgeschehen des letzten Jahrzehnts. – in: Aus Politik und Zeitgeschichte B 37/ 17.

26 Theo Sommer: "Der Geist ist ein Wühler". – in: Die Zeit, Nr. 20 (11. Mai 1990).

27 Vgl. William E. Henthorn: For the Reintegration of Korea. – in: Korea Journal 11 (1971), Nr. 11, S. 24f.

28 Chong-Sik Lee: Politischer Wandel, Revolution und Dialog in Korea. – in: Europa-Archiv 45/1990, Folge 1, S. 20.

29 Vgl. Hyung-Chan Kim: Socio-Cultural Problems of the Korean Unification. – in: Korea Journal 12 (1972), Nr. 4, S. 29ff.

30 Hyun-Bok Lee: Art. "Dschigûm Bukhanûn ..." (Nun in Nordkorea ...), in: Dschoshôn Ilbo vom 9. Juli 1985.

31 Vgl. D.A. Rustow: A World of Nations, Problems of political Modernization. – 4. Aufl., Washington 1969, S. 284ff.

32 Vgl. Deutsch, a.a.O., S. 86-106.

33 Vgl. ebd., S. 98.

34 Ebd., S. 98f.

Franz Kromka

Grundzüge einer realistischen Entwicklungspolitik:
Die Perspektive der Väter der Sozialen Marktwirtschaft

Europa – Mutterhaus einer Weltzivilisation

Es waren die Väter der Sozialen Marktwirtschaft, allesamt, die frühzeitig –
wie der Untertitel einer einschlägigen Aufsatzsammlung (Hunold (Hrsg.),
1961) lautet – "Wahn und Wirklichkeit" der unentwickelten Länder realistisch und hellsichtig erörterten. Ohne das – in verschiedener Hinsicht durchaus zu Recht kritisierte – "Kolonialzeitalter" wäre es unvorstellbar, stellte
etwa Wilhelm Röpke (1965, S. 155) fest, daß Europa "zum Mutterhaus einer
Weltzivilisation geworden ist, zu einem Muster für die Daseinsweise und zu
einem für nachahmenswert gehaltenen Vorbild für alle Menschen der Erde".
Die Gründerväter scheuten sich nicht, den Wunsch in Worte zu kleiden, daß
es für die früheren Kolonialvölker "bald (...) selbstverständlich werden
möchte, sich als im ganzen dankbare Erben Europas zu betrachten, wie wir
uns als dankbare Erben Roms fühlen" (ebenda, S. 157). Die Schöpfer unserer
Wirtschaftsordnung plagte aber auch die Vorstellung, es könnten "die unge-
heuren Kräfte des Chaos und der Zerstörung (...) über das Erbe Europas
hereinbrechen (...) und alles auf unabsehbare Zeit wieder vernichten"
(ebenda, S. 158). Und in der Tat hat sich diese Ahnung im Verlauf der letzten Jahrzehnte in vielen Teilen der sogenannten Dritten Welt auf erschrek-
kende Weise erfüllt, ist das in vielem höchst wertvolle Erbe aus dem Kolonialzeitalter leichtfertig verspielt worden. Hierbei hat die maßgeblich von
sozialistischen Ideen inspirierte westliche Entwicklungshilfe den Auflö-
sungsprozeß nicht nur nicht aufgehalten, sondern – es mutet paradox an – ihn
im Gegenteil sogar oft beschleunigt. Auf die zerstörerischen Wirkungen der
von den Gefühlen des gleichmacherischen Neides geprägten herkömmlichen
Entwicklungshilfe wird indessen in Deutschland viel zu selten hingewiesen.
Den von Klaus Hornung (1988, S. 379) demaskierten "vormundschaftlichen
Eliten" ist es nämlich – gerade in den verschiedenen Medien – gelungen, die
Entwicklungshilfe mit einem exklusiven und das heißt nur schwierig kriti-
sierbaren Mitleidsanspruch auszustatten. So nimmt es nicht wunder, daß
auch nach dem kläglichen Zusammenbruch des Sowjetimperiums, der die
internationale Handlungsfähigkeit Deutschlands zweifellos gestärkt hat, "im

379

Blick auf die Dritte Welt" der "harmonistische und moralistische Stil bundesdeutscher Außenpolitik" (ebenda, S. 384) keine deutlich spürbare und das heißt zu echtem Realitätssinn führende Veränderung erfahren hat. Daß wir es mit Leisetreterei zu tun haben, die ihres scheinbar sozialen Gehaltes wegen aber offensichtlich wählerwirksam ist, wird vor allem dann deutlich, wenn man die heutigen, allzu häufig schönfärberischen entwicklungspolitischen Analysen und Konzepte mit den nichts beschönigenden Untersuchungen und Programmen vergleicht, die von den Vätern der Sozialen Marktwirtschaft erarbeitet wurden.

Der Begriff "Entwicklung"

Entwicklung bedeutete für die Gründerväter umsichtige Verbesserung greifbarer desolater Zustände. Sie wußten, daß "die 'Entwicklung' ein Prozeß ist, der unendliche Geduld, tiefes menschliches Verständnis, geschmeidige Anpassung an das Vorhandene und Gegebene, langsames Wachsenlassen (...) fordert" (Röpke, 1979, S. 321). Ehrgeizigem Planungestüm erteilten sie eine entschiedene Absage. Fremd war ihnen auch jene anmaßende moderne Vision einer maßstabslosen Ökumene, die aus verschiedenen säkularen Trümmern der christlichen Geschichtstheologie hervorgegangen ist und eine gleiche und gemeinsame Entwicklung der gesamten Menschheit postuliert. Dieser entwicklungspolitischen Vision liegt die utopische, auf keiner Realität beruhende Vorstellung zugrunde, bei entsprechender Hilfestellung, zu der namentlich der Westen verpflichtet sei, könne eine auf humanitaristischen Inhalten aufbauende Gleichheit aller Menschen erreicht werden. Die Begründer unseres Wirtschaftssystems hielten nichts von diesem "billigen Verfahren, durch Rhetorik, abstrakten Idealismus und emotionales Mitlaufen sich und anderen zu bestätigen, wie edelmütig und wohlgesinnt man selber sei", während doch echter Mut erfordern würde, "zu gerechtem Urteil auf der Grundlage unvoreingenommener Unterrichtung" zu gelangen (Röpke, 1965, S. 126). Diese unvoreingenommene Unterrichtung ließ die Gründerväter erkennen, daß der frühzeitig und mit nicht geringem Erfolg erhobene "Anspruch auf die Einholung eines Reichtumsvorsprungs der (...) als 'privilegiert' vorgestellten Länder" (Röpke, 1961, S. 14) nicht zur Beseitigung mißlicher Verhältnisse führen werde. Die "Note des Forderns und Aufbegehrens auf der Seite der Empfangenden und des 'sozialen Gewissens' auf der Seite der Gebenden" (ebenda) haben vielmehr eine "Politisierung" und das heißt Lähmung nationaler wie internationaler Wirtschaftsprozesse gezeitigt und damit die Misere nur vergrößert. So wie offensichtlich die meisten Vertreter des gewaltigen "Unternehmens Entwicklungshilfe" (Kromka, Kreul, 1991) nicht verstehen, daß Geld nicht die Voraussetzung, sondern das Ergebnis wirtschaftlicher Anstrengungen ist, so begreifen sie auch nicht, "daß Unterentwicklung nicht ausschließlich ein ökonomischer Sachverhalt, sondern mehr ein soziologischer und kultureller (im weitesten Sinne) Tatbestand ist" und folglich "der entscheidende Beitrag für die Förderung des wirtschaftlichen Fortschritts von den Entwicklungsländern selbst kommen muß" (Müller-Armack, 1966, S. 378). Entwicklung im Sinne der Gründerväter kann nicht durch die Errichtung eines internationalen Wohlfahrtsstaates in die Wege geleitet werden: Sie ist stets das Resultat von eigenen Anstrengungen, von harter Arbeit und Einfallsreichtum. Wer mit welchen sophistischen Argumenten auch immer den Führern armer Völker einredet, daß Entwicklung eine Gabe sei, die den wohlhabenden Ländern abgerungen werden könne und ja auch abgenötigt wird, verhindert jeglichen Fortschritt. Dem unentwickelten Teil der Welt würde – so paradox dies fürs erste auch klingen mag – ein großer Dienst erwiesen werden, wenn der Westen mit dem Abbau dieser Gabe begänne. Voraussetzung hierfür wäre jedoch, daß jene pauschale "schuldbewußte Dienstverpflichtung" (Helmut Schoek), die US-amerikanischen Ursprungs ist und die den Fluß der Gelder frühzeitig ermöglicht hat, ihre Wirkung verlöre.

Die Misere der unentwickelten Länder

Die Erbauer der Sozialen Marktwirtschaft zählten sich zu jenen "offenbar altmodischen Menschen", die bei der Beurteilung der Situation der Entwicklungsländer "die abendländische Kultur zum Maßstab" nahmen (Röpke, 1965, S. 128). Der heute so modische und mit "einer perversen Neigung zur Kapitulation" (ebenda) einhergehende kulturelle Relativismus war ihnen fremd. Die Gründerväter waren davon überzeugt, daß die "Europäisierung der Erde" (Wilhelm Röpke), sofern ihr echter, dauerhafter Erfolg beschieden ist, allen zum Vorteil gereicht. Für sie ist "'Kolonialisierung' bei allem Schlimmen (...) sozusagen eine 'List der Geschichte' gewesen (...), mit der die heißersehnte Zivilisationsform an einen großen Teil der nichtokzidentalen Welt überhaupt erst hat herangebracht werden können" (Röpke, 1965, S. 155). Wie so oft in der Weltgeschichte handelte es sich auch bei der von Europa ausgehenden Kolonisation um eine häufig gewaltsame, kulturbildende "Überlagerung", um einen "Segen der Sünde", also um eine unfreiwillige Operation, über deren Ergebnis der Patient "aber nachträglich trotzdem froh sein kann und froh ist" (Rüstow, 1950, S. 99). Wie im Falle der Industrialisierung Europas kann hierbei ebenfalls von einem "Umsturz in der Geschichte" gesprochen werden; und längst "sind zu den neuartigen Lebensumständen die entsprechenden Ordnungen (noch) nicht gefunden" (Eucken, 1990, S. 1). Doch davon unabhängig spiegelt das Ausmaß, in dem Völker in die "erweiterte Ordnung" (Friedrich A. von Hayek), die weltumspannende Marktwirtschaft, eingebunden sind, recht deutlich den Grad ihres materiellen und – gewöhnlich ja auch – immateriellen Wohlstandes wider. Das sozialistische Propagandamärchen, viele, namentlich schwarzafrikanische Länder seien deshalb so arm, weil sie von den reichen Gesellschaften offen oder verdeckt ausgebeutet würden, ist allein deshalb ein Märchen, weil diese Länder so gut wie gar nicht am Welthandel teilnehmen – und also gar nicht betrogen werden können. Was Otto Veit (1957, S. 91) seinerzeit empfahl, trägt auch heute zur Aufklärung bei: Ein Blick in die Außenhandelsstatistik zeigt, daß "seit je (...) die Industrieländer untereinander die besten Kunden (waren)".

Weil die Dritte Welt bei weitem kein gleichförmiges Gebilde ist, ist jeder Versuch, ein allgemeines Bild von ihrer Situation zu zeichnen, mit Mängeln behaftet. Festgestellt kann aber werden, daß nicht nur, aber vor allem die Führer der Entwicklungsländer versagt haben: Sie haben sehr häufig die gewinnbringende Eingliederung ihrer Länder in den Weltmarkt der Güter und Ideen nicht nur nicht gefördert, sondern nicht selten behindert oder sogar blockiert ("Abkoppelung"). Gewiß trägt auch der Westen an diesem Versagen Schuld. Durchaus wider besseres Wissen wurden viele abendländische Kolonialpositionen nicht im Sinne eines "schöpferischen Rückzuges" liquidiert (Rüstow, 1957, S. 516). Es wurde zum Beispiel versäumt, in Zusammenarbeit mit der Intelligenz der unabhängig werdenden Völker ein geeignetes, stabiles Regierungsmodell auszuarbeiten, "das die für ihre Lage unentbehrliche diktatorische Handlungsfähigkeit mit der sicheren Verankerung eines Minimums von demokratischer Freiheit verbindet" (ebenda). In der Folge hat nicht nur das nun untergegangene Sowjetimperium zu beweisen versucht, daß das gewöhnlich übernommene westliche Modell nichts taugt, und als Ersatz sein bolschewistisches Politsystem samt dazugehöriger Heils- und Haßlehre angeboten und mit beträchtlichem Erfolg verbreitet. Auch viele westliche Intellektuelle haben mit ihren sozialistischen Ideen des Denken der Führer armer Völker in Unordnung gebracht und dadurch die Misere vergrößert. Den Machthabern selbst ist es allerdings für gewöhnlich gelungen, sich von Hunger und Elend freizuhalten. Das, was sich in weiten Gebieten der Dritten Welt recht bald herausgebildet hat, kann als "duale Gesellschaft" bezeichnet werden: Eine wohlgenährte und vom Militär beschützte "Kleptokratie", die ihren Reichtum nicht zuletzt "einer alles durchdringenden Korruption" verdankt (Röpke, 1961, S. 50), beherrscht ein Volk, dessen freie Wirtschafts- und Handelsstrukturen sehr häufig sozialistisch umgestaltet, also verstaatlicht und das heißt ihrer Effizienz beraubt wurden. In den auf diese Weise mächtig aufgeblähten Staatsapparat drängt die unglückseligerweise auch in den unterentwickelten Ländern rasch wachsende Schar der akademisch Ausgebildeten. Joseph A. Schumpeters (1987, S. 246) Beobachtung, daß der westliche Universitätsabsolvent "leicht in einer Beschäftigung als Handarbeiter psychisch unverwendbar (wird), ohne daß er notwendig die Verwendbarkeit für eine Facharbeit erwirbt", trifft auch und vor allem auf seinen Entwicklungsländer-Kollegen zu. Es ist das nur recht und schlecht verdrängte Gefühl, nicht wirklich gebraucht zu werden, eine Schmarotzerexistenz zu sein, das dort wie hier antikapitalistische Ressentiments erzeugt (vgl. von Mises, 1979, S. 23ff.). Jedenfalls "stimmen das Eigeninteresse der jüngeren Akademiker", eine mit Machtbefugnissen ausgestattete Stelle beim Staat zu erhalten, "und die Propaganda der zur Bekämpfung der Privatwirtschaft aufrufenden linksradikalen Organisationen überein" (Müller-Armack, 1966, S. 386).

Duale Gesellschaft bedeutet vor allem, daß die Machteliten die Stadt-Land-"Terms of Trade" stark verzerrt haben. Mit den von der Regierung festgelegten niedrigen Agrarpreisen, die den Bauern, der Landbevölkerung, schaden, aber den städtischen Massen nutzen, versucht man, Elend und Aufruhr in die Dörfer abzudrängen und nicht schon im Villenviertel der Machthaber beginnen zu lassen. Daß die Politiker die Preise aber überhaupt herabsetzen können, was logischerweise stets zum Rückgang der Agrarproduktion führt, hängt – das soll nicht ungesagt bleiben – wesentlich damit zusammen, daß mit den – aufgrund des westlichen Agrarprotektionismus – auf den Weltmarkt gebrachten gewaltigen billigen landwirtschaftlichen Überschüssen das Defizit an Nahrungsmitteln, vornehmlich Getreide, unschwer ausgeglichen werden kann. Die Regierenden betreiben aber nicht nur eine katastrophale Agrarpolitik. Ihnen ist auch anzulasten, daß die Geld- und Finanzpolitik völlig aus den Fugen geraten ist. Weil sich die Erhebung von Steuern infolge des allgemeinen Chaos immer schwieriger gestaltet und selbst die gezahlten Steuern – wegen der zeitlich verzögerten Erhebung – durch die hohe Inflation weitgehend entwertet werden, befriedigen die Behörden ihren – im Vergleich zur volkswirtschaftlichen Leistungskraft – hohen Finanzbedarf zum einen durch westliche Kredite und Geldgeschenke und zum anderen durch eigenständige Geldschöpfung. Die dadurch erzeugten "Inflationen sind vom sozialen Standpunkt eines der schwersten Übel, denn sie nehmen dem Menschen die Möglichkeit, für sich und die Seinen vorzusorgen" (Eucken, 1990, S. 319). Weil nun die private finanzielle Vorsorge, die direkte wie die mittels (öffentlicher) Versicherungen, nicht möglich oder zumindest schwer beeinträchtigt ist, verwundert es nicht, daß die Menschen der Dritten Welt für ihre recht zahlreichen Wechselfälle des Lebens, namentlich die des Alters, wie seit eh und je mit vielen Kindern, also zukünftigen Arbeitskräften, vorzusorgen versuchen. Diese menschheitsalte Art der Vorsorge wäre nun keiner weiteren Erörterung wert, wenn nicht heute die durchschnittliche Lebenserwartung der vielen Kinder – dank der westlichen medizinischen und hygienischen Maßnahmen, die relativ leicht ein- und durchgeführt werden können – enorm gesteigert worden wäre. Die Steigerung hat zu dem geführt, was wir heute als Bevölkerungsexplosion bezeichnen. Die Explosion vergrößert teufelskreisartig jene wirtschaftliche, soziale und kulturelle Malaise, die die armen Länder immer schon geplagt hat. Die von Hause aus recht dünne Schicht jenes "geistig-soziologischen Humus" (Wilhelm Röpke), der nachhaltige Fortschritte ermöglicht, scheint vollends zerstört zu werden. Die allgemeine Zerrüttung ist der Grund dafür, daß es immer schwieriger wird, zu einer (vom Staat angeordneten) wirksamen "Geburtenkontrolle und bewußten Elternschaft" zu gelangen, die zur Folge hätte, daß keine ungewollten Kinder mehr, sondern "nur noch gewollte (...) empfangen und geboren" werden (Rüstow, 1957, S. 74). Es ist offensichtlich in nicht wenigen Ländern "eine Entwicklung eingetreten, die sich anschickt, den düstersten Voraussagen von Malthus unmittelbar zu entsprechen" (ebenda, S. 73). Das in den meisten Teilen der Dritten Welt feststellbare Wirtschaftswachstum wird von der Bevölkerungslawine gleichsam überrollt.

Das Unternehmen Entwicklungshilfe

Recht bald nach dem Ende des Zweiten Weltkrieges hat sich – zuerst in den Vereinigten Staaten – der anmaßende Glaube herausgebildet, die westlichen Staaten seien erstmals in der Menschheitsgeschichte in der Lage, Völker von Not und Elend zu befreien: Der Westen würde nämlich über die erforderlichen technischen Lösungen verfügen und sei auch im Besitz der notwendigen finanziellen Mittel. Mangeln würde es lediglich an einem allgemeinen Bewußtsein für die Probleme und somit an einem tatkräftigen politischen Willen. Doch überraschend schnell wandelte sich das Bewußtsein breiterer

Bevölkerungsschichten und das Wollen der Politiker. "Effortoptimism" stellte sich ein: Steckt man nur genug in etwas hinein, dann kommt auch etwas Gutes oder Nützliches dabei heraus. Doch dieser Optimismus ist außerordentlich naiv. Wir sind schon mehr als zufrieden, wenn wir die Entwicklung eines Kindes – mehr schlecht als recht – begreifen und unser – bewußtes! – Erziehungsbemühen Erfolge zeitigt. Bei Nationen hingegen, die hochkomplexe Gebilde sind, wird uns das wohl nie gelingen. Man kann also "nicht Völker mit Individuen gleichsetzen" (Röpke, 1958, S. 247). Das soziale und wirtschaftliche Geschehen ist – trotz aller Einsichten, die wir in es haben – letzten Endes äußerst rätselhaft, sein Wandel nicht vorhersagbar und damit eine ständige Quelle von Überraschungen. Die Vorstellung ist absurd, wir könnten dieses Geschehen mit verschiedensten "technischen" Maßnahmen, die die unzähligen Projekte der Entwicklungshilfe durchzuführen bestrebt sind, zielgerichtet verändern. Aber gerade diese absurde mechanistische Vorstellung versuchte man frühzeitig und mit beträchtlichem finanziellem Aufwand zu realisieren – und zwar im Rahmen eines "Wohlfahrtsstaates auf internationaler Stufe, mit Nationen, die freiwillig oder gezwungen geben, und anderen, die empfangen" (Röpke, 1958, S. 246). Bei nüchterner Betrachtung wird indessen deutlich, daß mit dem von viel Propaganda begleiteten gewaltigen Einsatz, beispielsweise mit den vornehmlich der Entwicklungshilfe dienenden "beträchtlichen Einlagen der Ölstaaten bei der Weltbank" ("Petrodollars") (Hornung, 1991, S. 175), zu keiner Zeit mehr erreicht wurde als "internationale Armenpflege", die im übrigen "einer sich selbst achtenden Nation unwürdig ist" (Röpke, 1961, S. 59). Staatliche Entwicklungshilfe, die die scheinbare "Unbarmherzigkeit" des Weltmarktes "gerecht" auszugleichen versucht, schafft nicht, darauf wiesen die Gründerväter immer wieder hin, Freundschaft und Dankbarkeit, sondern gewöhnlich nur Neid und Unzufriedenheit, häufig sogar Gefühle des Hasses gegenüber den sogenannten Geberländern. Sie "(erweckt) allein durch die Tatsache, daß der Westen unverdrossen zahlt, den Eindruck (...), als sei diese Quelle unerschöpflich, wenn man sie nur kräftig anzapft" (Röpke, 1961, S. 66). Weil "Armenpflege" bekanntlich demütigt, wird die Hilfe als Wiedergutmachung für vermeintlich vergangenes ("koloniales") oder gegenwärtiges ("neokoloniales") Fehlverhalten des Westens betrachtet. Diese Sichtweise stellt zwar, wie bereits erörtert, die Wahrheit auf den Kopf, doch mit ihr wird der das Selbstwertgefühl stützende Glaube untermauert, die Motive der Schenkenden seien alles andere als uneigennützig. Daß in der Dritten Welt altruistisches, großzügiges Verhalten überhaupt weitgehend unbekannt ist und also Mißtrauen erweckt, weil man dahinter eben egoistische Absichten vermutet, scheint den Entwicklungshilfepolitikern bis auf den heutigen Tag unbekannt zu sein.

Klaus Hornung (1991, S. 176) erinnert an "die tiefverwurzelten Faktoren der gesellschaftlich-politischen Kultur und Mentalitäten" ärmerer Völkerschaften, die zur Folge haben, "daß künstliche Forcierung oft weit kontraproduktiver wirken kann als eine realistische und organische schrittweise Aufbaupolitik". Die hauptsächlich von den Grundsätzen des "konstruktivistischen Rationalismus" (Friedrich A. von Hayek) geleitete westliche Entwicklungshilfe zerstört jene in Ansätzen durchaus vorhandene fruchtbare Wirtschaftsgesinnung, die allein die Grundlage jeglichen Fortschritts ist. Frühzeitig haben die Schöpfer unserer Wirtschaftsverfassung dargelegt, daß "diejenigen unentwickelten Länder, die durch ihre Politik und die Prinzipien ihrer sozialen und wirtschaftlichen Ordnung für die notwendigen Voraussetzungen – für das rechte 'Klima' – sorgen – (...) die westliche Kapitalhilfe 'über den Markt' (erhalten)" (Röpke, 1958, S. 253). Diese Hilfe hat in aller Regel eine echte und solide Entwicklung gezeitigt. Diejenigen Regierungen hingegen, die sich darauf verlassen, daß ihnen westliche Steuergelder direkt als auch indirekt über die verschiedenen internationalen Entwicklungsorganisationen zufließen, die also auf sogenannte politische Kapitalversorgung setzen, haben, weil diese Form der Hilfe "nun einmal kollektivistischer Natur ist" (Röpke, 1961, S. 70), ihre Volkswirtschaften zerrüttet und "der bedauernswerten Bevölkerung (...) damit den allerschlechtesten Dienst erwiesen" (ebenda, S. 71). Die Mahnungen der Gründerväter, der politischen Kapitalversorgung ein Ende zu setzen, wurden jedoch – der Blick in die Statistiken zeigt dies – in den Wind geschlagen. Gerade die staatliche Entwicklungshilfe hat es vielen Regierungen armer Länder ermöglicht, eine schädliche Politik zu betreiben. Zu erwähnen sind etwa die künstlich niedrig gehaltenen Agrarpreise, die Zwangskollektivierungen und vielfachen Handelsbeschränkungen bis hin zur Zerstörung des Handelssystems, die Diskriminierungen produktiver Minderheiten, die Verfolgung entwicklungsinadäquater Industrialisierungsstrategien sowie die Einrichtung unbrauchbarer ("westlicher") Bildungsmodelle. Die öffentliche Hilfe des Westens hat aufgrund ihrer negativen Wirkungen sehr oft zu einem "Samariter-Dilemma" geführt: Jede Hilfeleistung erzeugt weitere Hilfsbedürftigkeit. Die allgemeine Misere beweist jedenfalls deutlich, daß die nun schon seit Jahrzehnten gewährte finanzielle Unterstützung völlig oder zumindest weitgehend wirkungslos gewesen ist. Besonders betrüblich ist, daß die Hilfe das soziale und wirtschaftliche Leben in verheerendem Maße politisiert hat. In immer stärkerem Maße sind die Bürger armer Länder nicht von ihren eigenen Anstrengungen, sondern von den Entscheidungen der Politiker und ihrer Vertreter abhängig. Die Machthaber selbst, die großen wie die kleinen, sind korrupt, kleptomanisch, despotisch, ja vielfach terroristisch und von den Entwicklungshilfegeldern abhängig geworden. Abhängig geworden von der Hilfe sind auch jene zahllosen Bürokraten, die in den verschiedensten Organisationen das Elend verwalten, die "Spesenritter des Internationalismus" (Helmut Schoeck). Die Entwicklungshilfe wird ja "unter dem Antrieb und Beifall von internationalen Funktionären, die selber keine Steuern zahlen" (Röpke, 1958, S. 252), in Gang gehalten. Die – allerdings nicht selten massiv gefälschten – zahlreichen Hiobsbotschaften haben bei vielen Politikern hier wie dort die Ansicht gezeigt, daß man sich angesichts der Not "um die *misera plebs contribuens* der schließlich die Last Tragenden nicht mehr allzu sehr zu kümmern brauche" (Röpke, 1961, S. 61). Und es ist heute tatsächlich so, daß diese Plebs mehrheitlich die Idee der westlichen Staatshilfe unterstützt. Ihr suggestives Motto "Hilfe ist gut, mehr Hilfe ist besser!" leuchtet dem "Mann auf der Straße" ein. Demgegenüber prophezeite Wilhelm Röpke (1961, S. 61), daß die Forderungen nach staatlicher Entwicklungshilfe "eine *Fehlspekulation* sind und keine Aussicht auf wirkliche Erfüllung haben" werden. Zum großen Schaden der Dritten Welt und – in erheblich geringerem Maße – zum Nachteil des Westens hat sich seine Vorhersage nicht erfüllt. Wenn es nun gilt, von einer fatalen, kollektivistischen Entwicklungspolitik wegzukommen, die zu einer Fiktion einer Fiktion geworden ist, dann sind – es kann nicht anders sein – zuallererst die Eliten der armen Völker selbst gefordert.

Die unternehmerische Kraft des Westens als Vorbild

"Es ist wirklich paradox", stellte Ludwig von Mises (1979, S. 56) fest, daß die Führer der armen Staaten, "während sie sehnsüchtige Blicke auf den Reichtum der westlichen Nationen werfen, die Methoden zurückweisen, die den Westen wohlhabend gemacht haben, und hingerissen sind von dem russischen Kommunismus". Nach dem Zerfall des Sowjetimperiums orientieren sich zwar immer weniger Entwicklungsländer an diesem Kommunismus, doch längst nicht beseitigt sind jene materiellen wie immateriellen Zerstörungen, die die kommunistische Ideologie verursacht hat. Das, was wir heute an "Trägheit, Faulheit und Arbeitsunlust" sehen, sind in erheblichem Maße die "Symptome der krankhaften Struktur einer Gesellschaft" (Yasargil, 1962, S. 89). Es wäre viel getan, wenn die Lenker der verelendeten Staaten zuerst einmal erkannten, daß es den lähmenden Kollektivismus Moskauer oder Pekinger Färbung zu beseitigen gilt und sich dabei *"der soziale Mobilisierungseffekt des marktwirtschaftlichen Prozesses ... als überlegen (erweist)"* (Erhard, Müller-Armack (Hrsg.), 1972, S. 380). Die bereits vor Jahrzehnten errungene politische Unabhängigkeit bringt solange niemandem Vorteile, solange "nicht auch die persönliche wirtschaftliche Freiheit erreicht wird" (ebenda, S. 381). Wer nun aber meint, die Marktwirtschaft könne in den armen Ländern nicht funktionieren, weil angeblich die rationale, langfristige und risikoabwägende "kapitalistische" Gesinnung samt der Schicht der privaten Unternehmer gänzlich fehle, dem sei gesagt, "daß alle Entwicklungsländer historisch gesehen unentwickelte Marktwirtschaften waren" (ebenda, S. 382) und diese Wirtschaft während der sozialistischen Phase zwar schwer bedrängt wurde, aber längst nicht völlig untergegangen ist, sie vielmehr den Menschen bei ihrem Kampf ums Überleben entscheidend geholfen hat. So geht es darum, die vorhandenen marktwirtschaftlichen Ansätze weiterzuentwickeln. Es geht hauptsächlich darum, daß vom Staat die Voraussetzungen für marktwirtschaftliches Wachstum geschaffen und diejenigen Bedingungen gesetzt werden, die planvolle individuelle Leistungen ermöglichen und auch bewirken. Doch wer setzt diese ungemein mühevolle und vor allem nicht sofort zu sichtbaren Erfolgen führende Weiterentwicklung in Gang? Kein Weg führt daran vorbei, daß es, wie gesagt, die Völker selbst sein müssen, namentlich deren Führungskräfte, die diese Arbeit zu vollbringen haben. Westliche Experten können mit ihren Ratschlägen das Aufbauwerk lediglich unterstützen. Als besonderer Glücksfall würde sich erweisen, wenn sich an die Spitze einer Nation gleichsam ein altrömischer "dictator" setzte, wie zum Beispiel Kemal Atatürk, der als nahezu widerstandslos regierender Staatslenker "zentrale westliche Wertmuster und Gesellschaftsstrukturen aufnahm und zugleich auf eigene Tradition und Notwendigkeiten Rücksicht nahm" (Hornung, 1991, S. 45). Namentlich Atatürk kann allen Führern der Dritten Welt, vor allem den vielen "dictatores perpetui", den wirklichen Tyrannen, als Vorbild dienen. Dies erhellt nicht zuletzt daraus, daß ihm gerade die Väter unserer freiheitlichen Wirtschaftsordnung großen Respekt zollten (vgl. etwa Röpke, 1979a, S. 138f., sowie Rüstow, 1950, S. 184f.).

In vielen Teilen der Dritten Welt ist nicht nur der traditionale, insonderheit stammesmäßige ("warme") Ordnungsrahmen weitgehend zerfallen, auch die von den Kolonialmächten geschaffenen abendländischen Strukturen und Spielregeln sind nur mehr stückwerkhaft vorhanden. Das marktwirtschaftliche System, das auf der Initiative des einzelnen beruht, setzt indessen Schutznormen und Rechtsprinzipien voraus, die das Individuum vor seinesgleichen und vor staatlicher Willkür schützen "und im ganzen das ausmachen, was man *Rechtsstaat* nennt" (Röpke, 1979 a, S. 156). Es gilt also zu dem zu kommen, was Franz Böhm (1980, S. 105ff.) als "Privatrechtsgesellschaft" bezeichnete. In dieser vom Prinzip des Wettbewerbs geprägten Gesellschaft "werden die Pläne ihrer Mitglieder mit Hilfe des Privatrechts geräuschlos, automatisch und mit einem erstaunlichen Minimum von Reibungs- und Ungehorsamswiderstand gelenkt" (ebenda, S. 115). Die Privatrechtsgesellschaft benötigt selbstverständlich, "im Interesse ihres Kreislaufs, einen bewaffneten Nachtwächter" (ebenda); das heißt, sie erfordert ein Mindestmaß an politischen Herrschaftsfunktionen, die den Bestand der Ordnung sichern helfen. Zweifellos sind mit dieser Gesellschaftsform maßvolle "sozialpolitisch motivierte Staatsinterventionen, die insbesondere in Ländern mit starkem Einkommensgefälle sehr zahlreich sein können, (...) vereinbar, solange sie nicht das Leistungsprinzip nachhaltig stören" (Erhard, Müller-Armack (Hrsg.), 1972, S. 378). Doch zentrale sozialpolitische Ziele werden am ehesten dann verwirklicht, wenn Abstand genommen wird von "inflationistischer Politik", die gewiß "das schlechteste Mittel zur Gesundung des wirtschaftlichen, politischen und sozialen Lebens ist" (Erhard, 1962, S. 285). Bedacht sollte auch werden, daß die – angesichts der Misere verständliche – Tendenz, dem Staat zahlreiche Aufgaben zuzuweisen, mit einer "*gleichzeitigen Abnahme der staatlichen Autorität*" einhergeht (Eucken, 1990, S. 327). Gerade in den unentwickelten Ländern führt die Vielzahl staatlicher Eingriffe nicht zu einem starken, lenkenden Staat, sondern zu anarchischen Zuständen, die allein dem Recht des Stärkeren zur Geltung verhelfen. Ob der "Staatsapparat (...) genug Macht besitzt, um bestimmte, genau umschriebene Ordnungsaufgaben zu erfüllen" (Eucken, 1990, S. 331), muß stets geklärt werden.

Im übrigen sollte gerade der westliche Beobachter Verständnis dafür haben, wenn der harzige Übergang zu rechtsstaatlichen und das heißt freiheitlichen Verhältnissen mehr auf autoritäre ("kemalistische") denn auf demokratische Weise erfolgte. Treffend hat Heinz-Dietrich Ortlieb (1974, S. 41), nebst "langer Hungerzeiten als Durchgangsstadien", den "aufgeklärten Absolutismus als Entwicklungshelfer" der europäischen Völker eingestuft. Demokratie im Sinne des Mehrheitsprinzips ist nebenbei bemerkt, wie Friedrich A. von Hayek (1971, S. 125ff.) gezeigt hat, für den Rechtsstaat und also die Sicherung der Freiheit weder eine zwingend notwendige und schon gar keine hinreichende Bedingung. Das Beispiel Hongkongs, wo demokratische Rechte fehlen, Rechtsstaatlichkeit aber durchaus hochgehalten wird, mag hier genügen.

"Weniger die Menschen, sondern vor allem die Bedingungen, unter denen sie wirtschaften, müssen im liberalen und sozialen Geist verändert werden" (Erkard, Müller-Armack (Hrsg.), 1972, S. 383). Es kann angenommen werden, daß mit der Herausbildung rechtsstaatlicher Verhältnisse allmählich, das heißt keinesfalls von heute auf morgen und selbstverständlich auch und vor allem in Abhängigkeit vom jeweiligen geschichtlich-kulturellen Hintergrund, jener "geistig-soziologische Humus" entsteht, der – fern basarkapitalistischer Einstellungen – sich in "Unternehmungsgeist, Rechthaftigkeit, Bürgerlichkeit, Verantwortungssinn, Werktreue, Verläßlichkeit, Pünktlichkeit, Spartrieb und Schaffensdrang" niederschlägt (Röpke, 1961, S. 25). Dieser nicht leicht zu schaffende, aber leicht zerstörbare "Humus" – und nichts sonst! – ist das letzte Geheimnis des westlichen Reichtums. Er würde sich in den armen Gesellschaften – bei entsprechenden Rahmenbedingungen – am ehesten dann bilden, wenn man sich bemühte, das, was man ja den von sozialistischer Großmannssucht nicht oder nicht erheblich zerstörten Bereichen bisher schon getan hat, besser und ergiebiger zu tun. Dies bedeutet, daß man in erster Linie – bei entzerrten Preisen und Kosten – "die Produktivität der Urproduktion verbessert, daß man in ihr diejenigen Zweige fördert, die die meisten Exportaussichten bieten, daß man in der gewerblichen Produktion nach Möglichkeit an die vorhandenen Zweige und Betriebsformen (...) anknüpft und daß man dann aus dieser so in Gang gesetzten Entwicklung (...) einzelne Industrien als keiner Krücken bedürfenden Produkte eines natürlichen Wachstumsprozesses hervorgehen läßt" (Röpke, 1961, S. 33).

Die Gründerväter machten immer wieder deutlich, daß einer Industrialisierung nur dann Erfolg beschieden ist, wenn ihr ein agrarischer Überschuß zugrunde liegt, sie also von einer prosperierenden Landwirtschaft getragen wird. Es ist eine gewiß schwierige Aufgabe, jene erfolgversprechende "stürmische Entwicklung zugunsten des bodenständigen, kleinbäuerlichen Eingeborenenbetriebs" (Rüstow, 1950, S. 182) wieder in Gang zu bringen, die in vielen Ländern mit sozialistischer Brachialgewalt abgebrochen wurde. Doch nur dann, wenn sie bewältigt wird, kann von Entwicklung gesprochen werden. Echte Hilfestellung können die westlichen Staaten hierbei nur insofern geben, als sie nun endlich dem Motto "trade not aid" folgen und das bedeutet, "daß die fortgeschrittenen Länder sich als Absatzmärkte sowohl für die traditionellen als auch für die neuen Erzeugnisse offen halten" (Müller-Armack, 1966, S. 380). Daß die "falschen Propheten" (Karl R. Popper) den freien Welthandel bis auf den heutigen Tag verteufeln, ihn lautstark als ein Instrument der Ausbeutung hinstellen und die Empfehlung aussprechen, sich vom Westen "abzukoppeln", vermag die

Wahrheit nicht zu verdunkeln. Der Welthandel nützt gerade den armen Ländern, die "*wirtschaftlich viel zu klein sind, um die notwendige Arbeitsteilung im eigenen Lande ausreichend fördern zu können*" (Erhard, Müller-Armack (Hrsg.), 1972, S. 343). Noch ist das "Gesetz der komparativen Kosten" nicht widerlegt, demgemäß "selbst ein Land, das auf der ganzen Linie eine Produktionsunterlegenheit besitzt, nicht nur mit Vorteil an einem freien internationalen Handel teilhaben kann, sondern geradezu auf ihn angewiesen ist, um seine Lebenslage zu verbessern" (Röpke, 1979, S. 246 f). Daß das Gesetz selbstverständlich auch für Staaten gilt, deren gesamte Produktion von Überlegenheit gezeichnet ist, soll nicht unerwähnt bleiben. Arme wie reiche Länder ziehen Gewinn daraus, wenn sie sich auf die relativ günstigsten Produktionszweige spezialisieren. Im Falle der Entwicklungsländer ist das meistens die Landwirtschaft, aber auch das Textil- und Ledergewerbe, die Schuh- und Getränkeherstellung sowie die Erzproduktion.

Der westliche Beistand: die eigennützige Hilfe

Das erörterte Gesetz begründet die "ökonomische Binsenweisheit, daß es dem einen Partner nur gut gehen kann, wenn auch seine Mitspieler wirtschaftlich gedeihen" (Erhard, 1990, S. 303). Sofern wir nun zum Gedeihen unserer armen Mitspieler einen – eben durchaus eigennützigen – Beitrag leisten wollen, müssen wir in der Entwicklungspolitik eine klare "Wendung von der Ideologie zur Erfahrung" (Eucken, 1951, S. 3) vollziehen. Wenn es darum geht, die in vielen Entwicklungsländern abgebrochene – definitionsgemäß – fruchtbare "Europäisierung der Erde" wieder voranzutreiben (Röpke, 1965, S. 155), dann ist es als erstes notwendig, daß zumindest diejenigen westlichen Personen, die mit Menschen armer Nationen verkehren, selbst mit gutem Beispiel vorangehen. Es wirkt sich verheerend aus, wenn die Führungskräfte unentwickelter Länder es immer öfter mit Leuten zu tun haben, die sozusagen das Gegenteil des puritanischen Unternehmers und preußischen Beamten verkörpern. Daß der Westen einfach aufgrund kolonialer und neokolonialer Ausplünderung reich sei, glauben viele dieser Führungskräfte nicht zuletzt deshalb, weil "Europäer, die sich heute in ihren eigenen Ländern zunehmend wie leistungsunwillige Playboys benehmen, (...) in der Vergangenheit wohl nicht viel anders gewesen sein (werden)" (Ortlieb, 1974, S. 42). Wenn beim Zusammensein des Westens mit der Dritten Welt nicht mehr jene "*Disziplin der Zivilisation, die auch zugleich die Disziplin der Freiheit ist*" (von Hayek, 1981, S. 221), die Situation bestimmt, dann hat der Westen den Anspruch verwirkt, "den Irrtümern ihrer Führer mit kräftigem Widerstand und ungeschminkter Kritik zu begegnen" (Röpke, 1979, S. 321). Nur wer selbst dieser Disziplin streng verhaftet ist, wird glaubwürdig darlegen können, daß mit "der durchaus diskutierbaren Philosophie der Muße, der Vagheit und der lockeren Daseinsart" alles mögliche und gewiß auch Beneidenswertes, aber eben kein höherer, gar westlicher Lebensstandard erreicht werden kann (Röpke, 1961, S. 36). Nicht zu kritisieren, sondern vielmehr zu fördern ist hingegen "die hochzuschätzende und tröstliche Treue eines Volkes zu sich selber" (Röpke, 1958, S. 155). Aufstrebende ostasiatische Gesellschaften sind ein Beispiel dafür, daß es möglich ist, die überkommene Kultur mit dem modernen Wirtschaftssystem nicht nur zu vereinbaren, sondern sie sogar zu deren Grundlage zu machen.

Den armen Nationen kann mit einem "Marshall-Plan", gar mit einem gewaltigen, wie ihn sozialistische Politiker immer wieder fordern, nicht geholfen werden. Ein derartiger Plan setzt nämlich gerade ein hohes Maß davon voraus, was in den Entwicklungsländern eben nur ungenügend vorhanden ist, nämlich Arbeitsfleiß, Unternehmergesinnung und Organisationsvermögen. Die Schöpfer unseres sozialen Wirtschaftssystems gaben demgegenüber der Privatinvestition klar den Vorzug. Durch diese Investition geht "technisches, kaufmännisches und organisatorisches Wissen in die Entwicklungsländer, wodurch ein erheblicher 'Demonstrationseffekt' erzielt wird" (Müller-Armack, 1966, S. 381). Einfach, weil mit der privaten Investition ein Ertrag erwirtschaftet werden muß, "(schützt) die Tätigkeit des ausländischen Kapitals (...) so am besten vor Fehlplanungen und bürokratischer Erstarrung" (Erhard, Müller-Armack (Hrsg.), 1972, S. 373). Diese eigennützige Unterstützung erfaßt Bereiche, die keine öffentliche Hilfe je zu erreichen vermag ("Multiplikatoreffekt"). Sie hilft unter anderem mit, "eine große und immer wachsende Anzahl von Arbeitskräften zu mobilisieren", und sie trägt "damit vielfältig zu einem Prozeß bei, der für die Entwicklung einer aktiven und gedeihenden Wirtschaft unerläßlich ist" (ebenda, S. 374). Merkwürdigerweise wird diese private Hilfe aber viel zu selten als echte und das heißt äußerst wirksame Hilfe betrachtet. Schuld daran ist die die öffentliche Meinung stark beeinflussende "leere Arroganz der Progressisten", die dort wie hier "die Tätigkeit der Geschäftsleute als unintellektuelles Geldverdienen von sich (weist)" (von Mises, 1979, S. 120). Wahr ist vielmehr, daß die Unternehmer, auch in den unentwickelten Ländern, "mehr intellektuelle Fähigkeiten und Intuition entfalten müssen als der durchschnittliche Schriftsteller" (ebenda). Damit westliche wie auch einheimische Privatinvestitionen aber

392

überhaupt getätigt werden, müssen die armen Völker alles tun, um rasch zu rechtsstaatlichen und funktionierenden administrativen Verhältnissen zu kommen. Bei der Lösung dieser gewaltigen Aufgabe ist westliche Unterstützung aber nur dann sinnvoll, gab Alfred Müller-Armack (1966, S. 378) zu bedenken, wenn wie gesagt, *"der entscheidende Beitrag (...) von den Entwicklungsländern selbst kommt"*. Erst dann, wenn der Wille zu wirklichem Fortschritt vorhanden ist und echte Aufbruchsstimmung herrscht, sollte der Westen helfen, indem er sich vor allem an der praxisnahen Ausbildung und Schulung von zukünftigen Fachleuten und Führungskräften beteiligt. Die Ausbildung sollte jedoch nicht weiter die in den letzten Jahrzehnten zur Realität gewordene "Gefahr einer Entfremdung gegenüber dem eigenen Land und Volk heraufbeschwören" (Rüstow, 1961, S. 219). Der pädagogische Beitrag des Westens ist also nur dann fruchtbar, wenn er nicht, wie das heute beinahe die Regel ist, zu einer Heranbildung von schmarotzenden, volksfernen Pseudo-Eliten führt. Das gegenwärtige Ausbildungssystem und der privilegierte Teil der beschriebenen dualen Gesellschaft stützen sich wechselseitig: Wer ein Diplom irgendwelcher Art erworben hat, versucht, eine – vergleichsweise – gut bezahlte und bequeme Anstellung im (haupt-)städtischen Staatsapparat zu finden, und möchte nicht in der Privatwirtschaft, gar "im Busch" unter großen Entbehrungen, einer nützlichen, aber eben relativ harten Arbeit nachgehen. In den Entwicklungsländern mangelt es nicht an akademisch gebildeten *"Mundwerksburschen"* (Arnold Gehlen), sondern eben an tüchtigen *Handwerksleuten*. Daß Völker arm sind, hängt ja vor allem damit zusammen, daß jener "Mittelstand, der (...) wirklich in der Lage ist, die (...) Möglichkeiten der Bildung privaten und produktiven Eigentums sozialökonomisch auszufüllen und zu nutzen" (Hornung, 1991a, S. 83), nur spärlich vorhanden ist.

Die Anstrengungen armer Völker können die entwickelten Staaten bei weitem am besten dadurch unterstützen, daß sie die herkömmliche Entwicklungshilfe ("Projektemacherei") – allmählich – auslaufen lassen und statt dessen – auch zum eigenen Vorteil – die Grundsätze des Freihandels verwirklichen. Großen Schaden richtet der Westen dadurch an, daß er seine Märkte gegen jene Güter abschottet, bei denen die Entwicklungsnationen komparative Kostenvorteile haben. Die Erhöhung der aus dem Exportgeschäft resultierenden Einnahmen der Entwicklungsländer um lediglich ein Prozent ergäbe einen Betrag, der gegenwärtig – grob gerechnet – 12 Milliarden US-Dollar ausmacht, also rund ein Viertel der westlichen Entwicklungshilfe beträgt. Während eine Steigerung der öffentlichen Hilfe um ein Viertel unvorstellbar – und vor allem auch nicht wünschbar ist, weil sie vornehmlich der privilegierten Machtelite und der riesigen Legion der Manager der Armut, den Entwicklungshelfern, zufließt, ist es realistisch und vernünftig, für eine Liberalisierung des Handels einzutreten. Gleich nach dem Zweiten Weltkrieg forderte Wilhelm Röpke (1979, S. 24ff.) einen *"wahren Internationalismus"*, der wesentlich dadurch bestimmt ist, "daß eine wirkliche Weltwirtschaft besteht, der die Wirtschaftspolitik der einzelnen Staaten möglichst wenig Hindernisse in den Weg legt" (S. 27). Und vor allem Ludwig Erhard (1990, S. 302f.) setzte sich "mit Nachdruck für die Befreiung des internationalen Wirtschaftsverkehrs von allen kurzsichtigen Reglementierungen und kleinlichen Schikanen ein". Zwar kam es durch das 1947 abgeschlossene General Agreement on Tariffs and Trade (GATT) recht bald zu einem spürbaren Abbau der internationalen Handelshemmnisse; doch seit den sechziger Jahren ist diese Handelsordnung zwar nicht de jure, aber doch faktisch – auch unter dem Druck der Konferenzen der UNO-Organisation für Handel und Entwicklung (UNCTAD), dem kollektivistisch geprägten "Kartell der Habenichtse des Südens" – mehr und mehr aufgeweicht worden. Zu hoffen bleibt, daß die aktuellen Bestrebungen, das GATT zu reformieren, erfolgreich sein werden. Es wäre verhängnisvoll, wenn ein Zeitalter des handelspolitischen Faustrechts ("Handelskrieg") heraufdämmerte. Ein derartiges Zeitalter würde den westlichen Staaten empfindliche Wohlstandsverluste bescheren. In den Entwicklungsländern hingegen würde die leise Hoffnung, eines Tages doch frei von Armut, Elend und Hunger zu sein, wieder schwinden.

Kampf dem Neid !

Nicht nur die Führer armer Völkerschaften, sondern vor allem auch deutsche Entwicklungspolitiker sollten erkennen, daß eine "Globalisierung der Standards der eigenen (heute; Verf.) 'weichen und reichen Wohlstands-Insel'" (Hornung, 1988, S. 385) nicht mit – häufig pseudochristlich verbrämten – konstruktivistisch-rationalistischen Maßnahmen zu erreichen ist. Wer für eine scheinbar humane, also die Entwicklung vermeintlich fördernde globale Redistributionspolitik eintritt, verwechselt das Ergebnis echter Entwicklung mit dessen Ursache. *Finanzielle Mittel zu besitzen, ist die Folge wirtschaftlicher Anstrengung und nicht deren Vorbedingung.* Die Einkommensunterschiede, die zwischen den Nationen bestehen, sind keinesfalls das Resultat eines Nullsummenspiels. Not und Elend des Südens ist in aller Regel nicht die Kehrseite von Wohlstand und Reichtum des Nordens, sozusagen der "nichtgeraubte Rest", sondern das Resultat verschiedener letztlich selbst zu verantwortender Versäumnisse. Weil das so ist, würde mit einem weiteren, größeren Weltlastenausgleich bestenfalls mehr Armenfürsorge betrieben, aber kein Fortschritt erzielt werden. Doch es ist – das muß deutlich gesagt werden! – bei erheblicher Anstrengung möglich, relativ rasch auf den Pfad der Entwicklung zu gelangen. Es kann allein deshalb ein erfolgverheißender "Weg für jene gebaut werden, die weniger Glück oder Energie haben", "weil Pfadfinder das Ziel gefunden haben" (von Hayek, 1971, S. 55). Die Völker der Dritten Welt müssen indessen erkennen, daß Ungleichheit und nicht Gleichheit Entwicklung verheißt: Gerade weil es den erfolgreichen Westen, das Vorbild, gibt, kann diesem Vorbild – mit beträchtlich geringeren Kosten des Experimentierens und der Fehlschläge – nachgestrebt werden. Und obendrein können nur aus reichen Ländern die beträchtlichen "*Mittel kommen, die der Dritten Welt in den verschiedensten Formen (...) zur Verfügung gestellt werden*" (Erhard, Müller-Armack (Hrsg.), 1972, S. 367).

Doch die Erkenntnis zu akzeptieren und ihr zu folgen, daß die reichen Völker einen notwendigen Dienst erfüllen, ohne den der Fortschritt der Dritten Welt viel langsamer und eben auch viel kostspieliger wäre, scheint den Strategen der Entwicklungshilfe hier wie dort und ihren zahlreichen Befürwortern nicht möglich zu sein. Die in den unentwickelten Gesellschaften nie unterdrückten und im Westen allmählich wieder zur Herrschaft gelangenden Gefühle des gleichmacherischen, zerstörerischen Neides, deren Bändigung eine Gesellschaft materiellen wie immateriellen Erfolg mitverdankt, verhindern, ein Überragen durch andere hinnehmen und sich an diesen anderen orientieren zu können. Die Gründerväter haben einsichtigerweise den Entwicklungsländern nicht vorgeschlagen, ihren Fortschritt an dem Beispiel der westlichen Entwicklungspioniere, sondern "vor allem an sich selbst (zu) messen beziehungsweise an den Nachbarn oder anderen Entwicklungsländern, die unter vergleichbaren Bedingungen stehen" (Erhard, Müller-Armack (Hrsg.), 1972, S. 369). Aber der von traditioneller und heute auch sozialistischer Magie gestützte "institutionalisierte Neid" (Schoeck, 1987, S. 103f.) erschwert auch und gerade einen derartigen Vergleich, verhindert sehr oft einen fairen Wettbewerb. Weil der, der es zu etwas bringen könnte, maßlos beneidet würde und mit "Schadenzauber" zu rechnen hätte, "(unterbleibt) der wirtschaftliche Aufstieg einzelner (...), ebenso Berührungen mit der Außenwelt, von denen die Gemeinde Fortschritt zu erwarten hätte" (ebenda, S. 103). Wer vom Bisherigen abweicht, stößt an die Neidschranke. Viele westliche Entwicklungspolitiker haben nun aber mit ihren egalitaristischen Theorien und Empfehlungen die entwicklungshemmenden Neidgefühle verhängnisvollerweise verstärkt; sie haben ihre Schützlinge – wohl ungewollt – vom Weg der Entwicklung ferngehalten. Um nun in den armen Ländern eine echte Entwicklung in Gang zu bringen und sie im Westen, dem Vorbild für die Zurückgebliebenen, nicht weiter zu gefährden, ist es also nicht zuletzt notwendig, dem gleichmacherischen Neid dort wie hier den Kampf anzusagen.

Literatur

Böhm, Franz: Freiheit und Ordnung in der Marktwirtschaft. – Baden-Baden 1980.

Erhard, Ludwig: Deutsche Wirtschaftspolitik. Der Weg der Sozialen Marktwirtschaft. – Düsseldorf, Wien und Frankfurt am Main 1962.

Erhard, Ludwig, Müller-Armack, Alfred (Hrsg.): Soziale Marktwirtschaft. Ordnung der Zukunft. Manifest '72. – Frankfurt am Main, Berlin und Wien 1972.

Erhard, Ludwig: Wohlstand für Alle. – Düsseldorf 1990 (2. Auflage der aktualisierten Neuausgabe; Erstausgabe: 1957).

Eucken, Walter: Unser Zeitalter der Mißerfolge. Fünf Vorträge zur Wirtschaftspolitik. – Tübingen 1951.

Eucken, Walter: Grundsätze der Wirtschaftspolitik. – Tübingen 1990 (6. Auflage; Erstausgabe: 1952).

von Hayek, Friedrich A.: Die Verfassung der Freiheit. – Tübingen 1971 (englische Originalausgabe: 1960).

von Hayek, Friedrich A.: Recht, Gesetzgebung und Freiheit. – Band 3: Die Verfassung einer Gesellschaft freier Menschen. Eine neue Darstellung der liberalen Prinzipien der Gerechtigkeit und der politischen Ökonomie. – Landsberg am Lech 1981 (englische Originalausgabe: 1979).

Hornung, Klaus: Demokratischer Wohlfahrtsstaat und Sicherheitspolitik. – in: Zeitschrift für Politik, Jg. 35, H. 4, 1988, S. 377-394.

Hornung, Klaus: Krisenherd Naher Osten. Geschichte – Fakten – Hintergründe. – Weinheim und Basel 1991.

Hornung, Klaus: Wohin geht Südafrika? in: Die politische Meinung, Jg. 36, H. 260, 1991a, S. 76-83.

Hunold, Albert (Hrsg.): Entwicklungsländer – Wahn und Wirklichkeit. – Erlenbach-Zürich und Stuttgart 1961.

Kromka, Franz, Kreul, Walter: Unternehmen Entwicklungshilfe. Samariterdienst oder die Verwaltung des Elends? – Zürich und Osnabrück 1991.

von Mises, Ludwig: Die Wurzeln der Antikapitalismus: Frankfurt am Main 1979 (2. Auflage; amerikanische Originalausgabe: 1956).

Müller-Armack, Alfred: Wirtschaftsordnung und Wirtschaftspolitik. Studien und Konzepte zur Sozialen Marktwirtschaft und zur Europäischen Integration. – Freiburg im Breisgau 1966.

Ortlieb, Heinz-Dietrich: Kolonialismus gestern und heute – Ideologie und Wirklichkeit. – in: Hamburger Jahrbuch für Wirtschafts- und Gesellschaftspolitik, 19. Jahrgang, 1974, S. 33-42.

Röpke, Wilhelm: Jenseits von Angebot und Nachfrage. – Erlenbach-Zürich und Stuttgart 1958.

Röpke, Wilhelm: Die unentwickelten Länder als wirtschaftliches, soziales und gesellschaftliches Problem. – in: Hunold, Albert (Hrsg.), Entwicklungsländer – Wahn und Wirklichkeit, Erlenbach-Zürich und Stuttgart 1961, S. 11-82.

Röpke, Wilhelm: Südafrika in der Weltwirtschaft und Weltpolitik. – in: Hunold, Albert (Hrsg.), Afrika und seine Probleme, Erlenbach-Zürich und Stuttgart 1965, S. 125-158.

Röpke, Wilhelm: Internationale Ordnung – heute, Bern und Stuttgart 1979 (3. Auflage; Erstausgabe: 1945).

Röpke, Wilhelm: Die Gesellschaftskrisis der Gegenwart. - Bern und Stuttgart 1979a (6. Auflage; Erstausgabe: 1942).

Rüstow, Alexander: Ortsbestimmung der Gegenwart. Eine universalgeschichtliche Kulturkritik. 1. Bd: Ursprung der Herrschaft. – Erlenbach-Zürich und Stuttgart 1950.

Rüstow, Alexander: Ortsbestimmung der Gegenwart. Eine universalgeschichtliche Kulturkritik. 3. Bd: Herrschaft oder Freiheit? - Erlenbach-Zürich und Stuttgart 1957.

Rüstow, Alexander: Diskussionsbeitrag, in: Hunold, Albert (Hrsg.): Entwicklungsländer – Wahn und Wirklichkeit. – Erlenbach-Zürich und Stuttgart 1961, S. 217-221.

Schoeck, Helmut: Der Neid und die Gesellschaft. – Frankfurt am Main und Berlin 1987 (Nachdruck der 5. Auflage; (ungekürzte) Erstausgabe: 1966).

Schumpeter, Joseph A.: Kapitalismus, Sozialismus und Demokratie. – Tübingen 1987 (6. Auflage; englische Originalausgabe: 1942).

Veit, Otto: Soziologie der Freiheit. – Frankfurt am Main 1957 (Erstausgabe der Vorgängerschrift "Die Flucht vor der Freiheit": 1947).

Yasargil, M. Gazi: Die Aufgabe des Westens. Aufbauende Entwicklungshilfe. – Erlenbach-Zürich und Stuttgart 1962.

Schriftenverzeichnis Klaus Hornung*

A. Schriften zur Politikwissenschaft und Zeitgeschichte

1. Publikationen in Buchform

Der Jungdeutsche Orden. Beiträge zur Geschichte des Parlamentarismus und der politischen Parteien, Bd. 14, Düsseldorf, 1958 (Dissertation Tübingen bei Hans Rothfels und Theodor Eschenburg, 1955)

Wohin geht Deutschland? Beiträge zur Politik und Zeitgeschichte, München 1966

Staat und Armee. Studien zur Befehls- und Kommandogewalt und zum politisch-militärischen Verhältnis in der Bundesrepublik Deutschland, Mainz 1975 (Habilitationsschrift Freiburg 1974)

Der faszinierende Irrtum. Karl Marx und die Folgen. Herderbücherei Bd. 645, Freiburg 1978, 4. Aufl. 1982. Italienische Ausgabe Rom 1979, spanische Ausgabe Madrid 1981, koreanische Ausgabe Seoul 1983

Der Politisch-Revolutionäre Krieg der Gegenwart. Schriftenreihe der Hanns-Seidel-Stiftung – Akademie für Politik und Zeitgeschehen, Heft 17, München 1980

Freiheit in unserer Zeit. Geschichte – Politik – Erziehung, Bonn 1984

Wohlfahrtsdemokratie und Sicherheit. Der Fall der Bundesrepublik Deutschland, Asendorf 1986

Herkunft und Zukunft – Perspektiven der Deutschen Frage im 20. Jahrhundert, Asendorf 1989

Krisenherd Naher Osten – Geschichte, Fakten, Hintergründe, Weinheim 1991

Totalitäre Despotie – Das Signum des 20. Jahrhunderts und die Zukunft der Freiheit, Berlin 1992 (in Vorbereitung).

---

* (Stand Herbst 1992)

2. Herausgeberschaft und Mitautor

Politisch-Pädagogisches Handwörterbuch (herausgegeben mit Peter Gutjahr-Löser). Berichte und Studien der Hanns-Seidel-Stiftung, Bd. 23, München 1980; 2. erweiterte Neuauflage Starnberg 1985

Frieden ohne Utopie. Friedenspolitik statt Friedensillusionen, Krefeld 1983 (Gegenwart und Zeitgeschichte, Bd. 8)

Mut zur Wende. Grundlagen und Auftrag einer Politik der Erneuerung, Krefeld 1985 (Gegenwart und Zeitgeschichte Bd. 9)

Zur gegenseitigen Kenntnisnahme. Bausteine für den deutsch-sowjetischen Dialog (herausgegeben mit Wladimir Mschwenieradse), Erlangen 1990 (Russische Ausgabe im Verlag Mezhdunarodnye Otnoshenia, Moskau 1990)

(Mitherausgeber): Europäisches Forum – Sozialwissenschaften in Theorie und Praxis, Frankfurt-Bern-Las Vegas 1980ff. (zusammen mit K.E. Born, A.E. Ott, H. v. Mangoldt, N. Wenturis, Tübingen, D. Oberndörfer, Freiburg, N. Johnson, Oxford, E. Streißler, Wien, H. Lübbe, Zürich, V. Starace, Bari, H. Zimmermann, Saarbrücken)

3. Beiträge in Sammelwerken Festschriften, Lexika

Aspekte und Probleme des pluralistischen Sozialstaates der Gegenwart, in: Jahrbuch der Albertus-Universität zu Königsberg, Würzburg 1970

Artikel "Deutschland", in: Lexikon für junge Erwachsene, Stuttgart 1970

Weltfriede durch Revolution oder Gleichgewicht? Zur Kritik des neomarxistischen Friedensverständnisses in der Bundesrepublik Deutschland, in: G. Jasper (Hrsg.): Tradition und Reform in der deutschen Politik – Gedenkschrift für Waldemar Besson, Frankfurt 1976

Alexis de Tocqueville, in: C. v. Schrenck-Notzung (Hrsg.): Konservative Köpfe. Criticón-Bücherei, Bd. 2, München 1978

Sozialismus und Kommunismus in Griechenland – Innenpolitisches Kräftefeld und außenpolitische Positionen, in: D. Oberndörfer (Hrsg.): Die sozialistischen und kommunistischen Parteien in Westeuropa, Köln 1978 (UTB Bd. 761)

Eurokommunismus – ein Konzept der Machteroberung, in: P. Pawelka und H.G. Wehling (Hrsg.): Eurokommunismus und die Zukunft des Westens, Heidelberg 1979 (UTB Bd. 929)

Das Konzept der 'wahren Demokratie' bei Karl Marx und seine Verwirklichung als monopolistische Parteidiktatur im realen Sozialismus, in: L. Bossle und G. Radnitzky (Hrsg.): Selbstgefährdung der Offenen Gesellschaft, Würzburg 1980

Das Politisch-militärische Verhältnis in der Bundesrepublik Deutschland und der Generalinspekteur der Bundeswehr, in: K.E. Becker u.a. (Hrsg.): Armee für den Frieden – Aspekte der Bundeswehr, Hannover, 1980

Artikel Nation/Nationalismus/Nationalstaat und Konservativismus, in: Wolfgang W. Mickel (Hrsg.): Handlexikon zur Politikwissenschaft, München 1983

Demokratisches Nationalbewußtsein als Erziehungsziel? In: Klaus Weigelt (Hrsg.),: Heimat und Nation – Zur Geschichte und Identität der Deutschen. Studien zur politischen Bildung der Konrad-Adenauer-Stiftung, Bd. 7, Mainz, 1984

Streitkräfte in Demokratien. Zum Verhältnis von Militär und Politik, in: Schriftenreihe der Bundeszentrale für Politische Bildung, Bd. 214, Bonn, 1984

Deutsche Politik in der Verantwortung vor der Geschichte, in: Fabian v. Bonin – v. Ostau u.a.: Bundeswehr im geschichtlichen Niemandsland? In: Studienzentrum Weikersheim, Dokumentation Bd. XIV., Mainz, 1986

Identität und Nation. Über anthropologische, geschichtliche und politische Grundlagen der politischen Bildung, in: Bernard Willms (Hrsg.): Handbuch zur Deutschen Nation, Bd. 2: Nationale Verantwortung und liberale Gesellschaft, Tübingen-Zürich-Paris, 1987

The Issue of German Unity and European Peace, in: Morton A. Kaplan (Ed.): Consolidating Peace in Europe, New York, 1987

German Unity: Is the Question still open? In: Richard L. Rubinstein (Ed.): The Dissolving Alliance. The United States and the Future of Europe, New York, 1987

Politische Bildung und Politik als praktische Wissenschaft, in: Hans Maier u.a. (Hrsg.): Politik – Philosophie – Praxis. Festschrift für Wilhelm Hennis, Stuttgart, 1988

The Issue of German Unity in the Post-Soviet World, in: A. Shtromas and Morton A. Kaplan (Eds.): The Soviet Union and the Challenge of the Future, Vol. 4: Russia and the World, New York, 1989

Die sozialkonservative Tradition im deutschen Staats- und Gesellschaftsdenken. in: J.-D. Gauger und K. Weigelt (Hrsg.): Soziales Denken in Deutschland zwischen Tradition und Innovation, Bonn 1990

Das Ende des totalitären Zeitalters, in: K. Prunskiene und Otto v. Habsburg (Hrsg.): Europa – ein Kontinent gewinnt Gestalt. Studienzentrum Weikersheim, Dokumentation Bd. XX, Mainz, 1991

4. Zeitschriftenaufsätze (Auswahl)

Im Schatten von morgen: Johan Huizinga zum Gedächtnis, in: Die Neue Furche 1952

Die Geschichtsphilosophie Arnold J. Toynbees, in: Die Neue Furche 1952

Die Reformpläne des Kreisauer Kreises. Ein Beitrag zur deutschen politischen Überlieferung, in: Geschichte in Wissenschaft und Unterricht 1955

Vom bürgerlichen Rechtsstaat zum modernen Sozialstaat, in: Gesellschaft – Staat – Erziehung, Wiesbaden, 1/1956

Der Gefälligkeitsstaat in der Sackgasse, in: Zeitwende 1962

Armee diesseits der Leitbilder? Eine Auseinandersetzung mit Hartmut von Hentig, in: Merkur 1965

Die Positionen der Erwachsenen sind nicht besetzt. Bemerkungen zur Unruhe unter den Studenten, in: Zeitwende 1967

Warten auf Scharnhorst – Die Bundeswehr vor neuen Problemen, in: Die Politische Meinung 1969

Plädoyer für das 'Paradox der Freiheit' – Aufgeklärter Totalitarismus und Industriegesellschaft, in: Die Politische Meinung 1969

Protestbewegung und Hochschulreform, in: Der Staat 1/1971 (Zeitschrift für Staatslehre, Öffentliches Recht und Verfassungsgeschichte)

Schwerpunktprobleme der Bundeswehrhochschulen, in: Politische Studien, Sondernummer, München 1973

Dilemma oder Rekonstruktion des Konservativismus? In: Der Staat 3/1973

Christen und Konservative – Gegensätze und Gemeinsamkeiten, in: Herder-Bücherei INITIATIVE Bd. 3/1974

Überleben in Freiheit. Entscheidungsfragen politischer Ordnung an den Grenzen des Wachstums, in: Herderbücherei INITIATIVE Bd. 10/1976

Der Politisch-Revolutionäre Krieg der Gegenwart, in: Herder-Bücherei INITIATIVE Bd. 13/1976

Die Dialektik von Emanzipation und Despotismus. Alexis de Tocqueville und Karl Marx, in: Der Staat 3/1976 (Freiburger Antrittsvorlesung vom 13. Januar 1976)

Die Positionen der Erwachsenen sind nicht besetzt. Zur 'Strategie der Feigheit' in unserer Erziehung, in: Herderbücherei INITIATIVE Bd. 17/1977

Die nationalgeschichtlichen Wurzeln des deutschen Terrorismus, in: Herderbücherei INITIATIVE Bd. 24/1978

Der Eurokommunismus – Strategie der Machteroberung in der westlichen
Industriegesellschaft, in: Der Bürger im Staat, Stuttgart 2/1978

Cristiani e Conservatori. Differenze e Somiglianze, in: Intervento. Rivista
Bimestrale N. 31/1978

Friedensideologie als Instrument der Feindbestimmung. Zur Kritik des marxistischen Friedensbegriffs, in: Herderbücherei INITIATIVE Bd. 34/1980

Streitkräfte im Politisch-Revolutionären Krieg, in: Herderbücherei INITIA-
TIVE Bd. 44/1981

El marxismo-leninismo está hoy totalmente desacreditado, in: Nuestro
Tiempo, Revista Mensuale de Cuestiones Actuales, Pamplona No. 343/
344, 1983

Emanzipation ist nicht Freiheit – Bemerkungen zum Umschlag der Emanzipation in den Despotismus bei Karl Marx, in: K. Löw (Hrsg.): Karl Marx –
Bilanz nach 100 Jahren, Köln 1984

Hermann Heller: Die Begründung der Staatslehre durch die politische Soziologie, in: Archiv für Rechts- und Sozialphilosophie 4/1986

Quo vadis, CDU? Lage und Herausforderung der Christdemokraten, in:
Herderbücherei INITIATIVE Bd. 73/1988

Demokratischer Wohlfahrtsstaat und Sicherheitspolitik, in: Zeitschrift für
Politik, München 4/1988

Grundzüge des politischen Systems der DDR und seiner Beurteilung, in:
Eichholz-Brief 1/1988

Sozialstaat oder Wohlfahrtsstaat. Zur Problematik der Wohlfahrtsdemokratie,
in: Eichholz-Brief (Zeitschrift für politische Bildung und Information)
3/1990

Der Sozialkonservativismus im deutschen Staats- und Gesellschaftsdenken,
in: "Aus Politik und Zeitgeschichte", Beilage zur Wochenzeitung "Das
Parlament", B 9-10/1990

B. Schriften zur Theorie und Didaktik der politischen Bildung und des Politikunterrichts

1. Selbständige Publikationen

Etappen politischer Pädagogik in Deutschland. Schriftenreihe der Bundeszentrale für Politische Bildung, Heft 60, 1. Aufl. 1962, 2. Aufl. 1965

(zuerst in der Beilage "Aus Politik und Zeitgeschichte" der Wochenzeitung "Das Parlament", 1. und 8. März 1969)

Politik und Zeitgeschichte in der Schule. Didaktische Grundlagen, Villingen 1966

Die totalitäre Herrschaft. Schriftenreihe der Landesanstalt für Erziehung und Unterricht, Stuttgart o.J. (1967), Bde. 1-3 (1. Bd.: Darstellung, 2. Bd.: Didaktisch-methodischer Aufriß, 3. Bd.: Texte und Literatur)

Die Deutsche Frage. Informationen zur politischen Bildung der Bundeszentrale für Politische Bildung, Heft 203 (1984), neubearbeitete Neuauflage Bonn 1990

2. Beiträge in Sammelwerken

Demokratisierung und Emanzipation als Probleme der politischen Bildung, in: Th. Pfizer (Hrsg.): Bürger im Staat – Politische Bildung im Wandel, Stuttgart 1971

Zwischen offener Gesellschaft und ideologischem Dogmatismus. 30 Jahre politische Bildung und Erziehung in der Bundesrepublik, in: P. Gutjahr-Löse und H.H. Knütter (Hrsg.): Der Streit um die politische Bildung. Berichte und Studien der Hanns-Seidel-Stiftung, München und Wien 1975

Die politische Didaktik 'kritisch-normativer' Richtung, in: K.G. Fischer (Hrsg.): Zum aktuellen Stand der Theorie und Didaktik der politischen Bildung, 1. Aufl. Stuttgart 1975, 4. überarbeitete und erweiterte Aufl. 1980: italienische Übersetzung: La didattica secondo l'orientamento critico-normativo, in: K.G. Fischer (Ed.): Formazione Civica e Politica. L'educazione in uno Stato di Diritto, Roma 1979 (Armando Armando editore)

Jenseits der Emanzipation. Bemerkungen zur politischen Anthropologie und Didaktik nach der Kulturrevolution, in: A.-E. Szydzik (Hrsg.): Christliches Gesellschaftsdenken im Umbruch, Regensburg 1977

Konsensgrenzen der freiheitlichen Demokratie. Bemerkungen zur Kritik der emanzipatorischen und systemüberwindenden Sozialphilosophie und Didaktik, in: S. Schiele und H. Schneider (Hrsg.): Das Konsensproblem in der politischen Bildung, Stuttgart 1977

Familie als Vermittlerin von Normen und Werten. Einige (unsystematische) Thesen zur Inhalts- und Lernzielbestimmung, in: S. Schiele und H. Schneider (Hrsg.): Die Familie in der politischen Bildung. Konsens auf dem Prüfstand der Praxis, Stuttgart 1980

Friedenssicherung und Verteidigungsbereitschaft als unterrichtliches Thema, in: P. Ackermann und W. Glashagen (Hrsg.): Friedenserziehung als pädagogisches Problem in beiden deutschen Staaten, Stuttgart 1982

Demokratisches Nationalbewußtsein als Erziehungsziel? In: K. Weigelt (Hrsg.): Heimat und Nation. Zur Geschichte und Identität der Deutschen. Studien zur politischen Bildung der Konrad-Adenauer-Stiftung, Bd. 7, Mainz 1984 (wiederabgedruckt in: K.G. Fischer (Hrsg.): Zum aktuellen Stand der Theorie und Didaktik der Politischen Bildung, 5. überarbeitete und aktualisierte Aufl. Stuttgart 1987

Emanzipation – Identität – Konsens. Zur Lage und zu den Grundlagen politischer Bildung, in: S. Schiele und H. Schneider (Hrsg.): Konsens und Dissens in der politischen Bildung, Stuttgart, Metzler Verlag, 1987

Rationalität und Emotionalität. – Zur Begründung einer realistischen politischen Bildung, in: S. Schiele und H. Schneider (Hrsg.): Rationalität und Emotionalität in der politischen Bildung, Stuttgart 1991.

3. Zeitschriftenaufsätze (Auswahl)

Sachlichkeit und Menschlichkeit als Probleme der politischen Erziehung – Eine Auseinandersetzung mit Friedrich Oetinger, in: Gesellschaft – Staat – Erziehung, Wiesbaden, 1/1961 (Oetingers Diskussionsbeitrag in GSE 3/1961)

Probleme der politischen Bildung an den Pädagogischen Hochschulen, in: Die Schulwarte, Stuttgart, 1964

Vom Wesen politischer Freiheit. Zur Grundlegung der politischen Anthropologie und Pädagogik, in: Die Schulwarte, Stuttgart, 6/7/1965

Politische Didaktik als politische Theorie der Pädagogik und als pädagogische Theorie des Politischen, in: Welt der Schule, München, 1/1966 Zum Ideologieproblem in der politischen Erziehung, in: "Aus Politik und Zeitgeschichte", Beilage zur Wochenzeitung "Das Parlament", B 36/37/1967

Die politische Bildung und die Rebellion der Jugend, in: Gesellschaft – Staat – Erziehung, Wiesbaden, 1/1970.

Vorüberlegungen zur Lernzielbestimmung für Fragen der Landesverteidigung im Schulunterricht, in: Wehrkunde, München, 1972

Überlegungen zu Situation und Auftrag der politischen Pädagogik in unserer Zeit, in: Die Schulwarte, Stuttgart, 9 und 10/1966

Vom Wesen politischer Freiheit, in: Die Schulwarte, Stuttgart, 6 und 7/1965 (wiederabgedruckt in der Festschrift für Walter Koblitz, 1966)

Sicherheitspolitik – Bundeswehr und Friedenssicherung, in: Politik und Unterricht, Zeitschrift der Landeszentrale für politische Bildung zur Gestaltung des politischen Unterrichts, 3/1980

Die führende Rolle der SED in Staat und Gesellschaft der DDR, in: Die Realschule, 7 und 8/1982

Menschenrechte in unserer Zeit, in: Politik und Unterricht. Zeitschrift der Landeszentrale für politische Bildung Baden-Württemberg, 4/1983

4. Lehrplan – Nachdruck – Kritik

Vorläufige Arbeitsanweisungen für die Hauptschulen in Baden-Württemberg. Herausgegeben vom Kultusministerium Baden-Württemberg, Villingen 1967: Gemeinschaftskunde/Politische Bildung (Federführung der Lehrplankommission)

Antonius Holtmann: Die Anforderungen der politischen Didaktik an die Entwicklung von Lehr- und Lernmitteln, Lehr- und Lernmittel im politischen Unterricht. Schriftenreihe der Bundeszentrale für Politische Bildung, Bd. 89, Bonn, 1970 (S. 18ff.)

Ursula und Rolf Schmiederer: Der neue Nationalismus in der politischen Bildung, Frankfurt a.M., 1970 (S. 27ff.)

Rolf Schmiederer: Zwischen Affirmation und Reformismus, Frankfurt a.M., 1972 (S. 80ff.)

Hans-Hellmuth Knütter (Hrsg.): Politische Bildung in der Bundesrepublik Deutschland. Schriftenreihe der Bundeszentrale für Politische Bildung, Bd. 222, Bonn, 1984. Nachdruck aus: Die politische Didaktik 'kritisch-normativer' Richtung, in: K.G. Fischer (Hrsg.): Zum aktuellen Stand (1.-4. Aufl. 1975/1980) (S. 95ff.)

C. Politische Publizistik (Auswahl)

Rheinischer Merkur – Christ und Welt

Wider die Konsumenten der Freiheit (43/1962)

Friede, der noch kein Krieg ist. Gestaltwandel internationaler Konflikte (4.6.1982)

Wenn Wohltat zur Plage wird. Kurskorrektur im Hochschulwesen ist überfällig (28.8.1982)

Jakobiner sind unter uns. Demagogie gegen politische Urteilskraft (28.2. 1983)

Die Zeit der Tabus ist vorüber. Langfristige Perspektiven in der Deutschlandpolitik (17.6.1983)

Der Pakt der Diktatoren (17.8.1989)

Neue Züricher Zeitung

Politischer Messianismus und freiheitliche Demokratie. Zum hundertsten Todestag von Karl Marx (12./13. März 1983)

Die Politische Meinung

Stalins Holocaust. Der Völkermord an den Ukrainern (243/1989)

Die Epoche des Totalitarismus. Bemerkungen zur Signatur unseres Jahrhunderts (253/1990)

Wohin geht Südafrika? (260/1991)

Rußland – Sommer 1992 (273/1992)

Das Ostpreußenblatt

Eine Karikatur von Friedenspolitik – 5. April 1980

Staat ohne letzte Verantwortung – Der Stellenwert der Sicherheitspolitik in der Bundesrepublik Deutschland – 3. April 1982

Ubi patria, ibi bene – Unsere Politik braucht mehr Phantasie und Willenskraft – 1. Februar 1986

Zeugenaussage – Siegmar Faust wider den politischen Realitätsverlust – 6. Dezember 1986

Ist Piemont längst vergessen? Die Westdeutschen müssen sich wieder als Treuhänder der Nation begreifen – 29. August 1987

Antifaschismus als Mehrzweckwaffe – Wie weit ist unsere Teilnation noch vom "aufrechten Gang" entfernt? 9. Januar 1988

Glasnost und die Wiedervereinigung – 6. August 1988

Der Bruch mit der Kontinuität – Die Deutschen und ihr gestörtes Verhältnis zur Geschichte – 8. Oktober 1988

Pazifismus statt Politik – 13. Mai 1989

Eine Zeitbombe tickt – Asylanten und Armutsflüchtlinge im Sturm auf Europa – 7. Juli 1990

Gestoppte Dampfwalzen der Ideologien – Europa steht vor einem politischen und kulturellen Neuanfang – 13. April 1991

Criticón

Ideologischer Dogmatismus oder offene Gesellschaft? (23. Mai-Juni 1974)

Freiheit, Emanzipation und Despotismus. Ein Versuch über Karl Marx und Alexis de Tocqueville (39/1976)

Alexis de Tocqueville (1805-1859) – Autorenporträt (45/Jan.-Febr. 1978)

Lorenz von Stein (1815-1890) – Autorenporträt (58/März-April 1980)

Freiheit unter dem Gesetz. Zur Polarität von Ordnung und Freiheit in Politik und Erziehung (62/Nov.-Dez. 1980)

John Adams (1735-1826) – Autorenporträt

Der 'Stern" des Ostens (66/Juli-Aug. 1981)

Friedensbewegung und der Staat ohne letzte Verantwortung (68/Nov.-Dez. 1981)

Umriß freiheitlich-konservativer Politik in den achtziger Jahren (74/Nov.-Dez. 1982)

Der Pakt der Diktatoren. Der Hitler-Stalin-Pakt im Lichte der sowjetischen Langzeitstrategie (91/Sept.-Okt. 1985)

Konservative Sozialpolitiker im Zeitalter Bismarcks: Hermann Wagener und Theodor Lohmann (113/Mai-Juni 1989)

Sturm auf Europa – eine Zeitbombe tickt (118/März-April 1990)

Ein Lehrstück für Deutsche: Saddam Hussein (123/Jan.-Febr. 1991)

Deutschland mit der Seele suchend (127/Sept.-Okt. 1991)

Mut

Perspektiven der Deutschen Frage (1/1986)

Welche Freiheit meinen wir? (6/1986)

Politischer Messianismus und freiheitliche Demokratie (12/1986)

Bemerkungen zum Honecker-Besuch (10/1987)

Morgenröte des Friedens oder Formwandel des Konflikts? (2/1988)

Gorbatschow und die Deutsche Frage (12/1988)

Gorbatschow auf Lenin-Kurs (4/1989)

Deutschland, einig Vaterland (4/1990)

Die Krise des Fortschritts und das konservative Denken (9/1990)

Epoche des Totalitarismus (1/1991)

Ferdinand Otto Miksches Epochenanalyse (4/1991)

Die russische August-Revolution (11/1991)

Geschichtsdenken – Ernst Noltes Frage nach Wesen und Sinn des 20. Jahrhunderts (1/1992)

D. Rezensionen politischer und zeitgeschichtlicher Literatur

u.a. in:

Zeitschrift für Politik

Der Staat

Die Welt

Rheinischer Merkur – Christ und Welt

Das Parlament

Das Historisch-Politische Buch

Der Bürger im Staat

Die Autoren

Prof. Dr. Hellmuth-Günther Dahms: em. Professor für Zeitgeschichte an der Universität Tübingen

Prof. Dr. Manfred Erhardt: Senator für Wissenschaft und Forschung des Landes Berlin

Prof. Dr. Dr. h.c. Hans Filbinger: Präsident des Studienzentrums Weikersheim, Ministerpräsident a. D. von Baden-Württemberg; Freiburg i. Br.

Prof. Dr. Anatolji Frenkin: Mitglied der Russ. Akademie der Wissenschaften, Institut für politische Philosophie; Gastprofessor an der Universität Hohenheim

Peter Gutjahr-Löser: Kanzler der Universität Leipzig

Dr. Gerd Habermann: Dozent bei der Arbeitsgemeinschaft Selbständiger Unternehmer, Bonn

Claus Jäger: Mitglied der CDU-Fraktion des Deutschen Bundestages, Wangen i. Allgäu

Dr. Albrecht Jebens: Geschäftsführer des Studienzentrums Weikersheim, Stuttgart

Heinz Karst: Brigadegeneral a. D., Reichenau, 2. Vizepräsident des Studienzentrums Weikersheim

Prof. Dr. Hans-Helmuth Knütter: Professor für Politikwissenschaft an der Universität Bonn

Prof. Dr. Franz Kromka: Professor für Soziologie an der Universität Hohenheim

Dr. Sei-kee Kwon: In Freiburg i. Br. 1991 promovierter Politikwissenschaftler, Seoul

Prof. Dr. Konrad Löw: Ordinarius für Politikwissenschaft an der Universität Bayreuth

Dr. Gregor Manousakis: Politikwissenschaftler und Publizist in Athen

Prof. Dr. Friedemann Maurer: Professor für Pädagogik an der Universität Augsburg

Prof. Dr. Thomas Molnar: Professor für Philosophie in New York und Budapest

Prof. Dr. Klaus Motschmann: Professor für Politikwissenschaft an der Hochschule der Künste in Berlin

Prof. Dr. Johann Baptist Müller: Professor für Politikwissenschaft an der Universität Stuttgart

Prof. Dr. Gerhard Müller-Schwefe: em. Ordinarius für Anglistik an der Universität Tübingen

Ludek Pachmann: Politiker, Publizist und Schachgroßmeister in Prag und Vilshofen

Dr. Christoph Palmer: Mitarbeiter der CDU-Fraktionsführung im badenwürttembergischen Landtag, Stuttgart

Dr. Wittigo von Rabenau: Personalreferent bei einem Industrieunternehmen in Frankenthal

Ulrich Schacht: Publizist bei der WELT AM SONNTAG in Hamburg

Siegfried Schiele: Direktor der Landeszentrale für politische Bildung von Baden-Württemberg in Stuttgart

Prof. Dr. Dr. Herbert Schneider: Professor für Politikwissenschaft an der PH in Heidelberg, Gastprofessor an der TU Dresden

Prof. Dr. Dietmar Schössler: Professor für Politikwissenschaft an der Bundeswehr-Universität München

Caspar von Schrenck-Notzing: Publizist und Herausgeber des Periodikums CRITICON, München

Helmuth Seliger: Unternehmer in Tuttlingen, Kuratoriumsmitglied des Studienzentrums Weikersheim

Wolfgang Strauss: Publizist in Furth i. Wald

Dr. Carl Gustaf Ströhm: Osteuropa-Korrespondent der WELT in Wien, Kuratoriumsmitglied des Studienzentrum Weikersheim

Prof. Dr. Nikolaus Wenturis: Professor für Politikwissenschaft an der Univ. Tübingen, Direktor des Sozialwissenschaftl. Forschungsinstituts der griechischen Regierung in Athen

Tabula Gratulatoria

Gerhard Baaken, Tübingen
Peter Bechstein, Stuttgart
Hans Hermann Enslin, Weinstadt-Beutelsbach
Friedrich Ernst, Stuttgart
Hartmut Froeschle, Toronto
Helge Günther, Tübingen
Helmut Heisig, Stuttgart
Fritz Hopmeier, Stuttgart
Gerhard Jörgensen, Göttingen
Georg F. Kempter, Winterbach
Kurt Klein, Bonn
Kurt G. Kostelnik, Schriesheim
Franz Kranz, Herxheim
Hans-Christof Kraus, Göttingen
Achim Laur, Stuttgart
Thomas Leist, Bad Vilbel
Margot Lutz, Nürtingen
Friedemann Maurer, Augsburg
Helga und Ottmar Miller, Stuttgart
Johann Baptist Müller, Stuttgart
Günther H. Oettinger, Stuttgart
Alexander Pachta-Rekhofen, Wien
Hans Pfeiffer, Mainz
Herbert Ploetz, Bonn
Herwig Praxl, Stuttgart
Helmut Quaritsch, Speyer
Paul Rath, Aldingen
Konrad Repgen, Bonn
Wilhelm Ricker, Hainburg
Hans-Walter Roth, Ulm
Anton Schall, Heidelberg
Hans A. Schieser, Bermaringen-Blaustein
Lienhard Schmidt, Hamburg
Paul K. Schmidt-Carell, Scheeßel
Th. Schmidt-Kaler, Witten

Heinz Trettner, Bonn
Hans-Wendelin v. Rabenau, Brombachtal
Helmut Wagner, Berlin
Hans Günther Weber, Braunschweig
Stephan Frhr. v. Welck, Champs-sur-Marne
Martin Weitbrecht, Stuttgart
Bernhard C. Wintzek, Asendorf
Konrad F.L. Wutscher, Salzburg